Pflichtteilsentzug – Historische Entstehung und Entwicklung unter dem BGB seit 1900

Europäische Hochschulschriften

Publications Universitaires Européennes
European University Studies

Reihe II
Rechtswissenschaft

Série II Series II
Droit
Law

Bd./Vol. 3521

PETER LANG
Frankfurt am Main · Berlin · Bern · Bruxelles · New York · Oxford · Wien

Frauke Jaeschke

Pflichtteilsentzug – Historische Entstehung und Entwicklung unter dem BGB seit 1900

PETER LANG
Europäischer Verlag der Wissenschaften

Die Deutsche Bibliothek - CIP-Einheitsaufnahme

Jaeschke, Frauke:

Pflichtteilsentzug – historische Entstehung und Entwicklung unter dem BGB seit 1900 / Frauke Jaeschke. - Frankfurt am Main ; Berlin ; Bern ; Bruxelles ; New York ; Oxford ; Wien : Lang, 2002
(Europäische Hochschulschriften : Reihe 2, Rechtswissenschaft ; Bd. 3521)
Zugl.: Kiel, Univ., Diss., 2002
ISBN 3-631-50200-1

D 8
ISSN 0531-7312
ISBN 3-631-50200-1

www.peterlang.de

Meinen Eltern

und

im Gedenken an meine Großmutter

Vorwort

Diese Arbeit lag im Wintersemester 2001/2002 der juristischen Fakultät der Christian-Albrechts-Universität zu Kiel als Dissertation vor. Rechtsprechung sowie Literatur sind bis Juli 2002 eingearbeitet.

Meinem Doktorvater, Herrn Professor Dr. Jörn Eckert danke ich für die Betreuung dieser Arbeit. Weiterhin habe ich Herrn Prof. Dr. Werner Schubert für die Erstellung des Zweitgutachtens zu danken.

Stets präsente moralische und logistische Unterstützung sowie wertvolle Anregungen hat Maren Charisius mir zuteil werden lassen.

Wenn auch hier zuletzt genannt, so gilt doch vor allem mein Dank meinen Eltern für ihre stete Förderung, ihren Ansporn und dafür, daß sie immer an meiner Seite waren.
Ich habe ihnen viel zu verdanken.

Kiel, im Juli 2002 Frauke Jaeschke

Inhaltsverzeichnis

Abkürzungsverzeichnis:

a.a.O.	am angeführten Ort
a.F.	alte Fassung
ABGB	Allgemeines Bürgerliches Gesetzbuch für Österreich
AcP	Archiv für die Civilistische Praxis
ALR	Allgemeines Landrecht für die preußischen Staaten
BGB	Bürgerliches Gesetzbuch
BGBl	Bundesgesetzblatt
BGH	Bundesgerichtshof
BGHSt	Entscheidungen des Bundesgerichtshofs in Strafsachen
BGHZ	Entscheidungen des Bundesgerichtshofs in Zivilsachen
BMFSFJ	Bundesministerium für Familie, Senioren, Frauen und Jugend
BMJ	Bundesminister der Justiz
BR	Bundesrat
BVerfG	Bundesverfassungsgericht
DFG	Deutsche Freiwillige Gerichtsbarkeit
DJ	Deutsche Justiz
DR	Deutsches Recht
DRiZ	Deutsche Richterzeitung
FamRZ	Zeitschrift für das gesamte Familienrecht
FS	Festschrift
HRR	Höchstrichterliche Rechtsprechung
JR	Juristische Rundschau
JuS	Juristische Schulung
JW	Juristische Wochenschrift
JZ	Juristische Zeitschrift
LZ	Leipziger Zeitung
NEL	Nicht eheliche Lebensgemeinschaft
NJW	Neue Juristische Wochenschrift
OLGE	Entscheidungen des Oberlandesgerichts
Prot	Protokolle
RG	Reichsgericht
RGBl	Reichsgesetzblatt
RGZ	Entscheidungen des Reichsgerichts in Zivilsachen
RVO	Reichsversicherungsordnung
Sächs. BGB	Bürgerliches Gesetzbuch für das Königreich Sachsen
SGB	Sozialgesetzbuch
sogn	sogenannte

TestG................	Gesetz über die Errichtung von Testamenten und Erbverträgen
Vgl....................	Vergleiche
WarnR.............	Warneyer, Die Rechtsprechung des Reichsgerichts
WM..................	Wertpapiermitteilungen
ZAKDR............	Zeitschrift der Akademie für Deutsches Recht
ZEV..................	Zeitschrift für Erbrecht und Vermögensnachfolge
ZRP..................	Zeitschrift für Rechtspolitik
ZStW................	Zeitschrift für die gesamte Staatswissenschaft

Erster Teil: Einleitung

Gegenstand dieser Arbeit sind die Vorschriften über die Entziehung des Pflichtteils in den §§ 2333 ff BGB. Sie sind der Ausfluß der Beschränkung der Testierfreiheit des Erblassers. Ihre Entstehungsgeschichte ist gleichzeitig ein Abriß der Entstehungsgeschichte des gesamten Bürgerlichen Gesetzbuches. Im Rahmen des zweiten Teils dieser Untersuchung finden zahlreiche inländische und ausländische Kodifikationen Erwähnung, unter deren Berücksichtigung und Bewertung das Bürgerliche Gesetzbuch und die Vorschriften über den Pflichtteilsentzug entstanden sind.

Der dritte Teil stellt sich sodann der praktischen Frage, wie die Rechtsprechung die Vorschriften über den Entzug des Pflichtteils handhabte. Welche Tatsachen forderte das Reichsgericht um 1900, um den totalen Ausschluß von der Erbfolge gemäß § 2333 zu ermöglichen? Welchen unheilvollen Einfluß hatte das Unrechtsregime des Nationalsozialismus auf das Erbrecht und inwieweit wurden die Entziehungsgründe für die nationalsozialistische Ideologie mißbraucht?
Anschließend wird der Frage nach der Rechtsprechung der Gerichte zum Pflichtteilsrecht nach dem 2. Weltkrieg bis in die Gegenwart nachgegangen. Folgende Fragestellungen waren hierbei von besonderem Interesse: welchen Einfluß hatten veränderte gesellschaftliche Realitäten und gewandelte Moralbegriffe auf die Rechtsprechung zum Pflichtteilsrecht? Haben sich die Veränderungen in den Urteilsgründen niedergeschlagen? Welcher der fünf Entzugsgründe des § 2333 und der folgenden Paragraphen war über ein Jahrhundert hinweg am häufigsten Gegenstand der Rechtsprechung?
An diese Gesamtbetrachtung der Rechtsprechung schließt sich die Beantwortung der Frage an, ob sich ein allgemeiner Trend feststellen läßt, welche Entzugsgründe keine Bedeutung in der Rechtsprechung erlangt haben. Sind manche Entzugsgründe vielleicht sogar durch gesellschaftliche Veränderungen und gewandelte Wertvorstellungen überflüssig geworden?

Der Schlußteil dieser Untersuchung beschäftigt sich mit der Frage nach der Zukunft des Pflichtteilsrecht und seiner Ausgestaltung. Der bisherige Forschungsstand zeigt auf, daß das Rechtsinstitut des Pflichtteilsrechts bisher niemals wirklich in Frage stand. Es gab seit dem Bestehen der Bundesrepublik keine größeren Änderungsbestrebungen von politischer Seite. Die letzte größere rechtspolitische Aufmerksamkeit dürfte das Pflichtteilsrecht auf dem 49. Deutschen Juristentag 1972 erfahren haben.
Die dort ausgesprochenen Empfehlungen sind seitens der Politik weitgehend unberücksichtigt geblieben, ebenso existieren keine aktuellen Änderungsbestrebungen direkt einzelne Entzugsgründe betreffend.

Das Pflichtteilsrecht hat weiterhin Eingang in viele juristische Werke und Abhandlungen der Gegenwart und der Vergangenheit gefunden. Es hat dabei immer auch Stimmen gegen das Pflichtteilsrecht oder die Fassung einzelner Entzugsgründe gegeben. Sie sind jedoch in der Minderheit geblieben. Die Rechtswissenschaft scheint insofern im großen und ganzen zufrieden mit der Regelung des Pflichtteilsentzugs zu sein.

Doch auf der anderen Seite von Politik und Rechtswissenschaft steht die Gesellschaft. Sie muß mit den Vorschriften zum Pflichtteilsentzug bei Errichtung einer letztwilligen Verfügung umgehen, lange bevor sie im Streitfall Gegenstand gerichtlicher Klärung werden. Wie also ist die Meinung der Bevölkerung über das bestehende Pflichtteilsrecht, wie groß ist die Akzeptanz der Vorschriften und wie hoch ist darüber hinaus ihr Bekanntheitsgrad? Der Klärung all dieser Fragen widmet sich der letzte Teil der Abhandlung.
Unter diesem Aspekt werden auch die strukturellen Veränderungen der Alterspyramide der Gesellschaft, die veränderten privaten Lebensformen und deren Relevanz für das Erbrecht aufgezeigt. Das vorhandene statistische Material wurde hierbei einbezogen.

Die Arbeit schließt sodann mit dem Vorschlag einer Neugestaltung unter Berücksichtigung der gewonnenen Erkenntnisse.

Zweiter Teil: Deutschland im 19. Jahrhundert: Einigung und Rechtseinheit

I. Deutschland auf dem Weg zur Einheit

Die Entstehung des Erbrechts sowie des gesamten Bürgerlichen Gesetzbuches hat eine lange – fast eine hundertjährige Geschichte.
Sie begann und endete nicht mit der Zeitspanne, in der die verschiedenen Kommissionen über Art und Weise der Schaffung des BGB berieten.

Prägend für die Entwicklung in Deutschland im 19. Jahrhundert war der Kampf um zwei bedeutende Ziele gewesen: sowohl die politische als auch die rechtliche Einheit zu vollenden. Beides glückte erst gegen Ende des Jahrhunderts. Die politische Einigung vollendete sich mit der Gründung des Deutschen Reiches 1871, die rechtliche mit Inkrafttreten des BGB am 1.1. 1900.[1]
Der Gedanke, durch eine einheitliche Zivilrechtskodifikation das zersplitterte Recht in Deutschland zu vereinigen, kam Anfang des Jahrhunderts auf. Daß so viel Zeit bis zu seiner Vollendung verstreichen mußte, hat seinen Grund. Der Gedanke an ein einheitliches Zivilrecht und ein einheitliches Reich in einem vom Partikularismus geprägten Land mußte erst langsam im Bewußtsein der Rechtsgelehrten und Staatsmänner, der Philosophen und auch der Bevölkerung wachsen. Der Kodifikationsgedanke kann sicherlich als charakteristisch für die damalige Zeit und Gesellschaftssituation bezeichnet werden. Er zog sich wie ein roter Faden durch das Zeitgeschehen, fand sich in der rechtswissenschaftlichen Diskussion, in Gesellschaft und Politik, nicht zuletzt angeheizt durch die vielfältigen geographischen Veränderungen und politischen Instabilitäten. Auch die Entwicklung im Nachbarland Frankreich, die Aufklärung, die Revolution von 1789 und der von Napoleon geschaffene Code civil von 1804 verstärkten den Wunsch und das Bestreben patriotischer Gelehrter, auch in Deutschland ein einheitliches Recht zu schaffen.
Hinzu kamen die Auswirkungen der einsetzenden industriellen Revolution. Der steigende Güterverkehr und die aufblühende Industrie mit ihrem wachsenden Warenaustausch machten nachdrücklich Bedürfnisse nach Vereinfachung des Handelsverkehrs und einem durchgängigen Verkehrsrecht geltend.[2]

---

[1] Dazu später noch ausführlicher weiter unten.
[2] *Laufs*, S. 223.

All das, was Deutschland im 19. Jahrhundert politisch und gesellschaftlich bewegte, prägte auch den Inhalt des Gesetzbuches, welches am Ende des Jahrhunderts endlich nach langen politischen Kontroversen und Widerständen in Kraft trat.

1. Der Einigungsprozeß: die politische und rechtliche Entwicklung

a) Der Weg zur staatlichen Einheit

Ein „Meilenstein" auf dem Weg zur staatlichen Einheit findet sich bereits am Anfang des 19. Jahrhunderts.
Das Heilige Römische Reich Deutscher Nation, das jahrhundertelang Bestand gehabt hatte, war 1806 zerbrochen. Dieser Bruch hatte eine grundlegende und gravierende politische Wende eingeleitet.
Vorausgegangen war dem Zusammenbruch des Reiches ein Krieg Frankreichs gegen Rußland, England und Österreich. Frankreich verbündete sich mit Bayern, Baden und Württemberg. Diese Allianz der süddeutschen Staaten mit Frankreich war politisch eine verhängnisvolle – sie hatten sich damit auf die Seite Frankreichs gestellt, gegen das Reich, dessen Teil sie waren. Hier zeigten sich nicht nur bereits die ersten Separationsbemühungen, es wurde auch offensichtlich, wie gering die Identifikation der einzelnen Gebiete mit dem alten Reich nur noch war.[3]
Die französischen Truppen schlugen die österreichisch-russische Armee bei Austerlitz am 2. Dezember 1805 vernichtend. Dem beabsichtigten schnellen Friedensschluß Österreichs mit Frankreich kam jedoch Preußen zuvor und ging mit dem Schönbrunner Vertrag eine Allianz mit Frankreich ein. Preußen mußte zwar erhebliche Gebietsabtretungen dulden, annektierte aber als Gegenleistung das Kurfürstentum Hannover. Dies war zwar ein geopolitischer Gewinn für Preußen auf der einen Seite, politisch aber ein brisantes Vorgehen, denn das französisch-preußische Bündnis führte letztlich dazu, daß England Preußen den Krieg erklärte.[4]
Der diesem Krieg nachfolgende Friede von Preßburg vom 26. Dezember 1805 brachte vor allem eine bedeutende Veränderung mit sich: das Ende des alten Rei-

---

[3] *Huber*, Verfassungsgeschichte Band I, S. 65.

[4] Zu der Kriegserklärung kam es, weil Preußen sich nach dem Pariser Vertrag vom 15. Februar 1806, der den Schönbrunner Vertrag bestätigte, zu weiteren Zugeständnissen an Frankreich bereitfinden mußte. Die Verpflichtung gegenüber Frankreich, die preußischen Häfen gegenüber England geschlossen zu halten, welches sich im Krieg mit Frankreich befand, führte am 11. Juni 1806 zur Kriegserklärung Englands an Preußen. (Vgl. hierzu auch *Huber*, Verfassungsgeschichte Band I, S. 66).

ches und die Aufspaltung in eine bloße Konföderation souveräner deutscher Einzelstaaten.
Es entstand der Rheinbund durch die Rheinbundakte vom 12. Juli 1806. Ihm gehörten bei Entstehung 16 Deutsche Fürsten an, die am 1. August 1806 in Regensburg gemeinsam den Austritt aus dem alten Reich erklärten, um ihre Souveränität zu wahren.[5]
Diese „Regensburger Erklärung" und ein von Napoleon auf den 12. August 1806 befristetes Ultimatum führte dazu, daß Kaiser Franz II. am 6. August 1806 die Krone des Reiches niederlegte und die Reichsverfassung für erloschen erklärte.[6]
Abgesehen von der Einflußnahme Frankreichs hatten auch die Philosophie der Aufklärung, der Ruf nach Freiheit und Gleichheit, das Streben nach Humanität und Toleranz Deutschland bereits nachhaltig erschüttert.
Der Untergang des alten Reiches war also dem Zeitgeist entsprechend nicht ungewöhnlich – auch wenn Frankreich die treibende Kraft gewesen war. In Deutschland war damit ebenfalls der Weg frei für moderne Nationalstaaten demokratischer Prägung.

Im politischen Bündnis des Rheinbundes zeigte sich ebenfalls schnell, daß der Gedanke der Rechtseinheit auch hier schon Gegenstand politischen Kalküls und geschickten Taktierens war. Napoleon hatte es verstanden, dem französischen Recht auch über die geographischen Grenzen Frankreichs hinaus Geltung zu verschaffen. Auf seinen Wunsch hin war der Code Napoléon in zahlreichen Rheinbundstaaten eingeführt worden.[7]
Dies sollte dazu dienen, die französische Vormachtstellung zu untermauern und so die Hegemonie zu sichern. Durch die Einführung des Code Napoléon in vielen Rheinbundstaaten herrschte in diesen nunmehr ein einheitliches Zivil- Straf- und Prozeßrecht, galten die gleichen Regelungen und Bewertungen bei Fragen des Erbrechts, des Schadensrechts und des Vertragsrechts. Aus französischer Sicht war damit auch der Grundstock gelegt, um einheitliche soziale Einstellungen und ein einheitliches Rechtsgefühl aus dem Volk heraus entwickeln und fördern zu können. Letztliches Ziel war es, die politische Einheit der Rheinbundstaaten zu fördern und zu festigen. Ein starker Rheinbund unter Napoleons Protektorat be-

---

[5] Die genaue Aufzählung, welche Fürstentümer sich zum Rheinbund zusammenschlossen, findet sich ebenfalls bei *Huber*, Verfassungsgeschichte Band I, S. 68; zum Austritt *Huber*, Dokumente Bd. I, Nr. 3 S. 35 f.

[6] Das eigentliche Ziel Napoleons im politischen Kräftespiel war nicht nur die Zerschlagung des Reiches, sondern auch die Beseitigung seines Rechts. Der Austritt der Rheinbundfürsten aus dem Reich war der erstrebte rechtliche Bruch mit dem Reich. Der Rheinbund war nicht Rechtsnachfolger des Reiches, es gab insofern auch keine Rechtskontinuität. Vgl. hierzu *Hattenhauer*, Thibaut und Savigny, S. 35, *Huber*, Verfassungsgeschichte Bd. I, S. 66 ff; Dokumente Bd. I Nr. 5, S. 37 ff.

[7] *Huber*, Verfassungsgeschichte Bd. I, S. 84.

deutete auch automatisch die Vormachtstellung der französischen Politik und die Dokumentation der Zugehörigkeit der deutschen Gebiete zu dem Staat des fremden Eroberers.[8]

Der Rheinbund als politisches Bündnis sollte jedoch auch nicht lange Bestand haben. Preußen besiegte gemeinsam mit Österreich und Rußland Napoleon in der Völkerschlacht bei Leipzig 1813. Die Schlacht bei Waterloo 1815 beendete Napoleons Herrschaft in Frankreich und seinen Einfluß auf die europäische Politik dann endgültig.

Die Neuordnung des politischen Gleichgewichtes in Europa nach dem Sturz Napoleons geschah mit der Bundesakte vom 8. Juni 1815, die durch die Wiener Schlußakte von 1820 ergänzt wurde. Man einigte sich in dieser auf die Gründung des Deutschen Bundes. Er war rechtlich gesehen ein Staatenbund und kein Bundesstaat, denn die Souveränität lag bei den vertragsschließenden 35 Fürsten und 4 freien Städten, nicht beim Bund.[9]
Auch nach Gründung des Deutschen Bundes war die politische Lage alles andere als dauerhaft stabil. Preußen drängte nach dem Scheitern der politischen Revolutionsbewegung der Jahre 1848/49 auf einen Zusammenschluß im kleindeutschen Raum.[10] Dieser scheiterte jedoch am Widerstand Österreichs, welches seine Stellung in Deutschland um jeden Preis behaupten wollte und deshalb Bemühungen traf, den Deutschen Bund wiederzubeleben.[11] Unter diesem Druck kehrte Preußen schließlich vorerst in den Frankfurter Bundestag zurück und stimmte am 29. November 1850 einer Reform des Bundes zu.[12]

Der Deutsche Bund zerbrach dennoch letztlich an den unüberbrückbar gegensätzlichen Zielen seiner beiden mächtigsten Glieder Österreich und Preußen: eine Einigung über die Reform des Bundes, wie von Österreich angestrebt, war 1863 gescheitert. Der Streit um Schleswig-Holstein gipfelte 1866 im Krieg zwischen Preußen und Österreich, den der Prager Frieden vom 23. August 1866 beendete.
Er läutete auch das Ende des deutschen Bundes ein. Auf Initiative Preußens schlossen sich zunächst 15 norddeutsche Staaten und Preußen am 18. August 1866 zu einem Bündnis (Augustbündnis) zusammen. Am 21. August traten noch Mecklenburg-Schwerin und Mecklenburg-Strelitz bei, bis Ende Oktober waren es

---

8 *Huber*, Verfassungsgeschichte Band I, S. 84; *Vierhaus*, § 5, S. 10.
9 Vgl. hierzu Art. 1 der Bundesakte vom 8. Juni 1815; abgedruckt bei *Huber*, Dokumente Band I, Nr. 30; S. 84-90; Nr. 31 S. 91-100. *Gmür*, Rn. 384.
10 Auch dazu später noch ausführlicher.
11 *Eisenhardt*, Rn. 556.
12 Die sogn. Olmützer Punktation, vgl. *Ogris*, S. 307.

dann 22 norddeutsche Staaten, die durch Bündnisverträge miteinander verbunden waren. Am 1. Juli 1867 trat die Verfassung des Norddeutschen Bundes in Kraft.[13]

Den Umbruch vom Norddeutschen Bund zum Deutschen Reich brachte der Krieg gegen Frankreich 1870/71. Der Norddeutsche Bund schloß im November 1870 mit den Staaten Hessen, Baden, Bayern und Württemberg Verfassungsverträge, die sogenannten Novemberverträge, die die Einbeziehung der süddeutschen Staaten in den Norddeutschen Bund zum Ziel hatten. Auf diesem Wege sollte dann ein umfassender Bund der deutschen Staaten geschaffen werden.[14]
Grundlage sollte die Verfassung des Norddeutschen Bundes sein, der preußische König sollte auf bayrischen Vorschlag den Titel „Deutscher Kaiser" tragen. Noch enthielt der vom Reichstag gebilligte Verfassungstext jedoch die Bezeichnung „Deutscher Bund". Der norddeutsche Bundesrat änderte aber noch am gleichen Tag die Verfassung. Mit Einverständnis der süddeutschen Regierungen, die zu diesem Zeitpunkt noch nicht im Bundesrat vertreten waren, beschloß er die Einführung der Bezeichnungen „Deutsches Reich" und „Deutscher Kaiser". Der Reichstag stimmte am 10. Dezember 1870 dieser Verfassungsänderung zu.[15]
Es entstand so durch den Beitritt der süddeutschen Staaten zum Norddeutschen Bund das 2. Deutsche Reich. Seine Verfassung trat am 1. Januar 1871 in Kraft, die Proklamation des preußischen Königs zum deutschen Kaiser Wilhelm I. erfolgte im Spiegelsaal von Versailles am 18. Januar 1871.
Damit war fast gegen Ende des 19. Jahrhunderts zunächst die politische Einigung Deutschlands endlich geglückt.[16]

b) Der Weg zur Rechtseinheit: der Kodifikationsgedanke

Flankierend zu den politischen Bestrebungen, Deutschland zu einigen, war der Ruf nach einem einheitlichen Zivilrecht für ganz Deutschland nie wirklich verstummt.
Bereits zu einer Zeit, als die staatliche Einigung noch in weite Ferne gerückt schien, wurde die Forderung nach einer Zivilrechtskodifikation erhoben. Der Ko-

---

[13] *Eisenhardt*, § 66, Rn. 557.

[14] Die formelle Annahme der Novemberverträge erfolgte in der Reichstagssitzung vom 8. Dezember 1870. Vgl. hierzu: *Huber*, Verfassungsgeschichte Bd. III S. 764 f; derselbe, Dokumente Bd. II Nr. 232, S. 351 f. Die Novemberverträge wurden als Verfassungsverträge angesehen, weil sie den Verfassungsstatus der Beteiligten- des Norddeutschen Bundes und der vier süddeutschen Staaten berührten.

[15] Bundesratsbeschluß vom 9. Dezember 1870; nachzulesen bei *Huber*, Dokumente Bd. II Nr. 232; S. 352 ff.

[16] Das Reich bestand demnach aus 25 Einzelstaaten Nord- und Süddeutschlands, Österreich, Luxemburg, Limburg und Liechtenstein waren damit definitiv aus dem Reich ausgegrenzt; hierzu ebenfalls *Huber*, Verfassungsgeschichte Bd. III S. 787.

difikationsgedanke eroberte sich fortan seinen Platz in der rechtswissenschaftlichen Diskussion.

aa) Die Ursprünge des Kodifikationsgedankens

Prägend für seine Entstehung war das Zeitalter des Vernunftrechts zwischen 1600 und 1800. Das Vernunftrecht hatte sich aus dem Naturrecht entwickelt, welches seine Wurzeln in der Antike hatte. Danach existierte ein von Natur aus vorhandenes Recht über dem vom Menschen gesetzten Recht. Die vom Naturrecht aufgestellten „Naturgesetze" sollten immer und überall gelten, unabhängig von rechtlichen Schöpfungen des Menschen.[17]

Das Vernunftrecht, das im Zeitalter der Aufklärung seine Hochzeit hatte, nahm diese Grundsätze auf und entwickelte sie weiter. Als einer der ersten bedeutsamsten Vertreter der naturrechtlichen Lehren gilt *Gottfried Wilhelm Leibnitz*, Jurist, Rechtsphilosoph und Staatslehrer, der bereits frühzeitig den Gedanken einer Kodfikation des Reichsrechts hegte. Er entwickelte mit den Mitteln der Naturrechtsphilosophie ein umfassendes Privatrechtssystem, Ziel waren inhaltliche Verbesserungen des geltenden römischen Rechts.[18]

Diese vernunftrechtliche Grundlage wurde im Zuge des Vordringens des Naturrechts weiter ausgebaut, in Europa setzte sich der Gedanke der Aufklärung zunehmend durch. Es ergaben sich neue Denkansätze, die auch eine veränderte Weltanschauung mit sich brachten. Der zentrale Gedanke war nunmehr der Glaube an die menschliche Vernunft.[19] Daraus entwickelte sich ein neues Staatsdenken, dessen Schwerpunkte die Fragen nach der „Staatsbildung" und dem „Zweck des Staates" waren.[20] Als ein bedeutender Vertreter dieses neuen Staatsdenkens in Deutschland ist unter anderem *Samuel Freiherr von Pufendorf* zu nennen. Er entwickelte aus dem Naturrecht ein Rechtssystem, welches die Grundlage für die verschiedenen Kodifikationen bildete.[21]

Fortgeführt und weiterentwickelt wurde das von *Pufendorf* entwickelte Rechtssystem von dem Philosophen *Christian Wolff*, dessen Ideale „Freiheit und Gleichheit" waren. Das Staatsverständnis von *Wolff* gründete sich auf den Gedanken,

---

17 *Eisenhardt*, Rn. 263; *Ebel*, S. 44; *Hoke*, S. 246.

18 *Schlosser*, S. 101 f.

19 *Eisenhardt*, Rn. 266.

20 Grundlage der Naturrechtslehre zur Entstehung von Staaten war die Vertragstheorie. Das Naturrecht allein konnte dem Menschen ihre Sicherheit nicht garantieren. Insofern schlossen sich die Menschen durch einen „Staatsvertrag" zum Staat zusammen, setzten durch einen Herrschaftsvertrag einen Herrscher ein und unterwarfen sich diesem. Auf der anderen Seite mußte der staatliche Herrscher dem Wohl der Allgemeinheit, der äußeren und inneren Sicherheit dienen sowie die Menschenrechte sichern. Vgl. hierzu *Eisenhardt*, Rn. 274; *Hoke*, S. 249 f.

21 *Hoke*, S. 248 ff; ebenso *Eisenhardt*, Rn. 274.

daß der Staat zur Förderung des allgemeinen Wohls und der Sicherheit berufen war. Der Mensch sollte dem Staat gegenüber eine natürliche Freiheit und „Menschenrechte" für sich in Anspruch nehmen können.[22]
Durchsetzen konnte sich der Gedanke der Aufklärung zunächst in Preußen. 1740 gelangte dort *Friedrich II.* (der Große) auf den preußischen Thron und mit ihm ein überzeugter Verfechter des aufgeklärten Absolutismus, der die seit Jahrzehnten ruhenden Arbeiten zur Modernisierung der Gesetze wieder anstieß. Diese mündeten schließlich in der Kodifikation des preußischen Rechts.[23]

Auch die Vorgänge in Frankreich hatten Auswirkungen auf den Kodifikationsgedanken. Mit der französischen Revolution war nicht nur eine Monarchie gefallen, sondern das gesamte Wertesystem eines Staates ins Wanken geraten. Im Zuge der Revolution gewann nunmehr auch der Gedanke der Aufklärung Raum und Einfluß in ganz Deutschland.
Somit entstand der Kodifikationsgedanke - auch mit - aus der großen Krise, in die das römische Recht mit der Französischen Revolution geraten war. Der französischen Revolution folgte der Siegeszug der französischen Armee unter Napoleon. Der französischen Armee folgte dann das französische Recht, so in Deutschland unter anderem in Westfalen, Frankfurt und in den freien Hansestädten. Auf dem französisch besetzten Rheinufer galt der Code civil bereits seit 1804.[24]
Mit der durch den Krieg erworbenen territorialen Ausdehnung Frankreichs in Europa nahm auch das französische Recht eine Vormachtstellung in Europa ein; die Kodifikation sollte praktisch die Hegemonie sichern.[25]

Der Gedanke der Zurückdrängung des französischen Rechts trat demzufolge erstmals ins Bewußtsein einer breiten Öffentlichkeit, als sich das politische Kräfteverhältnis 1814 zu Ungunsten Frankreichs radikal änderte. Es war das Jahr des Umbruchs, in dem der Sieg über Napoleon in der Schlacht von Waterloo noch nachwirkte und sich der Beginn des Deutschen Bundes auf dem Wiener Kongreß abzeichnete.[26]
Der Sieg über Napoleon hatte den Nationalstolz wieder erwachen lassen, die Fortgeltung des Code civil als fremdes Recht erschien unerträglich. Das althergebrachte römische Recht war aber gleichzeitig mit dem Niedergang des Heiligen Römischen Reiches seines ursprünglichen Geltungsgrundes beraubt worden. Das Reich, für das es lange Zeit gegolten hatte, war nicht mehr existent. Durch moder-

---

22 *Eisenhardt*, Rn. 273, 275; ausführlicher insoweit *Ebel*, S. 42 f.

23 Zu der Entwicklung des Allgemeinen Landrechts unter dem Gesichtspunkt des veränderten Staatsverständnisses und der Konzeption des Allgemeinen Landrechts an späterer Stelle noch ausführlicher.

24 *Hattenhauer*, a.a.O. S. 33, 37.

25 *Hattenhauer*, a.a.O. S. 38; *Huber*, Verfassungsgeschichte Bd. I S. 84 f.

26 *Laufs*, JuS 1973, S. 740; *Vierhaus*, § 5, S. 9 f.

ne Kodifikationen wie gerade auch den Code civil war das alte römische Recht jäh in die Wirklichkeit der bürgerlichen Freiheitsbewegung katapultiert worden. In dieser Zeitströmung hatte es jedoch keinen Platz mehr.
Wie also sollte die künftige Form des deutschen Zivilrechts aussehen? Man war diesbezüglich sehr bemüht, gestaltende Kräfte im eigenen Land zu finden, die neue Impulse auf rechtlichem Gebiet vorwärtstreiben konnten.[27]

Es war dann auch ein deutscher Rechtslehrer, der Heidelberger Professor für römisches Recht *Anton Friedrich Justus Thibaut*, der den Gedanken einer einheitlichen Zivilrechtskodifikation entzündete und verfocht.
In seiner berühmten, 1814 erschienenen Schrift „Über die Nothwendigkeit eines allgemeinen bürgerlichen Rechts für Deutschland" entwickelte er Für und Wider eines gemeinsamen Gesetzbuches für Deutschland. Er kritisierte die Zersplitterung, die Widersprüchlichkeit und die Rückständigkeit der verschiedenen Partikularrechte und schilderte in lebhaften Farben die Mängel des bestehenden Rechtszustandes. Die Deutschen könnten nur in ihren bürgerlichen Verhältnissen glücklich werden, wenn ein für ganz Deutschland geltendes Gesetzbuch erlassen werde.[28]
Gerade jetzt, nach den Befreiungskriegen und dem wieder erwachten Nationalstolz biete sich eine günstige Gelegenheit für die Verbesserung des bürgerlichen Rechts.[29]
Das in vielen Teilen Deutschlands immer noch geltende gemeine Recht römischen Ursprungs sei nicht geeignet, einen Grundstock für ein einheitliches Rechtssystem zu bilden. Das Recht müsse lebendig in den Köpfen der Juristen sein. Dies könne das römische Recht niemals werden. Es fehlten nämlich die Quellen, der „ganze vorhandene Wust jämmerlich zerstückelter Fragmente führe nur zur Auslegung in alle Richtungen und schaffe kritischen Zänkereien der Rechtsgelehrten freie Bahn". Das rezipierte römische Recht in der Form des Corpus Iuris Justinians sei in der Gegenwart nicht vollkommen zu verstehen, es würde die Kluft zwischen dem Volk und dem römisch-rechtlich geschulten Juristenstand nur noch vertiefen.[30] Die Rechtseinheit sei aber angesichts des bürgerlichen Verkehrs schon fast eine „schreyende Nothwendigkeit".[31]
Thibaut erblickte die Vorteile eines gemeinsamen bürgerlichen Gesetzbuches in dem „unendlichen Gewinn für die wahre, höhere Bildung der Diener des Rechts, der Lehrer und Lernenden durch ein einheitliches und übersichtliches Gesetz-

---

27 *Hattenhauer*, a.a.O. S. 40 f.
28 *Thibaut*, „vom Beruf unserer Zeit" in: Hattenhauer, „Thibaut und Savigny", S. 67.
29 *Hattenhauer*, a.a.O. S. 42 f.
30 *Thibaut*, a.a.O. S. 70 f.
31 *Laufs*, JuS 1973, S. 74; *Thibaut*, a.a.O. S. 78.

buch," in dem „Gewinn für den akademischen Unterricht".[32] Des weiteren betonte er auch die Bedeutung eines einheitlichen Gesetzbuchs für die nationale Einheit:

> „Sehen wir nun ferner auf das Glück der Bürger, so kann es gar keinen Zweifel leiden, daß ein solches einfaches Gesetzbuch für ganz Deutschland die schönste Gabe des Himmels genannt zu werden verdient. Schon die bloße Einheit wäre unschätzbar... Gleiche Gesetze erzeugen aber gleiche Sitten und Gewohnheiten und diese Gleichheit hat immer zauberischen Einfluß auf Völkerliebe und Völkertreue gehabt, der leidliche Streit über die örtliche Anwendbarkeit der Gesetze würde beseitigt. Kein einzelner Regent sei in der Lage, ein solches Gesetzbuch allein ausarbeiten zu lassen".[33]

Thibaut regte an, eine Versammlung von Rechtsgelehrten aus allen deutschen Ländern solle zusammentreten, um einen Entwurf für eine Kodifikation des bürgerlichen Rechts für das gesamte Reich zu erstellen.[34]

Nicht zu vergessen ist hier, daß der von *Thibaut* angestrebte Entwurf qualitativ eine völlig andere Dimension beinhaltete als die bereits bestehenden Kodifikationen. Bei dem von *Thibaut* angeregten Vorhaben ging es nicht mehr darum, wie beim Preußischen Landrecht und dem Österreichischen ABGB, etwas gerade im Gegensatz zum bestehenden gemeinen Recht zu schaffen, also für einen engen, begrenzten Rechtskreis etwas neueres und besseres an die Stelle des gemeinen Rechts zu setzen. Seine Intention war es vielmehr, etwas völlig neues zu schaffen, nämlich ein einheitliches Gesetzbuch, das nicht nur der Rechtsverbesserung eines beschränkten Rechtskreises dienen sollte, sondern einem ganzen Volk.[35]
Als ob *Thibaut* entsprechende Kritik vorausgeahnt hätte, wies er darauf hin, daß die Langwierigkeit und Kostspieligkeit dieses Unternehmens kaum zu befürchten seien, da mit dem Preußischen und Österreichischen Gesetzbuch sowie mit dem Code civil und dem bayrischen Entwurf bereits höchst lehrreiche Arbeiten vorlägen. Des weiteren sei es kein Hindernisgrund, die Arbeit an diesem Werk mit der Begründung zu verschieben, zu einem späteren Zeitpunkt werde man vielleicht noch fähiger sein als zum gegenwärtigen Zeitpunkt.[36]
Die nüchterne Gegenposition zu der patriotischen und politischen Argumentation *Thibauts* nahm der Jurist *Friedrich Carl von Savigny* ein. Er veröffentlichte ebenfalls 1814 als Antwort auf *Thibauts'* Forderung nach einer Kodifikation seine Schrift „Vom Beruf unserer Zeit für Gesetzgebung und Rechtswissenschaft". In

---

32 *Thibaut*, a.a.O. S. 74 f.
33 *Thibaut*, a.a.O. S. 77 f.
34 *Eisenhardt*, Rn. 519.
35 *Vierhaus*, § 5, S. 10.
36 *Thibaut*, a.a.O. S. 92 f.

dieser wandte er sich vehement gegen eine Kodifikation des bürgerlichen Rechts. *Savigny* stand auf dem Standpunkt, das wirkliche Recht ergebe sich aus dem Willen des Volkes, es stünde mit dessen Wesen und Charakter in organischem Zusammenhang. Es könne also nicht vom Staat gesetzt werden, sondern entwickle sich aus der rechtserzeugenden Kraft im Volk selbst, zunächst als Gewohnheitsrecht, dann durch Jurispudenz und wachse so mit dem Volk fort.[37]
Eine Kodifikation als die Aufzeichnung des gesamten Rechtsvorrates sei also nur dann sinnvoll, wenn sich die Rechtswissenschaft bereits allen vorliegenden Stoffes mit Erfolg bemächtigt habe, also

> „in solchen Zeiten, die an Bildung und Sachkenntnis höher stehen als die vorhergehenden, denn es sey sehr traurig, wenn durch die Unkunde der gegenwärtigen Zeit die Werke der Vorzeit verstümmelt werden sollten".[38]

Diese Voraussetzung sah er jedoch nicht als gegeben an und hielt deshalb die Ausbildung eines hervorragenden Juristenstandes für wichtiger als eine Kodifikation. Die Rechtssicherheit der Bürger würde nämlich durch einen tüchtigen Juristenstand weitaus mehr gefördert als durch neu geschaffene Gesetze.
Die praktischen Konsequenzen, die *Savigny* aus seiner Arbeit zog, waren folgende: in Ländern, in denen noch keine Gesetzbücher bestanden, sollten solche nur geschaffen werden, um zur Entscheidung von Kontroversen zu dienen oder um das bestehende Gewohnheitsrecht in Gesetzesform zu kleiden.
Vordringlichstes Ziel sei es jedoch, die im Wege der historischen Methode entwickelte Rechtswissenschaft Gemeingut aller Juristen werden zu lassen, praktischer als auch theoretischer. Dadurch würde der Juristenstand ein „Subjekt für lebendiges Gewohnheitsrecht, also für wahren Fortschritt". Abgeschafft werden sollten bestehende Gesetzbücher seiner Ansicht nach nicht, außer dem Code civil, den er als „überstandene politische Krankheit" betrachtete.[39]
Das „Gemeinsame" lag nach *Savignys* Auffassung dann in der Identität des rechtswissenschaftlichen Studiums für alle deutschen Länder, mit den Universitäten als einigendem Band. Eine organisch fortschreitende Rechtswissenschaft sei also das rechte Mittel zur Beseitigung der bestehenden Mängel.[40]

Das, was der Forderung *Thibauts'* in den Augen von *Savigny* entscheidend entgegenstand, war die starke territoriale Zersplitterung Deutschlands, die die Rechtsvereinheitlichung hemme. Eine kollegiale Erarbeitung müsse schon deswegen scheitern, weil die vorhandenen Juristen zu unterschiedliche Wissensstände hätten, um ein gemeinsames System auszuarbeiten. Die Erarbeitung durch einen ein-

---

[37] *Savigny*, „über die Notwendigkeit" in: *Hattenhauer*, Thibaut und Savigny, S.103 ff.
[38] *Savigny*, a.a.O. S. 109 ff.
[39] *Savigny*, a.a.O. S. 171 f, 175 f.
[40] *Savigny*, a.a.O. S. 186 ff.

zelnen käme genauso wenig in Betracht, denn „den" einzelnen, wahren Gesetzgeber zu finden, sei wegen der völligen Ungleichartigkeit und individuellen Bildung der Juristen unmöglich. Kein einzelner könne als „der" Repräsentant der Juristengattung betrachtet werden.[41]

Letztlich zeigte sich, daß *Savigny* die Stimmung im Volk, die einsetzende Restauration und die Bedenken, die gegen eine einheitliche Kodifikation sprachen, zutreffend erkannt hatte. *Thibauts* Forderung nach einem einheitlichen bürgerlichen Recht scheiterte im Jahr 1814 am damaligen Zeitgeist. Dieser befand, daß Deutschland weder politisch noch juristisch reif für ein solches Vorhaben sei.

bb) Das Bemühen um die Rechtseinheit im Deutschen Bund

Prägend für die Geschichte des Deutschen Bundes waren seine unterschiedlichen Reformvorhaben, darunter auch die Idee einer Rechtsvereinheitlichung. Das Handicap des Deutschen Bundes, um in dieser Frage wirksam agieren zu können, war jedoch seine staatsrechtliche Form. Als Staatenbund fehlte ihm die Gesetzgebungskompetenz, er konnte nur auf die Annahme gesetzgeberischer Vorschläge seiner Mitglieder hinwirken.[42]

Allein in der Zeit von 1857 bis 1862 befaßte sich die Bundesversammlung in 226 Sitzungen mit gesetzgebungspolitischen Maßnahmen.[43] Es wurden wiederholt Versuche unternommen, trotz des unvollkommenen Staatsapparates einheitliche Gesetzbücher zu schaffen. Insbesondere in seiner Endphase brachte der Deutsche Bund noch bedeutende Vorhaben in Bezug auf die Rechtseinheit in Deutschland auf den Weg. Zwei dieser Versuche waren von Erfolg gekrönt, die Schaffung der Allgemeinen deutschen Wechselordnung (ADWO) und des Allgemeinen deutschen Handelsgesetzbuches.

Die Entstehung der Allgemeinen Wechselordnung, von der Paulskirchenversammlung 1848 als Reichsgesetz beschlossen, begann bereits ein Jahr früher. Auf

---

[41] *Savigny*, a.a.O. S. 189 f.

[42] *Vierhaus*, § 7, S. 19.

[43] Vgl. *Laufke*, S. 1. Es ist sinnvoll, nur von gesetzgebungs*politischen* Maßnahmen statt von Gesetzgebungsmaßnahmen zu sprechen, denn in der zweiten Hälfte des Jahrhunderts setzte sich die Auffassung durch, daß der Bund unzuständig für Gesetzgebungsmaßnahmen sei. Nach der liberalen Staatslehre, die sich nach 1848 durchgesetzt hatte, wurde der Bund als völkerrechtliches Gebilde betrachtet. Normadressaten waren die Bundesländer, sie mußten die Entwürfe der Bundesversammlung in Landesrecht transformieren, damit diese Gesetzeskraft erlangen konnten. Die Funktion des Bundes reduzierte sich also darauf, nur noch Empfehlungen auszusprechen, deren Annahme allein im Ermessen der Länder lag. Der Bund konnte demnach nicht mehr gesetzgeberisch tätig werden, er konnte die Rechtsvereinheitlichung nur noch durch Vermittlung zwischen den Ländern und Förderung ihrer Gesetzgebungsakte mittelbar unterstützen.

Initiative Preußens versammelten sich am 20. Oktober 1847 Abgeordnete von 19 Bundesstaaten in Leipzig zur Beratung über eine allgemeine Wechselordnung. Am 7. Dezember wurde der Entwurf dem Plenum der Abgeordneten vorgelegt und von diesem in der Sitzung vom 9. Dezember 1847 angenommen. Auch wenn die Allgemeine Wechselordnung 1848 schließlich als Reichsgesetz verabschiedet wurde, lagen seine Wurzeln doch in der Zeit des Deutschen Bundes. Die ADWO wurde in der Folgezeit von den einzelnen Bundesstaaten als Landesgesetz übernommen, um schließlich am 5. Juni 1869 Gesetz des Norddeutschen Bundes zu werden, und, nach der Reichsgründung 1871 als Reichsgesetz fortzubestehen.[44]

Eine ähnliche Geschichte ist die des Allgemeinen deutschen Handelsgesetzbuches. Auch dieses wurde auf die Initiative Preußens vom 21. Februar 1856 hin erarbeitet, vertreten waren 21 Bundesstaaten. Grundlage waren ein preußischer sowie ein österreichischer Entwurf. Nach abschließender Beratung wurde es 1861 vom deutschen Bundestag in Frankfurt beschlossen und von den einzelnen Staaten des deutschen Bundes in Kraft gesetzt.
1869 wurde es Gesetz des Norddeutschen Bundes,[45] 1871 Reichsgesetz.[46]
Der dritte Entwurf jener Zeit, der eines gemeinsamen Zivil- und Strafgesetzbuches war dagegen nicht von Erfolg gekrönt.
Er scheiterte zunächst fast an interner Uneinigkeit. Preußen nämlich, sowohl bei der Schaffung der Wechselordnung als auch beim Handelsgesetzbuch treibende Kraft, legte diesmal gegen das Vorhaben Verwahrung ein. Man war der Meinung, der Bund sei inkompetent, ein solches Werk zu schaffen.[47]
Dennoch trat eine Kommission zur Ausarbeitung des geplanten Entwurfes zusammen. In der mit zehn Staaten durch acht Mitglieder vertretenen Teilnehmerzahl zeigte sich aber schon bald ein deutlich geringeres Interesse an dem geplanten Vorhaben als dies noch beim Handelsrecht und der Wechselordnung der Fall gewesen war. Die Kommission nahm in 324 Sitzungen zwei Lesungen vor und erteilte nach Beendigung der Arbeiten ihrem ersten Sekretär den Auftrag zur Veröffentlichung des Entwurfs und seiner Protokolle. Die Vorrede zu dem Abdruck des Entwurfs ist datiert vom 13. Juni 1866. Am Folgetag brach der Krieg zwischen Preußen und Österreich um Schleswig-Holstein aus und beendete die Ära des Deutschen Bundes und damit auch die beabsichtigte Veröffentlichung. Die politische Lage hatte wieder einmal weitere Kodifikationsbemühungen zunichte gemacht.

---

44 *Eisenhardt*, § 67, Rn. 564.

45 BGBl. 1869, Nr. 32, S. 379- 602.

46 Bis zum Ende des Jahres 1868 wurde der Entwurf dieses Handelsgesetzbuches in allen deutschen Bundesstaaten als auch in Österreich in Kraft gesetzt, so daß ab 1. Januar 1869 in ganz Deutschland zumindest ein fast gleichlautendes Handelsrecht galt. Vgl. hierzu RGBl. 1871 Nr. 16, S. 63-86; Nr. 17, S. 87-90; *Eisenhardt*, § 67, Rn. 565.

47 *Vierhaus*, § 10, S. 23.

(1) Die Kodifikationsbemühungen 1848

Besonders großen Zuspruch erfuhr der Kodifikationsgedanke, für den *Thibaut* sich bereits 1814 so leidenschaftlich eingesetzt hatte, im Revolutionsjahr 1848. Nach der Revolution vom März 1848 in Wien, Berlin und München versammelten sich mehrere hundert Abgeordnete aus dem ganzen Bundesgebiet zur Schaffung einer einheitlichen Reichsverfassung in der Frankfurter Paulskirche. Die Forderung nach Rechtseinheit wurde lauter als je zuvor.

Deutsche Patrioten wie *Ernst Moritz Arndt* und der rechtspolitisch engagierte Professor *Karl Joseph Anton Mittermaier* forderten eine einheitliche Gerichtsbarkeit und ein einheitliches Obergericht. Die Frankfurter Reichsverfassung vom 28. März 1848 legte dann auch in § 64 der Paulskirchen-Verfassung die Begründung der Rechtseinheit in Deutschland ausdrücklich in die Hände der Reichsgewalt:

> „Der Reichsgewalt liegt es ob, durch die Erlassung allgemeiner Gesetzbücher über bürgerliches Recht, Handels- und Wechselrecht, Strafrecht und gerichtliches Verfahren die Rechtseinheit im deutschen Volke zu begründen.“ [48]

Die Verwirklichung dieser Verfassung scheiterte jedoch an dem wieder aufflammenden Streit um die Grenzen des Bundes zwischen den Anhängern einer großdeutschen Lösung mit Österreich und einer kleindeutschen Lösung ohne die Aufnahme Österreichs in den Bund. Durchsetzen konnte sich zunächst die kleindeutsche Lösung eines Nationalstaates unter preußischer Führung. Als aber Friedrich Wilhelm IV. von Preußen die ihm angebotene Kaiserkrone von Volkes Gnaden mit Rücksicht auf die Rechte der deutschen Fürsten und als „behaftet vom Ludergeruch der Revolution“ ablehnte, löste sich die Nationalversammlung auf und begrub damit ein weiteres Mal die Träume von der baldigen Rechtseinheit.[49]

Trotz ihres politischen Scheiterns hatte die Frankfurter Nationalversammlung noch die Allgemeine Deutsche Wechselordnung als Reichsgesetz auf den Weg gebracht, an deren Ausarbeitung auch *Thibaut* bedeutenden Einfluß hatte. [50]

---

[48] Vgl. *Huber*, Dokumente Band I, Nr. 108, S. 375-396 (381).

[49] *Huber*, Dokumente Bd. I, Nr. 110, S. 402 f: Brief König Friedrich Wilhelms IV. an den Gesandten Freiherr v. Bunsen.

[50] Die Grundlage ihrer Entwicklung hatte die ADWO jedoch bereits im Zollverein erfahren, der am 1. Januar 1834 auf Initiative Preußens gegründet worden war und ein einheitliches Wirtschaftsgebiet schuf. Er bestand bis 1871. Dazu auch *Gmür*, Rn. 385, 408; *Laufs*, JuS 1973, S. 741. Die Entstehungsgeschichte der Wechselordnung findet sich auch als kurzer Ausriß bei *Getz*, S. 106-113.

Mit ihrem Gelingen war zum ersten Mal in der deutschen Geschichte ein wichtiges Gebiet des Zivilrechts einheitlich und erschöpfend geordnet worden. Die Schaffung der ADWO durchbrach den Stillstand der Kodifikationsbewegung und schuf neue Anreize auf dem Weg zur Rechtseinheit.[51]

(2) Das Wirken des Deutschen Juristentages

Innerhalb dieser Zeitperiode muß hier auch die Arbeit des Deutschen Juristentages Erwähnung finden, denn seine Arbeit war eng verknüpft mit den gesetzgebungspolitischen Ansätzen im Bund.

Der Deutsche Juristentag wurde im März 1860 in Berlin gegründet und war getragen von der „Idee der Einigung der deutschen Nation auf dem Gebiet des Rechts".

Bereits auf seiner ersten Sitzung wurde der Antrag gestellt, die Notwendigkeit und Erwünschung der Rechtseinheit zu proklamieren.[52] Mit dieser Forderung wurde offensichtlich, daß die Ideale der Paulskirchenverfassung, darunter auch das Streben nach Rechtseinheit im Gespräch geblieben und sogar lebendiger waren als je zuvor. Die geschichtliche Idee der deutschen Rechtseinheit hatte den Zusammenbruch der national-liberalen Bewegung von 1848/49 überdauert, ja mehr noch, sie war zum anerkannten Allgemeingut geworden. Dies zeigte sich sehr deutlich darin, daß der Antrag auf Förderung der Rechtseinheit vom Deutschen Juristentag quasi als oberstes Ziel proklamiert wurde und die Hinarbeit auf seine Verwirklichung das Bestreben und die Arbeit des Juristentages kennzeichnen sollte.

Auf dem zweiten Juristentag 1861 in Dresden erging wiederum der Beschluß, auf die Herstellung eines einheitlichen Zivilrechts hinzuarbeiten.[53]

Diese fortwährenden Empfehlungen, die der Deutsche Juristentag den Regierungen zukommen ließ, - aktive Einflußnahme auf die Politik war dem Juristentag aufgrund seiner Konzeption verwehrt - stießen zwar grundsätzlich auf keine ernsthafte Ablehnung, politische Querelen und verschiedene Ziele der einzelnen Landesregierungen verhinderten aber ihre rasche Umsetzung.

Der Juristentag legte taktisch vorausschauend Wert auf die Mitwirkung der Volksvertretungen der Länder bei der Aufstellung der Entwürfe.

Man wollte die Länderparlamente nämlich nicht in die schwierige Situation bringen, zu einem auf Bundesebene vorgelegten Entwurf entweder nur „ja" oder „nein" sagen zu können.[54]

---

[51] Vgl hierzu *Laufke*, S. 5.

[52] So stellte auf dem ersten Deutschen Juristentag 1860 in Berlin *Prof. Dr. Unger* bereits den Antrag, der Juristentag wolle aussprechen, daß es dringend wünschenswert sei, im Anschluß an das Handels- und Wechselrecht und zur Anbahnung eines gemeinsamen Zivilgesetzbuches zunächst sofort die Abfassung eines Allgemeinen deutschen Gesetzes über das Obligationenrecht zu unternehmen. Vgl. hierzu Verhandlungen des 1. Deutschen Juristentages, Bd. 2, S. 128.

[53] Verhandlungen des 1. Deutschen Juristentages, Bd. 2, S. 100-133.

Die Mehrzahl der Landesregierungen stand der Idee einer einheitlichen Zivilrechtskodifikation jedoch eher skeptisch gegenüber. Man befürchtete den schwindenden Einfluß der landesrechtlichen Gesetzgebung. Gerade die kleinen Länder hielten eifersüchtig am Status Quo fest. An diesem politischen Problem der Reformunfreudigkeit war bereits *Thibaut* 1814 gescheitert.
Auch wenn es dem Juristentag verwehrt war, aktiven Einfluß auf die Regierungen nehmen zu können, so lag doch seine Stärke in der erstmaligen Vereinigung der gesamten Rechtswissenschaft unter „einem Dach". Man hatte losgelöst von partikularrechtlicher Isolation mit dem Juristentag ein Organ geschaffen, welches die verschiedenen rechtlichen Strömungen und den juristischen Sachverstand bündeln und zum Vorteil der Rechtsentwicklung einsetzen konnte.[55]

cc) Die Lex Lasker

Mit dem Ende des Deutschen Bundes durch den Krieg um Schleswig-Holstein waren zunächst alle Bemühungen zur Schaffung einer einheitlichen Zivilrechtskodifikation auf Bundesebene wieder zurückgeworfen worden.
Bei der staatsrechtlichen Neuordnung Deutschlands und der Gründung des Norddeutschen Bundes war zunächst unklar, ob die Reform und Kodifikation des Privatrechts zu den nationalen Aufgaben der neuen staatsrechtlichen Schöpfung gehören sollte, die an die Stelle des Deutschen Bundes treten würde oder aber ob die Einzelstaaten ihre bis dahin erfolglosen Bestreben fortsetzen würden und sollten.
Österreich blieb dem Norddeutschen Bund fern, damit war offensichtlich, daß man auf einheitliche Bestrebungen nicht mehr hoffen konnte. Die mögliche Erarbeitung eines einheitlichen Zivilrechts im Norddeutschen Bund war damit bereits auf die Staaten nördlich der Mainlinie beschränkt.
Hier jedoch wurde der Kampf um eine einheitliche Kodifikation mit Engagement und Ausdauer fortgeführt.

Hervorgetreten sind in diesem Zusammenhang insbesondere zwei Politiker der Nationalliberalen Partei: *Johannes von Miquél* und *Eduard von Lasker*. Mit ihren Namen verbindet sich das Ringen um die Rechtseinheit.
Ausgangspunkt ihrer Bemühungen war der Verfassungsentwurf des Norddeutschen Bundes, der in der konstituierenden Reichstagssitzung vom 4. März 1867 den verbündeten Regierung vorgelegt wurde. Dieser wies in Art. 4 No. 13 dem Bund folgende Gesetzgebungskompetenz zu:

---

[54] *Vierhaus*, § 6, S. 18.
[55] *Getz*, S. 146.

> „die gemeinsame Civilprozeßordnung und das gemeinsame Konkursverfahren, Wechsel- und Handelsrecht“.[56]

Miquél und *Lasker* hatten sich jedoch zum Ziel gesetzt, dem Bund die Gesetzgebungskompetenz für das gesamte Zivilrecht zu verschaffen. Beide stellten zu Art. 4 No. 13 Abänderungsanträge. *Miquél* forderte, dem Bund

> „die gemeinsame Gesetzgebung über das bürgerliche Recht, das Strafrecht und das gerichtliche Verfahren zuzuweisen.“[57]

Nach dem Antrag von *Lasker* sollte das Obligationenrecht, das Strafrecht, Handels- und Wechselrecht und das gerichtliche Verfahren der Reichsgesetzgebung unterworfen werden.[58]
Zu bemerken ist jedoch noch, daß die Anträge lediglich beabsichtigten, die Festsetzung der Bundeszuständigkeit für die genannten Rechtsgebiete zu erreichen. Die Frage allerdings, ob dann eine Kodifikation auf Bundesebene oder im Wege der Einzelgesetzgebung herbeizuführen sei, war damit noch in keinster Weise entschieden.

Am 20. März kam es zur Abstimmung über die gestellten Anträge.[59] *Lasker* argumentierte folgendermaßen:
Das Zivilrecht enthalte außer dem Obligationenrecht noch die Materien Sachenrecht, Personenrecht und Erbrecht. Bei keiner dieser Materien liege die Notwendigkeit einer gemeinschaftlichen Gesetzgebung so klar auf der Hand wie beim Obligationenrecht. Gerade nachdem das Handels- und Wechselrecht schon gemeinsames deutsches Recht geworden sei, sei es unumgänglich, jetzt auch ein gemeinsames Obligationenrecht zu schaffen. Des weiteren müßten sogar einige Materien wie das Erbrecht der Provinzialgesetzgebung vorbehalten werden.[60]

---

[56] Schlußprotokoll vom 7. Februar 1867; *Huber*, Verfassungsgeschichte Bd 3, S. 653.
[57] Stenographische Berichte des Norddeutschen Reichstages 1867, S 235; Drucks. No 29.
[58] Vgl. Stenographische Berichte a.a.O. S. 292; Drucks. No. 16.
[59] Stenogr. Berichte a.a.O. S. 284-292, (Abstimmung S. 292).
[60] Stenogr. Berichte a.a.O. S. 284 f. Interessant ist in diesem Zusammenhang, daß *Lasker* sich in späteren Sitzungen des Norddeutschen Reichstages inhaltlich konform mit dem weitergehenden Antrag *Miquéls* zeigte und ebenfalls eine unbeschränkte Zivilgesetzgebungskompetenz des Bundes befürwortete. Auf diesen Widerspruch hingewiesen, entgegnete *Lasker*, er wäre von Anfang an inhaltlich für den Antrag *Miquéls* gewesen. Es sei aber aus taktischen Erwägungen klüger gewesen, noch einen Antrag in Reserve zu haben. Falls der weitergehende abgelehnt werden sollte, könnte man dann zumindest das Geringere erreichen. *Miquél* und *Lasker* gingen in dieser Frage also nicht nur taktisch, sondern auch arbeitsteilig geschickt vor. Vgl. *Vierhaus*, § 15, S. 35.

Miquél dagegen betonte, er betrachte es als „unbedingt notwendig, bei der Gründung eines neuen, nationalen Staates Rechtseinheit zu schaffen. Finde sein Antrag keine Mehrheit, so sei es unausweichlich, auf dieses Anliegen im Wege einer Verfassungsänderung zurückzukommen.“ [61]
Unterstützung erhielt *Miquél* ferner noch von zwei Rechtsgelehrten aus Leipzig: *von Wächter* und *von Gerber*, die die Herstellung eines gemeinsamen Zivilrechts als erstrebenswertes Ziel der Zukunft und edles und berechtigtes Ziel des deutschen Volksgeistes bezeichneten.[62] Ihre Unterstützung ist deshalb so bemerkenswert, weil beide eigentlich grundsätzlich gegen zentralistische Bestrebungen waren. *Wächter* stimmte im Endeffekt sogar gegen die Bundesverfassung.
Auch diese Unterstützung verhalf *Miquél* jedoch nicht zur Erreichung seines Ziels. Der Reichstag lehnte seinen Antrag knapp ab. Gefolgt wurde statt dessen dem Eventualantrag *Laskers*.

Art. 4 Ziffer No. 13 der Verfassung des Norddeutschen Bundes lautete demzufolge nunmehr wie folgt:

> ...“danach umfaßt die Bundeskompetenz die gemeinsame Gesetzgebung über das Obligationenrecht, das Strafrecht, das Handels- und Wechselrecht und das gerichtliche Verfahren.“ [63]

Damit war zumindest ein erster Schritt auf dem Weg getan, dem Bund die gesamte Gesetzgebungskompetenz für das Zivilrecht zuzuweisen.

Den nächsten Anlauf unternahm *Lasker* 1869. Zusammen mit *Miquél* stellte er im Reichstag den verfassungsändernden Antrag auf Erlaß eines Gesetzes, durch das dem Bund die gemeinsame Gesetzgebung über das gesamte bürgerliche Recht, das Strafrecht, das gerichtliche Verfahren und die Gerichtsorganisation zugewiesen werden sollte.[64] Die drei folgenden Beratungen des Reichstages drehten sich vor allem um die staatsrechtliche Frage, ob der Norddeutsche Bund befugt war, im Wege der Verfassungsänderung seine eigene Zuständigkeit zu erweitern.[65]
Der schärfste Kritiker des Antrags *Miquél/Lasker*, der Abgeordnete *Windthorst*, brachte die Sprache auf das Hauptdilemma der Beratungen. Man sei sich ja nicht

---

[61] Vgl. *W. Schultze/F.Thimme*, Johannes v. Miquéls Reden Bd. I, S. 218, 222; Stenographische Berichte a.a.O. S. 285.
[62] *Rassow*, Die Verhandlungen der Kommission, in: Gruchot, Beiträge Bd. 21 1877, S. 172.
[63] Stenogr. Berichte a.a.O. S. 292; *Huber*, Dokumente Bd. II, S. 273.
[64] Vgl. Stenogr. Berichte 1869, Bd. I, S. 445-449, Bd. III, S. 175 (Antrag); Drucksache No. 52.
[65] Die erste Beratung des gestellten Entwurfes fand in der 22. Sitzung vom 19. April 1869 statt, die zweite in der 29. Sitzung vom 28. April 1869; vgl. Stenogr. Berichte a.a.O. S. 635-662.

einmal einig darüber, ob man nur eine Bundeskompetenz für zivilrechtliche Einzelgesetze oder gleich ein einheitliches Zivilgesetzbuch schaffen wolle.[66]
Die Gegner des Kodifikationsgedankens um *Windthorst* betonten die Unmöglichkeit, für Gebiete verschiedenen Rechts wesentliche Teile des Zivilrechts einheitlich zu regeln. Es bestünde ferner die Gefahr, daß künstlich geschaffenes Recht dem Volksleben immer fremd bleiben werde. Bedenkenswert sei auch die ungeheure Größe der bevorstehenden Aufgabe. Ein Beitritt der süddeutschen Staaten zum Norddeutschen Bund auf friedlichem Wege werde erschwert, wenn nicht sogar fast unmöglich gemacht, wenn die Bundeskompetenzen auf das Gebiet des Bürgerlichen Rechts ausgedehnt würden.[67]
Dem hielten die Befürworter der Verfassungsänderung entgegen, bereits das preußische Landrecht hätte unter Beweis gestellt, daß es sehr wohl möglich sei, neues Recht zu schaffen, welches im Volk auch akzeptiert würde. Gerade dieses gelungene Vorhaben zeige, wie notwendig die Abschleifung des Partikularismus durch die Schaffung gemeinsamer Zivilgesetze für das Reich sei.[68]
Der von den kleineren Staaten geäußerten Befürchtung des Kompetenzverlustes durch die Übertragung der Gesetzgebungsgewalt auf das Reich begegnete *Miquél* mit einem sehr gewichtigen Gegenargument: er wies darauf hin, daß gerade den kleineren Ländern vielfach die Kraft zur Schaffung eigener Zivilgesetze fehlen würde. Deshalb sei es wahrscheinlich, daß Preußen, wie schon bei der Schaffung des Handelsgesetzbuches die Vorreiterrolle übernehmen werde und den Einzelstaaten dann keine andere Möglichkeit mehr bleiben könnte als das preußische Werk zu übernehmen.[69]

Nach drei Beratungen wurde der Antrag von *Miquél/Lasker* durch den Reichstag des Norddeutschen Bundes am 5. Mai 1869 angenommen.[70]
Nun lag es nur noch an der Zustimmung des Bundesrates. Dieser hatte am 16. Juni 1869 den Antrag zunächst abgelehnt.[71] *Miquél* und *Lasker* versuchten sodann den Weg über das preußische Abgeordnetenhaus.

Dort stellten sie den Antrag,

> die „Königliche Staatsregierung aufzufordern, ihren ganzen Einfluß geltend zu machen, daß im Wege der Bundesgesetzgebung die Kompetenz

---

[66] Stenogr. Berichte a.a.O. S. 457, 459, 468.
[67] Stenogr. Berichte a.a.O. S. 453; Stellungnahme des Abgeordneten *v. Zehmen*.
[68] Stenogr. Berichte a.a.O. S. 456 f; Stellungnahme des Abgeordneten *v. Schultze*.
[69] Stenogr. Berichte a.a.O. S. 447.
[70] Stenogr. Berichte a.a.O. S. 835.
[71] Protokolle über die Verhandlung des Bundesrates von 1869, S. 269.

des Norddeutschen Bundes auf das gesammte bürgerliche Recht ausgedehnt werde"[72]

Das Abgeordnetenhaus nahm den Antrag mit großer Mehrheit an. Zu erkennbaren Fortschritten kam es dennoch aber nicht.[73]
Dies lag nicht zuletzt daran, daß sich insbesondere die Zentrumspartei in rhetorischen Auseinandersetzungen massiv gegen ein einheitliches Zivilrecht ausgesprochen hatte.
Man verletze durch eine Uniformierung des Rechts heilige Tradition und gewachsenes Rechtsempfinden.[74] Die Rechtseinheit sei ein Vorgang, dessen Folgen in Reichweite und Tragfähigkeit unabsehbar wären. Das Beispiel Frankreichs könne hier nicht herangezogen werden, denn es gäbe einen qualitativen Unterschied. Aufgrund der Revolution von 1789 hätte sich sowieso das ganze politische System im Umbruch befundenen. Aus diesem Grund sei eine Vereinheitlichung des Rechts durch den Code civil etwas völlig anderes als die gegenwärtige Situation in Deutschland. Diese sei historisch gewachsen und mache deshalb die Lage unvergleichbar schwieriger. Gerade die Vorstellung, durch eine von der Politik ausgehende Gesetzgebung in die Verhältnisse des bürgerlichen Rechts einzugreifen, weckte beim konservativen Lager keine Sympathien, denn „kein Mensch könne beurteilen, wie weit ein solcher Eingriff die Rechtsverhältnisse des einzelnen treffe".[75]
Das Streben nach Freiheit bedeute eben auch, den einzelnen Landesteilen zu gestatten, an Gewohnheiten festzuhalten, die sich in Jahrhunderten herausgebildet hätten. Sie sollten auch im neuen Reich die Möglichkeit haben, sich an ihren eigenen Entwicklungen orientieren zu dürfen, ohne daß ihre Rechtsauffassung durch die politische Diskussion über ein einheitliches bürgerliches Recht aufgerüttelt würde.[76]
Auf dem Gebiet des Erbrechts sei eine Vereinheitlichung besonders problematisch.
Kulturzustände und Gewohnheiten seien hier besonders prägend. Deshalb sei es auch richtig und wichtig, daß die partikularrechtliche Gesetzgebung hier erhalten

---

[72] Vgl. Stenographische Berichte über die Verhandlung der beiden Häuser des Landtages, Haus der Abgeordneten 1869 Band II, S. 719 ff, Drucksachen des Abgeordnetenhauses 1869/70, No. 32, Stenogr. Berichte Anlagen Band I, S. 275. Als Begründung des Antrags ist a.a.O. angeführt, die Rechtseinheit werde als dringendes Bedürfnis gefühlt und der Reichstag hätte die Ausdehnung der Kompetenz über das gesamte bürgerliche Recht bereits beschlossen, nur die Zustimmung des Bundesrates sei noch nicht erfolgt.

[73] *Vierhaus* S. 40.

[74] Vgl. hierzu die ausführliche Darstellung bei *Schubert*, Materialien Band I, S. 27 ff; Stenogr. Berichte 1869 Bd. I, S. 463. Stellungnahme des Abgeordneten *Schwarze*.

[75] Stellungnahme von *Zehmen*, Stenogr. Berichte a.a.O, S. 453.

[76] Stellungnahme von *Reichensberger*, Sten. Berichte Bd. I 1871, S. 209 (211); auch *Laufs*, S. 296.

bleibe. Der Reichstag hätte gar nicht die Fähigkeit, die Interessen der einzelnen Gebiete zufriedenstellend zu vertreten. Die Mannigfaltigkeit, die sich ausgeprägt habe, sei deutsche Individualität und deswegen zu schützen. Man verletzte das Rechtsgefühl bei einer Übertragung der Gesetzgebungsbefugnis auf das Reich.[77]

Der gewichtigste Gegner der Kodifikation *Windthorst* bemerkte, er werde glücklich sein, wenn ein gut erarbeiteter und durchdachter Entwurf eines Bürgerlichen Gesetzbuches für ganz Deutschland zustande käme. Er müsse sich aber gegen die mit dem gegenwärtigen Antrag verbundene Möglichkeit, beliebige zivilrechtliche Einzelgesetze zu schaffen, aussprechen.[78]
Solange der Deutsche Bund als staatsrechtliches Gebilde noch bestand, kam es zu keiner weiteren Fortbewegung oder bahnbrechenden Entscheidung in Bezug auf eine einheitliche Zivilrechtskodifikation.
Nach der Gründung des Deutschen Reiches 1871 wiederholten *Lasker* und *Miquél* am 9. September 1871 ihren Antrag von 1869 im neuen Reichstag.
Miquél wies in diesem Zusammenhang noch einmal nachdrücklich darauf hin, daß das römische Recht, in Latein geschrieben und von vielfältigen Kontroversen belastet, niemals ein Volksrecht werden könne. Es werde immer ein Juristenrecht bleiben. Auch das ALR und der Code civil stellten keine geeignete Grundlage für die Zukunft dar. Ersteres genüge der heutigen Zeit nicht mehr und letzteres sei und bleibe nun einmal fremdes Recht.[79]
Dies sah die Mehrheit der Delegierten wohl ähnlich, denn der Reichstag folgte dem Antrag mit großer Mehrheit.[80]
Der Bundesrat dagegen tat sich schwer mit der geplanten Rechtsvereinheitlichung. Er sprach sich mehrheitlich gegen den Antrag aus, ohne daß es zu einer Abstimmung kam.[81] Die Gründe für die ablehnende Haltung des Bundesrates dürften darin gelegen haben, daß die übrigen Staaten den Verlust ihrer Justizhoheit durch eine Bundesgesetzgebung einerseits und die Vorherrschaft Preußens bei der Ausarbeitung eines bürgerlichen Gesetzbuches andererseits befürchteten.[82]

---

77 Stenogr. Berichte 1871 Bd. I, S. 214 Stellungnahme des Abgeordneten v. *Helldorf.*
78 Stenogr. Berichte 1873 Bd. I, S. 170 f.
79 Stenogr. Berichte 1873 Bd. I, S. 207.
80 Stenogr. Berichte a.a.O. 2. Session 1871 Bd. I, S. 206 ff, 276 ff; Zustimmung zum Antrag S. 290.
81 *Ramm*, S. L 193.
82 Im Ausschuß des Bundesrates für Verfassung und Justizwesen waren es nur Preußen, Lübeck und Baden gewesen, die den Vorstoß von *Lasker* und *Miquél* befürworteten, wogegen die drei Königreiche im Deutschen Reich dem Vorhaben ablehnend gegenüberstanden. Sie besaßen im Bundesrat für Verfassungsänderungen außerdem eine Sperrminorität, so daß es zwingend notwendig war, eine einheitliche Linie zu der Frage der Zivilrechtskodifikation zu finden. Aus dem Bericht von *Krüger* vom 09. Dezember 1871 geht im übrigen auch deutlich hervor, daß man sich der Tatsache bewußt war, daß der Reichstag schon dreimal – diesmal mit sehr großer Zustimmung – für den Antrag gestimmt hatte. Ebenso ist auch offensichtlich, daß man sich

Preußen versuchte, diese Befürchtungen zu zerstreuen und brachte die Thematik am 8. April 1872 vor das Bundesratsplenum.[83] Dort bekundeten dann Sachsen und Württemberg, daß sie einer Verfassungsänderung zum Zweck der Schaffung eines einheitlichen Zivilrechts nicht per se ablehnend gegenüberstünden.[84]
Am 29. Mai 1872 beschäftigte sich der Reichstag erneut mit dem Antrag *Laskers*, diesmal allerdings gekürzt um den Passus „einschließlich der Gerichtsorganisation". Auch diesmal stimmte der Reichstag dem Antrag zu, ohne daß sich Aktivitäten verfassungsändernden Ausmaßes abzeichneten oder eine Zustimmung des Bundesrates erfolgte.[85]

In der Folgezeit jedoch gaben die drei Königreiche im Bundesrat ihren Widerstand gegenüber einer einheitlichen Zivilrechtskodifikation allmählich auf. Im Frühjahr 1873 hatten sich Württemberg und Bayern bereits darauf verständigt, daß eine „Lösung im nationalen Sinne" gefunden werden müsse. Im Zuge der Beratung der Bundesratsausschüsse am 31. März 1873 erklärte Preußen sodann, daß die Schaffung einer Zivilrechtskodifikation das nächste Ziel sei.[86] Wohl in Kenntnis der Tatsache, daß die Schaffung eines einheitlichen Zivilrechts nun nicht mehr zu verhindern war, gaben auf der Seite der Gegner zunächst die Königreiche Württemberg und Sachsen ihren Widerstand auf, allerdings unter der Bedingung, daß sofort eine Kommission zur Ausarbeitung eines Bürgerlichen Gesetzbuches eingesetzt würde. Man wollte mit dieser Forderung wohl unterstreichen, daß man

über die Bedeutung der Materie an sich einig war. *Krüger* bemerkte diesbezüglich: „...die entscheidenden Momente liegen nicht in der Materie, sondern in der politischen Frage". Ebenso heißt es in dem Bericht von *Krüger* weiter: „...Der Reichstag wird die Ablehnung des mit großer Majorität und ohne jeglichen Widerspruch der Regierungen angenommenen Lasker'schen Antrages als übel empfinden..." Vgl. hierzu die Quellen bei *Schubert*, Materialien Band I, S. 28 f, insbesondere S. 127 ff.

83 Anzumerken ist an dieser Stelle, daß Preußen ausdrücklich die Erarbeitung einer einheitlichen Kodifikation befürwortete, da dies in seinem Interesse lag. Seit dem Erwerb von Hannover und Hessen-Kassel bestand Preußen aus drei Rechtsgebieten: dem des ALR, des gemeinen Rechts und des französischen Rechts. Auch bedingt durch Industrialisierung und fortschreitende Mobilisierung der Bevölkerung war man zu der Erkenntnis gelangt, daß eine Vereinheitlichung des Zivilrechts unbedingt notwendig war. Hierzu auch *Schubert*, Materialien Band I, S. 27 f.

84 *Schubert* a.a.O. S. 132 f, 139 ff.: So hatte der württembergische Justizminister *v. Mittnacht* in der Bundesratssitzung vom 9. April 1872 erklärt, die württembergische Regierung werde der angemessenen Erstreckung der Reichsgesetzgebung nicht entgegentreten und werde sich insbesondere der Abfassung eines bürgerlichen Gesetzbuches für das Reich mit jeder möglichen Förderung zuwenden (a.a.O. S. 137). Bayern stand zu diesem Zeitpunkt dem Vorhaben immer noch ablehnend gegenüber. Der bayrische Bevollmächtigte erklärte, die Möglichkeit regelloser Erlasse von Reichsspezialgesetzen auf dem ganzen Gebiete des Privatrechts werde die Tätigkeiten der Landesgesetzgebungen im Zivilrecht lahmlegen und eine erhöhte Rechtsunsicherheit zur Folge haben (*Schubert* a.a.O. S. 146).

85 Stenogr. Berichte 1872, S. 596 ff, 726.

86 Vgl. auch hierzu ausführlich *Schubert* a.a.O. S. 155 ff.

nicht gewillt war, eine preußische Vorherrschaft und Dominanz bei der Ausarbeitung des neuen Entwurfes hinzunehmen. Bayern hielt sich als einziger und letzter Staat noch zurück und ließ erklären, eine Zustimmung im Bundesrat sei nur zu erwarten, wenn auch die Kammern (die bayrischen Stände) dem Vorhaben zustimmen würden.[87]
Nachdem Bayern die Stände befragt und diese sich mit knapper Mehrheit für die *Lex Lasker* ausgesprochen hatten, nahm der erneut am 2. April 1873 gestellte Antrag jetzt auch im Bundesrat die letzte Hürde. Der Präsident des Reichskanzleramtes -Staatsminister *Delbrück* - stellte dem Plenum des Reichstages die verfassungsmäßige Mehrheit des Bundesrates in Aussicht sowie dessen Plan, eine Kommission zu berufen, die ein allgemeines bürgerliches Gesetzbuch ausarbeiten solle.[88]

Am 3. April 1873 nahm der Reichstag den verfassungsändernden Antrag von Miquél/Lasker zum vierten Mal, diesmal auch mit den Stimmen der Konservativen an.[89] Am 4. Dezember 1873 trat dann auch der Bundesrat diesem Beschluß mit 54 gegen 4 Stimmen bei. Gleichzeitig beauftragte er den Ausschuß für Justizwesen, die Einsetzung einer Kommission und die sonst notwendigen Maßnahmen einzuleiten.[90]

Am 24. Dezember 1873 wurde das so lange ersehnte Gesetz in folgender Form veröffentlicht:[91]

> „An die Stelle der Nr. 13 des Artikels 4 der Verfassung des Deutschen Reiches tritt die nachfolgende Bestimmung:
> Die gemeinsame Gesetzgebung über das gesammte bürgerliche Recht, daß Strafrecht und das gerichtliche Verfahren.“

---

87 *Schubert*, a.a.O. S. 32.
88 Stenogr. Berichte 1873 Bd. III, S. 169; Antrag Anlage Nr. 19, Bd. III S. 138.
89 Stenogr. Berichte 1873 S. 211.
90 *Vierhaus*, S. 45 f; *Laufs*, S. 296; Protokoll der Bundesratssitzung vom 12. Dezember 1872, *Schubert*, a.a.O. S. 159. Die Mehrheit des Bundesrates hatte - wie bereits erwähnt - lange eine Zustimmung hinausgezögert, weil man dem Ziel der Nationalliberalen Partei, volksrechtliche Einzelgesetze zu erlassen, skeptisch gegenüberstand. Eine Kodifikation sollte aus der Hand von Fachleuten stammen. Deswegen gab der Bundesrat den Weg für die Übertragung der Gesetzgebungskompetenz auf das Reich nur frei in Zusammenhang mit der Anweisung an den Justizausschuß, Vorschläge zur Erarbeitung zu unterbreiten.
91 RGBl. 1873 Nr. 34, S. 379.

2. Die Gesetzgebungskompetenz des Reiches – der Weg zum BGB

Damit folgte der politischen Einigung Deutschlands nun auch die verfassungsrechtliche Grundlage, die es ermöglichte, die Rechtseinheit der politischen nachfolgen zu lassen.
Mit dieser Verfassungsänderung hatte sich letztlich auch die Forderung realisiert, die *Thibaut* bereits vor 60 Jahren erhoben hatte. Er hatte zwar die Notwendigkeit eines einheitlichen Zivilrechts bereits damals zutreffend erkannt, war mit seiner Forderung aber seiner Zeit voraus – historische Begeisterung war nun einmal ein Wesenszug der damaligen Zeit.
Erst Ende des Jahrhunderts setzte sich die Erkenntnis durch, daß eine erneute Rezeption des römischen Rechts, - des Rechts einer vergangenen Epoche - kaum die geeignete Basis war, um dem politisch endlich geeinten Deutschland eine sinnvolle und zukunftsträchtige Rechtsordnung zu geben.[92]

Kompetenz und Kodifikation erwiesen sich also nach einem Jahrhundert, geprägt vom Streben nach rechtlicher und politischer Einheit, letztlich doch als untrennbar.
Die Organisation und die Bewältigung der Aufgabe, ein einheitliches Zivilrecht für ganz Deutschland zu entwickeln, stellte die erste große Herausforderung und Bewährungsprobe dar, der sich die Juristen und Staatsmänner des jungen Deutschen Reiches stellen mußten.

---

[92] Abgesehen vom preußischen Abgeordnetenhaus forderte am 23. Februar 1872 auch die sächsische Abgeordnetenkammer, die sächsischen Bundeskommissare sollten im Bundesrat der Kompetenzerweiterung zustimmen. Ähnlich auch die württembergische Abgeordnetenkammer am 30. Januar 1873 sowie die bayrische Abgeordnetenkammer am 8. November 1873. Vgl. *Rassow* a.a.O. S.174.

II. Die Arbeit am Bürgerlichen Gesetzbuch und die Entstehungsgeschichte des Pflichtteilsrechts

1. Die Vorkommission

Die Entscheidung über die Einsetzung einer Vorkommission fiel am 28. Februar 1874 während einer Sitzung des Justizausschusses des Bundesrates, kurz nach der Verfassungsänderung vom Dezember 1873. Die Kommission von fünf Richtern sollte die organisatorische Rahmenarbeit leisten. Vorschläge über Plan, Methode und Kriterien sollten erarbeitet werden, an denen sich die erste Kommission bei der Schaffung eines einheitlichen Zivilrechts orientieren konnte.[93]

Die Frage nach der Form des ersten Entwurfes löste die Vorkommission zugunsten einer kollegialen Erarbeitung. Fünf Mitglieder der ersten Kommission sollten Teilentwürfe für das Obligationenrecht, Familienrecht, Erbrecht, Immobilienrecht und das Sachenrecht ausarbeiten. Der Hauptreferent sollte in Zusammenarbeit mit den einzelnen Redaktoren einen allgemeinen Teil erstellen.[94]

Die Vorkommission legte weiter fest, daß sich die ausarbeitenden Redaktoren eng am bestehenden Recht orientieren sollten. Grundlegende Fragen und allgemeine Prinzipien wie System, Form und Sprachweise des Entwurfes sollten bereits während der Ausarbeitungsphase zwischen den einzelnen Redaktoren abgestimmt werden. Dadurch hoffte man, spätere zeitaufwendige Änderungen bereits im Vorfeld vermeiden zu können.

Auch sollte keine bestehende Kodifikation oder ein ausgearbeiteter Gesetzesentwurf dem künftigen Gesetzbuch unmittelbar zugrunde gelegt werden.[95]

Das Gutachten der Vorkommission hielt die drei wesentlichen Aufgaben fest, die es zu bewältigen galt. Es heißt dort:

„Es ist der Gesamtbestand der innerhalb des Deutschen Reiches geltenden Privatrechtsnormen mit Rücksicht auf deren Zweckmäßigkeit, innere Wahrheit und folgerichtige Durchführung zu untersuchen. Es ist sorgsam zu prüfen, wie weit die von der gemeinsamen Grundlage des sogenannten gemeinen Rechts abweichen-

---

93 *Vierhaus*, S. 46; Protokoll der Bundesratssitzung vom 28. Februar 1874, *Schubert* a.a.O. S. 163.

94 Drucksache BR No 53, 16. April 1878; *Schubert*, a.a.O. S. 33 ff; *Vierhaus*, S. 46; *Rassow*, a.a.O. S. 174, 184, 187. In diese Kommission wurden berufen: Professor *Goldschmidt*, weiterhin der Präsident des preußischen Appellationsgerichtes *Meyer*, der Präsident des sächsischen Oberappellationsgerichtes *von Weber*, sein bayrischer Kollege *von Neumayr* sowie württembergische Obertribunalsdirektor *von Kübel*.

95 Gutachten der Vorkommission vom 15. April 1874, a.a.O. S. 170 ff; *Mertens*, S. 6; *Rassow* a.a.O. S. 184-186.

den Bestimmungen der neueren großen Zivilgesetzgebungen, der Landesgesetze und der etwaigen Reichsgesetze beizubehalten seien, oder ob und welche Ausgleichung zu versuchen sei. Es ist endlich auf richtige Formgebung und Anordnung die höchstmögliche Sorgfalt zu verwenden."[96]

Der Bundesrat billigte den am 15. April 1874 vorgelegten Bericht der Vorkommission und des Justizausschusses am 22. Juni 1874 und beauftragte den Justizausschuß, mögliche Mitglieder zu benennen. Damit endete die Arbeit der Vorkommission und es begann die Aufgabe der eigentlichen Kommission zur Schaffung eines einheitlichen Gesetzbuches.[97]

2. Die Arbeit der 1. Kommission

Der Bundesrat wählte am 2. Juli 1874 eine 11-köpfige Kommission, Vorsitzender war der Präsident des Reichsoberhandelsgerichtes *Pape*.
Sie konstituierte sich erstmals am 17. September 1874, Mitglieder waren 11 Juristen, durch die alle deutschen Rechtsgebiete von Bedeutung vertreten waren.
Mit insgesamt fünf Vertretern war das gemeine Recht am stärksten vertreten. Mitglieder waren der Romanist *Winscheid* und der Germanist *von Roth*, ferner drei Praktiker, die auch jeweils aus unterschiedlichen Landesteilen stammten, in denen das gemeine Recht galt. Allerdings war zum Beispiel Preußen deutlich stärker repräsentiert als die Kleinstaaten, die zum Teil überhaupt nicht vertreten waren. *Von Schmitt* kam aus Bayern, *von Kübel* aus Württemberg und *Planck* war dem gemeinrechtlichen preußischen Landesteil zuzurechnen.
Dem Gebiet des preußischen Landrechtes entstammten *Pape, Kurlbaum* und *Jokow*, während das französische Recht durch *Derscheid* und *Gebhard* vertreten war. Dem sächsischen Rechtskreis entstammte das Kommissionsmitglied *von Weber*.[98]

Der Arbeitsplan der Vorkommission und die vorgegebenen Grundprinzipien fanden die ausdrückliche Billigung der ersten Kommission. Insbesondere schloß man sich der Einschätzung der Vorkommission an, daß kein bestehendes Gesetzbuch und kein bestehender Entwurf als Grundlage des neu zu schaffenden Werkes dienen sollte, sondern daß diese lediglich Anregungen und Orientierungshilfen darstellen sollten.
Die einzelnen Redaktoren sollten auf ihrem Rechtsgebiet Teilentwürfe ausarbeiten, diese sollten dann in einem Vorentwurf zusammengefaßt werden.[99]

---

[96] *Vierhaus*, S. 48; Gutachten der Vorkommission a.a.O. S. 170; auch *Rassow*, a.a.O. S.176.
[97] *Ramm*, § 4, L 195 f; Protokoll der Bundesratssitzung vom 22. Juni 1974, a.a.O. S. 199.
[98] *Ramm*, § 4, L. 196; *Rassow*, a.a.O. S. 215; *Vierhaus*, S. 60 f.
[99] *Vierhaus*, S. 62.

Der Vorsitzende *Heinrich Eduard Pape* verteilte die Fachgebiete auf die einzelnen Redaktoren. Die Wahl für das Gebiet des Erbrechts fiel auf *Dr. Gottfried Schmitt*, königlich bayrischer Ministerialrat.[100]

Grundsätzliche und fachübergreifende Fragen, die die Arbeit aller Redaktoren berührten, behandelten die einzelnen Redaktoren in gemeinsamen Besprechungen.[101]
Während der ersten Sitzungsperiode wurde bereits die Fünfteilung des BGB beschlossen.[102] Die Grundzüge des Erbrechts wurden ebenfalls frühzeitig festgelegt. Man einigte sich auf die Grundsätze der Testierfreiheit, des Pflichtteilsrechts, der Verwandtenerbfolge und die Form letztwilliger Verfügungen.[103]
Die Ausarbeitung im einzelnen blieb dem zuständigen Erbrechtsredaktor *Schmitt* überlassen, der sich jedoch eng an die gemeinsam erarbeiteten Grundsätze hielt.

3. Die Ausarbeitung des Pflichtteilsrechts

a) Ausgangssituation

Schmitt sah sich vor keine leichte Aufgabe gestellt. Es galt schließlich, ein total zersplittertes Rechtsgebiet, stark geprägt von regionalen Besonderheiten, zu vereinheitlichen. Die industrielle Revolution und die aus ihr folgende Forderung nach Liberalisierung des Güterverkehrs und Vereinfachung des Warenaustausches hatte in Handel und Wirtschaft der damaligen Zeit eine starke Lobby. Sie hatte auch die Schaffung des Allgemeinen Handelsgesetzbuches für Deutschland und der ADWO vorangetrieben. Auf dem Gebiet des Erbrechts fehlte jedoch eine dementsprechend treibende und bündelnde Kraft.
Mit der Aufgabe, einen Erbrechtsentwurf für das gesamte deutsche Reich zu verfassen, lag es also an *Schmitt*, die vorhandenen Erbrechtsvorschriften der einzelnen Kodifikationen zu begutachten und zu bewerten, inwieweit sie eine tragfähige Regelung für ein einheitliches Erbrecht enthielten.
Unterstützt wurde er dabei von *Wilhelm Neugebauer*, königlich preußischer Kreisgerichtsrat, der *Schmitt* von der Kommission als „Hilfsarbeiter" zur Samm-

---

[100] *Schubert*, a.a.O. S. 222; die Ausarbeitung des Allgemeines Teils wurde Ministerialrat *Gebhard* übertragen, für das Recht der Schuldverhältnisse wurde Ministerialrat *von Kübel* ausgewählt, für das Sachenrecht Richter *Jokow* und für das Familienrecht Richter *Planck*, vgl. *Vierhaus* S. 69.

[101] *Schubert*, S. 41; *Rassow* a.a.O. S. 221; *Vierhaus*, S. 66 f.

[102] *Ramm*, § 4, L. 196; Protokoll der 8. Sitzung der Kommission vom 29. September 1874, *Schubert* a.a.O. S. 207, 214; *Rassow* a.a.O. S. 216.

[103] Protokoll der Sitzungen der Kommission vom 22., 23., 25., 27. und 28. Oktober 1875; *Ramm*, § 4 L 196; *Mertens*, S. 10.

lung und Sichtung des umfangreichen Materials zugeordnet worden war. Gemäß dem Wunsch *Schmitts* war er mit dem preußischen Erbrecht vertraut, denn *Schmitt* selbst stammte aus dem süddeutschen Rechtskreis.[104]

Er ging bei der Sichtung des vorhandenen Materials sehr systematisch vor, unterschied zunächst grob zwischen bereits vorhandenen deutsche Erbgesetzen und Entwürfen sowie fremdländischen Rechten. Von diesen beschäftigte er sich ausführlich mit dem österreichischen und dem französischen Recht. Deren Einbeziehung war von der Kommission nicht vorausgesetzt worden. *Schmitt* jedoch sah gerade das österreichische und das französische Gesetzbuch als legislatorische Arbeiten ersten Ranges an und stand auf dem Standpunkt, die Einbeziehung und Würdigung dieser Arbeiten könne dem zu schaffenden neuen Gesetzbuch nur dienlich sein.
Um aber die bestehenden Divergenzen der fremden Rechte zum gemeinen und preußischen Recht zu klären und zu bewerten, hielt *Schmitt* es für unumgänglich, die Grundlagen der einzelnen Rechte zu betrachten um die Unterschiede erkennen zu können. Nur so lasse sich ein harmonischer Ausgleich gerade bei prinzipiellen und bedeutenden Fragen wie Testierfreiheit, Pflichtteil und anderen wesentlichen Punkten schaffen.[105]

Die Fremdrechte unterteilte *Schmitt* in eine gemeinrechtliche Gruppe, in der er sein Augenmerk hauptsächlich auf das österreichische Recht richtete, ferner in eine französisch-romanische Gruppe, zu der er die vielfältigen und zahlreichen Nachbildungen des Code civil und sonstige romanische Rechte zählte, ebenso das skandinavische Recht und die Schweizer Gesetze.[106]
Die dritte Gruppe der fremdländischen Rechte, das englische Recht und das Recht der nordamerikanischen Unionsstaaten, fand keinen erwähnenswerten Eingang in *Schmitts* Überlegungen. Ihm erschien der im angelsächsischen Recht geltende Grundsatz von *real estate* und *personal estate* sowie das Recht der absoluten Testierfreiheit zu weit entfernt von deutschen Grundsätzen und verwandten Kodifikationen.[107]

Hauptsächlich beschäftigte *Schmitt* sich aber mit den geltenden Erbgesetzen und den vorhandenen Entwürfen in Deutschland.
Die bestehenden landesrechtlichen Erbgesetze unterteilte er in vier Regionen: die des gemeinen Rechts, des gemeinen sächsischen Rechts, des preußischen Allgemeinen Landrechts und des französischen Rechts.[108] In seiner Einleitung der Mo-

---

[104] Vgl. *Mertens*, S. 10; *Rassow* a.a.O. S. 224.
[105] *Schmitt*, Motive zum Erbrecht, S. 22.
[106] *Schmitt*, Motive a.a.O. S. 23, 25.
[107] *Schmitt*, a.a.O. S. 27.
[108] *Schmitt*, a.a.O. S.1.

tive des Entwurf eines Erbrechts findet sich eine umfassende Aufzählung der einzelnen Kodifikationen des jeweiligen Rechtsgebietes, nebst Angabe der berücksichtigten Entwürfe und zugrunde gelegten Literatur. Bereits anhand dieser Zusammenstellung läßt sich ermessen, welch unglaubliche Vielfalt an nebeneinander bestehenden Kodifikationen das neue deutsche Reich aufwies und welch schwierige und gründliche Arbeit es erfordern würde, die einzelnen Kodifikationen durchzuarbeiten und auf einen gemeinsamen Nenner zu bringen, soweit dies überhaupt möglich sein sollte.

Gerade was das gemeine Recht betraf, war die Zersplitterung des deutschen Erbrechts besonders offensichtlich: *Schmitt* sah sich einer endlos scheinenden Anzahl verschiedener Partikularrechte und Statuten aus der Zeit des 13. Jahrhunderts bis zum 19. Jahrhundert gegenüber. All diese waren nur verbunden durch das gemeine Recht mit seiner subsidiären Geltung.[109]
Hinzu traten bereits vorhandene Entwürfe, Entscheidungen von allgemeiner Bedeutung der obersten Gerichtshöfe sowie die Standardwerke der Literatur.[110]

Nicht viel anders sah es auch bei den regional geltenden Rechten aus.
Das sächsische gemeine Recht bildete auch keine in sich geschlossene Rechtsgruppe. Der Entwurf von *Schmitt* führte noch elf weitere Kodifikationen auf, die das gemeine Recht teils aufhoben, ergänzten oder beschränkten.[111]
Selbst dem preußischen Landrecht von 1794 - gedacht als umfassende Kodifikation, die das vorher herrschende gemeine Recht ersetzen sollte - war es nicht gelungen, eine einheitliche Regelung zu schaffen. Zum Teil mag dies auch daran gelegen haben, daß das ALR das gemeine Recht zwar ersetzen, gegenüber den Provinzialrechten jedoch nur subsidiäre Geltung haben sollte.[112]
So bot sich im Königreich Preußen dem Betrachter ein fast ebenso buntscheckiges Bild der vielen verschiedenen Kodifikationen und Statuten dar wie im übrigen Reich. In Ost- und Westpreußen, in Brandenburg, Ostfriesland und Schlesien beispielsweise gab es vom ALR abweichende Erbrechtsvorschriften, in der Rheinprovinz galt weiterhin der von Napoleon eingeführte Code Civil.[113] In den von Preußen neu erworbenen Staaten Schleswig, Holstein, Lauenburg, Hannover, Kurhessen, Nassau und Frankfurt hatte man dagegen das gemeine Recht in Geltung belassen, das preußische ALR wurde hier nicht eingeführt.[114]

---

[109] *Schmitt*, a.a.O. S. 2-9, er zählte dort allein 104 Partikularrechte und Statuten auf.
[110] *Schmitt*, a.a.O. S. 10, 11.
[111] *Schmitt*, a.a.O. S. 12-14.
[112] Vgl. Einleitung zum ALR, §§ 1, 53; ebenso findet sich diese Aussage auch in dem dem ALR vorangestellten „Patent wegen der Publication des neuen allgemeinen Landrechts für die Preussischen Staaten". Vgl. auch *Roth*, Dt. Privatrecht, § 1, S. 2.
[113] *Schmitt*, a.a.O. S.19.
[114] *Roth*, Dt. Privatrecht, § 6 S. 49, § 14 S. 118 § 3, S. 30.

In Bayern galt nach wie vor seit 1756 der Codex Maximilianeus Bavaricus Civilis. Die Bestrebungen, im 19. Jahrhundert ein eigenständiges Zivilgesetzbuch für Bayern zu erarbeiten, waren nicht von Erfolg gekrönt gewesen.[115]

Das französische Recht galt weiterhin in der Form des Code civil unter anderem in der preußischen Rheinprovinz, in Rheinbayern, Rheinhessen, Baden und Elsaß-Lothringen. Auch hier traten teilweise deutsche Gesetze zu dem französischen Recht hinzu, so beispielsweise in der preußischen Rheinprovinz die Notariatsordnung von 1822, in Rheinbayern das Einführungsgesetz zur bayrischen Zivilprozeßordnung von 1869 sowie in Elsaß-Lothringen Ergänzungsgesetze und Landesgesetze aus der Zeit der Deutschen Okkupation.[116]
Zu all dem kamen auch noch Reichsgesetze aus der Zeit des Norddeutschen Bundes und des neuen deutschen Reiches hinzu und machten die Zersplitterung damit noch offensichtlicher.
Nicht übersehen werden darf bei der Frage nach der Tauglichkeit der einzelnen regionalen Kodifikationen ein rechtsgeschichtliches Argument - der gravierende Unterschied zwischen den bestehenden Kodifikationen und dem neu zu schaffenden Entwurf.
Sowohl das Preußische Allgemeine Landrecht, als auch das Österreichische ABGB und der Code civil wiesen eine ganz andere Intention auf, als der Entwurf sie verfolgte.
All diese Kodifikationen waren in absolutistischen Staaten erarbeitet worden, sie sollten nicht bestehendes Recht vereinheitlichen, sondern partikulares Recht schaffen. Sie entstammten dem Willen einzelner Herrscher, nicht dem Zusammenwirken einer demokratischen Volksvertretung mit einer demokratisch gebildeten Regierung. Der Entwurf eines einheitlichen Erbrechts sollte dagegen Teil eines Gesetzeswerkes sein, das auf Vereinheitlichung gerichtet war. Es sollte dem Willen einer demokratischen Volksvertretung entstammen.[117]

Von den damals vorliegenden Entwürfen eines einheitlichen Zivilrechts ist insbesondere der Entwurf von *Friedrich Mommsen* zu erwähnen. Diesen hatte auch *Schmitt* bei der Abfassung des Erbrechtsentwurfes studiert und hatte ihn als Grundlage für das neue Erbrecht sogar der Kommission vorgeschlagen.

---

[115] *Schmitt* verweist diesbezüglich auf die bayrischen Entwürfe von *Feuerbach* von 1808 und weitere Entwürfe von 1811 und 1816/17. Letzterer stellte jedoch hauptsächlich eine sprachliche Anpassung des Codex Maximilianeus an das neuere Deutsch dar. Ein Entwurf von 1826/27 befaßte sich dagegen nur mit dem Personenrecht. 1834 erschien sodann ein Entwurf von *Leonrod*, der sich eng an das österreichischen AGBGB hielt und 1854/1857 endlich ein ausführlicher, 994 Artikel umfassender Entwurf von *Endres*. Vgl. *Schmitt*, a.a.O. S. 9, 10.
[116] *Schmitt*, a.a.O. S. 19, 20.
[117] *Vierhaus*, S. 2.

Da sowohl der Bundesrat als auch die Vorkommission sich jedoch dagegen ausgesprochen hatten, einen bereits vorhandenen Entwurf dem künftigen Gesetzbuch oder einem seiner Hauptteile zugrunde zulegen, arbeitete *Schmitt* einen eigenständigen Entwurf für ein neues Erbrecht aus.[118]

b) Die zu Rate gezogenen Kodifikationen

Schmitt untersuchte das Pflichtteilsrecht einiger der bestehenden Kodifikationen sehr intensiv. Er versuchte ihre Systematik und ihre Ausgestaltung des Pflichtteilsrecht zu erfassen. All diese Faktoren waren für ihn wichtige Anhaltspunkte hinsichtlich der Ausgestaltung des neuen Pflichtteilsrechts. Die Systematik einiger der seinerzeit bestehenden Kodifikationen soll im folgenden dargestellt werden:

aa) Das gemeine Recht

Das gemeine Recht in Deutschland beruhte auf dem *Corpus iuris civilis,* dem alten römischen Recht der Antike.[119]

Dieses hatte durch das Heilige Römische Reich Deutscher Nation, das jahrhundertelang Bestand gehabt hatte, seinen festen Platz in der Rechtswissenschaft gefunden. Durch die Rezeption war es im Laufe der Zeit in viele deutsche Partikularrechte mit eingeflossen.[120]

Das römische Recht ließ sich in erbrechtlicher Hinsicht in zwei Zeitperioden mit unterschiedlicher Rechtsauffassung einteilen: in das ältere, formelle Noterbenrecht mit den Änderungen nach prätorischem Recht sowie in die Rechtslage nach der von Justinian geschaffenen Novelle 115, die bedeutende Veränderungen des alten Pandektenrechts mit sich brachte.

---

[118] *Schmitt*, a.a.O. S. 35.

[119] Seine Quelle war die Rechtsaufzeichnung des römischen Kaisers Justinian, seine Hauptstücke sind die Digesten (griechisch Pandekten), die eine systematische Zusammenstellung von Textabschnitten römischer Juristen aus den einzelnen Rechtsgebieten enthalten, vgl. hierzu *Horn*, NJW 2000, S. 41.

[120] *Schultzenstein*, Pflichtteilsrecht § 4, S. 22.

(1) Die Rechtslage vor der Novelle 115: Das Noterbenrecht und das Pflichtteilsrecht

(a) Die Rechtsnatur der erbrechtlichen Vorschriften

Das ältere römische Recht war formelles Noterbenrecht. Gewisse Personen hatten das Recht auf Erwähnung im Testament.[121] Der Erblasser durfte sie nicht übergehen, er mußte sie entweder einsetzen, egal auf wie viel oder wenig, oder er mußte sie enterben.[122]
Das eigentliche Pflichtteilsrecht, wie man es heute versteht, schuf erst das Centumviralgericht. Es beschränkte den Erblasser nunmehr auch im Inhalt seiner Verfügung. Er mußte in Zukunft gewissen Personen materiell wenigstens einen Teil dessen hinterlassen, was sie erhalten haben würden, wenn ein Testament vorhanden gewesen wäre.[123]
Dieses Prinzip wurde als materielles Noterbenrecht oder auch Pflichtteilsrecht bezeichnet. Der Pflichtteilsberechtigte, der im Testament völlig übergangen wurde, konnte die Klage der *querela inofficiosi testamenti*[124] geltend machen. Mit dieser konnte er das ganze Testament beseitigen, so daß ihm dann sein gesamter gesetzlicher Erbteil zustand, ohne Beschränkung auf den Pflichtteil.[125]
Später wurde diese Rechtspraxis durch Justinian modifiziert, er suchte die Anwendung der *querela* einzudämmen. Folgende Regelung galt nun: war zwar der Pflichtteil hinterlassen worden, aber unter Bedingungen oder Befristungen, so wurden diese gestrichen. War dem Berechtigten zwar etwas hinterlassen worden, aber zu wenig, so hatte er einen schuldrechtlichen Ergänzungsanspruch (die sogenannte *actio ad supplendam legitimam*).
Dieser war persönlicher Natur und richtete sich gegen die eingesetzten Erben, berührte aber nicht die Wirksamkeit der übrigen Verfügung.[126]
War einem Berechtigten dagegen überhaupt nichts hinterlassen worden, so hatte er das Recht, das Testament durch richterliches Urteil aufheben zu lassen. In diesem Fall erhielt er nicht nur seinen Pflichtteil, sondern seinen gesamten gesetzli-

---

[121] vgl. hierzu auch *Endemann*, S. 138 f.
[122] *Winscheid/Kipp*, § 576, S. 371; *Enneccerus/ Kipp/Wolff*, S. 839.
[123] *Winscheid/Kipp*, § 579, S. 375; *Endemann*, S. 139; *Enneccerus/Kipp/Wolff*, S. 340.
[124] Diese Klage beruhte auf keinem gesetzlich festgelegten Grundsatz, man zog sich zu ihrer Rechtfertigung auf die Fiktion zurück, daß ein Vater, der seinem Kind den Pflichtteil ohne rechtmäßigen Grund entzog, in diesem Augenblicke von Sinnen gewesen sein mußte: L. 2 D. 5, 2: „hoc colore...quasi non sanae mentis"... *Winscheid/Kipp*, § 584, S. 386.
[125] *Winscheid/Kipp*, § 579, S. 375; *Enneccerus/Kipp/Wolff*, S. 339.
[126] *Winscheid/Kipp*, § 575, S. 369; § 584, S. 385: die Pflicht zur Ergänzung des Pflichtteils lastete auf der Erbschaft wie eine Schuld, die sich gegen die eingesetzten Erben richtete. Vgl. auch *Schultzenstein*, a.a.O. § 4, S. 20.

chen Erbteil mit allen Rechten und Pflichten.[127] Die in diesem Fall zu erhebende Klage war dann wieder die *querela inofficiosi testamenti*.
Diese Vorschriften fanden sich auch im deutschen Recht wieder. Der ungerechtfertigt übergangene oder ausgeschlossene Pflichtteilsberechtigte hatte gemeinrechtlich Anspruch auf seinen gesetzlichen Erbteil. Ebenso wurde der Anspruch auf den Pflichtteilswert durch die *actio suppletoria* geltend gemacht [128]

(b) Der pflichtteilsberechtigte Personenkreis

Zu ihm zählten Eltern und Kinder sowie auch Geschwister, wenn sie väterlicherseits blutsverwandt waren und ihnen eine unehrenhafte Person in der Erbeinsetzung vorgezogen worden war.[129]
Ehegatten stand dagegen nach dieser Regelung überhaupt kein Anspruch auf den Pflichtteil zu.
Der Pflichtteil konnte nicht nur durch Erbeinsetzung, sondern auch durch Vermächtnis oder Schenkungen von Todes wegen hinterlassen werden. Er mußte frei von Beschränkungen, Bedingungen oder Befristungen hinterlassen werden. Etwaige Beschränkungen konnten gestrichen werden, die Klage der *querela inofficiosi testamenti* brauchte nicht mehr angestrengt zu werden, die Belastungen fielen von selbst weg.[130]

(c) Der Ausschluß vom Pflichtteil

Zulässig war der Ausschluß vom Pflichtteil bereits, wenn der Berechtigte ihn durch sein Benehmen „verdient" hatte.
Es existierten keine abschließend aufgezählten Ausschließungsgründe. Die Entscheidung, ob der Ausschluß „verdient" war, blieb richterlichem Ermessen überlassen. Nur einzelne Anhaltspunkte waren dem Gesetz zu entnehmen.[131]
Auch der Ausschluß der Abkömmlinge in wohlmeinender Absicht und im wohlverstandenen Interesse der Berechtigten bedeutete keine Verletzung des Pflichtteilsrechts.[132] Hierzu gehörte beispielsweise der Fall, daß jemand an Stelle seines

---

[127] *Schultzenstein*, a.a.O. § 4, S. 19; *Winscheid/Kipp*, § 584, S. 386; *Enneccerus/Kipp/Wolff*, S. 340.
[128] *Roth*, Bay. Civilrecht, § 371, S. 447, 448.
[129] *Winscheid/Kipp*, § 579, S. 375 f.
[130] *Winscheid/Kipp*, § 582, S. 381, 382; *Roth*, Bayr. Civilrecht, § 372, S. 477; *Schultzenstein*, § 4, S. 19.
[131] *Winscheid/Kipp*, § 583, S. 383, 384; *Schultzenstein*, § 4, S. 20.
[132] Sogn. „Exheredatio bona mente"; vgl . auch hierzu wiederum *Schultzenstein*, § 4, S. 20; *Winscheid/Kipp*, § 583, S. 384.

geisteskranken oder verschwenderischen Sohnes dessen Kinder zu Erben einsetzte und ihm selbst nur die notwendigen Alimente hinterließ. Bei so einer Sachlage konnte gerade keine böswillige Verletzung des Abkömmlings festgestellt werden. In diesem Fall war dann auch ausnahmsweise eine Belastung des zugewendeten Pflichtteils mit Bedingungen und sonstigen Belastungen zulässig. Dem Berechtigten stand dann auch keine Klage *(querel)* zu, da in diesem Fall keine Kränkung des Ausgeschlossenen vorlag.[133]

(d) Schutz vor Verletzungen

Freigiebige Zuwendungen unter Lebenden, soweit sie geeignet waren, den Pflichtteil zu beeinträchtigen oder zu verletzen, gaben dem Berechtigten sowohl nach dem römischen Recht als auch nach dem gemeinen Recht ein Anfechtungsrecht. Es galten auch hier die Grundsätze der *querela inofficiosi testamenti.*[134]
Bei der Frage, ob eine Verletzung des Pflichtteils vorlag, war auf den Bestand des Vermögens des Erblassers zur Zeit der Zuwendung abzustellen. Sie war nicht pflichtwidrig, wenn trotz der Zuwendung im Bestand des Vermögens der Pflichtteil noch übrig war. Sie wurde später auch nicht pflichtwidrig, wenn das Vermögen zu einem späteren Zeitpunkt eine Wertminderung erlitt. Umgekehrt hörte eine pflichtwidrige Zuwendung auf, eine solche zu sein, wenn das Vermögen später einen Zuwachs erfuhr, so daß der Berechtigte im Ergebnis den ihm zustehenden Pflichtteil aus dem angewachsenen Vermögen erhalten konnte.[135]
Freigiebige Zuwendungen jedoch, die der Berechtigte erhalten hatte, mußte er sich auf seinen Pflichtteil anrechnen lassen.
Die Frage der Pflichtwidrigkeit unterlag einer objektiven Beurteilung. Entscheidend war nicht die Absicht, den Pflichtteil zu verletzen, sondern nur die Tatsache, ob eine Verletzung vorlag, gleich aus welchen Gründen.[136]

(2) Die Novelle 115: Die Reformation des Pflichtteilsrechts

Die Novelle 115 stammt aus dem Jahr 542. In ihr ordnete Kaiser Justinian das Noterbenrecht der Aszendenten und Deszendenten neu. Er verband das ältere, formelle Noterbenrecht mit dem neueren Pflichtteilsrecht.[137]

---

[133] ***Winscheid/Kipp***, § 584, S. 384, 385.
[134] ***Winscheid/Kipp***, § 586, S. 394, 395; ***Roth***, Bayr. Civilrecht, § 348, S. 589 ff.
[135] ***Winscheid/Kipp***, § 586, S. 396; ***Roth***, Bayr. Civilrecht, a.a.O. S. 592.
[136] ***Winscheid/Kipp***, § 586, S. 397; ***Roth***, a.a.O. S. 590.
[137] ***Winscheid/Kipp***, § 575, S. 370; ***Schultzenstein***, § 4, S. 22.

(a) Die Rechtsnatur des Anspruches und der berechtigte Personenkreis

Das Noterbenrecht der Geschwister wurde unverändert beibehalten, hinsichtlich des Noterbenrechts der Kinder und Eltern änderte sich die Rechtsnatur des Anspruches durch die Novelle. Eltern und Kinder hatten künftig nicht nur einen Anspruch auf Hinterlassung des Pflichtteils, sondern auch auf Erbeinsetzung. Dies bedeutete, daß ihnen wenigstens ein Teil des Pflichtteils gerade durch Erbeinsetzung hinterlassen werden mußte.[138]
Geschah dies nicht, waren Eltern und Kinder nicht gültig von der Erbeinsetzung ausgeschlossen. Machten sie diese Verletzung dann geltend, fielen alle getroffenen Erbeinsetzungen des Testamentes weg. Es trat gesetzliche Erbfolge ein, mochte auch der Pflichtteil in seiner vollen Höhe hinterlassen worden sein.[139]
Im Gegensatz zum geltenden Recht vor der Novelle behielt der Rest des Testamentes jedoch seine Gültigkeit. Hieraus ergab sich die seltsam anmutende Konsequenz, daß Eltern und Kinder keinen Anspruch hatten, auch genau in Höhe ihres Pflichtteils als Erben eingesetzt zu werden. Maßgebend war nur die Erbeinsetzung an sich, auch auf den kleinsten Teil genügte sie den Anforderungen, der Rest konnte auch durch Vermächtnis zugewandt worden sein. Im Fall einer unzureichenden Hinterlassung hatten die Berechtigten nur einen schuldrechtlichen Pflichtteilsergänzungsanspruch bis zur Höhe des ihnen zustehenden Pflichtteils.[140]
Diese Regelung hatte auch Eingang in das gemeine Recht gefunden, hier war ebenfalls unstrittig, daß der Pflichtteilsanspruch ein erbrechtlicher, also ein dinglicher Anspruch war.[141]

(b) Der Ausschluß vom Pflichtteil

Die bedeutsamste Änderung, die Justinian mit der Novelle 115 einführte, war die Abkehr von der generalklauselartigen Formulierung, der Berechtigte könne ausgeschlossen werden, wenn er es „verdient“ habe. Justinian hatte offenbar Wert darauf gelegt, die Rechtsunsicherheit zu beseitigen, der insbesondere durch diese Klausel Vorschub geleistet worden war. Wohl aus diesem Grund führte er die

---

[138] *Enneccerus/Kipp/Wolff*, S. 840. Man bezeichnete dies auch als neueres formelles Noterbenrecht.

[139] Dieser Grundsatz bestand auch im gemeinen Recht. Aszendenten und Abkömmlinge mußten als Erben eingesetzt sein, waren sie ungerechtfertigt ausgeschlossen, waren die sonstigen Erbeinsetzungen ungültig; vgl. *Roth*, Bayr. Civilrecht, § 371, S. 448; § 376, S. 511.

[140] *Winscheid/Kipp*, § 587, S. 399; *Schultzenstein*, § 4, S. 22; *Enneccerus/Kipp/Wolff*, S. 840 f.

[141] *Roth*, Bayr. Civilrecht § 371, S. 448; *Schultzenstein*, § 4, S. 23. Das durch die Novelle 115 reformierte römische Recht der Pandekten ist auch fast vollständig in Deutschland als gemeines Recht rezipiert worden.

einzelnen Gründe, aus denen der Berechtigte enterbt oder übergangen werden durfte, nunmehr explizit auf.[142]
Zu den 13 Gründen, aus denen Eltern ihre Kinder ausschließen konnten, zählten:

- Lebensnachstellung
- Tätlichkeiten
- Sonstige schwere Beleidigungen
- Peinliche Anklage, außer wegen Verbrechen gegen den Landesherrn und gegen den Staat
- Falsche Denunziation, durch welche dem Aszendenten ein bedeutender Nachteil erwachsen war
- Unzucht mit der Ehefrau des Aszendenten
- Verhinderung an der Errichtung eines Testamentes
- Verweigerung der Bürgschaft für den im Gefängnis befindlichen Aszendenten, jedoch galt dies nur für männliche Deszendenten
- Vernachlässigung während einer Geisteskrankheit
- Versäumung des Loskaufs aus der Gefangenschaft, vorausgesetzt, daß der Deszendent das achtzehnte Lebensjahr zurückgelegt hatte
- Gemeinschaft mit Giftmischern und mit Personen, die sich mit Zauberei abgaben und Teilnahme an deren Treiben.
- Schauspieler- und Gauklerleben gegen den Willen des Aszendenten
- Schlechter Lebenswandel der Tochter, Enkelin usw. oder Heirat wider Willen des Aszendenten, es mußte dann aber der Aszendent bis zu ihrem 25. Lebensjahr keine Fürsorge für ihre Verheiratung getroffen haben

Diese von Justinian aufgeführten Enterbungsgründe hatten auch Eingang in einige landesrechtliche Kodifikationen gefunden und wurden so als Teil des Corpus iuris civilis im Wege der Rezeption Teil des gemeinen Rechts.[143]
Zu den Gründen, aus denen Kinder ihre Eltern ausschließen dürfen, zählten:

- Lebensnachstellung
- Anklage wegen eines todeswürdigen Verbrechens, außer wegen Hochverrats
- Unzucht mit der Ehefrau des Deszendenten
- Verhinderung an der Errichtung eines Testamentes
- Versäumung des Loskaufs aus der Gefangenschaft
- Giftmischerei gegen den eigenen Ehegatten, um demselben das Leben oder den Verstand zu nehmen

---

142 *Winscheid/Kipp*, § 587, S. 399; § 590, S. 404 ff; *Roth*, a.a.O. § 375, S. 493 f.
143 *Schultzenstein*, § 4, S. 22, 23.

All diese Ausschlußgründe verloren ihre Kraft durch Verzeihung des Verletzten, egal ob sie vor oder nach Errichtung des Testaments erfolgte.[144]
Es bedurfte keiner ausdrücklichen Enterbung, die bloße Nichteinsetzung genügte. Aus der Verfügung des Erblassers mußte jedoch der Ausschlußgrund zweifelsfrei hervorgehen, ebenso wie die Person, auf die sich der Ausschluß bezog.[145]
Die ungerechtfertigte Übergehung war der ungerechtfertigten Enterbung somit in der Novelle völlig gleichgestellt worden.[146]

In Bezug auf die Änderungen, die durch die Novelle eingeführt wurden, war umstritten, ob die Enterbung in guter Absicht, wie sie auch im älteren Präteritionsrecht möglich gewesen war, auch nach der Novelle weiterhin zulässig blieb.[147] Entzündet hatte sich dieser Streit an der Tatsache, daß die Novelle ausdrücklich nur die Übergehung oder die Enterbung zur Strafe erwähnte. Die herrschende Ansicht stand jedoch auf dem Standpunkt, daß auch die Ausschließung in guter Absicht neben der Ausschließung zur Strafe weiterhin zulässig sei und fand in diesem Punkt auch gemeinrechtlich Zustimmung.[148]
Unterschiede bestanden jedoch hinsichtlich des Personenkreises, demgegenüber eine Enterbung in guter Absicht zulässig war.
Das römische Recht ließ die Enterbung in guter Absicht nur gegenüber Abkömmlingen zu. Das gemeine Recht dehnte die Möglichkeit der Enterbung in guter Absicht auf alle Noterben, also auch auf Eltern und Geschwister aus.[149]
Im gemeinen Recht wurde angenommen, daß die Aufzählung der Gründe in den römischen Quellen wie Verschwendung oder Blödsinn nur eine beispielhafte war und daß deshalb die Enterbung in guter Absicht auch aus anderen Gründen erfolgen könne, wenn sie nur aus Fürsorge für die wirtschaftliche Lage des Erben geschah.[150]
Die Enterbung in guter Absicht mußte gemeinrechtlich in einer Enterbung oder bedingten Erbeinsetzung bestehen und setzte die Ernennung eines anderen Erben voraus. Dem Ausgeschlossenen mußten nach gemeinem Recht Alimente hinterlassen werden und es mußte bestimmt sein, daß ihm bei Wegfall des Grundes, der zu der Beschränkung geführt hatte, der volle Erbteil zufiel.[151]

---

[144] Das römische Recht berief sich auf den Grundsatz, daß eine verziehene Schuld eben keine Schuld mehr sei, vgl. hierzu *Winscheid/Kipp*, § 590, S. 406.

[145] *Winscheid/Kipp*, § 589, S. 402, ebenfalls mit Verweis auf die ausdrückliche Fassung der Novelle in
§ 387, Fn 2, 3.

[146] *Roth*, Bayr. Civilrecht § 373, S. 486 mit Verweis auf die Novelle.

[147] *Winscheid/Kipp*, § 589, S. 403.

[148] *Winscheid/Kipp*, § 583, Fn. 9; so auch *Roth*, Bayr. Civilrecht § 373, S. 488, mit weiteren Nachweisen.

[149] *Roth*, § 374, S. 490.

[150] *Roth*, § 374, S. 491.

[151] mit weiteren Verweisen; *Roth*, a.a.O. § 374, S. 492.

(c) Folgen ungerechtfertigten Ausschlusses

Waren Eltern oder Kinder ohne Angabe eines Grundes oder aus einem nicht anerkannten oder unrichtigen Grund enterbt oder übergangen worden, so traten sie nach der Novelle an die Stelle der eingesetzten Erben. Deren Erbeinsetzung wurde ungültig, das übrige Testament behielt aber, anders als im älteren römischen Recht, seine Gültigkeit. Dies bestimmte die Novelle ausdrücklich.[152]
Für den Fall, daß die eingesetzte Erbquote geringer war als der Pflichtteil, bestand auch nach der Novelle wie bisher nur ein Anspruch auf Ergänzung des Pflichtteils. Die Klage der *querela inofficiosa testamenti* konnte nicht mehr geltend gemacht werden, der unzureichend Bedachte wurde auf einen Ergänzungsanspruch verwiesen.[153]

bb) Das Preußische Allgemeine Landrecht

Die Grundlage für diese Kodifikation hatte *Friedrich der Große* bereits 1746 gelegt, als er verfügte, daß „ein allgemeines deutsches Landrecht zu schaffen sei, welches sich bloß auf die Vernunft und auf die Landesverfassungen gründet." Der preußische König, 1740 auf den Thron gelangt, war ein Vertreter des aufgeklärten Absolutismus, beeinflußt und geprägt von den Lehren der Aufklärung. Er erstrebte die Vereinfachung der Gesetze, „so daß sie dem Volk verständlich sein sollten".[154]
Bereits 1749 und 1751 erschienen die ersten beiden Teilbände, das Personenrecht und die dinglichen Rechte.[155] Der siebenjährige Krieg von 1756-1763 hatte jedoch alle weiteren Gesetzesvorhaben zunächst unterbrochen.[156]
Erst im Jahr 1779, als der König nach dem „Müller-Arnold-Prozeß" Großkanzler *von Fürst* abgesetzt hatte und der schlesische Justizminister *von Carmer* seinen Posten übernahm, erging eine Kabinettsordre, die unter anderem die Reform des Zivilrechts zum Inhalt hatte. Ziel war es, an Statt des rezipierten römischen Rechts mit seinen Widersprüchen und seinen verfassungsrechtlichen Grundlagen der An-

---

[152] *Winscheid/Kipp*, § 587, S. 399.
[153] *Winscheid/Kipp*, § 587, S. 399; *Schultzenstein*, § 4, S. 18, 19.
[154] *Friedrich II.* war zwar ein Verfechter der Aufklärung, wollte die von ihm angestrebte Kodifikation aber keinesfalls als Schmälerung seines absoluten Herrschaftsanspruches verstanden wissen. Die Kodifikation sollte ein Herrschaftsinstrument in der Hand des Fürsten sein und nicht etwa eine Freiheitsgarantie des Bürgers gegen den übermächtigen Staat. So vertraten Monarch und Verfasser bei näherer Betrachtung hinsichtlich der Zielsetzung des neuen Gesetzbuches doch unterschiedliche Standpunkte. Ausführlicher hierzu *Hattenhauer*, Rechtsgeschichte, S. 472.
[155] Dieses wurde auch als *Corporis juris Fridericiani* bezeichnet.
[156] *Schlosser*, S. 117 f.

tike ein allgemeines, subsidiäres Gesetzbuch für die gesamten königlichen Staaten zu verfassen.

Federführend für die Reform des Rechtswesens und die Arbeit an der Kodifikation war neben *von Carmer* der Breslauer Oberamtsregierungsrat *Carl Gottlieb Suarez*, der als eigentlicher Schöpfer des ALR gilt. Beide fühlten sich dem Geist der Aufklärung verpflichtet.[157]

Ursprünglich sollte das neue Gesetzbuch am 1. Juni 1792 in Kraft treten, politische Unstimmigkeiten verzögerten aber die Umsetzung.[158] Nach der zweiten polnischen Teilung von 1793 und der Gebietserweiterung um Südpreußen erfolgte dann die Einführung des eiligst überarbeiteten Werkes als Allgemeines Landrecht zum 1. Juni 1794.[159]

Es behielt allerdings nicht lange seine ursprüngliche Form. Durch die französische Revolution, den Zusammenbruch des Reiches und die damit verbundene Neuordnung Europas zeichneten sich große territoriale Veränderungen für Preußen ab. Es verlor im Frieden von Tilsit nach dem Krieg mit Frankreich sämtliche Besitztümer westlich der Elbe sowie circa die Hälfte seines Landgebietes und seiner Bewohner. Als im Jahr 1804 überdies der französische Code civil in Kraft trat und im Zuge der napoloeonischen Herrschaft das ALR im Rheinland und in Westfalen ersetzte, verlor das ALR einen Großteil seines Anwendungsbereiches.[160]

Die zu zahlende Kontribution von mehr als 560 Millionen Franken schwächte darüber hinaus die Wirtschaftskraft.[161] Folge dieser gravierenden geographischen Veränderungen waren umfassende Reformen im Inneren. Sie sind verbunden mit den Namen ihrer Initiatoren, *Freiherr vom Stein* und *Fürst von Hardenberg*.[162]

Auf dem Wiener Kongreß erhielt Preußen die meisten Gebiete, die es durch den Frieden von Tilsit verloren hatte, wieder zurück. In den meisten dieser Gebiete wurde das ALR wieder eingeführt. Dies sollte auch in den Gebieten am Rhein geschehen, das preußische Vorhaben stieß hier jedoch auf erheblichen Widerstand. Es entwickelte sich hieraus eine über Jahre geführte Auseinandersetzung,

---

157 *Hoke*, S. 254 f.

158 Vgl. *Schlosser*, S. 119 f : Der schlesische Justizminister Danckelmann, der dem schlesischen Adel nahestand, hatte Einspruch gegen die Veröffentlichung erhoben. Der Adel fürchtete auch unter dem Einfluß der französischen Revolution um seine Stellung im Staat und kämpfte um die Erhaltung des status quo. Ebenso *Vierhaus*, S. 4 f.

159 *Ebel*, S. 48; *Laufs*, S. 175 f.

160 *Coing*, Privatrechtsgeschichte, S. 1491 f.

161 Eine detaillierte Aufzählung der einzelnen Gebietsveränderungen findet sich bei *Sante*, Territorien-Ploetz, S. 81 f.

162 *Sante*, Territorien-Ploetz, S. 82 f; *Schlosser*, S. 123 : Ab 1807 wurde die Verwaltung des Staates gestrafft, den Bürgern Mitverantwortlichkeit und Staatspflichten eingeräumt, es folgten die Bauernbefreiung durch ein Edikt vom 09. Oktober 1807, die provinzielle und städtische Selbstverwaltung, Bildungsreform, Gewerbe- und Finanzreformen.

die als „Kampf um das Rheinische Recht" in die Geschichte eingegangen ist und den das Allgemeine Landrecht letztlich verlor.[163]

Auch die Revisionsbestrebungen in Preußen selbst standen unter keinem glücklichen Stern. 1817 erging eine Kabinettsordre mit dem Ziel, die Überarbeitung und Modernisierung des ALR voranzutreiben.[164] Diese Reform sollte dann 31 Jahre dauern.[165] Sie war auch nicht von Erfolg gekrönt. Zu weit entfernt war die ursprüngliche rechtspolitische Zielsetzung des ALR von den Freiheitsidealen, die mit Napoleon ihren Weg in die Länder Europas fanden.

Als Kodifikation des Absolutismus – mochte er auch ein aufgeklärter gewesen sein – hatte es in seiner bestehenden Form im veränderten preußischen Staat und den rheinischen Provinzen keinen Platz mehr. Seine Grundlage, die Monarchie

---

[163] Vgl. hierzu ausführlich *Coing*, Privatrechtsgeschichte, S. 1504 ff: Der Gouverneur *Sack* der altpreußischen linksrheinischen Gebiete weigerte sich, das preußische Recht wieder in Kraft zu setzen, weil es in diesen Gebieten nur kurz gegolten hatte. Eine Justiz-Organisations-Kommission sollte sodann die Einführung der preußischen Gesetzgebung vorbereiten. In öffentlichen Umfragen wurde sich jedoch teilweise für die Beibehaltung des französischen Rechts ausgesprochen, der erarbeitete Entwurf stieß auf Kritik. Am 20. Juni 1816 setzte der König eine Immediats-Justiz-Kommission (IJK) ein, die die Rechtsverhältnisse untersuchen sollte. Umfragen bei Gerichten und Befragungen der Öffentlichkeit enthüllten, daß ein großer Teil für die Beibehaltung des französischen Rechts und der französischen Gerichtsverfassung war. Es wurde sodann das „Ministerium zur Revision der Gesetzgebung" gegründet und dem ehemaligen Großkanzler *von Beyme* unterstellt. Seinen Plan, den ersten Teil des ALR in den Rheinprovinzen als Bürgerliches Gesetzbuch einzuführen und den zweiten Teil umzuarbeiten, verhinderte Justizminister *Kircheisen* durch ein Gegengutachten. Der neue Vorschlag von *Beyme*, die Rheinprovinzen sollten solange ihre eigene Rechts- und Gesetzgebung behalten, bis eine Revision der Gesetzbücher erfolgt sei, wurde dagegen angenommen. Durch Kabinettsordre von 1818 wurde eine Revision der französischen Gesetze im Geiste des Allgemeinen Landrechts verfügt, bis dahin blieb es in der Rheinprovinz bei der Geltung des französischen Rechts. Der Kampf ruhte in der Zeit von 1819 bis 1824, entflammte dann aber erneut. Das Justizministerium wollte mit der Einführung des preußischen Rechts nicht bis zum Abschluß der Revisionsarbeiten warten, der König bestimmte sodann die Einführung der preußischen Gesetzgebung im Laufe des Jahres 1828. Die Stände jedoch stellten auf den mittlerweile eingeführten Provinziallandtagen immer wieder den Antrag, die Einführung des gesamten ALR bis zur beendeten Revision auszusetzen. Im Jahr 1832 wurde *Kamptz* Minister für Gesetzes-Revision in der Rheinprovinz. Sein Ziel war die formelle Beseitigung des Code civil, das revidierte ALR sollte als subsidiäres Recht eingeführt werden, der zivilrechtliche Inhalt des Code civil sollte als Provinzialrecht gelten. Nachdem die Provinzialstände jedoch die Revision und die Übersetzung des Code civil in die deutsche Sprache beantragt hatten, verfügte der König 1839 die Übersetzung des französischen Rechts. Das geplante Provinzialgesetzbuch ist zwar nie zustande gekommen, dem ALR war aber auch eine deutliche Absage in der Rheinprovinz erteilt worden.

[164] *Coing*, Privatrechtsgeschichte, S. 1494 ff.

[165] Es wurde in den Jahren 1817-1819 sogar ein eigenes Ministerium errichtet, welches für diese Gesetzesrevision Sorge tragen sollte. Fast als Ironie der Geschichte mag man es aus heutiger Sicht bezeichnen, daß diesem Ministerium seit 1842 mit *Savigny* ein ausgesprochener Gegner der Kodifikation vorstand. Vgl. *Vierhaus*, § 11, S. 25.

mit ihrer Ständeordnung, war durch die Stein-Hardenberg´schen Reformen weggefallen. Die politischen und gesellschaftlichen Veränderungen hatten es damit, nur zehn Jahre nach seinem Inkrafttreten, als das Recht einer vergangenen Epoche klassifiziert. Das Jahr 1848 bedeutete dann für die preußischen Revisionsbemühungen ein endgültiges Ende.

Dennoch gilt das ALR bis heute mit Recht als rechtshistorisch einmalige Schöpfung. In ihm versuchte- einmalig in der Weltrechtsgeschichte- ein Staat, sein gesamtes Gesetzesrecht in einem einzigen Gesetz mit seinen Grundzügen zu vereinigen.
Es war mehr als nur ein Landrecht im üblichen Sinne, sondern gleichzeitig eine Verfassung, deren Prinzipien teilweise sogar Eingang in die Weimarer Reichsverfassung gefunden haben und - wie der Aufopferungsanspruch - im heutigen Grundgesetz fortwirken.[166]
Das allgemeine Landrecht legte als Grundpfeiler die beiden Rechtsgrundbegriffe des Eigentums und der Gesellschaft zugrunde.
Es war in zwei systematisch verschiedene Komplexe geteilt. Im ersten Teil wurden die Einzelpersonen behandelt, die dinglichen Rechte und ihre Erwerbstitel, Schuldverträge aller Art, Erbrechte und originäre Erwerbsgründe. Im zweiten Teil dann die Assoziationsformen des Menschen, Ehe, Familie und Verwandtschaft, Stände, der Staat und seine Beamten, die Stellung der Kirchen, das Schulrecht, die fiskalischen Rechte und Staatseinkünfte, die Gerichtsbarkeit und das Strafrecht.

(1) Die Rechtsnatur des Pflichtteilsrechts

Das Erbrecht fand sich im zweiten Teil des preußischen ALR. Es kannte ebenso wie das gemeine Recht auf der Grundlagen der Pandekten und der Novelle 115 ein Pflichtteilsrecht. Allerdings fehlte es an jeder ausdrücklichen Bestimmung über dessen Rechtsnatur. Das Gesetz sprach von einem „in seinem Pflichtteil enterbten Kinde".[167]
Der Streit darüber, ob diese Formulierung nun ein Erbrecht oder nur einen schuldrechtlichen Anspruch meinte, ließ die Frage nach der rechtlichen Natur des Pflichtteilsrechts zu einer der Hauptkontroversen des preußischen Erbrechts werden.[168]

---

166 Ausführlicher zu den rechtspolitischen und rechtsdogmatischen Hintergründen des ALR *Ebel*, S. 45 ff.

167 ALR II, § 432, § 391 in Verbindung mit §§ 399, 410.

168 *Schultzenstein*, Beiträge, § 12 S. 60 ff, bemängelte die mangelnde Pflege, die dem Landrecht und ganz besonders dem Erbrecht von der Rechtswissenschaft zuteil wurde, denn zuerst hatte die Praxis sich mit der Frage der Rechtsnatur beschäftigt; vgl. a.a.O. § 48 S. 257.

Für einen schuldrechtlichen Anspruch, der sich gegen die eingesetzten Erben richtete, wurde angeführt, daß für ein Kind, welches die Pflichtteilsklage geltend mache, sich nirgendwo im Gesetz die Bezeichnung als Erbe finde.[169]
Für einen Erbanspruch sprach die einfache Überlegung, daß wer enterbt werden konnte, ohne Enterbung zwangsläufig auch Erbe sein mußte. Der Pflichtteilsberechtigte sollte danach Pflichtteilserbe sein. Damit erbte er kraft Gesetzes aus eigenem Recht, nicht durch den Willen des Testators.[170]

Ungeachtet der ungeklärten Rechtsnatur des Pflichtteilsrechts wollte man sich bei der Konzeption des ALR von der verwirrend erscheinenden Systematik des gemeinen Rechts und den vielfältigen Unterscheidungen der Stellung des Pflichtteilsberechtigten nach den Umständen seiner Übergehung lösen. Man war bemüht, den Gedanken und die Ausfüllung der Pflichtteilsvorschriften gegenüber dem römischen Recht zu vereinfachen und auf einleuchtende Grundsätze zu stellen, die mit dem gesunden Menschenverstand zu erfassen waren.

(2) Der pflichtteilsberechtigte Personenkreis

Pflichtteilsberechtigt waren nach dem ALR nur Eltern, Kinder und Ehegatten. Geschwistern untereinander stand, anders als im römischen Recht, kein Pflichtteil zu.[171]
Das ALR unterschied weiterhin hinsichtlich der Pflichtteilsberechtigung nach der Ehelichkeit der Kinder: pflichtteilsberechtigt am Nachlaß des Vaters waren grundsätzlich nur dessen eheliche Kinder, uneheliche nur dann, wenn der Vater sie legitimiert hatte.[172] Uneheliche Kinder der Mutter dagegen hatten das gleiche Erbrecht wie auch die ehelich geborenen Kinder.[173]
Erbberechtigte Eltern mußten die leiblichen Eltern des Erblassers sein, Adoptiveltern stand kein Erbrecht zu.

(3) Der Ausschluß vom Pflichtteil

Das ALR unterschied zwischen der Enterbung zur Strafe und der aus guter Absicht. Die Enterbungsgründe zur Strafe fanden sich im zweiten Titel des zweiten Abschnitts des ALR. In den §§ 399- 413 waren abschließend die Gründe aufgezählt, aus denen Eltern die Kinder enterben konnten. Dazu zählten:

---

[169] *Schultzenstein*, a.a.O. § 33, S. 156 ff; § 13, S. 67 f; *Gruchot*, preuß. Erbrecht, S. 204 ff.
[170] *Koch*, § 44, S. 448, 449; § 45, S. 453.
[171] ALR II, 3, § 33.
[172] ALR II, 2, § 585, 655, 597, 603.
[173] ALR II, §§ 586, 587, 656, 657.

- Hochverrat oder Majestätsbeleidigung[174]
- Trachten nach dem Leben der Eltern oder Stiefeltern[175]
- Fälschliche Beschuldigung der Eltern vor Gericht eines Verbrechens wider besseren Wissens, auf das eine härtere Strafe stand als Geld- oder Gefängnisstrafe[176]
- Tätlichkeiten gegen die leiblichen Eltern außer im Fall wirklicher Notwehr[177]
- Grobe Schmähungen gegen die Ehre des Erblassers[178]
- Blutschänderischer Umgang des Kindes mit dem anderen Teil der leiblichen oder Stiefeltern[179]
- Grobe Verbrechen des Kindes, die dem Erblasser einen Teil seines Vermögens entzogen hatten[180]
- Keine Unterstützung des notleidenden Erblassers[181]
- Niedere Lebensart, grobe Laster, schändliche Aufführung trotz erhaltener ehrbarer Erziehung[182]

Hatte ein Kind ohne die von den Eltern oder einem Richter erteilte Einwilligung geheiratet, so durften die Eltern dieses Kind nur bis zur Hälfte des Pflichtteils enterben, dasselbe galt auch für den Fall, daß das Kind die Einwilligung durch unehelichen Beischlaf hatte erzwingen wollen.[183]

Eine testamentarische Enterbung hatte solange Bestand, wie der Erblasser das Testament nicht widerrufen hatte oder seinen geänderten Willen nicht deutlich erklärt hatte. Eine solche Erklärung mußte den Formerfordernissen des § 380 genügen. Die bloße Versöhnung oder die Wiederaufnahme des Kindes in das elterli-

174 ALR II, 2, § 399; dieser Enterbungsgrund war dem gemeinen Recht fremd, er fand sich jedoch in älteren Partikularrechten; vgl. hierzu *Gruchot*, preuß. Erbrecht, S. 156 f.

175 ALR a.a.O. § 400.

176 ALR a.a.O. § 401.

177 ALR a.a.O. § 402.

178 ALR a.a.O. § 403, 404. Es machte keinen Unterschied, ob die Beleidigungen direkt von dem Kind oder durch andere zugefügt wurden.

179 ALR a.a.O. § 405.

180 ALR a.a.O. § 406. Gemäß § 407 wurde ein solcher Schaden als beträchtlich angesehen, wenn er den Betrag des Pflichtteils erreichte, den das Kind sonst erhalten hätte.

181 ALR a.a.O. § 408.

182 ALR a.a.O. § 409. § 410 stellte klar, daß eine Enterbung nur aus vorstehend bezeichneten Gründen erfolgen durfte, damit war eine analoge Anwendung der Enterbungsgründe ausdrücklich ausgeschlossen. § 411 stellte klar, daß auch nur eine Schmälerung des Pflichtteils durch die Eltern zulässig war.

183 ALR I, 1, §§ 996, 1000; II, 2, § 413.

che Haus allein reichten nicht aus, um auf einen geänderten Willen des Erblassers zu schließen.[184]

Dieselben Gründe, aus denen Eltern die Kinder vom Pflichtteil ausschließen konnten, galten im Wesentlichen auch für Kinder gegenüber den Eltern, sie lauteten wie folgt:

- Majestätsbeleidigung und Hochverrat[185]
- Trachten nach dem Leben des Erblassers[186]
- Mißhandlung, die erhebliche und dauerhafte Schäden hervorgerufen hatte[187]
- Beschuldigung eines Verbrechens wider besseren Wissens[188]
- Blutschande des Elternteils mit dem Ehepartner des Kindes[189]
- Grobe Pflichtvernachlässigung bei der körperlichen und sittlichen Erziehung des Kindes[190]
- Verweigerung der Unterstützung des unverschuldet in Not geratenen Kindes bei eigener Möglichkeit der Hilfeleistung[191]

Fast alle diese Vorschriften waren, abgesehen von einer sprachlichen Vereinfachung oder allgemeineren Fassung, auch in der Novelle von Justinian zu finden. Daran wurde offensichtlich, daß das ALR, abgesehen von der Entzerrung und Vereinfachung der Vorschriften über die Noterben, hinsichtlich der Enterbungsgründe doch auf dem Boden des gemeinen Rechts stand.

Aus denselben Gründen, aus denen Eltern ihren Kindern den Pflichtteil nehmen oder schmälern konnten, konnten sie ihn auch mit Bedingungen belasten oder die Verfügung des Kindes über den Pflichtteil einschränken. Dies galt auch für Kinder gegenüber den Eltern.[192]

Die Möglichkeiten der Beschränkungen waren folgende:

- Beschränkung in der Verfügung über den Pflichtteil bei Verschuldung des Kindes, so daß die Schulden den Pflichtteil aufzehren würden[193]

---

184 ALR a.a.O. § 414 - 416.
185 ALR a.a.O. § 506.
186 ALR a.a.O. § 507.
187 ALR a.a.O. § 508.
188 ALR a.a.O. § 509.
189 ALR a.a.O. § 511.
190 ALR a.a.O. § 512.
191 ALR a.a.O. § 513.
192 ALR, II, 2, § 418, § 514. Diese Vorschrift löste die strengere Formvorschrift des römischen Rechts ab, nach dem ein gültiger Ausschluß des Noterben nur möglich war, wenn er von der ganzen Erbschaft ausgeschlossen war, eine Hinterlassung unter Beschränkungen war nicht möglich. *Gruchot*, preuß. Erbrecht S. 177.
193 ALR a.a.O. § 419.

- Wenn das Kind sich einer unordentlichen und verschwenderischen Wirtschaft schuldig gemacht hatte[194]
- Wenn das Kind wegen Wahn- oder Blödsinns unfähig war, Sorge für die eigenen Angelegenheiten zu tragen[195]

Die Eltern konnten weiterhin verfügen, daß die gegenwärtigen und künftigen Gläubiger des Kindes nicht berechtigt waren, sich an die Substanz des Erbteils zu halten.[196] Dem Kind konnte aber der Nießbrauch am Pflichtteil nicht entzogen werden, das Pflichtteilsrecht konnte in Verfügungen auf den Todesfall nur zum Besten der Abkömmlinge eingeschränkt werden.[197]
Möglich war es jedoch, an Stelle des Kindes, das ohne Abkömmlinge starb, dessen Geschwistern und deren Abkömmlingen den Pflichtteil zuzuwenden.[198]

Entscheidend für die Enterbung in guter Absicht war, daß die Voraussetzungen zur Zeit des Todes des Erblassers vorlagen, die Gründe für die Beschränkung im Testament genau angegeben waren und im Falle des Bestreitens von dem eingesetzten Erben erwiesen werden mußten.[199]
Der Erblasser hatte auch die Möglichkeit, dem Kind sein volles Erbteil zu hinterlassen, einschränkend aber zu verfügen, daß der Erbteil für dessen Kinder zu hinterlassen sei. Das Kind hatte sich der Verfügung zu unterwerfen und konnte nicht statt dessen seinen Pflichtteil wählen.[200]
Eine derartige Verfügung war dem gemeinen Recht fremd. Sie fand sich auch in keinem anderen der neueren Gesetzbücher dieser Zeit.
Das preußische Recht begründete diese Bestimmung jedoch mit der besonderen Motivlage dieser Maßregel: in einer solchen Verfügung läge kein Haß oder Widerwillen gegen das Kind, höchstens ein nicht unberechtigtes Mißtrauen gegenüber der ökonomischen Fähigkeit und Sorgfalt des Kindes, das Zugewandte wirtschaftlich zu erhalten.[201]

---

194 ALR a.a.O. § 420.

195 ALR a.a.O. § 421. Die gesetzmäßige Ursache einer solchen Einschränkung mußte aber ausdrücklich aufgeführt sein, § 422. Die Eltern konnten dann dem Kind auch die Verfügung unter Lebenden über den Pflichtteil ganz versagen, § 423.

196 a.a.O. § 424.

197 a.a.O. §§ 425, 426.

198 a.a.O. § 427. Hatten Eltern ihre Kinder dergestalt in der Verfügung über ihren Nachlaß eingeschränkt, so mußte ein Richter diese Beschränkungen auf die unbeweglichen Güter eintragen lassen und öffentlich bekannt machen, ALR a.a.O. § 428. Auf den Nießbrauch konnten die Gläubiger des Kindes nur dann Anspruch erheben, wenn er nicht zum notwendigen Unterhalt des Kindes erforderlich war, § 429.

199 *Gruchot*, preuß. Erbrecht, S. 183 f; ALR II, 2 §§ 419 ff. Die Vorschriften der Enterbung in guter Absicht galten gemäß ALR II, 2, § 515 auch für Kinder gegenüber ihren Eltern entsprechend.

200 ALR II,2, § 430.

201 *Suarez* in: v. Kampz, Jahrbuch Bd. 41, S. 165, 166, zitiert nach Gruchot a.a.O. S. 188.

Alle letztwilligen Verfügungen, die den Kindern den Pflichtteil nahmen, schmälerten, belasteten – worunter auch die Enterbung in guter Absicht fiel - mußten von dem Erblasser in einem wirklichen Testament niedergelegt werden. Unter Ehegatten war auch ein Ehevertrag in Testamentsform gültige Voraussetzung für die Einschränkungen eines Kindes.[202]

(4) Rechtliche Folgen einer widergesetzlichen Enterbung oder Übergehung

Behauptete ein von seinem Pflichtteil enterbtes oder sonstwie belastetes oder beschränktes Kind, daß ihm dieser Nachteil aus einem nicht gesetzmäßigen Grunde oder aus einer nicht begründeten Ursache zugefügt worden sei, so mußte ihm rechtliches Gehör verschafft werden.[203] Lagen die vom Gesetz geforderten Gründe nach Ansicht des Richters nicht vor, hatte der Pflichtteilsberechtigte das Recht, den Pflichtteil vollständig aus dem Nachlaß zu fordern. Das Testament behielt aber in all seinen übrigen Gründen seine Gültigkeit.[204]
Die übrigen Erben waren dann nach dem Verhältnis ihrer Portionen verpflichtet, dem die Beschwerde vorbringenden Kind den Pflichtteil zukommen zu lassen oder ihn zu ergänzen.[205]
Hatte der Erblasser den dem Kind entzogenen Pflichtteil einem einzelnen Erben zugeteilt, so mußte dieser allein das die Beschwerde führende Kind ausgleichen oder mit dem zustehenden Pflichtteil abfinden.[206]

cc) Das Bürgerliche Gesetzbuch für das Königreich Sachsen

Die Kodifikationsbemühungen in Sachsen auf dem Gebiet des Bürgerlichen Rechts reichten zurück bis ins 18. Jahrhundert. 1763 nahm erstmalig der Plan einer einheitlichen Zivilrechtskodifikation Gestalt an. Ernstlich in Angriff genommen wurde der Gedanke jedoch erst 1846. Ein 1852 vollendeter Entwurf wurde 1853 gedruckt und den Ständen vorgelegt, von der Regierung aber wieder zurückgezogen. Man war der Meinung, daß er zur Publikation noch nicht reif sei und sich außerdem die Aussicht bot, daß die thüringischen Staaten sowie Anhalt sich an dem Werk beteiligen würden.
1856 wurde eine Kommission eingesetzt, die im Wege der Revision das Werk nochmals überarbeitete. 1860 kamen deren Beratungen zum Abschluß, das Werk

---

202 ALR II, 2, § 31; *Gruchot*, preuß. Erbrecht, S. 191.
203 ALR II, 2, § 432; §§ 516-518 erklärten die Vorschriften für Kinder gegenüber Eltern für entsprechend anwendbar.
204 ALR a.a.O. §§ 433, 436; *Koch*, § 44, S. 450 f.
205 ALR a.a.O. § 434.
206 ALR a.a.O. § 435.

wurde dann als der Entwurf eines bürgerlichen Gesetzbuches für das Königreich Sachsen nebst Motiven und Inhaltsverzeichnis veröffentlicht.
1863 wurde das Gesetzbuch durch Verordnung vom 2. Januar publiziert, das Datum seines Inkrafttretens wurde auf den 1. März 1865 festgesetzt.
Die Thüringischen Staaten und Anhalt nahmen den Entwurf, an dessen Ausarbeitung sie mitgewirkt hatten, übrigens nicht an.
Entwicklungsgeschichtlich lag die Bedeutung des sächsischen BGB in einer Zwischenstufe und einem behutsamen Übergang von älteren Partikularkodifikationen zum Bürgerlichen Gesetzbuch.

(1) Die Rechtsnatur des Pflichtteilsrechts

Das sächsische BGB verwarf das Noterbenrecht des römischen Rechts, räumte statt dessen gewissen Personen ein Recht auf Hinterlassung des Pflichtteils ein und erkannte somit ein Pflichtteilsrecht an. Es behandelte den Berechtigten als Erben, egal ob ihm zu wenig hinterlassen worden war oder gar nichts. Der Pflichtteil bestand also auf jeden Fall in einer Erbquote.[207]
Er mußte frei von Beschränkungen, Bedingungen und Auflagen hinterlassen werden, war dies nicht der Fall, konnten die Beschwerungen gestrichen werden.[208]

(2) Der pflichtteilsberechtigte Personenkreis

Pflichtteilsberechtigt waren Abkömmlinge, Eltern, Großeltern und Ehegatten.
Den Geschwistern stand kein Pflichtteilsrecht zu.[209]

(3) Der Ausschluß vom Pflichtteil

Dieser war nur zulässig in Form einer letztwilligen Verfügung und bei Vorliegen genau im Gesetz bezeichneter Gründe. Man hatte sich auch hier aus Rechtssicherheitsgründen gegen eine Generalklausel entschieden. Verwandte konnten enterbt werden, wenn sie dem Erblasser oder dessen Angehörigen nach dem Leben getrachtet oder andere Personen an der Lebensnachstellung nicht gehindert hatten. Gleiches galt, wenn sie den Erblasser oder den Ehegatten wider besseren Wissens eines Verbrechens beschuldigt oder ihn in hilfsbedürftiger Lage verlassen hatten. Nur Eltern und Großeltern stand es frei, ihre Abkömmlinge wegen Tätlichkeiten

---

[207] Sächs. BGB, §§ 2564, 2589; *Siebenhaar*, § 561, S. 857.
[208] *Siebenhaar*, § 560, S. 856, Sächs. BGB §§ 2583, 2584.
[209] Sächs. BGB § 2565.

gegen sie zu enterben oder dann, wenn sie ohne Einwilligung die Ehe eingegangen waren. Voraussetzung war allerdings, daß auch wirklich ein ausreichender Grund zur Verweigerung der Einwilligung gegeben war.[210]
Des weiteren war auch eine Enterbung in guter Absicht zulässig.[211] Der Ehegatte konnte enterbt werden, wenn er die Schließung der Ehe durch Zwang oder Betrug herbeigeführt oder sich des Ehebruchs schuldig gemacht, dem Ehepartner nach dem Leben getrachtet, ihn böslich verlassen oder eines Verbrechens bezichtigt hatte.[212]

(4) Folgen des ungerechtfertigten Ausschlusses

Dem Berechtigten stand gegen Verletzungen die Erbschaftsklage zu. Er mußte sich nicht, wie im römischen Recht mit der Klage auf Erfüllung seines Pflichtteils begnügen *(actio suppletoria)*.
War der Pflichtteil durch Schenkungen unter Lebenden verletzt worden, konnte der Berechtigte diese Schenkung anfechten. Er hatte dann allerdings nur ein Erbrecht nach dem Verhältnis seines Pflichtteils, keinen Ergänzungsanspruch auf die volle Höhe seines Pflichtteils. Hatte der Erblasser im Zeitpunkt der Verfügung jedoch keine Kenntnis von der Existenz des Berechtigten, war der letzte Wille ungültig.[213]

dd) Das französische Recht in der Form des Code Civil

Der von Napoleon am 21. März 1804 eingeführte Code civil orientierte sich am Noterbenrecht des römischen Rechts. Er umfaßte 2281 Artikel und war in drei Bücher unterteilt, das Personen- und das Familienrecht, das Sachenrecht sowie das Schuld- und Erbrecht. Der Code civil war, ungeachtet jeglicher Kritik, das erste Zivilgesetzbuch eines säkularisierten, ständefreien Staates. Das machte ihn zu einem in der damaligen Zeit einmaligen Werk.[214]
Das „Noterbenrecht" nach französischem Verständnis verlieh den Angehörigen nicht erst ein gesetzliches Erbrecht, sondern es gewährte ihnen dieses aufgrund

---

210 Sächs. BGB § 2575, 2576; *Siebenhaar*, § 557, S. 854.
211 Sächs. BGB § 2577; Die Enterbung in guter Absicht war jedoch im Vergleich zum gemeinen Recht deutlich eingeschränkt, vgl. hierzu *Siebenhaar*, § 557, S. 854 f.
212 a.a.O. § 2582.
213 Siebenhaar, § 563, S. 859; *Mertens* S. 90. Eine entsprechende Regelung fand sich auch im österr. ABGB, § 777.
214 *Ebel*, S. 62 f, Rn. 514, 517.

ihres familiären Näheverhältnisses zum Erblasser. Man sprach deshalb auch von einem Familienerbrecht.[215]
Auch das Testament gab dem Erblasser keine unbeschränkte Verfügungsfreiheit über seinen Nachlaß. Die wichtigste und bedeutendste Einschränkung stellte der sogenannte Vorbehalt *(la réserve)* dar. Er war das Erbrecht der Verwandten.[216]
Dieser Teil war der Verfügungsgewalt des Erblassers entzogen. Demgegenüber stand der Freiteil, die *portion disponible*, als Vermögensbestandteil, über den frei verfügt werden konnte.[217]
Damit standen sich zwei Rechtsinstitute unmittelbar gegenüber: das des verschenkbaren Vermögens und das des Vorbehalts.

(1) Der Vorbehalt *(portion réserve)*

Der Erblasser konnte somit nur über das verfügen, was weder dem Verkehr noch dem Verfügungsrecht entzogen war. Gegenstand der letztwilligen Liberalität des Erblassers war damit nur das vererbliche Vermögen. Hierin lag auch der qualitative Unterschied zu dem Pflichtteil, wie er im späteren römischen und im gemeinen Recht geläufig war.
Der französische Vorbehalt gehörte nicht zum vererblichen Vermögen, er bezeichnete das Erbrecht der Verwandten. Dieses konnte von dem Erblasser auch nicht durch freiwillige Verfügungen aufgehoben oder geschmälert werden.
Der Teil, der vorbehalten war, entzog sich also der Verfügungsgewalt des Erblassers, er war seinem Wesen nach nicht verschenkbar. Er fiel den Vorbehaltserben unmittelbar durch Gesetz zu und durfte auch nicht durch anderweitige Verfügungen des Erblassers wieder entzogen werden. Die ipso-iure-Erben gewordenen durften ihn unter allen Umständen behalten.[218]

Der Pflichtteil des römischen Rechts dagegen stellte die Ausnahme von der Regel dar, eine Beschränkung der grundsätzlich gegebenen Testierfreiheit des Erblassers. Nach römischem Recht konnte der Pflichtteilserbe durch Zuweisung der legitima vom Erblasser abgefunden werden, nach französischem Recht war dies gerade nicht möglich. Das Recht, freigiebige Verfügungen zu treffen, war die Ausnahme, wenn Vorbehaltserben vorhanden waren.[219]
Aus dieser Dogmatik folgte im französischen Recht, daß es auch keine Enterbungsbefugnis geben konnte, denn das Erbrecht war ja gerade als ein vom Willen des Erblassers absolut unabhängiges Recht ausgestattet. Das, was das gemeine

---

[215] *Lange/Kuchinke*, § 39, S. 580.
[216] Code civil, S. 288.
[217] *Zachariä*, § 675, S. 283 f; Code civil, Art. 923 ff, 1048 ff.
[218] *Zachariä*, § 677, S. 287 f; S. 290, Anmerkung 4.
[219] *Zachariä*, § 678, Anmerkung 4.

Recht als Enterbungsgründe kannte, wurde im französischen Recht unter die Erbunwürdigkeitsgründe verwiesen.[220]

(2) Der berechtigte Personenkreis

Zu den Vorbehaltserben zählten Descendenten und Ascendenten des Erblassers, Seitenverwandte und Geschwister jedoch nicht.[221]
Im Umkehrschluß hatte der Erblasser nur dann volle Verfügungsgewalt über seinen Nachlaß, wenn weder Nachkommen noch Vorfahren des Erblassers vorhanden waren.
Einzige Einschränkung des berechtigten Personenkreises war, daß Vorfahren und Nachkommen erbfähig sein mußten, also ehelich oder zumindest legitimiert.[222]
Der Erblasser hatte keine Dispositionsfreiheit hinsichtlich der Personen, die er als Erben einsetzen wollte. Das französische Recht sah in dem Versuch des Erblassers, über die Erbfolge zu disponieren, einen Eingriff in eine fremde Rechtssphäre. Das Recht auf den Vorbehalt wurde mit dem Tod des Erblassers eröffnet. Die Vorbehaltserben konnten den Vorbehalt nur als Erben annehmen, also nur, wenn sie auch die Erbschaft annahmen.
Ansonsten standen dem Vorbehaltserben dieselben Rechte zu wie einem anderen Erben, er konnte also die Erbschaft annehmen wie auch auf sie verzichten.
Nahm er sie unbedingt an, so haftete er auch mit seinem eigenen Vermögen für die Schulden und Lasten des Nachlasses. Er hatte dann auch nicht das Recht, die freigiebigen Verfügungen, durch die der Erblasser den Vorbehalt geschmälert hatte, einzuziehen oder zu mindern.[223]

(3) Der Freiteil *(portion disponible)*

In Bezug auf das verschenkbare Vermögen, der portion disponible,[224] unterlag der Erblasser keinen Beschränkungen.[225] Es bestand jedoch ein Unterschied zwischen dem bedachten Erben und sonstigen bedachten dritten Personen.

---

[220] Zitiert nach *Mertens*, FS S. 192, *Zachariä* § 601 Note 3, § 514 Note 4; Code civil, Art. 727.
[221] Code civil, Art. 913, 915.
[222] a.a.O. § 680, S. 294 f; Code civil, Art. 723, 724, 731 ff.
[223] a.a.O. § 683, S. 300 ff.
[224] Code civil, Art. 913.
[225] Wie *Hedemann* S. 21 f jedoch anmerkte, ließ der auch Code civil dem Testator wenig Bewegungsfreiheit. Die portion disponible war kleiner als im österreichischen oder deutschen Recht. Waren beispielsweise zwei Kinder vorhanden, so konnte der Erblasser nur über ein Dritteil frei verfügen, bei mehr Kindern reduzierte sich der Freitteil entsprechend.

Der bedachte Erbe, wenn er denn zur Erbschaft berufen war und diese annahm, war kraft Gesetzes zum Rückbringen des vorher durch Schenkungen Erhaltenen in die Erbmasse verpflichtet, es sei denn, der Erblasser hatte ihn von dieser Verbindlichkeit bereits durch den Akt der Zuwendung oder in einem späteren Akt ausdrücklich befreit. Dritte Personen traf diese Pflicht nicht.[226]

(4) Die Minderungsklage (*action en réduction)*

Hatte der Erblasser freigiebige Verfügungen getroffen, die das verschenkbare Vermögen überstiegen und somit den Vorbehalt schmälerten, stand den Vorbehaltserben das Recht zu, die vom Erblasser getroffenen freigiebigen Verfügungen einzuziehen.[227] Den Beweis, daß die freigiebigen Verfügungen das verschenkbare Vermögen überstiegen, hatte der Vorbehaltserbe zu führen.

Der Vorbehalt war aus dem freien Vermögen zu nehmen, aus dem Vermögen also, über das der Erblasser weder auf den Todesfall noch unter Lebenden verfügt hatte. Nur wenn dieses Vermögen nicht ausreichte, um den Betrag des Vorbehaltes zu decken, war eine Einziehung der freigiebigen Verfügungen des Erblassers überhaupt möglich.

Hinterließ der Erblasser kein freies Vermögen, oder war es nicht ausreichend, um den Vorbehalt abzudecken, so waren als erstes die Vermächtnisse einzuziehen, danach die Schenkungen. Wenn allerdings schon die Schenkungen das verschenkbare Vermögen erschöpften oder überstiegen, so verfielen auch sämtliche Vermächtnisse.[228]

(5) Erlöschen des Rechts auf den Vorbehalt

Das Recht, den Vorbehalt zu fordern, erlosch durch Verjährung innerhalb von dreißig Jahren, durch Verzicht nach dem Tod des Erblassers auf die Erbschaft oder die Einziehungsklage.[229]

Eine Enterbung des Vorbehaltserben durch den Erblasser gestattete das französische Recht nicht, der Erblasser hatte keine Möglichkeit, den Vorbehaltserben vom Vorbehalt auszuschließen.[230]

---

[226] a.a.O. § 684, S. 303; Code civil, Art. 919.
[227] a.a.O. § 685, S. 303 f; Code civil, Art. 920 ff.
[228] a.a.O. § 685, S. 312 ff.
[229] Code civil, Art. 789, 2262.
[230] a.a.O. § 686, S. 317 f.

ee) Das Österreichische ABGB

Das österreichische ABGB von 1811 trat am 1. Januar 1812 in Kraft. Es verdrängte das gemeine römische Recht sowie die Provinzialstatuten und brachte Österreich damit die Rechtseinheit auf dem Gebiet des bürgerlichen Rechts. Aufbauend auf dem System des Naturrechts behandelte die österreichische Kodifikation das Privatrecht in drei Teilen mit insgesamt 1502 Paragraphen. Dazu gehörten das Personen- und das Familienpersonenrecht, das Sachenrecht sowie die gemeinschaftlichen Bestimmungen der Personen- und Sachenrechte.
Wie auch das ALR folgte das ABGB dem Vernunftrecht und verwies das Gewohnheitsrecht auf die Fälle, in denen das Gesetz ausdrücklich den Rückgriff auf dieses erlaubte.[231]

(1) Die Rechtsnatur des Pflichtteils

Das österreichische Recht folgte, wie auch das sächsische BGB, der römischen Auffassung, wonach gewisse Personen nicht einfach durch Testament übergangen werden durften. Das österreichische ABGB räumte ihnen in § 764 ein Pflichtteilsrecht ein, das Recht auf einen Wertteil des Nachlasses.[232]
Man folgte damit dem materiellen Noterbenrecht des späteren römischen Rechts, wonach gewisse Verwandte einen Wertteil des Nachlasses lastenfrei, unbedingt und unbefristet erhalten mußten.[233]
Dieser Erbteil hieß Pflichtteil, die Personen, die den Pflichtteil fordern konnten, bezeichnete das Gesetz als Noterben.[234]
Der Pflichtteil mußte kein Erbteil sein, der nicht Bedachte hatte nur einen Anspruch auf Geldersatz, nicht auf eine Erbeinsetzung im Testament.[235]

---

[231] *Laufs*, S. 189, 190.
[232] Ebenso bereits schon das ALR vgl. oben sowie *Unger*, § 78 S. 333 f.
[233] ABGB § 774; *Unger*, a.a.O. § 83, S. 347. Diese römische Auffassung des Pflichtteilsrechts hatte zwar Eingang in viele Kodifikationen gefunden, entsprach nach der Ansicht von *Unger* jedoch nicht dem Wesen des Erbrechts. Dieses wurzelte seine Meinung nach in der Familie und auf dem Grundsatz, daß ein Familienmitglied sein Vermögen außer für sich selbst auch für seine Familie erwerbe. Der Erblasser solle von vorneherein nur über einen bestimmten Teil seines Vermögens verfügen können, der Rest solle unentziehbar der Familie zustehen, ähnlich wie im Code civil, der auf einem Familienerbrecht beruhe. Dies sei die deutschrechtliche Auffassung des Wesens des Erbrechts, die sich im österreichischen Gesetzbuch zum Bedauern *Ungers* nicht durchgesetzt hatte. Er bemängelte, daß manche ausländischen Kodifikationen mehr germanisches Erbrecht enthielten als deutsche Kodifikationen selbst. Vgl. hierzu a.a.O. § 78 S. 334, 335.
[234] ABGB § 762 ff.
[235] Die Verwendung dieses Begriffs war eigentlich eine ungenaue, denn der Pflichtteil konnte auch in Form eines Vermächtnisses oder einer Schenkung von Todes wegen hinterlassen wer-

Damit qualifizierte das österreichische Recht den Pflichtteil als einen schuldrechtlichen Anspruch und verweigerte dem Berechtigten die Erbenstellung.[236]

(2) Der berechtigte Personenkreis

Zum pflichtteilsberechtigten Personenkreis zählten nur Verwandte in gerade Linie, also Kinder und Eltern in absteigender und aufsteigender Linie.[237]
Kein Pflichtteil wurde Geschwistern und Ehegatten zugebilligt. Das Pflichtteilsrecht der Geschwister war auch in fast allen neueren Kodifikationen einhellig abgelehnt worden.[238]

Der überlebende Ehegatte wurde unter gewissen Voraussetzungen auf einen Alimentationsanspruch verwiesen. Sollte seine Versorgung bei Versterben des Ehegatten nicht gesichert sein, stand ihm bis zur Wiederverheiratung ein Unterhaltsanspruch zu. Dieser Anspruch bestand nicht, wenn die Ehe durch Verschulden des Überlebenden geschieden worden war oder die Scheidungsklage bereits vorgebracht oder die Ehe aufgelöst worden war.[239]
Dieser Unterhaltsanspruch galt übrigens für beide Ehegatten, mußte also bei Vorliegen der Bedingungen auch aus dem Nachlaß der Ehefrau gewährt werden.[240]

(3) Der Ausschluß vom Pflichtteil

Das österreichische ABGB ging zwar von einem nur schuldrechtlichen Anspruch des Pflichtteilsberechtigten aus, verwendete aber dennoch die Begriffe Ausschließung vom Pflichtteil und Enterbung gleichzeitig. Die Ausschließung der Noterben

---

den, er mußte also kein Erbteil sein. Auch das der Pflichtteil als „Erbteil, den die Berechtigten fordern konnten", bezeichnet wurde, war nicht gerade eine zutreffend gewählte Bezeichnung. Vgl. hierzu auch *Wolff*, S. 373; *Unger*, S. 347.

[236] *Wolff*, S. 373.

[237] ABGB §§ 762, 763; *Unger* § 78 S. 336, § 79 S. 337; *Wolff* S. 373 f; vgl. hierzu auch *Kiehl*, S. 463 mit umfassenden Nachweisen zur Rechtsprechung des k.k. obersten Gerichtshofes.

[238] Entgegengesetzt hatte sich entschieden das ALR II,1 § 631 ff.

[239] Der Unterhaltsanspruch bestand auch nur dann, wenn der Unterhalt nicht bereits durch den gesetzlichen Erbteil oder letztwillige Versorgung gesichert war, vgl. die Formulierung „mangelnder" Unterhalt.

[240] ABGB §§ 759, 796; *Wolff*, S. 374; *Unger* a.a.O. S. 336 betonte die Brisanz der legislatorischen Frage, ob hinsichtlich des Ehegatten ein Pflichtteilsanspruch oder ein Unterhaltsanspruch vorzuziehen sei. Für ein Pflichtteilsrecht spreche die Innigkeit des ehelichen Verhältnisses, schwerwiegender dagegen aber das Argument, daß dort, wo wahre eheliche Gesinnung gegeben sei, jeder Ehegatte den anderen durch freiwillige Verfügungen bedenken werde, so daß kein Anlaß für eine gesetzliche Regelung bestehe.

von der Erbfolge bezeichnete das ABGB als Enterbung. Diese konnte zur Strafe oder in guter Absicht stattfinden.[241] Sie war nur zulässig bei Vorliegen bestimmter Gründe, die das Gesetz abschließend aufzählte. Die Gründe für die Enterbung eines Kindes zur Strafe waren in § 768 aufgeführt.[242]
Es fanden sich dort der Abfall vom Christentum, dem der Erblasser angehörte,[243] die böswillige Verlassung des Erblassers in hilfloser Lage, die Verurteilung wegen eines Verbrechens zur lebenslänglichen oder zwanzigjährigen Kerkerstrafe oder die beharrliche Führung eines die öffentliche Sittlichkeit verleugnenden Lebenswandels.

Nach § 769 ABGB galten die oben aufgezählten Enterbungsgründe auch für Kinder gegenüber ihren Eltern. Hinzu kam noch die gänzliche Vernachlässigung des Kindes in der Erziehung.
§ 770 erklärte die in den §§ 540, 542 aufgeführten Erbunwürdigkeitsgründe ebenfalls zu Enterbungsgründen.[244] Damit konnte der Erblasser auf die Unwürdigkeit besonders aufmerksam machen, eine formlose Verzeihung war gemäß § 772 bedeutungslos und die Nachkommen des so enterbten Kindes konnten nur den Pflichtteil verlangen.

Die Enterbung konnte ausdrücklich oder stillschweigend ausgesprochen werden, die Angabe eines Enterbungsgrundes war nicht erforderlich. Es reichte, wenn der Noterbe nicht bedacht worden war. Widerrufen werden konnte die Enterbung nur durch eine formelle letztwillige Verfügung.[245]
Der rechtmäßig Enterbte wurde also bei der Berechnung des Pflichtteils gemäß § 767 nicht berücksichtigt, allerdings hatte er einen gesetzlichen Anspruch auf Gewährung des notwendigen Unterhaltes.[246]

---

[241] Wie *Unger* aber auch feststellte, bezog sich zwar die Enterbung pflichtteilsberechtigter Personen letztendlich auf die Entziehung oder Schmälerung ihres Pflichtteils, da sie gegen den Willen des Erblasser nicht mehr als auf den Pflichtteil Anspruch hatten. Dennoch sei es passend, die Enterbung solcher Personen als Ausschließung von der Erbfolge zu bezeichnen, da in der Ausschließung vom Pflichtteil auch immer die Ausschließung von der gesetzlichen Erbfolge läge. Vgl. a.a.O. § 83, S. 349, 352.

[242] Vgl. hierzu *Kiehl*, S. 465 m.w.N.

[243] Die neueren Kodifikationen wie das ALR und das sächsische BGB hatten diesen Enterbungsgrund völlig verworfen.

[244] *Unger* meinte, daß man sich zu der Aufnahme der Erbunwürdigkeitsgründe unter die Enterbungsgründe wohl deswegen entschlossen hatte, um dem Erblasser die Möglichkeit zu geben, selbst über den Schuldigen die verdiente Strafe zu verhängen. Genau genommen sei eine Enterbung in diesen Fällen nicht nur überflüssig, sondern unmöglich, da einem Erbunwürdigen der Erbanspruch bereits ipso iure, kraft Gesetzes entzogen sei und es keiner erneuten Enterbung bedürfe. Vgl. a.a.O. § 83, S. 350, 353.

[245] ABGB § 772; *Kiehl* S. 467 m.w.N.

[246] *Unger* a.a.O. § 83, S. 351; *Wolff*, S. 374.

Das österreichische Recht kannte ebenso wie viele andere Kodifikationen auch die Enterbung in guter Absicht. Dem Erblasser war es gestattet, einen überschuldeten oder verschwenderischen Noterben, egal ob Kind oder Elternteil, von der Erbfolge auszuschließen. Dies geschah in der Weise, daß der Erblasser den Pflichtteil dann den Kindern des überschuldeten Noterben hinterließ.[247]
Auch in diesem Fall bedurfte es keiner ausdrücklichen Nennung der Enterbungsgründe. Konnte der Erbe die Enterbungsgründe zu Lasten des eigentlich Berechtigten nicht im Sinne des § 771 beweisen oder war der Pflichtteil nicht den Kindern des Überschuldeten hinterlassen worden, so behielt der überschuldete Noterbe in beiden Fällen seinen Anspruch auf den Pflichtteil.[248]

(4) Folgen des ungerechtfertigten Ausschlusses

War der Noterbe ausdrücklich und unbegründet vom Pflichtteil ausgeschlossen, so konnte er den ihm zustehenden Pflichtteil durch Klage geltend machen. Er hatte jedoch nur ein Forderungsrecht. War ihm der Pflichtteil nur widerrechtlich verkürzt worden, so stand ihm der Anspruch auf Pflichtteilsergänzung zu.[249] War der Noterbe stillschweigend übergangen worden, so konnte er gemäß § 776 ABGB auch nur den Pflichtteil verlangen.
Eine Ausnahme machte das Gesetz jedoch. Hatte der Erblasser offenbar irrtümlich einen von mehreren Pflichtteilserben übergangen, weil er vielleicht glaubte, dieser sei nicht mehr am Leben oder weil er keine Kenntnis von dessen Existenz hatte, so konnte der Übergangene in diesem Fall soviel verlangen, wie der mindestbegünstigte Noterbe bekam, auch wenn dieser Betrag den eigentlichen Pflichtteil überstieg. Überging der Erblasser aus einer solchen Irrtumslage heraus jedoch *den einzigen* pflichtteilsberechtigten Nachkommen, so wurde der letzte Wille ebenso hinfällig, als wenn der einzige pflichtteilsberechtigte Nachkomme erst später zur Welt kam.[250] Starb der einzige Noterbe vor dem Erblasser, trat der letzte Wille des Erblassers wieder in Kraft.[251] Diese Ausnahmeregelung galt jedoch nicht für Vorfahren, sie konnten immer nur den Pflichtteil fordern.

Auch das österreichische Recht gewährte Schutz vor Verletzung und Beeinträchtigung des Pflichtteils durch übermäßige Schenkungen unter Lebenden, durch die der Pflichtteilsanspruch der bereits geborenen Kinder gefährdet wurde.[252] Der

---

[247] ABGB § 773; *Kiehl* S. 467 m.w.N.
[248] *Unger* a.a.O. § 84, S. 357.
[249] ABGB § 775; *Kiehl*, S. 470 m.w.N.
[250] ABGB § 777; *Wolff*, S. 378; *Kiehl*, S. 471 m.w.N.
[251] ABGB § 778; *Wolff*, S. 378; *Kiehl*, S. 472 m.w.N.
[252] ABGB § 765 i.V.m. § 951. Übermäßig und damit pflichtwidrig war eine Schenkung, wenn sie so groß war, daß sie die Hälfte des Erblasservermögens zur Zeit der Schenkung überstieg.

Noterbe konnte in diesem Fall die übermäßige Schenkung nach dem Tod des Erblassers anfechten und Pflichtteilsergänzung auf den ihm eigentlich zustehenden Betrag verlangen. Diese Rückforderungsklage richtete sich gegen den Beschenkten, mochte er nun Erbe oder Dritter sein.

ff) Der Entwurf von Mommsen

Der Entwurf von *Mommsen* entstand im Rahmen eines Preisausschreibens der Juristischen Gesellschaft zu Berlin vom 1. März 1874. Er wurde 1876 als „Entwurf eines Deutschen Reichsgesetzes über das Erbrecht nebst Motiven" veröffentlicht. Der Entwurf erhielt viel öffentliches Lob, auch *Schmitt* war derart angetan, daß er den Vorschlag machte, den Entwurf den Kommissionsberatungen zugrunde zu legen, was von der Kommission jedoch abgelehnt wurde.[253]

(1) Die Rechtsnatur des Pflichtteilsrechts

Was die rechtliche Qualifikation des Pflichtteils anging, folgte auch *Mommsen* dem römischen Recht. Dies sah in dem persönlichen Verhältnis gewisser Personen zu dem Erblasser eine moralische Pflicht auf Hinterlassung von Vermögen. Die Übergehung des Noterben bedeutete nicht die Nichtigkeit des Testaments, sondern gab dem gänzlich ausgeschlossenen Noterben die Pflichtteilsklage auf eine Erbquote, ohne daß das übrige Testament in seiner Gültigkeit berührt wurde.[254] Der Pflichtteil mußte, ebenso wie in den meisten anderen Kodifikationen, frei von Beschränkungen und Belastungen hinterlassen werden.[255]

(2) Der pflichtteilsberechtigte Personenkreis

Zu ihm zählten Abkömmlinge, Eltern und Ehegatten.[256] Geschwistern stand kein Pflichtteilsrecht zu.

Das Pflichtteilsrecht der Ehegatten wurde nicht ausdrücklich erwähnt. Die Frage nämlich, ob ihnen ein Pflichtteilsrecht zustehen sollte oder nicht, konnte *Mommsen* selbst auch nicht zweifelsfrei bejahen oder ablehnen. Er wies darauf hin, daß nach dem älteren römischen Recht, wie es auch noch zur Zeit der Novelle 115 bestand, der Überlebende kein Pflichtteilsrecht hatte. Erst die Novelle 117 räumte

---

[253] *Schmitt*, Motive zum Erbrecht, S. 35.
[254] *Mommsen*, §§ 482, 498, 500, 501; Motive S. 449, 479.
[255] *Mommsen*, § 486.
[256] *Mommsen*, § 468, Motive S. 451 f.

der bedürftigen Witwe den Anspruch auf einen gewissen Teil des Nachlasses ein. *Mommsen* sprach sich deshalb auch für ein Pflichtteilsrecht an Stelle eines gesetzlichen Erbrechts aus. Er begründete dies mit der großen Innigkeit des Verhältnisses, welches durch die Ehe entstanden sei.[257]

(3) Der Ausschluß vom Pflichtteil

Nach dem Entwurf von *Mommsen* hatte der Erblasser grundsätzlich das Recht, den Noterben von der Erfolge auszuschließen, den Pflichtteil nicht ganz, sondern nur teilweise zu entziehen oder unter Bedingungen, Zeitbestimmungen oder Auflagen zu hinterlassen.[258]
Auch die Kinder hatten das Recht, ihre Eltern von der Erbfolge auszuschließen. Dies, obwohl das Pflichtteilsrecht der Eltern nicht auf derselben natürlichen Grundlage wie das Pflichtteilsrecht der Kinder stünde, wie Mommsen betonte. Das Pflichtteilsrecht der Eltern stelle grundsätzlich eine positive Beschränkung der Testierfreiheit der Kinder dar. Wo aber Eltern durch ihre Handlungsweise ihr Elternrecht bereits völlig aufgegeben hätten, bestehe kein Grund, die Kinder mit dieser Beschränkung ihrer Testierfreiheit zu belasten. Auch ein Ansehensverlust der Eltern in den Augen der Kinder war laut *Mommsen* nicht zu befürchten. Wenn das Gesetz die Ausschließung der Eltern vorsehe und von dieser Gebrauch gemacht werde, so sei das Ansehen der Eltern als Eltern in diesem Fall sowieso bereits schon aufgehoben.[259]
Die Eltern könnten ihre Kinder auch als Ausdruck elterlichen Zuchtmittels von der Erbfolge ausschließen, denn die elterliche Züchtigung sei nicht nur ein Recht der Eltern, sondern deren sittliche Pflicht. Auch wenn bei einem Vergehen der Kinder gegen ihre Eltern die Schuld sehr oft auf beiden Seiten liegen würde, so würde dies das elterliche Züchtigungsrecht weder berühren noch aufheben.
Die Befürchtung, daß ein so enterbtes Kind der Gemeinde zur Last fallen könnte, war laut *Mommsen* kein Argument für ein Teilhaberecht des Kindes am Nachlaß der Eltern. Der eigentliche Grund des Enterbungsrechtes liege nun einmal darin, daß das vorwerfbare Verhalten des Kindes das verwandtschaftliche Band zerrissen habe und den Eltern als Zuchtmittel deshalb die Ausschließung von der Erbfolge zustehe.[260]

Wie die meisten Kodifikationen der damaligen Zeit lehnte auch der Entwurf von *Mommsen* eine Generalklausel, die zur Enterbung berechtigte, ab. Zu groß er-

---

[257] *Mommsen*, Motive S. 452.
[258] *Mommsen*, § 489, Motive S. 468.
[259] *Mommsen*, § 489, Motive S. 469.
[260] *Mommsen*, § 489, Motive S. 468, 470.

schien die Gefahr von Willkürentscheidungen bei Einräumung von richterlichem Ermessen.

Ausreichend für einen Enterbungsgrund war nur ein Verhalten, welches das verwandtschaftliche Verhältnis grob verletzte. Verbalinjurien, die noch nach dem preußischen ALR und dem römischen Recht als Enterbungsgrund galten, genügten hier nicht. Auch die Heirat des Kindes gegen den Willen der Eltern war kein hinreichender Grund für eine Enterbung, die Eltern konnten das Kind jedoch auf den Pflichtteil beschränken.[261]

In § 490 des Entwurfes waren die abschließenden Ausschlußgründe aufgezählt. Diese galten für Eltern gegenüber ihren Kindern wie auch umgekehrt. Es fanden sich dort:

- Lebensnachstellung, sowohl Trachten nach dem Leben des Erblassers selbst, als auch nach dem Leben des Ehegatten und des Abkömmlings, also Mitgliedern des engeren Familienkreises des Erblassers[262]
- Wissentlich falsche Anklage oder Denunziation des Erblassers oder dessen Ehegatten wegen eines schweren Verbrechens wider besseren Wissens[263]
- Fleischlicher Umgang mit dem Ehegatten des Erblasser[264]
- Verlassung des Erblassers in hilfsbedürftiger Lage[265]

§ 491 führte zwei weitere Enterbungsgründe an, die jedoch nur für Eltern gegenüber ihren Kindern galten - grobe Tätlichkeiten[266] und gewerbsmäßige Führung einer gegen die öffentliche Sittlichkeit verstoßenden Lebensweise.[267]

---

[261] *Mommsen*, § 490, 491, Motive S. 470 f.

[262] *Mommsen*, Motive S. 471.

[263] Da diese in einem nahen Verhältnis stünden, berechtige auch die Anklage gegen den Ehegatten des Erblassers jenen zur Ausschließung von der Erbfolge, vgl. a.a.O. S. 471.

[264] a.a.O. S. 472. Dieser Ausschlußgrund war im römischen Recht enger gefaßt und ließ eine Enterbung des Noterben nur dann zu, wenn er fleischlichen Umgang mit der Frau oder der Konkubine des Erblassers gepflogen hatte. Der Entwurf von *Mommsen* machte in dieser Hinsicht zwischen den Geschlechtern keinen Unterschied. *Mommsen* betonte, daß gerade in diesem Enterbungsgrund eine Verleugnung des verwandtschaftlichen Verhältnisses liege, wie sie schlimmer nicht sein könne.

[265] a.a.O. S. 472. Im Gegensatz zum römischen Recht erkannte der Entwurf auch das Verlassen in Krankheitsfällen als einen Ausschließungsgrund an, da sich gerade in diesem Fall eine besondere Lieblosigkeit und Verleugnung des verwandtschaftlichen Verhältnisses zeige.

[266] Daß dieser Ausschließungsgrund nur Eltern gegenüber Kindern zustand, rechtfertigte *Mommsen* damit, daß es sich bei einer Tätlichkeit meist nur um eine Überschreitung des elterlichen Züchtigungsrechts handle, welches keine Ausschließung von der Erbfolge rechtfertige. Außerdem stelle das elterliche Züchtigungsrecht nicht nur eine sittliche Pflicht, sondern auch ein Recht der Eltern dar, so daß es bei einer Ausübung an einer „Schuld" der Eltern fehle.

[267] Als Begründung für die Ausschließung aufgrund des Lebenswandels wurde angeführt, daß gerade ein solches Verhalten die Nichtachtung aller Familienbande an den Tag lege und solche

Der Entwurf beschränkte diese Fälle des Ausschlusses aufgrund des Lebenswandels entgegen dem Preußischen ALR und der Ansicht Justinians nur auf Fälle der gewerbsmäßigen Führung eines die öffentliche Sittlichkeit verletzenden Lebenswandels. Insofern waren nur die Fälle der gewerbsmäßig betriebenen Unzucht, der Bordellwirtschaft und der sonstigen gewerbsmäßigen Kuppelei erfaßt.[268]

§ 492 des Entwurfes von *Mommsen* schloß sich § 2582 des sächsischen BGB an. Dieser sah die Ausschließung des Ehegatten vom Pflichtteil vor, wenn er die Eingehung der Ehe durch Zwang oder Betrug veranlaßt, sich eines Ehebruchs schuldig gemacht, dem Ehegatten nach dem Leben getrachtet, ihn böswillig verlassen oder sich eines Verbrechens, welches mit Zuchthaus oder einer höheren Strafe bedroht war, schuldig gemacht hatte. Vorausgesetzt wurde jedoch, daß der Erblasser nicht selbst die eheliche Treue verletzt hatte.[269]

(4) Folgen eines ungerechtfertigten Ausschlusses

Der Schutz des Pflichtteilsberechtigten betraf sowohl letztwillige Verfügungen als auch Rechtsgeschäfte unter Lebenden.
War der Berechtigte durch eine letztwillige Verfügung oder durch Testament oder Erbvertrag verletzt worden und hatte er weniger erhalten als sein Pflichtteil ausmachte, so hatte er ein Anfechtungsrecht. Gleiches galt, wenn er durch einen im Gesetz nicht angegebenen Grund enterbt worden war.[270]
War dem Pflichtteilsberechtigten gar nichts hinterlassen worden, so konnte er verlangen, daß er für den ihm zustehenden Pflichtteil als Erbe anerkannt wurde. Die Quote der anderen Miterben minderte sich dann anteilsmäßig um die ihm zustehende Quote. *Mommsen* betrachtete diese Lösung als die natürlichste und einfachste, die zugleich auch dem Interesse aller Beteiligten am besten gerecht wurde.[271] Die ungehörige Ausschließung oder Übergehung des Berechtigten berührte jedoch, abweichend von der Regelung der Novelle 115 nicht die übrigen Erbeinsetzungen des Testaments, sie hatten weiterhin Bestand.[272]

Personen durch ihr Verhalten aus der Familie, der sie angehörten, heraustraten. Vgl. *Mommsen*, a.a.O. S. 473.

268 *Mommsen*, a.a.O. S. 473.

269 a.a.O. S. 473. Hierbei war jedoch auch die Vorschrift des § 496 im Entwurf von *Mommsen* zu beachten, die besagte, daß der Erblasser den Ehegatten nicht mehr vom Pflichtteil ausschließen durfte, wenn er die Schuld einmal verziehen hatte.

270 *Mommsen*, § 498.

271 *Mommsen*, § 499; aus welchem Grund der Berechtigte übergangen wurde, war nach dem Entwurf völlig irrelevant, vgl. *Mommsen*, Motive S. 477, 479.

272 *Mommsen*, Motive S. 479.

Gegen eine Beeinträchtigung seines Pflichtteils war der Berechtigte ebenfalls geschützt. Etwaige Nebenbestimmungen, die seinen Pflichtteil belasteten, wurden als nicht beigefügt betrachtet.[273]
War dem Berechtigten weniger als sein Pflichtteil hinterlassen worden, so hatte er einen schuldrechtlichen Pflichtteilsergänzungsanspruch gegen die Erben.[274]
War der Berechtigte durch Schenkungen unter Lebenden verletzt worden, so konnte er alle Schenkungen des Erblassers bis zu drei Jahren vor dessen Tod als pflichtwidrig anfechten.[275]
Machte der Berechtigte die Verletzung seines Pflichtteils durch Verfügung unter Lebenden geltend, so konnte er seinen gesamten gesetzlichen Erbteil frei von Beschränkungen oder Belastungen verlangen.[276]

c) Die Grundlagen und die Systematik des neuen Pflichtteilsrechts

Als nächstes soll sich der Frage zugewendet werden, welchen Einfluß und welche Auswirkungen die bestehenden Kodifikationen auf das Pflichtteilsrecht des neuen Erbrechtsentwurf hatten.

aa) Im Allgemeinen

(1) Die Berechtigung des Pflichtteilsrechts

Die erste Kommission hatte bereits im Jahr 1875 einstimmig beschlossen, ein Pflichtteilsrecht anzuerkennen und beizubehalten. *Schmitt* begründete diese Entscheidung in seinem vorgelegten Entwurf damit, daß eine Beschränkung des Erblassers zugunsten gewisser Angehöriger, mochte man es nun Noterben- oder Pflichtteilsrecht nennen, fast allen Zeiten und Völkern gemeinsam gewesen sei. Es

---

273 *Mommsen*, § 503, Motive S. 482.

274 *Mommsen*, § 504, Motive S. 482.

275 *Mommsen*, § 508. Als verletzt galt der Berechtigte, wenn die Schenkung so groß war, daß aus dem Vermögen des Erblassers der Betrag des gesetzlichen Erbteils der Höhe, wie er vor der Schenkung bestand, nicht mehr aufgebracht werden konnte, vgl. *Mommsen* S. § 509, Motive S. 486.

276 *Mommsen*, § 515. Voraussetzung hierfür war jedoch, daß das Pflichtteilsrecht zur Zeit der Schenkung bereits bestand. Jegliche andere Sicht schien *Mommsen* fernliegend - es sei widernatürlich, eine an sich gültige Schenkung dadurch ungültig werden zu lassen, daß später ein Umstand eintrat, in Folge dessen der Erblasser von diesem Zeitpunkt aus eine derartige Verfügung nicht mehr hätte vornehmen dürfen. Das Pflichtteilsrecht konnte also nicht mehr rückwirkend entstehen. Dies galt für Ehegatten sowie Kinder, die durch eine später geschlossene Ehe legitimiert wurden oder adoptiert wurden; vgl. Motive S. 489.

sei älter als alle bestehenden Kodifiaktionen und gelte seit den Zeiten des Centumviralgerichtes.[277]
Die im angelsächsischen Rechtskreis herrschende Testierfreiheit sei im Gegensatz zum übrigen Europa ein zu territorial beschränkter Versuch, als daß man ihm folgen könnte.
Das Gefühl, daß der Erblasser seine nächsten Angehörigen berücksichtigen müsse, sei im deutschen Volk so lebendig wie eh und je. Wenn man bemängeln wolle, daß angesichts der Verschiedenheit der deutschen Erbgesetze von einer einheitlichen Volksüberzeugung nicht die Rede sein könne, so verkenne man, daß alle Rechte in der Ablehnung einer schrankenlosen Testierfreiheit übereinstimmten. Um sich nicht mit dem allgemeinen Rechtsbewußtsein des Volkes in Widerspruch zu setzen, lehnte der Entwurf die Abschaffung des Pflichtteilsrechtes aus diesem Grunde auch ab.[278]

Unter Zweckmäßigkeitserwägungen räumte die Kommission, die über die Arbeit der Redaktoren durch regelmäßige Sitzungen informiert war, ein, daß manches gegen das Pflichtteilsrecht sprechen mochte. Dem Vorwurf, das Pflichtteilsrecht führe zu Zersplitterungen oder Veräußerungen von Grundbesitz oder Handwerksbetrieben, begegnete man mit dem Einwand, daß sich das Pflichtteilsrecht seit tausend Jahren in Deutschland als ökonomisch unschädlich erwiesen habe.[279]
Zwar könne die Testierfreiheit die Selbständigkeit und die Sparsamkeit des Erblassers anregen und auch seine elterliche Autorität stärken. Um dies zu erreichen, benötige man aber keine unbeschränkte Verfügungsfreiheit. Durch sie bestünde auch wieder die Gefahr von Willkürentscheidungen durch die unbegründete Bevorzugung einzelner Kinder.[280]
Eine klare und kontroversenfreie Formulierung des Pflichtteilsrechts mochte schwierig erscheinen, jedoch könne sich ein Gesetzgeber nicht mit dem Argument rechtstechnischer Schwierigkeiten einer notwendigen Aufgabe entziehen.
So gelangte der Entwurf zu einer Lösung nach den Umständen des Einzelfalls. Diese ließ Raum für die Berücksichtigung individueller Bedürfnisse, sollte aber auch den berechtigten Interessen der nächsten Verwandten Rechnung tragen.[281]

Ein Teil dieser Argumente, die die Kommission für eine Beibehaltung des Pflichtteils anführte, wurden nur drei Jahre später als Begründung für genau die gegenteilige Forderung - die volle Testierfreiheit - vorgebracht.

---

[277] *Schmitt*, Motive zum Erbrecht, S. 637 ff; Motive zum Bürgerlichen Gesetzbuch Teil V, S. 7, 382 ff; *Mertens* verweist an dieser Stelle auf das Protokoll der 12. Sitzung vom 23. Oktober 1873.

[278] *Schmitt*, Motive zum Erbrecht, S. 56.

[279] *Schmitt*, Motive zum Erbrecht S. 55, 56.

[280] *Schmitt*, Motive zum Erbrecht S. 56.

[281] *Schmitt*, Motive zum Erbrecht S. 56, 58.

Der 14. Deutsche Juristentag in Jena 1878 beschäftigte sich nämlich mit der Frage, inwieweit es sinnvoll und wünschenswert sei, das Pflichtteilsrecht zugunsten unbeschränkter Testierfreiheit einzuschränken.
Beide Referenten traten bei dieser Gelegenheit für eine - teilweise völlige - Beseitigung des Pflichtteilsrechts ein.[282]
Gegen das Pflichtteilsrecht spreche, daß die vielfachen Bearbeiter, die das römische Noterbenrecht in eine dem deutschen Rechtsempfinden entsprechende Form gebracht hätten, mehr Interesse auf die Darlegung der ideellen Begründung des Noterbenrechts verwendet hätten als darauf, das bestehende Pflichtteilsrecht in seiner Berechtigung kritisch zu hinterfragen.[283]
Gerade die Gefahr der Zersplitterung von Nachlässen und die damit verbundenen Folgen seien zu gravierend als daß man sie mit dem Argument abtun könne, das Pflichtteilsrecht habe sich in den letzten tausend Jahren als relativ unschädlich erwiesen.
Insbesondere der Bauern- oder Handwerksstand, dessen ganzes Vermögen sich meist in Grundbesitz oder ihrem Gewerbe verkörpere, werde durch das Pflichtteilsrecht belastet. Die Teilung des Nachlasses sei meistens unumgänglich, dies würde zum finanziellen Ruin vieler Bauern und Handwerker führen. Sie müßten, um die anderen Erben abzufinden, nicht selten den Grundbesitz mit Schulden belasten, vollständig auflösen und verkaufen. Insofern sei die volle Testierfreiheit zumindest bei der Vererbung von Grundbesitz vorzuziehen.[284]
Die natürliche Liebe eines Vaters zu seinen Kindern und der gesunde Sinn des Volkes werde vor Mißbrauch dieses Verfügungsrechts schützen, so daß es nicht ohne Grund zu Bevorzugungen einzelner Kinder kommen werde.[285]
Allein die Möglichkeit des Mißbrauchs dieser Freiheit dürfe nicht dazu führen, die volle Testierfreiheit grundsätzlich abzulehnen, denn Mißbrauch sei bei jedem Gesetz möglich.[286]

---

[282] Verhandlungen des 14. Dt. Juristentages, Band 1; *Meyersburg*, S. 50-71; *Bruns*, S. 72-112; insbesondere *Meyersburg* legte ein sehr umfassendes Gutachten vor, indem er sich sowohl mit der rechtshistorischen Ableitung des Erbrechts aus dem alten Naturrecht als auch mit der Frage beschäftigte, wie die europäischen Nachbarn das Pflichtteilsrecht rechtlich einordneten. Ebenso legte er eine rechtsphilosophische Darstellung der verschiedenen Ansatz- und Kritikpunkte des Pflichtteilsrechts vor.

[283] Das Recht in Deutschland sei nie zu einer selbständigen Entwicklung der Testierfreiheit gelangt, diese wurde durch das immer noch vorherrschende Recht beseitigt oder modifiziert. *Bruns*, a.a.O. S. 72, 88; *Meyersburg*, a.a.O. S. 51.

[284] *Bruns*, a.a.O. S. 90; ebenso *Meyersburg*, S. 68.

[285] Man verwies hier auf den englischen und amerikanischen Rechtskreis, in dem der Erblasser volle Testierfreiheit hatte und betonte, daß diese Rechtskreise wohl kaum bis dato an dieser Rechtspraxis festgehalten hätten, wenn ein evidenter Mißbrauch der Testierfreiheit des Erblassers mit der Zeit offensichtlich geworden wäre. *Bruns*, a.a.O. S. 93; ebenso auch *Meyersburg*, S. 610 f.

Für Ehegatten untereinander wurde die volle Testierfreiheit gefordert, es müsse ihnen freistehen, sich untereinander ihr gesamtes Vermögen oder wenigstens den Nießbrauch daran zuzuwenden, ohne daß die Kinder dagegen ein Pflichtteilsrecht geltend machen könnten. Die sittliche Natur der Ehe, die Innigkeit der Liebe und die Erschaffung der inneren Einheit führe dazu, daß der Ehegatte im Gefühl der deutschen Ehe den Kindern vorgehe. Die Kinder dürften nicht die Macht haben, dem verfügenden Ehegatten die Möglichkeit zu entziehen, für das Wohl des überlebenden Ehegatten zu sorgen. Daß er für die Kinder sorgen werde, ergebe sich bereits aus einer natürlichen Fürsorge, die einer rechtlichen Regelung und Ausgestaltung nicht bedürfe.
Das Nießbrauchrecht am Nachlaß würde jedoch genügen, denn es ginge ja hauptsächlich darum, daß der Ehegatte sein bisheriges Leben ohne gravierende materielle Einbußen solle fortführen können. Dies ließe sich ebenso gut mit einem Nießbrauchrecht am Nachlaß erreichen.[287]
Die volle Testierfreiheit sollte aber nur zugunsten des Ehepartners oder der Kinder eingeräumt werden, denn es sei nicht einzusehen, den Eltern zu gestatten, das Vermögen fremden Personen zuzuwenden.[288]
Ideell gesehen sei das Testament die höchste und vollste Ausübung des Eigentums. Die Anerkennung der vollen Testierfreiheit erhöhe daher auch den Wert und die Achtung des Eigentums. Diese Freiheit gebe dem Erblasser ein Gefühl von Macht, aber auch von Verantwortlichkeit. Er werde angeregt, selbst über die zweckmäßige Verwendung seines Vermögens nachzudenken und selbständig sein Leben zu gestalten anstatt dies vom Staat und seinen Beamten zu erwarten.[289]
Die väterliche Autorität, das Verantwortungsgefühl für das Wohl der Nachkommen und der Familiensinn werde ebenfalls gestärkt.
Durch die drohende Gefahr der Enterbung, die in der unbeschränkten Testierfreiheit liege, würden die Kinder angehalten, ihrem Vater die schuldige Pietäts- und Respektspflicht zu erweisen, das Familienleben bekäme dadurch eine bessere Zucht und Ordnung. Die Testierfreiheit eröffne ferner das Recht und die Pflicht, für das Wohl der Familie zu sorgen. Es werde so der Erwerbstrieb und die Sparsamkeit des Erblassers gefördert.[290]
Die Testierfreiheit des Vaters nehme den Kindern die Sicherheit, daß sie einen Erbteil von ihm bekämen, dadurch würden sie zu eigenem Fleiß und eigenem Erwerb genötigt, anstatt sich der Trägheit zu ergeben.

---

286 Es wäre auch lediglich ein sittlicher Mißbrauch, denn ein eigentliches Recht der Kinder auf die Erbschaft existiere nicht. Vgl. *Bruns*, a.a.O. S. 94.

287 *Bruns*, S. 100-102.

288 *Bruns*, S. 94, 95.

289 *Bruns*, S. 97 f.

290 *Bruns*, S. 98; dieses Argument war auch bereits von der ersten Kommission anerkannt worden, dennoch bestritt man die Notwendigkeit einer Testierfreiheit zur Erreichung dieses Ziels.

Auch eine prozessuale Komponente wurde ins Feld geführt. Man verwies auf die große Zahl der Prozesse, die durch die Erbteilungen und die Pflichtteile veranlaßt würden und die durch Testamente mit voller Testierfreiheit vermieden werden könnten.[291]

Meyersburg war im Ergebnis der Überzeugung, daß die Vorteile der Testierfreiheit die Nachteile überwiegen würden.[292]

Wichtig sei, daß eine neue Gesetzgebung sich die Rechtsinstitute bewahre, die sich übereinstimmend in allen deutschen Rechtsgebieten ausgebildet hätten. Gerade das Pflichtteilsrecht könne man dazu nicht zählen. Es fänden sich, abgesehen davon, daß einem bestimmten Personenkreis gegen die Testierfreiheit gesetzlicher Schutz gewährt werde, keinerlei grundlegende Übereinstimmungen.[293] Das Pflichtteilsrecht sei vielmehr derart bunt und verschieden geregelt, daß man von einer legislatorisch brauchbaren Gleichmäßigkeit oder einer erkennbaren Volksüberzeugung, die dem Gesetzgeber einen Weg bei der Regelung dieser Materie weisen könne, absolut nicht sprechen könne. Aus diesem Grund sei es am besten, dem römischen Recht nicht zu folgen und zumindest für den Grundbesitz von einem Pflichtteilsrecht abzusehen.[294]

Die Befürworter einer uneingeschränkten Testierfreiheit konnten sich innerhalb der Beratungen des Juristentages mit ihren Forderungen nicht durchsetzen. Die Mehrheit sprach sich für die Beibehaltung des Pflichtteilsrechts und die Gestaltung desselben als schuldrechtliches Forderungsrecht aus.[295]

Letztlich scheinen die Gutachten der beiden Referenten mit den ausführlich begründeten Argumenten auch keinen besonderen Eindruck auf die erste Kommission gemacht zu haben. In den Hauptberatungen der Kommission im Jahr 1887 wurde die grundsätzliche Anerkennung des Pflichtteilsrechts ausdrücklich bestätigt, ohne daß es eine erneute inhaltliche Auseinandersetzung mit den Debatten des Juristentages gab.[296]

---

291 *Bruns*, S. 100.

292 *Meyersburg*, a.a.O. S. 65.

293 Dieser Satz, der nach *Meyersburg* die einzige Übereinstimmung verkündete, war seiner Meinung nach ein praktisch inhaltsleerer. Man könne mit wenigen Beispielen aufzeigen, wie unter gleichen Verhältnissen die tatsächlichen Konsequenzen in einzelnen Rechtsgebieten außerordentlich verschieden seien. Vgl. hierzu im einzelnen *Meyersburg*, S. 57. *Schmitt* a.a.O. S. 56 hatte sich diesbezüglich auf den Standpunkt gestellt, alle deutschen Erbrechte stimmten überein in der Verwerfung einer schrankenlosen Testierfreiheit.

294 *Meyersburg*, S. 56, 59. Die Einschränkung, von einem Pflichtteilsrecht wenigstens für den Grundbesitz abzusehen, wurde vor allem von *Meyersburg* vertreten, s. a.a.O. Die Forderungen von *Bruns* dagegen gingen eher in die Richtung, die Testierfreiheit grundsätzlich einzuführen, vgl. a.a.O. S.100.

295 Verhandlungen des 14. Dt. Juristentages, Bd. 2, S. 86; *Schultzenstein* in Gruchot, S. 667.

296 Protokoll. der 619. Sitzung vom 14. Januar 1887 S. 10131; vgl. auch Motive zum bürgerlichen Gesetzbuch Bd. V S. 7; Protokolle Band V S. 490 ff.

Trotz seiner Befürwortung des Pflichtteilsrechts bereitete *Schmitt* dennoch ein wenig dessen ideelle Begründung Schwierigkeiten.
Schon das römische Recht konnte den Pflichtteil nicht aus natürlicher Quelle ableiten, weil es die positive Freiheit auf eine Stufe stellte, die sie für den eigenen Willen unnahbar machte. Man behalf sich also mit einer Fiktion: ein Erblasser, der seine nächsten Angehörigen überging, sei wahnsinnig – non sanae mentis-deswegen sei sein Wille in dieser Hinsicht unbeachtlich.[297]

Ein neuerer Ansatzpunkt war, das Pflichtteilsrecht mit der Ausstattungs- und Alimentationspflicht der Eltern gegenüber ihren Kindern zu rechtfertigen oder mit der den Kindern geschuldeten Liebe ihrer Eltern zu begründen.
Diesen Begründungsversuch lehnte *Schmitt* völlig ab. Alimentations- oder Ausstattungspflicht hätten mit der Erbfolge nichts zu tun: erstere erfordere Bedürftigkeit und letztere nicht den Tod des Erblassers. Auch das Argument der elterlichen Liebe widerstrebte ihm. Mangelnde elterliche Sorge und Liebe mochten moralisch verwerflich sein, könnten aber keine Verletzung einer Rechtspflicht darstellen. Wer Eltern zwinge, ihr Vermögen ihren Kindern zu hinterlassen, wandle sie aus Wohltätern in Schuldner um, dies sei widernatürlich.[298]
Schmitt zog sich zur Konstruktion des Pflichtteilsrechts auf eine Selbstbindung des Erblassers zurück: wer Kinder zeuge, begebe sich eines Teils der Freiheit, über sein Vermögen nach eigenem Ermessen verfügen zu können und müsse einen Teil seines Vermögens seinen Verwandten hinterlassen, als unentziehbares, für alle Abkömmlinge gleichermaßen geltendes Recht auf den Nachlaß.[299]

Nachdem also sowohl die erste Kommission als auch der ausarbeitende Redaktor des Erbrechts sich für eine Beibehaltung des Pflichtteilsrechts ausgesprochen hatten, war die Forderung nach der Abschaffung des Pflichtteilsrecht niemals Gegenstand ernsthafter legislativer Erwägungen geworden.

(2) Die Systematik des neuen Pflichtteilsrechts

Den Beschlüssen der Kommission folgend legte *Schmitt* großen Wert darauf, daß der Entwurf sich nicht als bloße Zusammenstellung einzelner Vorschriften darstellte, die aus den bestehenden Gesetzen übernommen wurden, sondern eine in sich schlüssige Systematik aufwies. Deshalb auch *Schmitts* genaue Auseinandersetzung mit den in Deutschland bestehenden Kodifikationen, um deren Aufbau

---

[297] Vgl. hierzu auch *Meyersburg*, S. 52; Lange/Kuchinke, § 39 S. 579.
[298] *Schmitt*, Motive zum Erbrecht S. 54.
[299] *Schmitt*, a.a.O. S. 54.

und Verständnis des Erbrechts zu ergründen und ihre Verwendbarkeit für den neuen Entwurf zu prüfen.

Selbstverständlich war für ihn, daß dem Erbrecht eine eigenständige Stellung im System des Bürgerlichen Gesetzbuches zukommen sollte. Er lehnte sowohl den Aufbau des Preußischen ALR ab, welches das Prinzip des subjektiven Rechts zugrunde legte und so zu einer völligen Zersplitterung des Erbrechts führte, wie auch den des österreichischen Gesetzbuches, welches das Erbrecht dem römischen Institutionensystem folgend als eine Species der dinglichen Rechte behandelte.[300] Ablehnend stand *Schmitt* auch den Regelungen des französischen Rechts gegenüber, das er dessen Übersichtlichkeit wegen mit in Betracht gezogen hatte. Er bemängelte am Code civil, exemplarisch für viele ausländische Gesetzbücher, die Anordnung der Erbrechtsvorschriften nach der Quelle des erbschaftlichen Erwerbs. Auch der Gedanke des Familienerbrechts widerspreche deutschen Anschauungen. Der verfügende Erblasser, der über seinen eigenen Nachlaß verfüge, greife nicht in einen fremden Rechtskreis ein. *Schmitt* störte sich insbesondere an der Unterscheidung zwischen Erbe und Erbfolger. Diese Unterscheidung entstammte seiner Meinung nach einem eigentümlichen Erbenbegriff.[301] Auch der Gedanke des Vorbehalts sei der deutschen Rechtspraxis völlig fremd und nicht mit deutschen Anschauungen in Einklang zu bringen.[302]

Schmitt bekannte sich zur Universalsukzession, der Übergang des Nachlasses auf den Rechtsnachfolger mußte in seiner Gesamtheit erfolgen, um dem Vermögensübergang Kontinuität zu sichern.
Mit der Ablehnung der Trennung zwischen Universal- und Singularsukzession lehnte er auch eine Trennung der erbrechtlichen Vorschriften in zwei Teile, nämlich in Erbschaft und Vermächtnis, ab.
Er empfand diese Unterteilung für ein Lehrbuch passender als für einen Gesetzesentwurf. Vermächtnis und Erbeinsetzung würden beide auf der gleichen Grundlage beruhen, nämlich auf dem Willen des Erblassers. Auch hinsichtlich Formvorschriften, Fähigkeit des Verfügenden, Willensbestimmung und Willenserklärung gälten für Vermächtnis und Erbeinsetzung die gleichen Vorschriften. Insofern würde sich das Gesetzbuch einheitlicher gestalten, wenn es die Bestimmungen über das Vermächtnis nicht völlig von denen der Erbeinsetzung isolieren würde.[303]

Schmitt stellte sich weiterhin die Frage, ob es sinnvoll sei, dem Erbrecht einen einleitenden, allgemeinen Teil voranzustellen, wie dies nahezu sämtliche Gesetz-

---

300 *Schmitt*, a.a.O. S. 56.
301 *Schmitt* a.a.O. S. 36.
302 *Schmitt* a.a.O. S. 653 f.
303 *Schmitt* a.a.O. S. 37.

bücher und Entwürfe der damaligen Zeit taten. Der Übersichtlichkeit wegen erschien ihm dies durchaus angezeigt, doch letztlich setzte sich die Überzeugung durch, daß dies wiederum für ein Lehrbuch wichtiger sei als für einen Gesetzentwurf. Übersichtlichkeit und Verständnis würden sich bereits aus den Überschriften des jeweiligen Abschnitts oder Titels ergeben.[304]

bb) Die Rechtsnatur des Pflichtteilsrechts

Gerade in der Frage der Rechtsnatur des Pflichtteilsrechts unterschieden sich die einzelnen Kodifikationen stark voneinander.
Das gemeine Recht verwirrte diesbezüglich besonders. Es enthielt wie oben dargestellt, alle denkbaren Konstruktionen zugleich und nebeneinander, was die Kommission auch bemängelte. Es galten Noterbenrecht und Pflichtteilsrecht, Anfechtungsrecht und Ergänzungsklage sowie Anfechtungsklage kombiniert mit einem Herausgabeanspruch bei pflichtwidrig Erlangtem. Es gewährte dem Noterben, der irgendwie bedacht war, einen schuldrechtlichen Ergänzungsanspruch gegen die Erben bis zur Erreichung des ihm zustehenden Pflichtteilsbetrages. War er überhaupt nicht bedacht worden, so konnte er das Testament anfechten und die reine Intestaterbfolge trat ein. War er jedoch durch Erbvertrag ausgeschlossen worden, so hatte er in diesem Fall nur einen schuldrechtlichen Ergänzungsanspruch bis zur Höhe des Pflichtteilsbetrages.

In der Kommission setzte sich während der Ausarbeitung des Pflichtteilsrechts die Auffassung durch, daß dem Berechtigten entweder ein Erbanspruch zustand oder aber nur ein schuldrechtlicher Werterstattungsanspruch. Eine Kombination beider Möglichkeiten erschien unannehmbar.
Auf klare Ablehnung stieß auch die unterschiedliche Behandlung des Berechtigten, je nachdem, ob er völlig übergangen oder aber nur unzureichend bedacht worden war. Das Mehr oder Minder des Pflichtteilsanspruchs abhängig zu machen von den Umständen seiner Einsetzung sei verwerflich. Diese Praxis würde, wie *Schmitt* schrieb, nur zu Scheineinsetzungen oder aber zu Minimaleinsetzungen führen. Beides sei eine unwürdige Umgehung des Gesetzes und sei deshalb keine zukunftsträchtige Lösung. Die Erbqualität des Berechtigen von solchen Unterscheidungen abhängig zu machen, sei im übrigen genauso ungerechtfertigt.[305]
Auch die unterschiedliche Behandlung der Pflichtteilsverletzung, je nachdem ob sie durch Erbvertrag oder Testament erfolgte, stieß auf Ablehnung. Mit Gleichstellung der *querela inofficiosi testamenti* und der *actio suppletoria* sei es selbst-

---

[304] *Schmitt* a.a.O. S. 37.
[305] *Schmitt*, a.a.O. S. 655; so dann auch Motive zum Bürgerlichen Gesetzbuch Bd. 5, S. 385 f.

verständlich, daß in diesem Fall keine Unterscheidung zwischen Erbvertrag und Testament zulässig sei.[306]
Das neue Gesetzbuch sollte eine klare, verständliche und moderne Systematik aufweisen. Die althergebrachten römisch-rechtlichen Grundlagen des gemeinen Rechts betrachtete man insofern als nicht geeignet.

Das französische Recht, das die Möglichkeit eines „Testamentes" auf die portion disponible beschränkte, kam wegen seines Ausgangspunktes eines Familienerbrechts schon nicht in Betracht näherer Verwendung.[307]

Im preußischen Allgemeinen Landrecht war die unklare Rechtsnatur des Pflichtteilsrechts Gegenstand heftiger Debatten gewesen. Teils wurde das Pflichtteilsrecht als schuldrechtliches Forderungsrecht angesehen, nach anderer Meinung sollte der Pflichtteilsberechtigte das Intestaterbrecht, beziehungsweise ein Anfechungsrecht nach dem Vorbild der *querela inoffiosi testamenti* haben.
Aufgrund der ungeklärten Frage der Rechtsnatur kam eine Übernahme des Pflichtteilsrechtes des ALR ebenfalls nicht in Betracht.[308]

Die Kritik am Entwurf von *Mommsen* ging sachlich in die gleiche Richtung wie die am gemeinen Recht. Dies war auch nicht weiter verwunderlich, hatte doch *Mommsen* sich bei Unklarheiten meist am althergebrachten römischen Recht orientiert. *Schmitt* bemängelte, wie auch beim gemeinen Recht, die fehlende Einfachheit der Lösung und die verschiedenen Konstruktionsmöglichkeiten der Rechtsnatur des Pflichtteilsrechts: der Entwurf von *Mommsen* enthielt wie das gemeine Recht alle möglichen Konstruktionen zugleich und war deshalb von seinem Aufbau her genauso wenig verwendbar für das neue Gesetzbuch wie das gemeine Recht.[309]
Schmitt wandte sich insbesondere gegen die Auffassung *Mommsens*, ein übergangener oder enterbter Pflichtteilsberechtigter trete in Höhe seines Pflichtteils als Erbe ein. Diese scheinbare Einfachheit bestehe nur auf dem Papier des Gesetzbuches.[310] Praktisch sei nicht feststellbar, ob der Wille des Erblassers dahin gegangen sei, dem Übergangenen ein Erbrecht zuzubilligen oder einer Geldabfindung den Vorzug zu geben, sein Wille sei postmortal eben nicht mehr ergründbar. Es sei inkonsequent, einmal ein Prinzip aufzustellen und demselben dann die Hauptfälle seiner Anwendung nachträglich wieder zu entziehen.[311]

---

306 *Schmitt*, a.a.O. S. 656.
307 *Schmitt* a.a.O. S. 653 f; Motive zum Bürgerlichen Gesetzbuch Band 5, S. 386.
308 *Schmitt* a.a.O. S. 652; Motive zum Bürgerlichen Gesetzbuch a.a.O. S. 386.
309 *Schmitt* a.a.O. S. 35 f und S. 655.
310 Vgl. hierzu *Mommsen*, §§ 498, 499.
311 *Schmitt* a.a.O. S. 656.

Bemängelt wurde weiterhin, Unklarheiten seien von *Mommsen* meist im Sinne der Rückkehr zum gemeinen Recht gelöst, welches ja gerade durch das neu zu schaffende Gesetzbuch abgelöst werden sollte. Ferner seien auch die in Deutschland geltenden Gesetze von *Mommsen* nur zum Teil berücksichtigt worden.[312]

Demzufolge blieb nur die Entscheidung zwischen der sächsischen Lösung, die dem Berechtigten seinen Erbteil gewährte und ihn damit zum Erben berief und der österreichischen Lösung, die ihn auf einen schuldrechtlichen Werterstattungsanspruch verwies.
Damit stand man nicht nur vor dem Problem, welcher Konstruktion der Vorzug zu geben sei, sondern war gleichzeitig auch bei der Beantwortung einer Frage angelangt, die eine gewisse moralische und politische Brisanz in sich barg - Erbeinsetzung oder Werterstattungsanspruch?
Man verkannte nicht, daß gerade ethische Gründe für eine Erbeinsetzung des Berechtigten sprachen. Vom pietätischen Gesichtspunkt aus gesehen hatte die Ehre der Erbeinsetzung eine besondere Bedeutung. Eine Aberkennung der Erbenstellung und eine bloße Einsetzung auf Geld empfand man als pietätslos. Außerdem sah man auch finanzielle Nachteile. Eine Schätzung des Nachlasses sei vonnöten, um die Höhe des Anspruchs zu ermitteln, eine solche Schätzung sei aber immer mißlich. Auch verschaffe die Erbenstellung dem Berechtigten eine gewisse materielle Sicherheit. Dem auf einen Geldbetrag Beschränkten entginge das Miteigentum an der Erbschaft und er werde auf eine Schätzung des Nachlasses beschränkt. Damit würden Gegenstände, die keinen Geldwert, sondern vielleicht nur ideellen Wert hätten, automatisch den Erben zufallen.[313]

Für einen Geldanspruch dagegen sprächen hauptsächlich Gründe der Zweckmäßigkeit. Derjenige Berechtigte, der nicht Erbe wurde, hätte den Vorteil, für die Handlungen, Anerkenntnisse und Bekenntnisse des Erblassers nicht einstehen zu müssen. Dies bevorzuge ihn gegenüber den Erben, die in die Gläubigerstellung des Erblassers einträten.[314] Weiterhin entspreche der Wertanspruch dem im Prinzip der Testierfreiheit enthaltenen Autoritätsgedanken.
Die Befugnis des Erblassers, in persönlichen Angelegenheiten den individuellen Verhältnissen in der Familie und seinen Beziehungen zu seinen Nachkommen Rechnung tragen zu können, werde erfahrungsgemäß selten mißbraucht. Was er dem einen Familienmitglied entziehe, erhalte in der Regel ein anderes, er sorge auf seine Weise für das Wohlergehen seiner Familie. Ein treffendes Beispiel hierfür sei die Möglichkeit der Enterbung in guter Absicht.

---

312 *Schmitt* a.a.O. S. 35.
313 *Schmitt* a.a.O. S. 657; Motive zum Bürgerlichen Gesetzbuch a.a.O. S. 386.
314 *Schmitt* a.a.O. S. 657; Motive zum Bürgerlichen Gesetzbuch a.a.O. S. 387.

Die Nachteile des Geldanspruches dagegen lägen in Vermögenszersplitterung, Teilungsquoten und Mindererlösen bei erforderlichen Veräußerungen.
Allerdings würde auch dem mit einem Erbrecht ausgestatteten Pflichtteilsberechtigten in den meisten Fällen nichts anderes übrig bleiben als eine vom Erblasser zugedachte Geldabfindung. Wenn bei gewissen Gegenständen des Nachlasses eine Realteilung nicht möglich sei, müsse sich dann auch ein Miterbe im Wege einer Erbteilung mit dem Geldwert der unteilbaren Gegenstände zufriedengeben.[315]

Rein praktische Gründe sprächen ebenfalls gegen ein Pflichtteilsrecht. Mache ein Pflichtteilserbe, der gänzlich ausgeschlossen wurde, sein Pflichtteilrecht oder die Ergänzung seines Pflichtteils geltend, so räume man ihm Einfluß auf die Wirksamkeit einer letztwilligen Verfügung ein. Es käme zu ökonomischen Nachteilen, da der Berechtigte als Erbe Teilung des Nachlasses verlangen könne. Damit entstünden Rechtsunsicherheiten und Schwebezustände wie die unsichere Erbenlegitimation, die Reduktion aller Erbteile, die Auseinandersetzung mit den Gläubigern und die Frage nach der Disposition über Erbschaftsgegenstände. Bei einer Beschränkung des Berechtigten auf einen in Geld abzugeltenden Wertanspruch vermeide man diese Probleme.[316]

Mit den Bearbeitern der neuen Lehre gelangte somit auch der Entwurf zu dem Ergebnis, daß die Nachteile, die gegen ein Pflichtteilserbrecht sprächen, von dessen Vorteilen überwogen wurden. Es bestand Einigkeit, dem Pflichtteilsrecht einen nur schuldrechtlichen Charakter einzuräumen.[317]

cc) Der berechtigte Personenkreis

Bei den Vorberatungen 1875, bei denen die Entscheidung zugunsten eines schuldrechtlichen Pflichtteilsanspruches fiel, wurde auch bereits der berechtigte Personenkreis festgelegt. Man war sich einig, daß allen Deszendenten des Erblassers ein Pflichtteilsrecht zustehen sollte.
Mit der Mehrzahl der geltenden Rechte versagte der Entwurf jedoch Geschwistern und Seitenverwandten ein Pflichtteilsrecht.[318] Dies würde zu einer allzu starken

---

[315] Motive zum Bürgerlichen Gesetzbuch, 387.
[316] *Schmitt*, Motive zum Erbrecht, S. 658.
[317] *Schmitt*, Motive zum Erbrecht, S.659; *Schultzenstein*, Beiträge zum Pflichtteilsrecht, § 41, S. 195 ff; *Bruns* a.a.O. S. 106, 108 f.
[318] Einstimmige Entscheidung der ersten Kommission in der 12. Sitzung vom 23. Okt. 1875; vgl. hierzu Motive zum bürgerlichen Gesetzbuch Bd. V, S. 383, § 1975; *Schmitt*, a.a.O. S. 637. Dies entsprach der Regelung des ALR, II, 3 § 33; Code civil Art. 916; österr. ABGB § 762 und dem Entwurf von *Mommsen*, S. 453.

Beschränkung der Testierfreiheit führen und außerdem eine zu große Erweiterung des pflichtteilsberechtigten Personenkreises bedeuten.
Das gemeine Recht hatte zwar Geschwistern des Erblasser dann einen Pflichtteilsanspruch gewährt, wenn ihnen in der Erbeinsetzung eine unehrenhafte Personen vorgezogen worden war, die Kommission mochte dem jedoch nicht folgen. Diese Regelung entspreche einer überkommenen Auffassung, sie sei der Gegenwart fremd. Außerdem sei der Begriff einer "unehrenhaften Person" dehnbar und unscharf.[319]

Hinsichtlich der Frage, ob man Eltern und Großeltern auch ein Pflichtteilsrecht einräumen sollte, waren die Kommission und *Schmitt* unterschiedlicher Meinung, wie auch die bestehenden Kodifikationen diese Frage unterschiedlich lösten.[320]
Schmitt selbst schlug vor, allen Aszendenten und damit auch den Eltern ein Pflichtteilsrecht zu versagen. Er begründete dies mit dem Parentelsystem. Man könne nicht den Eltern ein Pflichtteilsrecht einräumen, den Geschwistern, die auf den Platz eines weggefallenen Elternteils nachrückten, eben dieses aber versagen. Dies würde den Stamm des weggefallenen Elternteils benachteiligen.[321]
Die Kommission folgte dem Vorschlag *Schmitts* indessen nicht, sondern entschied sich aus Pietätsgründen für ein Pflichtteilsrecht der Eltern. Bei entfernteren Aszendenten wurde diesem Argument jedoch keine Bedeutung beigemessen, für sie wurde ein Pflichtteilsrecht abgelehnt.[322]
Was das Ehegattenerbrecht betraf, schlugen *Schmitt* und der Bearbeiter des Familienrechts *Planck* bei der Beratung des Ehegattenerbrechts vor, dem überlebenden Ehegatten ein Pflichtteilsrecht zu gewähren, soweit man ihm ein Erbrecht gebe. Diesem gemeinsamen Vorschlag stimmte die Kommission zu.[323]
Damit wurde die Frage nach dem berechtigten Personenkreis ohne größere Debatten und Meinungsverschiedenheiten relativ schnell gelöst.

dd) Die Enterbungsgründe und die Folgen unrechtmäßigen Ausschlusses

(1) Zulässigkeit der Enterbung

Sowohl die erste Kommission als auch der Erbrechtsredaktor *Schmitt* hielten es für selbstverständlich, daß ein Erblasser, der seinen Erben ein grundsätzlich un-

---

[319] *Schmitt*, a.a.O. S. 640 f.
[320] Alle Aszendenten bedachte das ALR II, 2 § 501 ff; österr. ABGB §§ 762, 763; sächs. BGB § 2565; Code civil Art. 915, 916 und das gemeine Recht; *Winscheid/Kipp* § 579 S. 375; nur Eltern wollte *Mommsen*, § 468 berücksichtigen.
[321] *Schmitt*, a.a.O. S. 640.
[322] *Mertens* verweist auch hier auf das Protokoll der 12. Sitzung vom 23. Okt. 1875; *Schmitt*, Recht der Erbfolge § 246.
[323] Protokoll der 9. Sitzung vom 1. Okt. 1877; Motive a.a.O. Bd. V S. 368.

entziehbares Recht am Nachlaß einräumen mußte, dieses unter bestimmten Umständen auch entziehen durfte.
Es stellte sich nur die Frage, in welcher Form man dieses Recht ausgestalten sollte, ob in Form einer Generalklausel oder einzeln aufgeführter Enterbungsgründe. Die meisten der zeitgemäßen Kodifikationen führten die zulässigen Enterbungsgründe einzeln auf. Man hatte sich in dieser Frage weitgehend vom althergebrachten formellen Noterbenrecht gelöst, welches die Entscheidung, ob der Berechtigte den Ausschluß „verdient" hatte, richterlichem Ermessen überließ.

Schmitt betonte, daß gerade die Gefahr der Willkür Justinian bewogen hätte, mit der Novelle 115 Spezialisierungsgründe aufzuführen. Er folgte dieser Auffassung und sprach sich ebenfalls für eine Spezialisierung der Enterbungsgründe aus.[324]
Die nächste Frage, die sich stellte, war die nach der Zulässigkeit der analogen Anwendung der bezeichneten Enterbungsgründe auf ähnliche, im Gesetz nicht genau erfaßte Lebenssachverhalte, über die dann ein Richter entscheiden mußte.
Schmitt brachte in seinem Entwurf die Schwierigkeit einer kontroversenfreien und doch maßvollen Regelung der Enterbungsgründe zur Sprache. Er erachtete es für bedenklich, das Recht des Noterben und den Willen des Erblassers unter richterliche Kontrolle zu stellen. Dies würde kein konsequentes Bewertungskriterium darstellen, persönliche Ansichten und Gefühle sowie Zeitströmungen würden bei der richterlichen Bewertung nicht auszuschließen sein. Gerade in einem Land wie Deutschland mit seinen vielfältigen Partikularrechten und seinem ausgedehnten Rechtsgebiet seien einheitliche Urteile kaum zu erwarten, die Zahl der Prozesse auf dieser schwankenden Grundlage würde ansteigen. Aus diesem Grund stellte der Entwurf in § 272 auch ausdrücklich klar, daß eine Entziehung, Schmälerung oder sonstige Beschränkung des Pflichtteils ausschließlich aus den im Gesetz angegebenen Gründen zulässig waren, eine analoge Anwendung anderer Gründe wurde abgelehnt.[325]

(aa) Enterbung der Abkömmlinge

Die Gründe, aus denen ein Abkömmling enterbt werden konnte, finden sich im Vorentwurf von *Schmitt* unter den §§ 272-275. Er unterschied zwischen zwei unterschiedlichen Motivlagen für den Entzug, die Enterbung zur Strafe und aus guter Absicht. Die Enterbungsgründe zur Strafe fanden sich unter § 273.
Dazu zählten:

---

[324] *Schmitt* a.a.O. S. 707, 708.

[325] *Schmitt*, Recht der Erbfolge, § 272, Motive zum Erbrecht S. 706 ff, so dann auch später Motive zum Bürgerlichen Gesetzbuch Bd. 5, S. 429.

- Nr. 1: Lebensnachstellungen nach dem Leben des Erblassers, oder dem Leben seine Ehegatten oder seiner Abkömmlinge[326]

- Nr. 2: Tätlichkeiten gegen den Erblasser, außer im Fall gerechter Abwehr[327]

- Nr. 3: Wissentlich falsche Bezichtigung einer Straftat oder falsches Zeugnis in einem Strafverfahren gegen den Erblasser[328]

- Nr. 4: Fleischlicher Umgang mit dem Ehegatten des Erblassers[329]

Der Entwurf schloß eine Enterbung nur dann aus, wenn eine Nötigung zum Beischlaf stattfand. Das Argument der Verführung ließ er als Entschuldigung jedoch nicht gelten. Eine größere Verleugnung des verwandtschaftlichen Verhältnisses und eine gröbere Verletzung des Ehegatten als durch fleischlichen Umgang mit

---

[326] Vgl. Motive a.a.O. S. 431: Hierzu zählten ausdrücklich auch an Kindes Statt angenommene Abkömmlinge. Dies wurde damit begründet, daß es für den Grund der Enterbung auf das Näheverhältnis der verfolgten Person zum Erblasser ankomme. Entscheidend für eine Enterbung wegen Lebensnachstellung sei die Urheberschaft des jeweiligen Abkömmlings. Damit wurde auch die Anstiftung, Gehilfenstellung und die Mittäterschaft als ausreichender Entzugsgrund angenommen.

[327] Beleidigungen des Erblasser reichten im Gegensatz zum gemeinen Recht nicht als Enterbungsgrund. Zur ihrer Ahndung sollte die Beschränkung auf den Pflichtteil ausreichen. Vgl. *Schmitt* a.a.O. S. 712.

[328] Voraussetzung war jedoch eine Anklage vor der zur Strafrechtspflege berufenen Obrigkeit, Anstiftung und Versuch waren ebenfalls mit umfaßt.
Dieses Vorgehen wurde teils als Enterbungs- und Erbunwürdigkeitsgrund, teils nur als Unwürdigkeitsgrund und teils nur als Enterbungsgrund angesehen. Der Entwurf folgte der letztgenannten Ansicht und damit der Mehrzahl der bestehenden Gesetzbücher.
Das österreichische Gesetzbuch sah hierin sowohl Enterbungs- als auch Unwürdigkeitsgrund, vgl. §§ 540, 542, 770. Der Code civil dagegen erkannte in Art. 727 auf Unwürdigkeitsgrund, was nicht verwunderlich war, da nach französischer Rechtsauffassung den Vorbehaltserben ein unentziehbares, vom Willen des Erblassers unabhängiges Recht auf Hinterlassung gewährt wurde. Demzufolge kannte das französische Recht nur Unwürdigkeitsgründe, aus denen die angefallene Erbschaft wieder entzogen werden konnte.
Der Rest der bedeutenden Kodifikationen jener Zeit erblickten in der Anklage wider besseren Wissens einen Enterbungsgrund, so *Winscheid/Kipp*, § 590, S. 404, A 4, 5; ALR II, 2, §§ 401, 404; *Roth*, Bayr. Civilrecht § 346, S. 566 f; sächsisches BGB § 2575; *Mommsen*, § 490.

[329] Der Entwurf umfaßte durch seine sprachliche Fassung den fleischlichen Umgang mit beiden Ehegatten, andere Kodifikationen hatten hier vielfach nur auf Umgang mit der Ehefrau abgestellt. So das gemeine Recht, vgl. *Winscheid/Kipp*, § 590, S. 404, A 6; *Roth*, Bayr. Civilrecht § 375, I 1 f, S. 496 stellte fest, daß dieser Enterbungsgrund gemeinrechtlich beschränkt war auf die Unzucht männlicher Abkömmlinge mit der Stiefmutter; auf Unzucht auch mit dem anderen Ehegatten erweiterten diesen Enterbungsgrund das ALR II, 2 § 405; das sächsische BGB dagegen hatte diesen Enterbungsgrund gestrichen.

dem anderen Partner sei kaum denkbar, betonte der Entwurf und schloß sich damit der Argumentation von *Mommsen* an.[330]

- Nr. 5: Verlassen in hilfsbedürftiger Lage oder Verweigerung der Unterstützung in hilfloser Lage trotz Möglichkeit der Hilfeleistung

Dieser Enterbungsgrund fand sich der Sache nach in vielen Kodifikationen und Gesetzbüchern, allerdings mit unterschiedlichen Beispielsfällen.[331]
Schmitt betonte, daß eine Aufzählung der Zustände der Hilflosigkeit wenig sinnvoll sei, da diese wohl kaum jemals eine erschöpfende sein könnte, zu vielfältig seien die Möglichkeiten. Er schloß sich mit seinem Entwurf der Fassung des sächsischen BGB an.[332]
Auffällig am Entwurf und den Enterbungsgründen zur Strafe ist folgendes: Sie alle waren getragen von dem Gedanken, daß nur Vergehen gegen den Erblasser selbst ein Enterbungsrecht begründeten.
Viele Gesetzbücher der damaligen Zeit führten aber auch Enterbungsgründe an, die sich in bloßen Verfehlungen gegen den Erblasser erschöpften oder in der Unwürdigkeit der Person des Pflichtteilsberechtigten ihre Ursache hatten.
Zu ersteren gehörten zum Beispiel Vermögensbeschädigungen gegen die Eltern. Gedacht war an den Fall, in dem das Kind dem Erblasser durch Verbrechen einen beträchtlichen Teil des Vermögens entzog.[333]
Schmitt lehnte, genauso wie auch *Mommsen* in seinem Entwurf, dies als Enterbungsgrund ab, da ein solches Vorgehen mit dem verwandtschaftlichen Verhältnis zu dem Erblasser nur in einem äußeren Zusammenhang stehe. Außerdem liege auch im krassesten Fall nur ein Eigentumsdelikt vor; dies durch die Bestrafung der Enterbung zu ahnden, entbehre jeder Rechtfertigung.[334]
Auch die Heirat gegen den Willen der Eltern war in vielen Statuten und im gemeinen Recht als Enterbungsgrund anerkannt.[335]
Der Entwurf schloß sich auch in dieser Frage wiederum *Mommsen* an und lehnte die Heirat ohne Einwilligung als Enterbungsgrund ab. Nicht jede Verletzung kindlicher Pietät und kindlichen Gehorsams rechtfertige solche harten Folgen.[336]
Die Hinderung des Erblassers an der Errichtung eines Testamentes lehnte *Schmitt* ebenfalls als Enterbungsgrund ab.[337]

---

330 *Schmitt*, Motive zum Erbrecht, S. 715, 716.
331 Für das römische Recht *Winscheid/Kipp*, § 590, S. 404 ff; *Roth*, Bayr. Civilrecht § 375 I 1m, S. 493 f; österreichische ABGB §§ 768 Nr. 3, 769; ALR II, 2, § 408.
332 *Schmitt*, Motive zum Erbrecht, S. 717; sächsisches BGB § 2575 Nr. 3.
333 So das ALR II, 2 §§ 406, 407; ähnlich das österr. ABGB §§ 540, 770.
334 *Schmitt* a.a.O. S. 719.
335 So das sächsische BGB, § 2576 oder das ALR II, §§ 412-413, welches die Enterbung der Kinder allerdings nur bis zur Hälfte des Pflichtteils gestattete.
336 *Schmitt*, a.a.O. S. 720.

Zu den Gründen, die in der Person des Berechtigten lagen, gehörten zum einen die Verurteilung wegen solcher Verbrechen wie Hochverrat, Majestätsverbrechen oder Landesverrats,[338] teilweise reichte aber auch eine Verurteilung wegen Verbrechen schlechthin, ohne nähere Spezialisierung.[339]
Die übrigen modernen Kodifikationen lehnten diesen Enterbungsgrund ab, so auch das sächsische BGB und der Entwurf von *Mommsen.*[340] *Schmitt* schloß sich dem an. Seit der Beseitigung der Vermögenskonfiskation als öffentlicher Strafe habe dieser Enterbungsgrund seine Berechtigung verloren. Außerdem hielt er es für nicht ratsam gegenüber dem von der Gesellschaft Ausgestoßenen, ihm mit dem Entzug des Pflichtteils durch die Familie auch noch die letzte Brücke zur Rückkehr in ein normales Leben abzubrechen.[341]
Ein weiterer Enterbungsgrund, der dem gemeinen Recht entstammte und in unterschiedlicher Formulierung und mit unzähligen voneinander abweichenden Modifizierungen Eingang in viele Kodifikationen gefunden hatte, war ein schlechter Lebenswandel des Abkömmlings.
Hierzu wurde gezählt die Gemeinschaft mit Giftmischern und Personen, die sich mit Zauberei abgaben, ein Schauspieler- und Gauklerleben gegen den Willen der Eltern oder ein schlechter Lebenswandel der Tochter oder Enkelin.[342]
Schmitt folgte dem sächsischen Recht und strich diesen Enterbungsgrund. Eine Beschränkung des Pflichtteils würde bereits genügen, um den Abkömmling von seinem schlechten Lebenswandel abzubringen. Außerdem sei nicht gesagt, daß der Erblasser an dieser Entwicklung immer ganz schuldlos sei. Die Enterbung als Besserungsmaßnahme sei nur selten von Erfolg gekrönt und erzeuge höchstens Erbitterung statt Besserung.
Hinzu käme die Unmöglichkeit, alle Fälle schlechten Lebenswandels erschöpfend aufzuzählen und Begriffe wie „ehrbare Erziehung" und „schlechter Lebenswandel" einheitlich zu definieren. Eine solche Generalisierung durch Begriffe, die schwer greifbar oder beweisbar seien, würde nur der Willkür Vorschub leisten. Charakterfehler sollte man nicht bestrafen, sondern auszumerzen versuchen.[343]
Der Abfall vom rechten Glauben fand sich lediglich gemeinrechtlich oder in einigen Statuten als Enterbungsgrund. Nach dem österreichischen Recht aber konnte ein Abkömmling ebenfalls wegen Abkehr vom Christentum enterbt werden.[344]

---

337 *Schmitt*, a.a.O. S. 720.
338 Vgl. hierzu im einzelnen ALR II, 2 § 399, E. § 119, *Schmitt* a.a.O. S. 310.
339 Österr. ABGB §§ 768 Nr. 3, 769.
340 *Mommsen*, Motive S. 470.
341 *Schmitt*, a.a.O. S. 721.
342 Vgl. hierzu *Schmitt*, a.a.O. S. 721-723; im allgemeinen Landrecht fand sich dieser Enterbungsgrund ebenfalls, allerdings in zusammengefaßter Form, ähnlich auch das österr. Recht und *Mommsen*. Vgl. im einzelnen: ALR II, 2 § 409; ABGB § 768 Nr. 4; *Mommsen* § 491 Nr. 2; Motive S. 473. Das sächsische Recht hatte diesen Enterbungsgrund gestrichen.
343 *Schmitt*, a.a.O. S. 724.
344 Österr. ABGB § 768 Nr. 1, § 679.

Wie alle anderen Kodifikationen und auch der Entwurf von *Mommsen* räumte *Schmitt* diesen Resten religiöser Intoleranz keine Beachtung ein.[345]

In § 274 des Entwurfs war die Enterbung aus guter Absicht geregelt, die *„exheredatio bona mente facta"*, gedacht als Schutzmittel für den Enterbten.[346]
Danach konnte ein Abkömmling oder ein an Kindes Statt Angenommener enterbt werden, wenn er sich einer unordentlichen oder verschwenderischen Wirtschaft schuldig gemacht hatte. Nach Grund und Zweck dieser Vorschrift, nämlich der Sorge für den Enterbten, konnte die Enterbung aus guter Absicht nicht zur völligen Entziehung des Pflichtteils führen. Wenigstens der lebenslängliche Nießbrauch am Pflichtteil mußte verbleiben. Den Besitz und die Verwaltung, die dem Berechtigten entzogen wurde, konnte der Erblasser einer anderen Person übertragen.[347]

(bb) Enterbung der Eltern

Ursprünglich hatte *Schmitt* vorgesehen, allen Aszendenten und damit auch den Eltern ein Pflichtteilsrecht zu verweigern, war mit diesem Vorschlag aber an der Kommission gescheitert. Er hatte die Befürchtung, daß die elterliche Autorität darunter leiden könnte, wenn „das Kind Richter über den Vater" sein könne. Wenn man aber schon ein Pflichtteilsrecht einräume, müsse man konsequenterweise dann auch die Enterbungsbefugnis einzuräumen. Dieses Gesetz der Logik finde -leider- wie *Schmitt* betonte, auch Bestätigung durch ein unnatürliches Verhalten mancher Eltern. Wo außerdem das Band der Natur aufgehört habe, lebendig zu sein, könne man von Autorität sowieso nicht mehr reden.
Hinsichtlich der Enterbungsgründe kann im wesentlichen auf die Ausführungen zu § 273 verwiesen werden. Die Enterbungsgründe gegenüber den Eltern waren die gleichen wie in Bezug auf die Kinder, mit einer gravierenden Ausnahme allerdings. Die Enterbung wegen vorsätzlicher Tätlichkeiten der Eltern gegenüber den Kindern war ausgeschlossen. Mit Hinweis auf das elterliche Züchtigungsrecht und die Schwierigkeiten der Grenzziehung zwischen berechtigten Züchtigungen und vorsätzlicher Tätlichkeiten lehnte der Entwurf diesen Enterbungsgrund ab.[348]

---

345 *Schmitt*, a.a.O. S. 724, 725.

346 *Schmitt*, a.a.O. S. 706.

347 *Schmitt*, a.a.O. S. 729, 730; vgl. hierzu auch ALR II, 2 §§ 423-429, sächsisches BGB § 2577; danach war es möglich, den Pflichtteil zu hinterlassen, das Verfügungsrecht jedoch zu entziehen.

348 *Schmitt*, a.a.O. S. 732; auch *Ebbecke*, Das Recht 1914, S. 408 unterstrich die unterschiedlichen Ansatzpunkte der Pflichten, je nachdem, ob sie Eltern oder Kinder trafen. In einer von dem Abkömmling begangenen vorsätzlichen Mißhandlung sei fast ausnahmslos eine schwere Pflichtwidrigkeit zu erblicken, da die Ehrfurcht gegen die Eltern ein Kind davon abhalten müs-

(cc) Enterbung des Ehegatten

Mit der Anerkennung der Enterbungsmöglichkeit für den überlebenden Ehegatten folgte *Schmitt* den meisten neueren Gesetzgebungen.[349]
Unterschiedlich geregelt waren jedoch die Enterbungsgründe in diesem Fall. Einige Gesetzbücher erkannten nur die Scheidungsgründe gleichzeitig als Enterbungsgründe an, andere stellten Enterbungsgründe unabhängig von den Scheidungsgründen auf und eine dritte Gruppe nannte neben den Scheidungsgründen noch andere, unabhängige Enterbungsgründe.
Schmitt schloß sich der letztgenannten Gruppe an. Er hielt es gerade unter dem Aspekt, daß der beleidigte Ehegatte noch vor oder während des Scheidungsprozesses sterben könnte, für notwendig, ihm das Enterbungsrecht selbständig zuzusprechen, unabhängig vom Stand des Scheidungsverfahrens.
Eine Enterbung aus guter Absicht verwarf der Entwurf. Die besondere Natur des Pflichtteilsrechtes zwischen Ehegatten, die Schwierigkeiten in der Durchführung und der unbedeutende Geltungsbereich dieses Rechtsinstituts bewiesen seine Entbehrlichkeit.[350]

(2) Die Anordnung der Enterbung

§ 279 des Entwurfes stellte die Enterbung als Verfügung von Todes wegen unter dieselben Formvorschriften, die auch für die Errichtung einer Verfügung von Todes wegen galten. Die Ungültigkeit einer Zuwendung an eine andere Person sollte nicht auch gleichzeitig die Ungültigkeit der Enterbung bedeuten.
Schmitt sah sich durch die Mehrzahl der geltenden Rechte in seinem Entschluß bestätigt, eine Enterbung nur durch Testament zuzulassen, nicht aber durch Erbvertrag oder sogar durch einfache schriftliche Erklärung. Gerade ein solcher Vorschlag sei prinzipienlos, schließlich sei eine Enterbung etwas anderes als „eine Quittung über 50 Taler". Das Enterbungsrecht sei bereits die Ausnahme der Ausnahme und dürfe in keinem Fall zum Vertragsgegenstand gemacht werden. Ebensowenig dürfte der Erblasser um die freie Widerrufsmöglichkeit gebracht werden.
Da die Enterbung nur durch Testament angeordnet werden konnte, mußte auch die Aufhebung der Enterbung folgerichtig den Vorschriften über Testamentsaufhebungen entsprechen.[351]

---

se, gegen sie tätlich zu werden. Dagegen werde eine den Eltern zur Last fallende Mißhandlung in manchen Fällen, z.B. wenn der Elternteil sich im Übereifer zur Zucht des bereits erwachsenen Kindes habe hinreißen lassen, entschuldbar erscheinen und deshalb kein Pflichtteilsentzugsrecht begründen können.

349 vgl. hierzu ALR II, § 632, E. § 162; sächs. BGB § 2582; *Mommsen* § 492.

350 *Schmitt*, a.a.O. S. 738.

351 *Schmitt*, a.a.O. S. 740-742.

Die Verzeihung durch den Erblasser jedoch war sowohl vor als auch nach der Enterbung formlos möglich und ließ die Enterbung und ihre Folgen in Übereinstimmung mit den meisten geltenden Rechten wegfallen.[352]
Sie konnte sowohl eine ausdrückliche als auch eine stillschweigende sein, mußte sich jedoch als eine vom Erblasser freiwillig ausgehende Handlung darstellen.
Bei einer Vermittlung oder Friedensstiftung der Obrigkeit, der der Erblasser zustimmte, bliebe es nämlich im unklaren, ob er auch wirklich Verzeihung gewähren wolle.[353]

Die Anordnung der Enterbung durch den Erblasser mußte in einer deutlichen Erklärung unter Angabe der Gründe und der genauen Bezeichnung der Person erfolgen.[354] *Schmitt* argumentierte, der Erblasser hätte das Recht zur Enterbung, wovon er aber nicht Gebrauch machen müsse. Täte er dies aber, so müsse er die Gründe hinreichend darlegen, man könne sonst nicht sicher sein, daß wirklich Enterbung gewollt sei. Wer die Konsequenzen wolle, dürfe vor den Voraussetzungen nicht zurückschrecken. Zu diesen gehöre aber auch die Gewißheit, wen der Erblasser aus welchem Grunde enterben wolle.[355]

(3) Folgen der Benachteiligung des Berechtigten

Tätigte der Erblasser noch zu seinen Lebzeiten freigiebige Schenkungen, die sich nicht als gebräuchliche Gelegenheitsschenkungen darstellten und verletzte dadurch das Pflichtteilsrecht eines Berechtigten, so hatte dieser das Recht, die Schenkungen als unwirksam anzufechten.[356]
Es wurde dann bei der Berechnung des Pflichtteilsbetrages dem Nachlaß der Wert dessen hinzugerechnet, was schenkungsweise veräußert oder weggegeben wurde.
Eine Verletzung des Pflichtteils lag dann vor, wenn der übriggebliebene Nachlaßbestand nicht ausreichte, um den Berechtigen in voller Höhe abzufinden.
Zu den Schenkungen, die dann dem Nachlaß wieder zugerechnet wurden, zählten auch diejenigen, die dem Berechtigten selbst gemacht wurden. Zunächst wurde die zuletzt vorgenommene Schenkung berücksichtigt, reichte der so errechnete

---

[352] *Schmitt*, a.a.O. S. 743; anderer Ansicht waren hinsichtlich dieser Frage das ALR II, 2, §§ 414, 416; und das österreichische ABGB § 772. Nach diesen Vorschriften konnte die angeordnete formale Enterbung nur durch ausdrücklichen förmlichen Widerruf beseitigt werden.

[353] *Schmitt*, a.a.O. S. 744.

[354] *Schmitt*, a.a.O. § 280, S. 744; im wesentlichen ebenso auch das gemeine Recht, daß allerdings auch Nichteinsetzung als gültigen Ausschluß anerkannte, vgl. *Winscheid/Kipp* § 589 Noten 1, 2. Anders das österreichische Recht § 771, das auf die Nennung des Enterbungsgrundes verzichtete und auch eine stillschweigende Enterbung durch Übergehung zuließ; so auch *Mommsen*, § 494, Motive S. 474.

[355] *Schmitt*, a.a.O. S. 746.

[356] *Schmitt*, a.a.O. § 282.

Nachlaßwert immer noch nicht aus, um den Berechtigten zu befriedigen, griff man im Wege der Anfechtung auch auf länger zurückliegende Schenkungen zurück.[357]
Das Anfechtungsrecht wegen pflichtwidriger Schenkungen stand nur Personen zu, die zum Zeitpunkt der Vornahme der Schenkung bereits erzeugt waren. Der Berechtigte hatte gegenüber dem Beschenkten einen Anspruch auf Rückgewähr, jedoch nur, wenn dieser noch bereichert war und bei Vornahme der Schenkung oder Weiterveräußerung des Empfangenen von der Existenz Pflichtteilsberechtigter gewußt hatte.[358]

4. Die Vorlage des Entwurfs - Änderungen durch die 1. Kommission

Schmitt war der erste der Teilredaktoren, der seine Arbeit beendet hatte. Er legte der ersten Kommission 1879 einen kompletten Teilentwurf mit Motiven zum Erbrecht vor, in dem er seine Arbeit aus den Jahren 1875 bis 1979 dokumentierte.[359]
Die Kommission beschloß, die Beratung dieses Entwurfes zurückzustellen, bis auch die übrigen Redaktoren ihre Arbeit beendet hatten.[360]

Am 1. Oktober 1881 begann die erste Kommission dann mit den Beratungen des ersten Entwurfes zum BGB auf der Grundlage der Teilentwürfe, obwohl diese für den Allgemeinen Teil und das Schuldrecht immer noch nicht fertiggestellt waren. Die Beratungen der ersten vier Bücher zogen sich derart in die Länge, daß die Kommission erst 1886 mit den Beratungen des Erbrechts als fünftem Buch des BGB beginnen konnte. Am 16. Dezember 1887 endeten dann die Beratungen der Gesamtkommission.[361]

Schmitt trug der inzwischen vergangenen Zeit Rechnung und legte vor Beginn der Beratungen des Erbrechtsentwurfs eine abgeänderte Fassung vor, die jedoch keine materiellen, sondern nur formale Abänderungen beinhaltete, Berücksichtigungen

---

357 *Schmitt*, a.a.O. § 283.

358 *Schmitt*, a.a.O. § 284.

359 *Vierhaus*, S. 69; Der Entwurf von *Schmitt* wurde der ersten Kommission in der Sitzung vom 30. Oktober 1879 als Vorlage Nr. 1 von 1879 unterbreitet, vgl. hierzu Protokoll der 1. Sitzung vom 30. Oktober 1879.

360 Die Begründung hierfür war, daß gerade das Erbrecht sich am wenigsten eigne, um als Ausgangspunkt der Beratungen zu dienen, da es vielfach abhängig von Grundsätzen war, die in anderen Rechtsgebieten festgelegt werden mußten. Vgl. hierzu Drucksache BR Nr. 184 Session 1879/80 S. 4;vgl. auch *Vierhaus* S. 69.

361 Protokolle S. 8875; 555. Sitzung vom 28. Mai 1886; *Ramm*, § 4, L. 196.

der bisher gefaßten Beschlüsse. Die Beratungen wurden in der relativ kurzen Zeit eines Jahres bewältigt, im Juni 1887 waren sie abgeschlossen.[362]
Schmitt mußte kaum sachliche Veränderungen an seinem Entwurf vornehmen. Dies dürfte auch mit daran gelegen haben, daß er sich bei seiner Ausarbeitung genau an die von der Kommission zwischen 1875 und 1878 festgelegten Grundsätze hinsichtlich der Gestaltung des Erbrechts gehalten hatte.[363]
Zu den inhaltlichen Änderungen, die die Kommission *Schmitt* aber dennoch auferlegte, gehörte die Aufnahme der Heirat eines Kindes unter 25 Jahren gegen den Willen des Erblassers als Enterbungsgrund.[364] *Schmitt* war gegen die Aufnahme dieses Enterbungsgrundes gewesen. Die Kommission stellte sich jedoch auf den Standpunkt, daß dieser Enterbungsgrund die elterliche Autorität stärken solle. Ein Kind, welches gegen den Willen der Eltern heirate, müsse sich den Vorwurf gefallen lassen, daß es tiefgreifend das Familienband zerstöre.[365]
Konsequenz war dann das seltsam anmutende Ergebnis, daß der unsittliche Lebenswandel eines Kindes nicht zum Entzug des Pflichtteils berechtigte, wohl aber eine Verehelichung gegen den Willen der Eltern, und dies, obwohl die Volljährigkeit bereits mit Vollendung des 21. Lebensjahres begann.

Des weiteren änderte die Kommission noch den von *Schmitt* vorgeschlagenen Namen des fünften Buches von „Recht der Erbfolge“ in „Erbrecht“ ab.
Zwar gestand man *Schmitt* zu, seine Formulierung sei die klarere, dennoch sei der Begriff Erbrecht gebräuchlicher und auch kürzer, aus diesem Grund sei er vorzuziehen.[366]
Eine weitere Änderung betraf jenes Rechtsinstitut, welches *Schmitt* „Enterbung des Berechtigten“ genannt hatte. Die Kommission änderte diese Bezeichnung in „Entziehung des Pflichtteils“, da der Pflichtteil nach den Beratungen nur ein schuldrechtlicher Anspruch des Berechtigten gegen den Erben sei und nur dieser schuldrechtliche Anspruch auch entzogen würde.
Die von *Schmitt* gewählte Bezeichnung sei zwar weniger schwerfällig, aber der Gesetzgeber müsse in seiner Sprache stets korrekt sein. Deshalb gab man einer schwerer verständlichen, aber genaueren Bezeichnung den Vorzug vor einer ungenauen Bezeichnung.[367]

---

[362] Protokolle S. 8881 ff, 556 Sitzung vom 31. Mai 1886; Protokolle S. 11305 ff, 679. Sitzung vom 15. Juni 1887.
[363] *Mertens*, S. 16.
[364] *Schubert*, Erbrecht S. 2008.
[365] Protokolle S. 6045 ff (6053, 6060); 438. Sitzung vom 18. Mai 1885; Motive zum Bürgerlichen Gesetzbuch Bd. V, S. 435.
[366] Protokolle S. 8875 ff; 555. Sitzung vom 28. Mai 1886; Motive zum Bürgerlichen Gesetzbuch Bd. V, S. 435.
[367] Protokolle, S. 10261 ff (10 279), 626. Sitzung vom 31. Januar 1887.

Damit waren die Beratungen und Abänderungen des Erbrechtsentwurfes abgeschlossen. Die öffentliche Aufnahme des Teilentwurf des Erbrechts war größtenteils positiv.
Die Ausgestaltung des Pflichtteilsrechts als persönliche Forderung fand überwiegend Zustimmung in der öffentlichen Auseinandersetzung mit dem ersten Entwurf des Erbrechts. Die Befürworter betonten den Vorteil, der in der Zweckmäßigkeit der getroffenen Regelung liege. Aus einer Erbenstellung des Pflichtteilsberechtigten würden sich nur peinliche Streitigkeiten innerhalb der Erbengemeinschaft ergeben, er würde ein rücksichtsloser und beschwerlicher Miterbe sein, der seine Interessen auf das schärfste geltend machen und keine Rücksicht auf die anderen Erben nehmen würde. Der moderne Mensch gebe und wisse wenig um den sittlichen Vorzug einer Erbenstellung gegenüber einer bloßen Zuwendung aus dem Nachlaß. Aus diesem Grund sei die Regelung des Entwurfs vorzuziehen. Sie verbürge größere Klarheit und ermögliche eine rasche Abwicklung der Erbschaft.[368]

Die Gegner des Entwurfs verwiesen dagegen auf ethische Gründe, die für eine Erbenstellung sprachen. Das Familienerbrecht dürfe nicht soweit eingeschränkt werden, daß die Kinder des Erblassers völlig von der Erbfolge ausgeschlossen und auf ein unsicheres Forderungsrecht verwiesen werden könnten. Dies sei für das germanische Rechtsbewußtsein wenig ansprechend. Die ethischen Gründe, die für eine Anerkennung des Erbrechts sprächen, würden alle Zweckmäßigkeitserwägungen überwiegen.[369]

Die Ablehnung einer Generalklausel hinsichtlich des Pflichtteilsentzugs sowie die Einschränkung der Enterbungsgründe gegenüber dem gemeinen Recht stießen auf deutliche Kritik.
Mit der Verminderung der Enterbungsgründe „schwäche man auch die elterliche Autorität und leiste damit der Befestigung des Familiensinns als einer unentbehrlichen Grundlage eines gesunden Volkslebens einen schlechten Dienst“.[370] Dieser Vorwurf spiegelt bezeichnend den hohen Stellenwert der Familie und der elterlichen Autorität wieder und zeichnet ein klares Bild von der Idealvorstellung der Familie der damaligen Zeit.
In diesen Kontext paßt dann auch, daß bereits *Schmitt* in seinem Entwurf nur zögerlich und mit Bedenken dem Erblasser das Recht einräumen wollte, seine Eltern zu enterben um dem Kind keine „Richterstellung“ gegenüber seinen Eltern einzuräumen. Ebenso einsichtig ist unter diesem Aspekt auch, daß Kinder ihre Eltern nicht wegen vorsätzlicher Tätlichkeiten ihnen gegenüber enterben durften. Man wollte das elterliche Züchtigungsrecht nicht durch eine derartige Regelung aus-

---

[368] *Kühnast* S. 19, 20.
[369] *Gierke*, S. 536.
[370] So die „Schlesische Zeitung“ von 1888.

höhlen. Auch das Argument, Eltern, die enterbt werden könnten, hätten ihre natürliche Autorität sowieso schon verspielt, zeigte, wie ungern man das Enterbungsrecht gegenüber den Eltern gewähren wollte: lediglich aus logisch-konsequenten Erwägungen heraus, jedoch keinesfalls aus innerer Überzeugung von der Richtigkeit und Notwendigkeit derselben.[371]

Ein oben bereits erwähnter Widerspruch fand besondere Beachtung. Man empfand es als unverständlich, warum eine Tochter enterbt werden konnte, wenn sie einen anständigen Mann ohne Einwilligung ihrer Eltern heiratete, wegen eines unsittlichen Lebenswandels jedoch nicht befürchten mußte, daß ihr der Pflichtteil entzogen werden könne.

Die Schlesische Zeitung nannte diesen Widerspruch „skandalös" und meinte, mit dieser Fassung „werde den Lebensanschauungen des Volkes ins Gesicht geschlagen".[372]

Der Germanist *Otto v. Gierke*, der sich hervortat als scharfer Kritiker des ersten Entwurfes und sogar einen eigenen Entwurf vorlegte, nannte es „unerhört, daß Eltern ein trotz ehrbarer Erziehung mißratenes Kind nicht enterben könnten. Mit dieser Regelung würde der Gesetzgeber das Gefühl für Familienehre und Sittlichkeit in die Rumpelkammer werfen und den Einfluß der Ehre auf das Recht vernichten".[373]

Andererseits befürwortete er ausdrücklich die Beibehaltung des Pflichtteilsrechts durch die erste Kommission und lobte, daß der Entwurf den Stimmen, die auf Beseitigung oder Schmälerung des Pflichtteilsrechts gedrängt hatten, kein Gehör geschenkt habe. Hierin dürfte eine Anspielung auf die Forderungen der Redner des 14. Deutschen Juristentages *Bruns* und *Meyerhoff* zu sehen sein, die beide mehr oder weniger die volle Testierfreiheit gefordert hatten.[374]

Kritik an der Beibehaltung des Pflichtteilsrechts wurde auch aus Kreisen der Landwirtschaft laut. Diese schloß sich aber im wesentlichen den Argumenten der Redner des 14. Juristentages an und kritisierte die Zersplitterung von Grundbesitz durch die Einschränkung der Testierfreiheit.

Die Stimmen gegen das Pflichtteilsrecht blieben jedoch in der Minderheit, der Erbrechtsentwurf wurde in der Öffentlichkeit und Literatur weitgehend positiver als die übrigen Entwürfe des BGB aufgenommen.[375]

---

371 Vgl. hierzu bereits oben.

372 Vgl. oben, a.a.O.

373 *Gierke*, a.a.O. S. 542.

374 Vgl. hierzu bereits oben, a.a.O.

375 Kritik am 1. Entwurf bei *Laufs*, S. 297 f; *Schubert*, Materialien S. 50 mwN; ebenso *Kloeppel*, S. 359, der die Erbordnung des Entwurfes als empfehlenswert für die Aufnahme in das bürgerliche Gesetzbuch lobte und insbesondere die „heilsame Vereinfachung" des Stoffes, gerade gegenüber dem gemeinen Recht hervorhob.

Der beschlossene Entwurf wurde am 27. Dezember 1887 vom Vorsitzenden der Kommission dem Reichskanzler übergeben. Er trug den Namen „Entwurf eines Bürgerlichen Gesetzbuches für das deutsche Reich und enthielt 2164 Paragraphen. Der Reichskanzler legte den Entwurf am 12. Januar 1888 dem Bundesrat vor, der gemäß einem Beschluß vom 31. Januar 1888 den Entwurf mitsamt Motiven veröffentlichen ließ.[376]

5. Die Beratungen und die Änderungen durch die 2. Kommission

Der Bundesrat beschloß am 4. Dezember 1890, eine zweite Beratung und Lesung des ersten Entwurfes durchzuführen. Er setzte zu diesem Zweck eine Kommission von 22, später von 24 Mitgliedern ein, die sogenannte 2. Kommission. Diese beriet vom 1. April 1891 bis zum März 1895 die einzelnen Bücher durch und veröffentlichte 1895 einen zweiten Entwurf mit umfangreichen Materialien, den „Protokollen".[377]

Grundlegende Änderungen am Entwurf der ersten Kommission nahm man nicht vor, geschaffen wurde allerdings ein allgemeiner Teil des Erbrechts, in dem die Grundbegriffe klargestellt werden sollten. Für das Pflichtteilsrecht bedeutete dies eine Trennung von der gesetzlichen Erbfolge und die Stellung hinter den letztwilligen Verfügungen, die die Grenzen der Dispositionsfreiheit des Erblassers festlegten.[378]

Die Streitfrage, ob man nicht doch für die Enterbung eine Generalklausel aufstellen sollte, war erneut Gegenstand heftiger Debatten, wie auch schon bei der Vorlage des ersten Entwurfes. Die erste Kommission war in dieser Frage *Schmitt* gefolgt und hatte eine Generalklausel aus Furcht vor Willkürentscheidungen abgelehnt. Die Gegner des ersten Entwurfes und Befürworter einer Generalklausel hielten es für schlichtweg unmöglich, alle Fälle zu berücksichtigen, in denen ein Entzug des Pflichtteils angebracht sei. Insofern sei die Regelung des Entwurfes widersprüchlich. Dem Volk werde unverständlich bleiben, wieso eine Enterbung einzig aus den im Gesetz genannten Gründen zulässig sei und nicht auch bei ähn-

---

376 Im selben Jahr erschienen auch die Veröffentlichungen der Motive des Gesamtentwurfes sowie auch der Motive der einzelnen Teilentwürfe. Für das Erbrecht hatte *Neugebauer*, der *Schmitt* auch bei der Sichtung des Materials behilflich war, auf 711 Seiten die Motive zum Erbrecht verfaßt. Er stützte sich dabei auf die Motive des Entwurfes, den *Schmitt* vorgelegt hatte sowie auf die Sitzungsprotokolle der ersten Kommission. Vgl. hierzu *Enneccerus-Nipperdey*, § 12, S. 35 f; auch *Vierhaus*, S. 74.

377 Siehe *Schubert*, S. 45 ff; *Laufs*, S. 299; *Ramm*, § 4, L. 197.

378 Planck's Kommentar, Bd. 5, Vorbemerkung vor § 1922, S. 12 ff.

lich gelagerten und sittlich genauso verwerflichen Fällen.[379] Grundsatz sei doch, daß das Kind, welches das innige und sittliche Verhältnis zu seinen Eltern durch eigene Schuld zerstört habe, nicht erwarten könne, aus dem Nachlaß bedacht zu werden. Diesem Grundsatz werde man nur dann gerecht, wenn man eine Generalklausel zulasse, die dem Richter Ermessen im Einzelfall zugestehe. Eine Willkürentscheidung sei deshalb nicht zu befürchten, weil die Gerichte eine solche Vorschrift nur mit großer Vorsicht anwenden würden.[380]

Die Kommission lehnte den Antrag jedoch ab. Zu groß war die Befürchtung vor einer Generalklausel, auf deren Grundlage die Enterbung nicht mehr vom Erblasser, sondern vom Richter abhing. Der Richter sei überfordert, im Einzelfall eine gerechte Entscheidung zu treffen. Jeder Teil werde versuchen, die Schuld auf den anderen abzuwälzen. Deshalb sei es besser, den Entzug des Pflichtteils von ganz bestimmten, beweisbaren Tatsachen abhängig zu machen. Außerdem stimme der Entwurf in dieser Frage mit dem größten Teil des geltenden Rechts überein. Mißstände seien nicht offenkundig geworden, also hielt man an den einzeln aufgeführten Gründen fest.[381]

Einige Änderungen nahm die zweite Kommission am ersten Entwurf dennoch vor. Man strich den Enterbungsgrund der Heirat gegen den Willen der Eltern wieder, den die erste Kommission gegen den Willen von *Schmitt* eingeführt hatte.[382]
Eine Heirat gegen den Willen der Eltern sei nicht immer und automatisch unsittlich, häufig verweigerten die Eltern ihre Zustimmung nur aus törichten Gründen. Die Vorschrift diene zwar der Stärkung der elterlichen Autorität, dies dürfe aber nicht um den Preis der Strafandrohung der Enterbung geschehen.[383]
Statt dessen wurde der ehrlose und unsittliche Lebenswandel als Enterbungsgrund aufgenommen, wenn er gegen den Willen des Erblassers geführt wurde. Die Enterbung diene auch dem Schutz der Familienehre. Insofern könne es nicht angehen, daß jemand von dem Vermögen der Familie profitiere, aus der er sich durch sein Verhalten selbst ausgeschlossen habe.[384]
Die Aufnahme weiterer Enterbungsgründe wurde abgelehnt, der Katalog des Gesetzes sollte nicht allzu sehr erweitert werden. Alle Handlungen, die einen Entzug des Pflichtteils forderten, könne man nicht berücksichtigen, man müsse sich auf die wichtigsten beschränken. Die Enterbung in guter Absicht behielt auch die

---

[379] Prot. S. 554.
[380] Prot. S. 555.
[381] Prot. S. 557.
[382] *Schubert*, Erbrecht S. 2011.
[383] Prot. S. 559.
[384] Prot. S. 562 f.

zweite, genauso wie die erste Kommission bei. Die Verbreitung dieses Rechtsinstituts in Deutschland und die Praxis hätten seine Zweckdienlichkeit erwiesen.[385] Zum Schutz des Familienvermögens erhielt der Erblasser das Recht, einen Berechtigten als Vorerben auf seinen Pflichtteil einzusetzen und außerdem einen Testamentsvollstrecker zu ernennen. Insofern war die Mitsprache des Berechtigten bei der Erbauseinandersetzung ausgeschlossen.[386]
Weitere Änderungen am ersten Erbrechtsentwurf nahm die zweite Kommission nicht mehr vor.
Sie beriet die einzelnen Bücher bis zum Frühjahr 1895 durch. Der 1895 nach einer Schlußrevision dem Reichskanzler vorgelegte Entwurf wurde von diesem unverzüglich an den Bundesrat weitergeleitet. Der vorgelegte Entwurf der zweiten Kommission umfaßte sechs Bücher und 2390 Paragraphen. Das Pflichtteilsrecht wurde in den §§ 2333-2338 behandelt.[387]

6. Der Entwurf wird Gesetz

Der Bundesrat verwies den Entwurf am 24. Oktober 1895 an den Justizausschuß, der keine für das Pflichtteilsrecht relevanten Änderungen durchführte. Der so abgeänderte Entwurf wurde durch den Bundesrat angenommen. Dieser sogenannte dritte Entwurf wurde mitsamt einer vom Reichsjustizamt in einer „Denkschrift" niedergelegten Begründung als Reichstagsvorlage am 17. Januar 1896 durch den Reichskanzler dem Reichstag vorgelegt.[388]

Die erste Lesung des Entwurfs inklusive des Erbrechts fand vom 3. bis 6. Februar 1896 im Reichstag statt und endete mit einer erneuten Überweisung an eine Kommission aus 21 Mitgliedern. Sie konstituierte sich erstmals am Folgetag und erstattete am 12. Juni desselben Jahres dem Reichstag nach insgesamt 53 Sitzungen Bericht.[389]

Die zweite Lesung des Entwurfes nahm dann nur wenige Tage in Anspruch, vom 18. bis 27. Juni 1896. Die dritte Lesung fand dann vom 30. Juni bis 1. Juli statt und endete mit einer namentlichen Schlußabstimmung. 222 von 288 Abgeordne-

---

385 Prot. S. 567.
386 Prot. S. 569, 571, 572.
387 §§ ohne Gesetzesangabe sind im folgenden immer solche des BGB.
388 Sten. Berichte 1869, Bd. 1, S. 390 ff; *Ramm*, § 4 L. 199.
389 Stenogr. Berichte a.a.O. S. 705 ff. Der Reichstag beschäftigte sich in dieser Phase weniger mit dogmatischen als mit rechtspolitisch aktuellen Fragen, so fand das eigenhändige Testament als Normalform erst hier Aufnahme in den Entwurf. Vgl. *Laufs*, S. 299.

ten stimmten für die Annahme des Entwurfes, die Sozialdemokraten stimmten geschlossen dagegen.[390]

Am 14. Juli 1896 stimmte der Bundesrat zu. Kaiser Wilhelm II. vollzog das Gesetz am 18. August 1896.[391] Am 24. August 1896 wurde es im Reichsgesetzblatt Nummer 21, S. 195-650 verkündet. Am 01.01.1900 trat das BGB in Kraft.

---

390 Sten. Berichte a.a.O. Bd. 4, S. 3040 ff, S. 3104 ff (Abstimmung); auch *Ramm*, § 4, L. 199, 200.
391 *Gmür*, S. 110; *Laufs*, S. 300.

III. Rückblick

Seit der Übertragung der Gesetzgebungskompetenz für das Zivilrecht auf das deutsche Reich 1874 waren bis zur Verkündung des BGB 22 Jahre vergangen. Allein fast 14 Jahre dauerten die Erarbeitung und die Beratungen der Teilentwürfe, die erst 1888 abgeschlossen wurden, sieben Jahre hatte die Arbeit der einzelnen Teilredaktoren verschlungen, weitere sechs Jahre die Beratungen der ersten Kommission.[392]

Mit dem 1900 in Kraft getretenen BGB hatte sich der sehnlichste Wunsch der Befürworter der Rechtseinheit, um die seit 1814 gerungen worden war, endlich erfüllt.

Viel war in den vergangenen Jahren politisch und gesellschaftlich geschehen. Die Freiheitskriege, die Revolution von 1848, der Aufschwung nach der Reichsgründung 1871, ein Strukturwandel der Gesellschaft durch die Industrialisierung, veränderte Lebensumstände einer großen Masse der Bevölkerung und die Bildung einer neuen bürgerlichen Ordnung, die nach einem neuen, zeitgemäßen Recht verlangte. Die territoriale Situation im Deutschland des 19. Jahrhunderts, die Zersplitterung des Rechts und das eifersüchtige Wachen der unzähligen Kleinstaaten über ihre Souveränität und ihre Gesetzgebungskompetenz hatten den Weg zur Rechtseinheit zusätzlich erschwert. Insofern ist nachvollziehbar, warum fast 85 Jahre von der Erstarkung der Kodifikationsbewegung bis hin zum Inkrafttreten des BGB vergehen mußten.

Letztlich hatte sich in Deutschland aber erfüllt, was *Miquél*, einer der Vorkämpfer der Rechtseinheit bereits 1867 gesagt hatte: „Das Streben nach Rechtseinheit sei eben eine notwendige Voraussetzung des nationalen Staates“.[393]

Mit diesem BGB hatte Deutschland eine Kodifikation bekommen, die sich nicht durch Volkstümlichkeit und eine geschliffene sprachliche Fassung auszeichnete, bei der sich aber alle Beteiligten Mühe gegeben hatte, ein dem Zeitgeist entsprechendes Gesetz zu schaffen. Dieses beruhte auf den mehrheitlich geltenden Moralvorstellungen, war losgelöst von veralteten Partikularrechten, von religiösen Intoleranzen, von möglichen Willkürentscheidungen der Richter durch Beschrän-

---

[392] *Vierhaus*, S. 71, 72. Welch unglaubliches Arbeitspensum und welch Mengen von zu bewältigendem Stoff die erste Kommission zu bewältigen hatte, wird deutlich, wenn man sich vergegenwärtigt, daß die Kommission während ihrer sechsjährigen Beratungen in der Regel dreimal wöchentlich zusammenkam, eine vierte Sitzung diente der Genehmigung des in den Sitzungen zuvor aufgenommenen Protokolls. Diese Protokolle sind niemals gedruckt worden.

[393] Stenogr. Berichte a.a.O. 1867, S. 284-292 (285).

kung von Generalklauseln und war getragen von den Idealen von Freiheit und Gleichheit aller vor dem Gesetz.

Die eigentliche Bewährungsprobe stand dem BGB aber noch bevor.
Wie das Volk, die Rechtsprechung und die Rechtsgelehrten das neue Gesetzbuch aufnehmen würden, ob es dem BGB gelingen konnte, sich im Rechtsalltag zu bewähren, sich seinen Platz vor den alt hergebrachten Partikularrechten zu sichern und diese zu verdrängen – kurz gesagt: ob es ein wirklich einheitliches und allgemein akzeptiertes Volksrecht werden könnte, dies konnte und würde nur die Zeit zeigen können.

Dritter Teil: Die Spruchpraxis zum Pflichtteilsentzug seit 1900 im Wandel der Zeit

I. Einleitung

Über 100 Jahre sind seit Inkrafttreten des Bürgerlichen Gesetzbuches mittlerweile vergangen. Sein Fortbestand ist vom heutigen Standpunkt aus betrachtet weniger fraglich als je zuvor. Auch wenn das innere und äußere Zusammenwachsen Europas immer weiter fortschreitet und dem EU-Recht dadurch eine gesteigerte Bedeutung zuteil wird, steht das BGB als nationale Kodifikation (noch ?) nicht in Frage.

Nicht einmal den Nationalsozialisten, die das Erscheinungsbild Deutschlands in nur einem Jahrzehnt komplett veränderten, war es trotz jahrelanger Arbeit gelungen, das BGB einem nationalsozialistischen Volksgesetzbuch zu opfern.[394]
Gleiches gilt von den Sozialisten in der DDR, die das BGB zwar 1976 durch das Zivilgesetzbuch ersetzten, welches aber den Untergang der DDR nicht überlebte. Man darf diese Beständigkeit des BGB, die bei Inkrafttreten von vielen Skeptikern bezweifelt wurde, wohl gerade den Kriterien zuschreiben, die damals noch so heftige Kritik ausgelöst hatten: den präzisen, manchmal schwerfällig wirkenden Formulierungen, der neutralen Sachlichkeit und der abstrakten Begriffssprache.

Das BGB konnte sich dennoch nur um den Preis der Veränderungen als Kodifikation erhalten. Es hat direkte und mittelbare Eingriffe hinnehmen müssen.
Zu den direkten Eingriffen gehörten hauptsächlich Veränderungen im Gesetzestext. Teils forderten hier schlichte rechtspolitische Fortentwicklungen ihr Recht, teils waren sie Nebenwirkungen dramatischer Kapitel der Geschichte. Hier ist insbesondere an die zwei Weltkriege zu denken, auf die an späterer Stelle noch näher einzugehen sein wird.
Mittelbare Eingriffe erfuhr das BGB hauptsächlich durch ca. 150 Nebengesetze, die im Laufe der Zeit erlassen wurden. Sie ließen den Inhalt des BGB größtenteils unberührt, veränderten aber seine Rolle und Bedeutung teilweise erheblich. Hierzu zählte das Ehegesetz,[395] aber auch Nebengesetze, die im heutigen Wirtschafts-

---

[394] Zu diesem später noch ausführlicher weiter unten.

[395] Das Ehegesetz nimmt bis heute eine Sonderstellung ein. Die Vorschriften über die Begründung der Ehe, die Ehenichtigkeit und die Eheaufhebung sind im Ehegesetz als Nebengesetz zum BGB enthalten. Das Ehegesetz stammt noch aus der Besatzungszeit Deutschlands, es ist ein Kontrollratsgesetz (Nr. 16 vom 20. Februar 1946, erschienen München und Berlin 1946). Die Bestimmungen über die Ehescheidung und die Folgen sind mittlerweile seit dem *Eheschließungsrechtsgesetz* vom 01. Juli 1998 wieder im BGB geregelt.

leben ihren festen Platz haben, wie etwa das Verbraucherkreditgesetz oder das ABG-Gesetz. Auch die Rolle der Gerichte, die anwachsende Bedeutung dessen, was man heute als „Richterrecht“ oder „herrschende Meinung“ bezeichnet, hat das BGB zwar nicht im Wortlaut, aber doch mittelbar im Inhalt verändert und so auch mit geprägt.
Nach der geschichtlichen Darstellung des Zustandekommens der Vorschriften des Pflichtteilsrechts betrachtet der dritte Teil der Untersuchung die Rechtsprechung zum Pflichtteilsrecht seit Inkrafttreten des BGB am 1.Januar 1900 und hat damit einen praktischen Ansatzpunkt.
Es war geschichtlich gesehen eine sehr interessante Epoche. Deutschland ging nach 1900 in seiner Entwicklung verschlungene Wege. Bereits die ersten 50 Jahre des 20. Jahrhunderts weisen tiefe Zäsuren für eine geschichtlich so kurze Zeitspanne auf. Zunächst der Erste Weltkrieg, die Revolution von 1918 mit der Machtübernahme der Sozialisten, der Kampf der Weimarer Republik um ihre Existenz, dann - nach ihrem Scheitern - die Machtübernahme der Nationalsozialisten und abschließend die Etablierung und Entwicklung eines neuen sozialistischen Staates in der DDR und eines demokratischen Rechtssystems in der Bundesrepublik ab 1945 bis zum heutigen Zeitpunkt.
Die Untersuchung wird zeigen, daß die Veränderungen, denen das BGB unterworfen war, ein Spiegelbild der deutschen Geschichte waren, der wirtschaftlichen und sozialen Wandlungen, aber auch der Katastrophen des ersten und zweiten Weltkrieges. Die Urteile zum Pflichtteilsentzug aus den unterschiedlichen Epochen des vergangenen Jahrhunderts sind deshalb erst vor dem historischen Hintergrund und im Zusammenhang mit dem damaligen Zeitgeschehen besonders interessant. Die Urteilsgründe spiegeln die damals vorherrschenden gesellschaftlichen und politischen Wertvorstellungen wider.

Die Anzahl der Urteile, die sich im weitesten Sinne mit dem Erbrecht und dem Pflichtteilsrecht beschäftigten, ist groß. Eingang in diese Untersuchung sollen angesichts des Themas jedoch nur die Urteile finden, die sich auch im Kern mit der Entziehung des Pflichtteils beschäftigten.

II. Die Rechtsprechung zum Pflichtteilsentzug von 1900 bis 1933

1. Die Stellung des BGB in der Öffentlichkeit

In den ersten Jahren der Geltung des BGB finden sich nur wenige Urteile zum Pflichtteilsrecht und insbesondere zu dessen Entzug.
Dies mag seine Gründe mit darin haben, daß sowohl das Volk als auch die Rechtsprechung erst einmal vertraut mit dem neuen, einheitlichen Recht werden mußte. Der Zustand der Rechtszersplitterung in Deutschland hatte sich durch verschiedene Jahrhunderte gezogen, die Loslösung vom Partikularismus brauchte demzufolge auch seine Zeit. Das Verständnis, daß nunmehr Urteile nicht mehr nur für einen begrenzten Rechtskreis, sondern landesweit galten, von Norddeutschland bis Bayern, mit dem Reichsgericht als oberstem Gericht des Reiches, konnte sich nach der legislativen Vereinheitlichung des Rechts nicht von heute auf morgen im Bewußtsein der Öffentlichkeit verankern. Hinzu kam, daß mit der Monarchie noch eine gewisse innenpolitische Stabilität geherrscht hatte. Man betrachtete zu dieser Zeit das BGB noch als eine bedeutende Kulturleistung. Öffentliche Kritik wurde kaum geäußert,[396] und wenn, so galt sie dem Prozeßrecht.[397]
Mit der Revolution und der Machtübernahme von 1918 standen zwar die ersten Änderungen des Bürgerlichen Rechts zu befürchten, es fehlte aber letztlich am Anstoß. Die Weimarer Republik war noch jung, es war ungewiß, ob die sozialistische Herrschaft langfristig anhalten und ob und inwieweit sie das Privatrecht verändert würde. Die Zeit erschien einfach noch nicht reif für eine neue Kodifikation, zu unruhig war die innenpolitische Lage.
An der Systematik und der Stellung des Erbrechts waren die ersten Jahre der Geltung des BGB insofern spurlos vorbei gegangen. Die Gründe, aus denen der Pflichtteil entzogen werden konnte, fanden sich unverändert in den §§ 2333 ff, es gab keine größeren Gesetzesänderungen, die das Erbrecht betrafen.

Anzumerken ist noch folgendes: im Zusammenhang mit der Entziehung des Pflichtteils gab es oft Rechtsstreitigkeiten mit familienrechtlichem Schwerpunkt, die dann aber auch erbrechtliche Auswirkungen hatten. Oft ging es um die Frage

---

[396] Kritik an der abschließenden Regelung der Pflichtteilsentzugsgründe findet sich jedoch auch bereits in der Literatur der ersten Jahre der Geltung des BGB, so bei *Leonhard*, S. 516, der bemerkt, daß ein allgemeines Prinzip mit Blick auf die Regelung des § 2333 Nr. 5 wohl zu finden und auch vorzuziehen gewesen wäre. Eine Kasuistik wie die bestehende biete immer die Gefahr, halb zu viel und halb zu wenig zu bieten. Es sei insbesondere unbillig, daß jede Tätlichkeit gegen die Eltern ohne Unterscheidung zur Entziehung des Pflichtteils berechtige.

[397] *Hattenhauer*, FS Gmür, S. 258.

des Unterhaltsentzuges oder der Verweigerung der Aussteuer. Das Familienrecht verwies hier ins Erbrecht, nur bei Vorliegen der erbrechtlichen Voraussetzungen waren Sanktionen aus dem Familienrecht möglich. Vor diesem Hintergrund finden auch einige Urteile, deren Kernsachverhalt eigentlich eine familienrechtliche Streitigkeit war, Eingang in diese Untersuchung. Dies aus dem Grund, weil eine strikte Trennung zwischen familienrechtlicher und erbrechtlicher Streitigkeit oftmals nur schwerlich möglich war.

2. Entzug des Ehegattenpflichtteils (§ 2335)

Das erste Urteil, welches sich überhaupt mit dem Pflichtteilsentzug befaßte, stammt aus dem Jahr 1903. Eigentlich stritten die Parteien um nachehelichen Unterhalt. Aufgrund der Verknüpfung des Unterhaltsrechts mit dem Pflichtteilsrecht kam das erkennende Gericht an einer Auseinandersetzung mit dem Pflichteilsentzugsrecht des Ehegatten aber nicht vorbei.[398]

Der Sachverhalt stellte sich folgendermaßen dar:
Im Jahr 1900 hatte der Ehemann die häusliche Gemeinschaft mit der Klägerin aufgehoben. 1901 klagte diese dann auf Unterhalt in Höhe von monatlich 250,- RM, zusätzlich zu den 150,- RM Unterhalt, die der Beklagte seiner getrennt lebenden Frau sowieso schon zahlte.
Das Landgericht gab der Klage der Ehefrau statt, das Berufungsgericht wies auf die Berufung des Ehemannes die Klage der Ehefrau ab. Die Revision der Klägerin vor dem Reichsgericht hatte keinen Erfolg. Die Ehe war mittlerweile 1902 wegen Ehebruchs beider Partner geschieden worden.
Das Reichsgericht entschied, daß die Klägerin gemäß § 1611 Abs. 2 nur Anspruch auf den notdürftigen Unterhalt habe. Sie habe im September 1901 Ehebruch begangen, so daß der Ehegatte berechtigt sei, sie gemäß §§ 2335, 1565-1568 auf den nothdürftigen Unterhalt zu beschränken.[399]

---

[398] RG, Urteil vom 20. April 1903, in: *Gruchot*, Beiträge Bd. 47, S. 975 ff.

[399] Nach § 1611 Abs. 2 unterlag der Unterhaltsanspruch eines Ehegatten der Beschränkung auf den notwendigen Unterhalt, wenn der Ehegatte sich einer Verfehlung schuldig gemacht hatte, die den Unterhaltspflichtigen berechtigte, ihm den Pflichtteil zu entziehen.
Gemäß § 2335 war dies dann möglich, wenn der Ehegatte aufgrund der Eheverfehlung berechtigt war, auf Scheidung zu klagen. Welche Verfehlungen hierunter fielen, waren den §§ 1565-1568 zu entnehmen. Das Unterhaltsrecht war also mit dem Entzug des Ehegattenpflichtteils verzahnt und korrespondierte so auch indirekt mit dem Scheidungsrecht. Das Scheidungsrecht und damit auch die Vorschrift des § 2335 wurde durch das Erste Gesetz zur Reform des Ehe- und Familienrechts vom 14. Juni 1976 (BGBl. I 1976, S. 1421) reformiert. Nach der neuen Fassung des § 2335 konnte der Erblasser seinem Ehegatten nur noch den Pflichtteil entziehen, wenn dieser dem Erblasser nach dem Leben getrachtet hatte, sich einer vorsätzlichen körperlichen Mißhandlung, eines Verbrechens oder schweren vorsätzlichen Vergehens gegen den

Die gezahlten 150,- RM seien auch ausreichend zur Deckung des nothdürftigen Unterhalts.
Die Klägerin hatte dagegen eingewendet, § 2335 finde auf den vorliegenden Fall keine Anwendung, weil der Ehegatte die Scheidungsklage erhoben habe.
In diesem Fall greife vielmehr § 1933 ein. Danach war das Erbrecht des überlebenden Ehegatten sowie das Recht auf den Pflichtteil ausgeschlossen, wenn der Erblasser zur Zeit seines Todes berechtigt war, auf Scheidung zu klagen oder sogar die Klage auf Scheidung bereits erhoben hatte.

Das Reichsgericht teilte die Auffassung der Klägerin nicht.
Es führte mit Verweis auf Materialien zum BGB aus, der § 2335 gewähre jedem Ehegatten das Recht zur Entziehung des Pflichtteils.[400] Dies gelte auch dann, wenn der Ehegatte die Scheidungsklage schon eingeleitet habe. § 2335 Abs. 2 sei nämlich gerade aus dem Grund in das Gesetz aufgenommen worden, um zu verhindern, daß der Ehegatte, der von der Scheidungsklage Abstand nehmen wolle, durch den drohenden Verlust des Rechts zur Entziehung des Pflichtteils zur Erhebung der Scheidungsklage genötigt werde. Eine Einschränkung des Rechts, den Pflichtteil zu entziehen, sei weder aus § 2335 noch aus § 1933 zu entnehmen. Der § 2335 sei vielmehr auf den vorliegenden Fall anwendbar, damit habe der Ehegatte grundsätzlich das Recht, den anderen Ehegatten bei Vorliegen der Tatbestandsvoraussetzungen des § 2335 auf den notwendigen Unterhalt zu beschränken.[401]
Ob die Voraussetzungen des § 2335 hier vorlagen, war nicht Gegenstand des Streites zwischen den Parteien und wurde dementsprechend auch nicht entschieden. Zur Urteilsbegründung ist anzumerken, daß sie sich eng an den Motiven des BGB orientierte. Bei dem vorliegenden Sachverhalt wäre auch kaum Spielraum für Rechtsfortbildung oder abweichende Auslegung gewesen, zu offensichtlich beschränkte sich die strittige Frage lediglich auf die Anwendbarkeit des § 2335.

Was die unterschiedlichen Entziehungsgründe des § 2333 betrifft, so liegt es auf der Hand, daß sie nicht alle in gleichem Maße und gleicher Häufigkeit die Recht-

---

Erblasser schuldig machte oder seine Unterhaltspflicht böswillig verletzte. Die Entziehungsgründe waren somit die gleichen, wie sie auch gegenüber den Abkömmlingen galten. Diese Regelung ist Ausfluß der Abwendung vom Verschuldensprinzip im Ehescheidungsrecht, welches durch das Zerrüttungsprinzip abgelöst wurde. Mit Urteil des BGH vom 18. Januar 1989, NJW 1989 S. 2054 f wurde klargestellt, daß eine Pflichtteilsentziehung, die nur nach altem Recht möglich war, bei einem Erbfall, der nach neuem Recht zu beurteilen ist, nicht mehr wirksam werden konnte. Zur Bedeutung der Änderung des § 2335 im Hinblick auf den Wandel der Gesellschaft an späterer Stelle noch ausführlicher.

400 Motive zum Erbrecht Bd. 5, S. 445; Protokolle Bd. 5 zu § 2005, S. 580.

401 so auch OLGE 8, 292, wo knapp festgestellt wurde, daß jede Verfehlung des Ehegatten, auf Grund derer der Erblasser nach § 1568 auf Scheidung zu klagen berechtigt war, nach § 2335 auch die Entziehung des Pflichtteils rechtfertigte.

sprechung beschäftigten. Ihr „Konfliktpotential" darf gewiß als unterschiedlich hoch eingestuft werden.
Dies erklärt sich zum einen aus der Regelungsmaterie der einzelnen Vorschriften sowie zum anderen aus der verwendeten Terminologie.
Die Vorschrift, die im eben dargestellten Urteil behandelt wurde, die Entziehung des Ehegattenpflichtteils wegen Verletzung der Unterhaltspflicht, war von ihrer Formulierung eindeutig, die Feststellung der Voraussetzungen nicht weiter problematisch. Die Unterhaltspflicht wurde mit dem BGB nicht neu geschaffen, höchstens gegenüber früheren Partikularrechten modifiziert. Des weiteren bietet die Vorschrift kaum Streit für Auslegungsspielraum, es handelt sich im Ergebnis um Geldbeträge, bei deren Bemessung man auf Erfahrungswerte oder eventuell sogar auf Tabellen mit festgelegten Beträgen zurückgreifen konnte.

Anders sah dies schon bei Entziehungsgründen aus, die als Voraussetzungen mehr oder weniger unbestimmte Rechtsbegriffe verwendeten, die dann auch noch in ihrer Interpretation vom Zeitgeist und von richterlicher Auslegung abhängig waren.

3. Entzug wegen körperlicher Mißhandlung (§ 2333 Nr. 2)

Als Beispiel bietet sich hier der Begriff der körperlichen Mißhandlung in § 2333 Nr. 2 an.
Was war unter einer Mißhandlung zu verstehen? Welche Anforderungen waren an diese Handlung zu stellen? War es von Bedeutung, ob eine Mißhandlung gegen die leiblichen Eltern begangen wurde oder gegen die Adoptiveltern? Konnte und sollte es einen Unterschied machen, ob die Mißhandlung von Kindern gegenüber ihren Eltern begangen wurde oder von Eltern gegenüber den Kindern?

Das Gesetz lieferte bezüglich einiger dieser Fragen klare Vorgaben.
In § 2334 war geregelt, daß die Enterbungsgründe des § 2333 auch gegenüber den Eltern galten, mit Einschränkungen allerdings: die Entziehung des Pflichtteils gegenüber den Eltern wegen Mißhandlung (Nr. 2) und ehrlosen Lebenswandels (Nr. 5) war ausgeschlossen.
Ebenso war in § 2333 Nr. 2 geregelt, daß im Falle einer Mißhandlung des Ehegatten dem Kind nur dann der Pflichtteil entzogen werden konnte, wenn das Kind auch von diesem abstammte.
Einige Urteile zu diesem Entziehungsgrund sind im folgenden mit ihrer Begründung skizziert.

a) Mißhandlung der Adoptivmutter

Das OLG Jena hatte sich am 3. Juli 1909 mit eben dieser aufgeworfenen Problematik zu beschäftigen.[402]
Streitig war, ob der Adoptivvater der an Kindes Statt angenommen Tochter dieser die Aussteuer wegen Mißhandlung seiner Ehefrau verweigern durfte.

Die klagende Tochter machte geltend, sie würde von der Adoptivmutter nicht „abstammen", wie es das Gesetz als Voraussetzung für einen Entzug des Pflichtteils verlangen würde. Deswegen könne ihr auch das Recht auf die Aussteuer nicht wegen Mißhandlung im Sinne des § 2333 Nr. 2 abgesprochen werden.

Das OLG Jena gab jedoch dem beklagten Adoptivvater Recht und begründete seine Entscheidung wie folgt: Im Gegensatz zu dem Annehmenden habe der Angenommene nach § 1759 gegen den Adoptierenden das volle Erbrecht, er trete in die Stellung des leiblichen Kindes mit allen Rechten und allen Pflichten ein. Dieses Kindes- und Erbrechtsverhältnis sei gegenüber einem gemeinschaftlich adoptierenden Ehepaar das gleiche wie bei einem gemeinschaftlichen leiblichen Kind der Ehegatten. Wenn die Annahme an Kindes Statt mittels Rechtssatzes dem natürlichen Kindesverhältnis generell gleichgestellt werde, so müsse dies für alle Beziehungen und Rechtswirkungen gelten, soweit nicht besondere Ausnahmebestimmungen entgegenstünden. Im vorliegenden Fall sei dies nicht der Fall.
Das OLG argumentierte, man könne nicht lediglich aus dem Wortlaut einer Gesetzesbestimmung, die eigentlich für den Fall der natürlichen Verwandtschaft gedacht sei, folgern, daß diese Vorschrift in der streitigen Sache nur deswegen keine Anwendung finde, weil sie „buchstäblich" den vorliegenden Fall nicht decke.
Das Gesetz sei vielmehr im Hinblick auf seine Bestimmung und den geistigen Zusammenhang auszulegen. Täte man dies, so käme man bei Hinzuziehung der Materialien zum BGB zu der Schlußfolgerung, daß die Vorschrift des § 2333 Nr. 2 bei ihrer Abfassung eigentlich die Stiefmutter im Auge gehabt habe und schon deswegen wörtlich auf den vorliegenden Fall nicht passe.[403]
Wenn aber weiterhin § 2333 Nr. 2 bei natürlichem Verwandtschaftsverhältnis hinsichtlich der Ehefrau des Erblassers Abstammung von dieser voraussetze, um das Recht zur Pflichtteilsentziehung gegenüber dem Kind zu haben, dann müsse bei an Kindes Statt angenommenen Kindern die analoge „Mitadoption" des vom Erblasser angenommenen Kindes durch dessen Ehefrau genügen, um das gleiche Recht zu begründen.
Andernfalls käme man zu der logisch und rechtlich unhaltbaren Auffassung, daß jeder Ehegatte zwar dem Angenommenen den Pflichtteil aufgrund analoger An-

---

[402] OLG Jena, Seuffert's Archiv, 64. Bd. S. 414 f.
[403] Protokolle Bd. 5, S. 560 f.

wendung des § 2333 entziehen könne, nicht aber aufgrund der zweiten Satzhälfte des § 2333 Nr. 2, obwohl die gesetzliche Grundlage für beide Fälle völlig gleich sei.[404]

Nachdem damit das Gericht die Anwendbarkeit des § 2333 Nr. 2 auf den vorliegenden Fall bejaht hatte, blieb nur noch die Frage offen, ob die geforderte Mißhandlung vorlag oder nicht.
Das Gericht stellte von vornherein klar, daß es ohne Belang sei, ob eine besonders grobe oder schwere körperliche Mißhandlung vorliege.
Unter Verweis auf die Entstehungsgeschichte des BGB argumentierte das OLG, allein die Tatsache, daß ein Kind überhaupt die Hand gegen die Eltern erhebe, sei bereits eine derart schwere Pietätsverletzung, daß sie zum Entzug des Pflichtteils berechtige.[405]
Da im vorliegenden Fall die Tochter ihre Adoptivmutter gegen die Tür geworfen habe und ihr in die Haare gefahren sei, nahm das Gericht das Vorliegen einer vor-

---

[404] OLG a.a.O. S. 414 f.

[405] Während der Beratung über das BGB hatte hinsichtlich der Fassung des § 2333 Nr. 2 lange keine Einigkeit geherrscht. Ursprünglich hatte der Entwurf die Wortwahl „vorsätzliche körperliche Mißhandlung" beinhaltet. Der zweiten Kommission lag jedoch während der Beratungen ein Änderungsantrag vor, nachdem das Wort „grobe" in die Vorschrift eingefügt werden sollte. (Protokolle Band 5 § 2001, S. 557) Als Begründung wurde angeführt, nicht jede tätliche Mißhandlung der Eltern durch die Kinder sei ein Enterbungsgrund. In großen Teilen des Volkes, insbesondere in den unteren Ständen, werde einer geringfügigen Mißhandlung keine große Bedeutung beigemessen. Man müsse bedenken, daß § 2001 auch für die Beseitigung des Rechtes des Vertragserben gelte, eine zu weite Fassung des § 2001 könne also zu großen Härten führen. Von den Gegnern einer moderaten Fassung des § 2001 wurde dagegen vorgebracht, der Entwurf solle in diesem Punkte so bleiben, wie er vorgestellt worden war. In einer körperlichen Mißhandlung der Eltern durch die Kinder liege immer eine schwere sittliche Verfehlung. Sollte hier und dort eine laxere Auffassung im Volk vorhanden sein, so dürfe der Gesetzgeber dem keinen Vorschub leisten. Mit 8 gegen 7 Stimmen fand das Wort „grob" Aufnahme in den Entwurf.
Bei erneuter Beratung des § 2001 Nr. 2 wurde aber der Antrag gestellt, das Wort „grob" wieder zu streichen, dies wurde mit Bedenken vom Standpunkt des allgemeinen Rechtsgefühls begründet. Der Gesetzgeber dürfe nicht den Anschein erwecken, leichte Mißhandlungen der Kinder gegenüber ihren Eltern zu übersehen. Auch wenn so ein Verhalten in gewissen Kreisen üblich sei, dürfe er dieses noch lange nicht tolerieren. Unter Berücksichtigung der Klagen über schwindende elterliche Autorität dürfe man so einem Verhalten erst recht keinen Vorschub leisten.
Unter Berufung auf das Sprichwort „Wer seine Hand erhebt gegen Vater oder Mutter, dessen Hand wächst aus dem Grabe" wurde betont, überhaupt die Tatsache, daß ein Kind sich an seinen Eltern vergreife, sei eine Pietätsverletzung so schwerer Art, daß sie nicht einmal der Tod zu sühnen vermöge. Damit hatten sich die Konservativen in der Kommission endgültig durchgesetzt, der geschuldete Respekt gegenüber den Eltern war praktisch festgeschrieben worden und spiegelte das Familienbild der damaligen Zeit wieder. Vgl. zu allem Protokolle Band 5, S. 559 ff.

sätzlichen körperlichen und nicht verziehenen Mißhandlung im Sinne des § 223 StGB ohne weitere Begründung an. Damit lag die Berechtigung zur Entziehung des Pflichtteils nach § 2333 Nr. 2 vor.
Offensichtlich wog die der älteren Generation geschuldete Achtung höher als die fehlende Blutsverwandtschaft.

Mit diesem Urteil hatte sich zum ersten Mal seit Geltung des BGB ein Gericht ausführlich mit den Tatbestandsvoraussetzungen eines Pflichtteilsentziehungsgrundes beschäftigt und einen konkreten Lebenssachverhalt unter die entsprechende Vorschrift subsumiert. Seine Ausgewogenheit gewinnt das Urteil insbesondere durch die Einbeziehung der Motive und der Entstehungsgeschichte des BGB in die Urteilsgründe. Das Gericht hat sich hier ausgehend vom direkten Wortlaut der Vorschrift von den im Gesetz erwähnten Anwendungsfällen gelöst und einen sachlich ähnlich gelagerten Fall im Wege der erweiternden Auslegung unter die in Frage stehende Vorschrift subsumiert.

b) „Zurückstoßen" während eines Streites

Das Reichsgericht hatte am 21. November 1912 zu klären, ob ein „Zurückstoßen" eine Entziehung des Pflichtteils wegen körperlicher Mißhandlung rechtfertigten konnte.[406]

Zum Sachverhalt folgendes in Kürze:
Der Erblasser hatte dem Sohn den Pflichtteil entzogen, da dieser sich ihm gegenüber einer körperlichen Mißhandlung schuldig gemacht habe.
Der Sohn klagte bei Eintritt des Erbfalls gegen die Erben auf die Feststellung seines Pflichtteilsanspruchs. Die Klage wurde in der 1. Instanz abgewiesen, die 2. Instanz gab der Klage statt. Die Revision führte zur Aufhebung und Zurückverweisung.

Streitig war weniger die tatsächliche Frage, ob die Mißhandlung so wie geschildert stattgefunden hatte oder nicht, sondern ob sie – wenn man von einer Mißhandlung ausging – geeignet gewesen sei, den Begriff der körperlichen Mißhandlung zu erfüllen.
Die Vorinstanz hatte argumentiert, die beklagten Erben hätten den Beweis nicht erbracht, daß der Kläger den Erblasser mißhandelt habe. Es sei zu einem Wortwechsel gekommen, in dessen Verlauf dann zu einem Streit zwischen dem jetzt klagenden Sohn und seiner Schwester. Der Erblasser habe sich eines Holzpfahles bemächtigt und sei dazwischengetreten, worauf der Kläger ihn zurückgestoßen

[406] RG, Seuffert's Archiv Bd. 68, S. 197 ff.

habe. Damit sei aber nicht gesagt, daß der Kläger den Erblasser habe mißhandeln wollen. Es sei wahrscheinlicher, daß er einen Angriff des Erblassers erwartete und diesen abwehren wollte, immerhin hatte er vorher seine Schwester geschlagen.[407]
Das Reichsgericht verwarf diese Beweisführung. Es betonte, daß der Begriff der körperlichen Mißhandlung in bewußter Anlehnung an den strafrechtlichen Begriff der körperlichen Mißhandlung in § 223 StGB gebraucht werde und hier wie dort eine Einwirkung auf den Körper eines anderen voraussetze, durch die das körperliche Wohlbefinden des anderen in nicht unerheblicher Weise beeinträchtigt werde. Hierfür sei die Herbeiführung von Schmerzen nicht notwendig.[408]
Auch in dem Zurückstoßen des Vaters könne also grundsätzlich eine Mißhandlung erblickt werden. Dies aber nur unter der Voraussetzung, daß es sich nicht nur um ein bloßes „Zurückschieben" gehandelt habe, welches das körperliche Wohlbehagen nicht merklich berührt habe.
Der Vorwurf der Mißhandlung scheine hier um so mehr zuzutreffen, als der Kläger nach den Feststellungen des Berufungsgerichts zunächst mit einem Knüppel auf seine Schwester eingeschlagen habe und dann den dazwischen gehenden Erblasser zurückgestoßen habe. Nach Aussage einer Zeugin sogar „ziemlich forsch", so daß er zurücktaumelte und nach erneuter Annäherung wieder zurückgestoßen wurde.

Die Vorinstanz hatte die Annahme eines Grundes zur Pflichtteilsentziehung hauptsächlich nur deswegen verneint, weil allein in der Abwehr des dazwischen tretenden Erblassers noch keine Mißhandlung zu erblicken sei.
Das Reichsgericht wies darauf hin, daß vom Vorliegen einer Notwehrsituation zugunsten des Klägers überhaupt nicht gesprochen werden könne. Auch die Vorinstanz habe hierüber kein Wort verloren. Ein „Angriff" des Erblassers auf den Kläger würde man außerdem schwerlich als rechtswidrig erachten können. Er habe nur gehandelt, um seine Tochter zu schützen. Der Kläger könne sich also nicht auf ein Notwehrrecht gegenüber dem Erblasser berufen, da er in Wirklichkeit der Angreifende gewesen sei. Der Erblasser sei sogar zur Verteidigung seiner Tochter befugt gewesen, denn sie habe bei dem Streit Partei für den Vater ergriffen, was den Angriff des Klägers erst ausgelöst habe.
Insofern komme noch hinzu, daß das Verhalten des Klägers, der Angriff gegen den Vater, der versuchte, die Tochter vor den Schlägen des Klägers zu schützen, eine Verletzung der Pietät darstellte, die Kinder ihren Eltern schuldeten.[409]
Der testamentarische Entzug des Pflichtteils gemäß § 2333 Nr. 2 sei insofern gerechtfertigt.

---

[407] RG a.a.O. S. 198.
[408] Motive zum Erbrecht Bd. 5, S. 431.
[409] Protokolle Band 5, S. 803.

Bezeichnend für dieses Urteil ist wiederum die Argumentation mit Respekt und Pietät, die Kinder den Eltern schuldeten und die hier verletzt gewesen sei. Weiterhin wurde festgestellt, daß ein forsches Zurückstoßen bereits ausreichend für eine körperliche Mißhandlung war. Klargestellt war damit ebenfalls, daß der Begriff der körperlichen Mißhandlung genauso ausgelegt wurde wie in § 223 StGB; danach war die Herbeiführung von Schmerzen nicht erforderlich, um eine körperliche Mißhandlung anzunehmen. Mit der Gleichstellung der Begriffe der körperlichen Mißhandlung im § 2333 Nr. 2 und § 223 StGB hatte das Reichsgericht bereits 1912 ein Grundsatzurteil zu § 2333 Nr. 2 gefällt.

4. Entzug wegen unsittlichen und ehrlosen Lebenswandels (§ 2333 Nr. 5)

Das, was oben bereits hinsichtlich der unterschiedlichen Häufigkeit, mit der die einzelnen Entzugsgründe Gegenstand von Urteilen waren, gesagt wurde, betrifft insbesondere die Vorschrift des § 2333 Nr. 5.
Das Recht des Erblassers, den Pflichtteil wegen ehrlosen und unsittlichen Lebenswandels zu entziehen, war in seiner Formulierung sehr vage und offen gehalten. Es gab für die Gerichte kaum Anhaltspunkte für die Subsumtion eines Lebenssachverhaltes unter diese Vorschrift. Durch die Verwendung eines solchen unbestimmten Rechtsbegriffes eröffnete gerade § 2333 Nr. 5 einen gewissen Auslegungsspielraum bei der Rechtsanwendung, der in zahlreichen Urteilen seinen Ausdruck gefunden hat.

a) Beweispflicht für einen unsittlichen Lebenswandel

Der Entziehungsgrund des ehrlosen und unsittlichen Lebenswandels war erstmals am 6. März 1911 Gegenstand höchstrichterlicher Rechtsprechung. Das Reichsgericht beschäftigte sich allerdings weniger mit der Subsumtion unter die Begriffsbestimmung des ehrlosen und unsittlichen Lebenswandels, sondern hauptsächlich mit der Frage der Beweislastverteilung und dem maßgeblichen Zeitpunkt für das Vorliegen der Voraussetzungen des § 2333 Nr. 5.[410]

Strittig war, ob ein Vater, der die Entrichtung der Aussteuer an die Tochter gemäß § 1621 Abs. 2 BGB wegen ehrlosen und unsittlichen Lebenswandels verweigerte, den Beweis der Fortdauer des unsittlichen Lebenswandels der Tochter führen mußte oder ob dieser Beweis der klagenden Tochter oblag. Ebenso strittig war, welcher Zeitpunkt bei der Bewertung dieser Frage maßgebend war.

---

[410] RGZ 77, 162 ff.

Das Reichsgericht stellte zunächst fest, daß der Abkömmling einen ehrlosen und unsittlichen Lebenswandel zu der Zeit führen mußte, zu der der Erblasser durch letztwillige Verfügung die Entziehung angeordnet hatte. Ansonsten war die Entziehung nicht wirksam. Aus der Formulierung des § 2333 Nr. 5 könne man dies aber nicht eindeutig schlußfolgern, denn die Vorschrift war sprachlich in der Gegenwartsform abgefaßt, sie sprach von „führen". Allerdings war dies auch bei den anderen Entziehungsgründen der Fall, obwohl diese ebenfalls - wie z.B. Mißhandlungen nach Nr. 2 - eigentlich Verfehlungen der Vergangenheit bezeichneten. Es ergebe sich aber bereits aus § 2336 Abs. 4, daß der verwerfliche Lebenswandel bis zur Zeit der Pflichtteilsentziehung bestehen mußte. § 2336 Abs. 4 besagte, daß die Entziehung unwirksam war, wenn der Abkömmling sich zur Zeit des Erbfalls von dem ehrlosen oder unsittlichen Lebenswandel dauerhaft abgewendet hatte. Daraus zog das Reichsgericht folgenden Umkehrschluß:
Hatte die nachträgliche Abwendung vom unsittlichen Lebenswandel vor dem Eintritt des Erbfalls zur Folge, daß die Entziehung ihre Wirksamkeit wieder verlor, so könne es keinem Zweifel unterliegen, daß die Führung des ehrlosen oder unsittlichen Lebenswandels bis zur Errichtung des Testaments fortgedauert haben mußte, damit nicht die Entziehung von vornherein als unwirksam erschien.[411]

Zur Frage der Beweislast äußerte sich das Reichsgericht wie folgt: das Vorhandensein des Entziehungsgrundes müsse zur Zeit der Entziehung von demjenigen geltend gemacht werden, der auch die Entziehung geltend mache. Der Erbe müsse also gegenüber dem Abkömmling den Beweis des Vorliegens des Entziehungsgrundes führen. Sollte sich der ausgeschlossene Abkömmling jedoch darauf berufen, daß der Entziehungsgrund nachträglich weggefallen sei, da sich sein Lebenswandel geändert habe, so oblag hierfür ihm der Beweis.
Fraglich war, ob sich diese Grundsätze auch auf den Fall des § 1621 anwenden ließen. Die Vorinstanz hatte die Auffassung vertreten, daß die Besserung der Tochter, die sich einem unsittlichen Lebenswandel hingegeben habe, zur Zeit der Verheiratung hätte eintreten müssen und daß dieser Beweis gemäß § 2336 Abs. 4 auch von der die Aussteuer begehrenden, klagenden Tochter zu erbringen sei.[412]

Das Reichsgericht verwarf diese Rechtsauffassung. § 1621 gewähre dem Vater eine Einrede zur Verweigerung der Aussteuer in den Fällen, in denen er berechtigt sein würde, ihr den Pflichtteil zu entziehen. Die Beweislast für das Vorliegen der Tatbestandsmerkmale der Einrede liege also in vollem Umfang bei dem Einredeberechtigten.
Er müsse auch beweisen, daß die Tochter noch zur Zeit der Eheschließung den ehrlosen, unsittlichen Lebenswandel gegen seinen Willen geführt habe. Nur dann

[411] RG a.a.O. S. 163.
[412] a.a.O. S. 163.

könne er ihr den Pflichtteil entziehen und nur dann könne der Vater ihr auch die Aussteuer verweigern, denn die Tochter erwerbe den Anspruch auf die Aussteuer im Moment der Eheschließung.
Aus der sprachlichen Abfassung des § 1621 in der Vergangenheitsform könne man nicht herleiten, daß es zur Verweigerung der Aussteuer genüge, wenn früher einmal die Tochter einen schimpflichen Lebenswandel geführt habe. Es sei nicht auszuschließen, daß dies ohne besonderes Verschulden der Tochter geschehen sei, vielleicht sogar infolge vernachlässigter Erziehung. Bei der Regelung des Pflichtteilsrechts habe das Gesetz die wohltätige Absicht gehabt, daß die spätere Besserung des Lebenswandels der Tochter dieser zugute kommen solle. Es bestehe kein Grund, bei dem Anspruch auf Aussteuer anders zu entscheiden, als es das Gesetz beim Pflichtteilsrecht getan habe.[413]

Das Reichsgericht gelangte also zu folgendem Ergebnis. Maßgeblich für die Frage, ob der zur Verweigerung der Aussteuer berechtigende Grund gemäß § 2333 Nr. 5 gegeben sei, war die Führung des Lebenswandels zur Zeit der Eheschließung. Den beklagten Vater treffe die Beweislast dafür, daß bis zur Heirat der Tochter der schlechte Lebenswandel angedauert habe. Die davon abweichende Beweislastvorschrift des § 2336 Abs. 4 stehe im Zusammenhang mit besonderen erbrechtlichen Vorschriften und sei auf das Recht der Aussteuer nicht übertragbar. Unter erbrechtlichen Gesichtspunkten gelte folgendes: war die Besserung des Lebenswandels erst nach der Pflichtteilsentziehung, aber vor dem Erbfall eingetreten, so war die Entziehung wirksam angeordnet. Fiel die Wirksamkeit der Entziehung nachträglich weg, lag die Beweislast bei demjenigen, der sich auf den Wegfall berief, also bei dem enterbten Abkömmling.
Das Reichsgericht betonte, daß die Rechtslage bei der Aussteuer eine andere sei. Hier komme einzig und allein der Zeitpunkt der Eheschließung in Betracht, denn in diesem Zeitpunkt entstehe der Aussteueranspruch. Daß die Klägerin zu dieser Zeit einen schimpflichen Lebenswandel geführt habe, müsse der beklagte Vater beweisen.

Es handelt sich auch hier um kein Urteil, in dem konkret die Frage beantwortet wurde, was unter den Begriffen „unsittlich" oder „ehrlos" zu verstehen war. Das Urteil beschränkte sich auf die Klärung der Beweislastfrage dieses speziellen Falles und auf die Festlegung des hier entscheidungserheblichen Zeitpunktes.

Im Zusammenhang mit der Unterhaltsfrage soll noch auf zwei weitere Urteile verwiesen werden. Das Reichsgericht stellte am 2. März 1916 kurz fest, daß nicht jede grobe Beleidigung ausreiche, um den Unterhalt wirksam zu entziehen.

---

[413] a.a.O. S. 164.

Der Kläger hatte einmal seinen Vater als „Bestie in Menschengestalt" bezeichnet. Das Reichsgericht folgte der Auffassung der Vorinstanz und stellte fest, daß diese einmalige Verfehlung nicht genüge, um den Unterhaltsanspruch gemäß §§ 1611 Abs. 2, 2333 Nr. 3 als verwirkt anzusehen und nur einen Anspruch auf den notdürftigen Unterhalt zu gewähren.[414]

In einem Urteil vom 20. Januar 1917 hatte sich das Oberlandesgericht Dresden mit der Frage der Herabsetzung des Unterhalts wegen Undanks zu beschäftigen.[415] Der Schwerpunkt des Rechtsstreites betraf zwar eigentlich die Unterhaltsfrage und damit ein familienrechtliches Problem, anhand dieses Urteils werden aber erneut die vielfältigen Verknüpfungen zwischen Erbrecht und Familienrecht deutlich.

Kurz zum Sachverhalt:
Die Klägerin verlangte von ihrer Mutter eine durch mündlichen Vertrag zugesagte Unterhaltssumme, diese wendete dagegen ein, sie sei berechtigt, die Tochter auf den notwendigen Unterhalt gemäß § 1611 zu beschränken.
Das Gericht stellte zunächst fest, daß bei der Beurteilung dieser Frage die vor dem Vertragsschluß liegenden Gründe nicht berücksichtigt werden könnten. Sollten so schwerwiegende Gründe vorgelegen haben, daß die Beklagte berechtigt gewesen sei, ihrer Tochter den Pflichtteil zu entziehen, so hätte sie die Tochter eigentlich auf den notwendigen Unterhalt beschränken können. Habe sie jedoch mit der Tochter einen Vertrag über die streitige Unterhaltszahlung geschlossen, so wirke dies wie eine Verzeihung gemäß § 2337.[416]

Für die nach Vertragsschluß entstandenen Gründe sei die Betrachtung allerdings eine völlig andere. § 1611 sei eine Strafbestimmung, die Verfehlungen des § 2333 seien dagegen insbesondere solche, die geeignet waren, die sittliche Anschauung über das Verhältnis zwischen Kindern und Eltern schwer zu verletzen.[417]
§ 1611 sehe nicht die Möglichkeit vor, den Unterhalt vollständig zu entziehen, so wie das bei § 2333 zulässig sei. Dies liege aber nicht etwa daran, daß der Gesetzgeber die Verfehlungen in Bezug auf das Unterhaltsrecht als weniger schwerwiegend angesehen habe als hinsichtlich des Pflichtteilsrechts. Der Grund für diese Ungleichbehandlung liege einzig und allein im öffentlichen Interesse am Bestehen des familienrechtlichen Unterhaltsanspruchs.

---

414 Recht 1916, Nr. 1913.

415 OLGE 39, 4 ff.

416 OLG a.a.O. S. 5.

417 Zwischen den Parteien war folgendes vorgefallen: die Klägerin hatte 1914 die Entmündigung der Mutter beantragt, um sie an der Errichtung eines Testaments zu hindern, ebenso hatte sie wider besseren Wissens behauptet, die 83jährige Mutter sei durch Geschlechtsverkehr krank geworden. Dieses Verhalten wertete das OLG als schweres vorsätzliches Vergehen.

Das Reichsgericht entschied, daß der Klägerin die Berufung auf §§ 1602, 1603, 1609 ff offen stehen müsse, auch wenn sie sich bei Vertragsschluß diese Möglichkeit nicht ausdrücklich einräumen ließ. Versage man der Mutter die Möglichkeit, den Unterhalt gemäß § 1611 auf das notwendige Maß zu beschränken, so wäre ja die Klägerin in der Lage, sich die in § 2333 erwähnten schweren Verfehlungen zu erlauben, ohne die Beschränkung des Unterhalts fürchten zu müssen. Bei einem solchen Verhalten, das zu den sittlichen und rechtlichen Anschauungen über das Familienverhältnis in krassem Widerspruch stünde, wäre ein solches Ergebnis rechtlich unerträglich.[418]

b) Ehebruch grundsätzlich unsittlicher Lebenswandel ?

Konkreter mit der Frage, welches Verhalten als unsittlicher Lebenswandel aufzufassen sei, beschäftigte sich das Reichsgericht 1914.[419]
Streitig war, ob Ehebruch als „unsittlicher Lebenswandel“ im Sinne dieser Vorschrift anzusehen war.
Das Berufungsgericht hatte festgestellt, daß der Kläger mit seiner Ehefrau durch eine jahrelange außereheliche Beziehung einen unsittlichen Lebenswandel geführt und dadurch die Familienehre schwer verletzt habe, weswegen eine Entziehung des Pflichtteils gemäß § 2333 Nr. 5 gerechtfertigt sei.

Die Revision rügte eine Verletzung des § 2333 Nr. 5 und wendete ein, ein Ehebruch sei nur dann ein unsittlichen Verhalten und insbesondere ein Enterbungsgrund gemäß § 2333 Nr. 5, wenn er öffentlich bekannt geworden sei. Dies lasse sich auch anhand der Gesetzesmaterialien begründen.
Das Gesetz nämlich wolle die Worte „unsittlicher Lebenswandel“ in § 2333 Nr. 5 in einem engeren, vom allgemeinen Verständnis abweichenden Sinne verstanden wissen. Diesbezüglich hatte die Vorinstanz unter Bezugnahme auf die Materialien zur Entstehungsgeschichte darauf hingewiesen, daß die Vorschrift des § 2333 Nr. 5 in der vorliegenden Form erst während der Verhandlungen der zweiten Kommission geschaffen wurde. Ursprünglich war nämlich vorgesehen gewesen, die Entziehung des Pflichtteils nur zuzulassen, wenn Verfehlungen gegen den Erblasser oder dessen Ehefrau begangen wurden.
Dagegen war allerdings sofort eingewendet worden, der Pflichtteil müsse auch zur Wahrung der Familienehre entzogen werden können. Wer durch spezifisches Verhalten nicht nur seinen, sondern auch den guten Namen seiner Familienangehörigen untergraben habe, von dem könne man sagen, daß er jeden Zusammenhang zwischen sich und der Familie zerstört und sich selbst aus der Familie aus-

---

418 a.a.O. S. 6.
419 RG, JW 1914, S. 1081 f; auch RG, Warneyer 1915 S. 30 f.

geschlossen habe. Insofern sei es nur folgerichtig, ihm auch jedes Anrecht auf das den Interessen der Familie dienende Vermögen des Erblassers zu versagen.

Das Reichsgericht schloß sich letzterem an und wies die mit der Revision vorgebrachte Rüge als unbegründet zurück. Die Vorinstanz selbst habe ja bereits eingeräumt, daß Ehebruch grundsätzlich als unsittliche Handlung zu begreifen sei.
Wenn eine verheiratete Frau über Jahre hinweg ein ehebrecherisches Verhältnis unterhielte und damit unsittliche Handlungen begehe, so führe sie einen unsittlichen Lebenswandel. Für die Auffassung der Vorinstanz finde sich keine Stütze im Gesetz. Auch der Verweis auf die Entstehungsgeschichte der strittigen Vorschrift ändere daran nichts. Es gebe überhaupt keine Veranlassung, ein ehebrecherisches Verhalten nicht als unsittlich zu begreifen und damit eine Entziehung des Pflichtteils abzulehnen. Nach der sittlichen Anschauung der überwiegenden Mehrheit des Volkes sei ein solches Verhalten geeignet, sowohl den guten Namen der Ehebrecherin als auch den ihrer Familie zu untergraben.
Der Antrag, auf dem die Vorschrift in ihrer vorliegenden Form beruhe und worauf sich die Vorinstanz offensichtlich stütze, wollte ursprünglich als Enterbungsgrund nur die gewerbsmäßige Führung eines unsittlichen Lebenswandels gegen die öffentliche Sittlichkeit zulassen und damit die Enterbung nur in den Fällen der gewerbsmäßigen Prostitution ermöglichen.
Es wurde dann zunächst das Wort „gewerbsmäßig“ gestrichen und dann die Aufnahme des Enterbungsgrundes wegen ehrlosen und unsittlichen Lebenswandels beschlossen. Damit war auch klargestellt, daß sich die Enterbung eben nicht nur auf Fälle der Prostitution beschränken, sondern für alle Fälle eines unsittlichen Lebenswandels gelten sollte. Ursprünglich war im ersten Entwurf auch nur Ehebruch mit dem Abkömmling des Erblassers als Enterbungsgrund aufgenommen gewesen. Diese Formulierung wurde nur deswegen später gestrichen, weil der Ehebruch gleichzeitig ein schweres vorsätzliches Vergehen gegen den Erblasser darstellte und deshalb schon unter § 2333 Nr. 3 fiel.

Nach Meinung des Reichsgerichts konnte man daraus aber nicht folgern, daß Ehebruch nicht unter den unsittlichen Lebenswandel des § 2333 Nr. 5 fallen sollte. Die Hervorhebung des Ehebruchs mit dem Ehegatten des Erblassers als Anwendungsfall des § 2333 Nr. 5 sei auch ganz und gar nicht überflüssig.
Zwar rechtfertige nicht jeder vereinzelte Ehebruch bereits die Annahme, daß der Ehebrecher einen unsittlichen Lebenswandel führe, auch sei ein zum Zeitpunkt des Todes des Erblassers länger zurückliegender Ehebruch im Hinblick auf die Vorschrift des § 2336 Abs. 4 nicht mehr ausreichend, um eine Enterbung wegen unsittlichen Lebenswandels zu rechtfertigen.
Jedoch sollte der Ehebruch mit dem Ehegatten des Erblassers unter allen Umständen einen Enterbungsgrund darstellen.

Die hier vorgetragene Frage, ob ein unsittliches, insbesondere ein fortgesetztes ehebrecherisches Verhalten nur dann einen Enterbungsgrund bilden könne, wenn es öffentlich bekannt geworden sei, sei hier überhaupt nicht entscheidungserheblich. Der Lebenswandel der Ehefrau sei bereits vor der Errichtung der letztwilligen Verfügung durch Einweihung einer Freundin sowie durch gerichtliches Geständnis an die Öffentlichkeit gelangt und sie habe aus ihrer Beziehung zu dem Kläger auch kein Geheimnis gemacht.[420]

Detaillierte Ausführungen zu der Frage, welches Verhalten nun ehrlos oder unsittlich war, ließ auch dieses Urteil vermissen. Fest stand lediglich, daß Ehebruch ein Fall des unsittlichen Lebenswandels im Sinne des § 2333 Nr. 5 und damit ein Grund zum Entzug des Pflichtteils war. Ob dieser Ehebruch nun öffentlich bekannt geworden war oder nicht, war und blieb irrelevant.

c) Recht zur Entziehung des Pflichtteils als gegenwärtiges Rechtsverhältnis ?

1918 ergingen gleich zwei Urteile zum Entzug des Pflichtteils. Das erste, vom 10. Januar 1918, beschäftigte sich mit einer eher prozessualen Frage. Es ging darum, ob das Recht zur Entziehung des Pflichtteils bereits zu Lebzeiten Gegenstand einer Feststellungsklage sein konnte.[421]

Folgender Sachverhalt lag der Entscheidung zugrunde:
Der Sohn hatte gegen seinen Vater auf Unterhalt geklagt. Dieser machte geltend, er sei aufgrund von Verfehlungen des Sohnes gegen ihn berechtigt, diesem den Pflichtteil zu entziehen. Insofern könne sein Sohn gemäß § 1611 Abs. 2 BGB nur den notdürftigen Unterhalt verlangen. Im Wege der Widerklage beantragte er, festzustellen, daß er berechtigt sei, dem Kläger den gesetzlichen Pflichtteil zu entziehen.
Das Landgericht wies durch Teil- und Versäumnisurteil die Klage ab und entschied durch Endurteil im Sinne der Widerklage. Daraufhin ging der Kläger in Berufung, woraufhin das Oberlandesgericht Düsseldorf die Widerklage abwies. Das Reichsgericht hob sodann das Urteil des Oberlandesgerichtes auf und verwies die Sache zurück an die Vorinstanz.

Das Berufungsgericht hatte sich auf den Standpunkt gestellt, die Voraussetzungen der Feststellungsklage lägen nicht vor. Eine Feststellungsklage müsse gerichtet sein auf die Feststellung eines bestehenden Rechtsverhältnisses.

---

[420] a.a.O. S. 1081.
[421] RGZ 92, 1 ff.

Mit der Widerklage begehre aber der beklagte Vater den richterlichen Ausspruch, daß seine etwaige letztwillige Verfügung, die dem Sohn den Pflichtteil entziehen würde, Rechtsgültigkeit habe. Damit sei man bei der Frage nach der Gültigkeit oder Ungültigkeit eines Testaments angelangt. Diese Frage könne aber nicht bereits zu Lebzeiten des Erblassers auf dem Klagewege festgestellt werden. Es handle sich nämlich nicht um ein bestehendes Rechtsverhältnis.
Weiterhin sei die Feststellungsklage auch nicht die statthafte Klageart, wenn die Feststellung einer Rechtsfrage gefordert werde. Sollte der Beklagte eine letztwillige Verfügung errichten, in der dem Sohn der Pflichtteil entzogen würde, so würde diese Verfügung ihre Wirksamkeit erst nach dem Tode des Erblassers entfalten, hätte also nur für die künftige Entstehung von Rechtsverhältnissen Bedeutung.
Die Widerklage, die auf die richterliche Anerkennung der Gültigkeit einer letztwilligen Verfügung abziele, habe also eigentlich die Feststellung einer künftigen Rechtsfrage zum Gegenstand. Die Zulässigkeit einer Klage auf Feststellung eines erbrechtlichen Verhältnisses bezüglich eines noch Lebenden sei aber gemäß § 1922 begrifflich ausgeschlossen. Darauf sei hier die Widerklage gerichtet und deswegen unzulässig.[422]

Das Reichsgericht beanstandete die Begründung der Vorinstanz als rechtsirrig.
Zwar sei richtig festgestellt worden, daß die Frage, ob der Beklagte berechtigt sei, dem Kläger den Pflichtteil zu entziehen, mit der Frage, ob ein den Kläger von der Erbschaft ausschließendes Testament rechtsgültig sei, nicht gleichgestellt werden könne.
Das Berufungsgericht mache aber den Fehler, daß es die Begriffe des Pflichtteils<u>rechts</u> und des Pflichtteils<u>anspruchs</u> nicht auseinander halte.
Das Pflichtteilsrecht sei die Quelle, aus der der Pflichtteilsanspruch unter gewissen Voraussetzungen gegen die Erben entstehen könne. Notwendig sei hierfür insbesondere der Tod des Erblassers, wie den §§ 2303 und 2317 zu entnehmen sei.
Das Berufungsgericht hatte sich auf ein Urteil des Reichsgerichtes von 1901[423] bezogen und ausgeführt, die Zulässigkeit einer Klage auf Feststellung eines erbrechtlichen Verhältnisses bezüglich des Nachlasses eines noch Lebenden sei begrifflich ausgeschlossen.
Das Reichsgericht schränkte diese Auffassung jedoch ein. Nur für den Pflichtteils<u>anspruch</u> träfe dies zu, das Pflichtteils<u>recht</u> dagegen äußere schon zu Lebzeiten des Erblassers rechtliche Wirkungen.
Es sei ein Recht, welches die Testierfreiheit des Erblassers einschränke. Diesen im ersten Entwurf des BGB in § 1975 niedergelegten Grundsatz habe die 2.

---

422 RG a.a.O. S. 2.
423 RGZ 49, 372 ff.

Kommission zwar im Ergebnis in § 2303 festgelegt, verändert habe sich aber nur die Fassung, nicht der sachliche Aussagegehalt.
Unter Bezug auf die Motive zum Erbrecht heißt es zu der Natur des Pflichtteilsrecht, es sei „eine Rechtspflicht des Erblassers, die ihm gewährte Testierfreiheit nicht zu mißbrauchen. Die Pflichtteilsberechtigung sei die Kehrseite dieser Testierfreiheit".[424]
Diese Rechtspflicht des Erblassers sei aber keine unter Lebenden begründete obligatorische Verpflichtung. Die Entstehung eines gegenwärtigen Rechts für den Pflichtteilsberechtigten knüpfe sich vielmehr erst und lediglich an die objektive Nichterfüllung der vorgeschriebenen Rechtspflicht.
Hieraus folge die Anerkennung und Berechtigung einer grundsätzlichen Rechtspflicht des Erblassers gegenüber den pflichtteilsberechtigten Personen.
Das Pflichtteilsrecht beruhe auf Verwandtschaft oder Eheschließung, im ersten Fall entstehe es mit Geburt, im zweiten mit Heirat.[425]
Es sei nicht ungewöhnlich, daß zu Lebzeiten des Erblassers bereits erbrechtliche Verhältnisse vorwirken würden. Das Reichsgericht zählte hier beispielsweise den Fall des § 2346 auf, der im Rahmen eines Erbvertrages den Verzicht auf das gesetzliche Erbrecht oder den Pflichtteil zulasse. Ein weiteres Beispiel sei der § 312 Abs. 2, in dem Verträge der künftigen gesetzlichen Erben untereinander über den Erb- oder Pflichtteil eines von ihnen hinsichtlich des Nachlasses eines noch lebenden Dritten für zulässig erklärt wurden.[426] Auch aus der Rechtsprechung wurden Beispiele für die Berücksichtigung lebzeitiger Vorwirkungen des Erbrechts angeführt.[427]
Nach alledem konnte es nach Ansicht des Reichsgerichtes keinem Zweifel mehr unterliegen, daß auch das Pflichtteilsrecht bereits zu Lebzeiten des Erblassers rechtliche Beziehungen zwischen ihm und den künftig pflichtteilsberechtigten Personen begründen könne.[428]

Fraglich bleibe nur, wie sich die Vorschrift des § 2333 zu diesem entwickelten Grundsatz verhalte. Sie bilde die Ausnahme von der grundsätzlichen Hinterlassungspflicht. Durch das Vorliegen der Pflichtteilsentziehungsgründe werde die Hinterlassungspflicht aber nicht von selbst aufgehoben, wie das Berufungsgericht auch richtig festgestellt habe. Nur die Voraussetzungen für eine pflichtteilsentziehende Anordnung des Erblassers seien damit gegeben. Ob er von diesem Recht Gebrauch mache oder nicht, sei seine persönliche Entscheidung.

---

424 Motive zum Bürgerlichen Gesetzbuch Bd. 5, S. 387.
425 RGZ 92 a.a.O. S. 3.
426 weitere Beispiele siehe RG a.a.O. S. 3f.
427 So z.B. der Verweis auf die Entscheidungen des RG vom 13. Oktober 1904 und 20. März 1907 (RGZ 65, S. 364 ff).
428 a.a.O. S. 4.

Mache er von ihr Gebrauch und verneine er wirksam das Recht des Pflichtteilsberechtigten auf Hinterlassung, so verschaffe er sich ihm gegenüber die volle und uneingeschränkte Testierfreiheit.
Kernfrage sei nun, ob eine Klage, gerichtet auf Feststellung, daß der Erblasser das Recht habe, den Pflichtteil zu entziehen, die Feststellung eines bestehenden Rechtsverhältnisses zum Gegenstand habe.
Aus den vorherigen Ausführungen ergab sich für das Reichsgericht zweifelsfrei der Schluß, daß das Recht zur Entziehung des Pflichtteils ein gegenwärtiges Recht sei. Schließlich müßten die in den § 2333 und § 2334 genannten Entziehungsgründe zu Lebzeiten des Erblassers eingetreten sein. Die Entziehung müsse weiterhin durch letztwillige Verfügung erfolgen und der Grund der Entziehung zur Zeit der Errichtung bestehen und gemäß § 2336 in der Verfügung angegeben sein.
Auch die Ausübung des Rechts zur Entziehung des Pflichtteils müsse notwendig zu Lebzeiten des Erblassers durch ein von ihm selbst vorzunehmendes Rechtsgeschäft – die letztwillige Verfügung - bewirkt werden.
Bestätigung finde diese Auffassung auch im Unterhaltsrecht in den § 1611 Abs. 2 und § 1621 Abs. 2. Nach diesen Vorschriften hatte das Recht zur Entziehung des Pflichtteils ebenfalls rechtlichen Einfluß auf die Ansprüche unter Lebenden.

Das Reichsgericht hatte bereits in vorangegangen Urteilen klargestellt, daß das Recht der Eltern zur Verweigerung der Aussteuer gemäß § 1621 Abs. 2 nicht mehr bestehe, wenn sich die Tochter zur Zeit der Heirat von dem ehrlosen oder unsittlichen Lebenswandel dauerhaft abgewendet habe.[429]
Aus diesem Grund könne es im vorliegenden Fall auch nicht richtig sein, wenn das Berufungsgericht meine, daß Gegenstand der Widerklage ein erbrechtliches Verhältnis bezüglich des Nachlasses eines noch lebenden Dritten sei. Der Unterhalts- und Aussteueranspruch sei ja auch ein Anspruch unter Lebenden, er könne deswegen auch nicht von einem künftigen erbrechtlichen Verhältnis abhängig gemacht werden.[430]

Zur Rechtsnatur des Rechts zur Entziehung des Pflichtteils führte das Reichsgericht folgendes aus:
Entgegen der Auffassung der Vorinstanz handle es sich bei diesem Recht nicht um einen „Anspruch" im materiellrechtlichen Sinne. Dieser würde gemäß § 194 voraussetzen, daß von einem anderen ein Tun oder Unterlassen verlangt werden könne. Wenn der Berechtigte den Rechtserfolg aber selbst herbeiführen könne, sei kein materiellrechtlicher Anspruch gegeben. Dies träfe auch auf das Recht zur Entziehung des Pflichtteils zu.

---

[429] RGZ 77, S. 162 ff.
[430] a.a.O. S. 5.

Es werde in der neueren Rechtssprache in Unterscheidung zu den Ansprüchen als „Recht des rechtlichen Könnens“ bezeichnet. Damit seien Rechte gemeint, die in der Regel als Bestandteile eines bereits bestehenden Rechtsverhältnisses erschienen und dazu bestimmt seien, dieses Rechtsverhältnis zu einer weiteren Entwicklung zu bringen.
Das Recht zur Entziehung des Pflichtteils gewähre dem Erblasser die Befugnis, ein bereits bestehendes Rechtsverhältnis, kraft dessen er verpflichtet sei, gewissen Personen einen Teil seines Vermögens zu hinterlassen, zum Erlöschen zu bringen. Es sei also ein solches „Recht des rechtlichen Könnens“.

Um zur Zulässigkeitsfrage zurückzukehren: auch das Recht, eine Rechtsänderung demnächst vollziehen zu können, könne Gegenstand einer Feststellungsklage sein. Allerdings fehle es in solchen Fällen wegen der Möglichkeit der baldigen Abgabe der Willenserklärung, die die Rechtsänderung herbeiführe, meist am Feststellungsinteresse. Der Umstand aber, daß die Wirkungen eines „Kann-Rechts“ erst nach dem Tod des Erblasser eintreten würden, stünde der Annahme nicht entgegen, daß dieses Recht selbst bereits ein gegenwärtiges Rechtsverhältnis begründe.[431]

Mit der Bejahung des Vorliegens eines Rechtsverhältnisses gab die Revision somit der Widerklage des beklagten Vaters statt. Er hatte geltend gemacht, er habe das Recht, den Pflichtteil zu entziehen und bräuchte deshalb dem klagenden Sohn nur den notwendigen Unterhalt zu zahlen.
Eine Aussage darüber, was nun unter den Begriff des ehrlosen und unsittlichen Lebenswandels fallen sollte, findet sich auch in diesem Urteil nicht.
Dennoch handelte es sich hier um ein Grundsatzurteil. Die Feststellung, daß das Recht zur Entziehung des Pflichtteils bereits zu Lebzeiten Gegenstand einer Feststellungsklage sein konnte, sollte die Gerichte jedoch trotz dieser Entscheidung auch noch in der Zukunft wiederholt beschäftigten. Darauf wird sodann an entsprechender Stelle einzugehen sein.

d) Verschuldung ein Fall des ehrlosen und unsittlichen Lebenswandels ?

Ein weiteres Urteil zum Pflichtteilsentzug gemäß § 2333 Nr. 5 erging am 17. Januar 1918.[432] Der Sachverhalt lag zum Zeitpunkt der Entscheidung bereits einige Jahre zurück.
1905 hatte der Vater seinem Sohn, dem späteren Kläger, unter Berufung auf

[431] a.a.O. S. 5 f.
[432] LZ 1918 S. 694 ff.

§ 2333 Nr. 5 den Pflichtteil entzogen. Als Begründung gab er im Testament an, sein Sohn führte und führe immer noch einen unsittlichen Lebenswandel gegen seinen Willen, lebe mit einer Konkubine zusammen und mache fortwährend unsinnige Schulden.
Für den Fall, daß ihm trotzdem der Pflichtteil zugesprochen würde, sollte dieser unter die Verwaltung eines Testamentsvollstreckers gestellt werden.
Der Sohn klagte sodann gegen die als Testamentsvollstreckerin eingesetzte Witwe des Verstorbenen auf Auszahlung seines Pflichtteils.
Das OLG Düsseldorf gab der Klage des Sohnes statt, die Revision der Beklagten wurde vom Reichsgericht zurückgewiesen.

Das Reichsgericht stellte zunächst einmal fest, daß das OLG den Vorwurf der wilden Ehe berechtigt zurückgewiesen habe.[433] Der Kläger habe sich bereits 1904 wiederverheiratet. Er führe mit seiner Frau, die ihm sechs Kinder geboren habe, ein gesittetes Familienleben. Außerdem habe er sich durch seine Heirat im Jahre 1904 bereits zwei Jahre vor der Errichtung der letztwilligen Verfügung 1906 von dem früheren sittenwidrigen Lebenswandel dauerhaft abgewendet. Dieser Entzugsgrund sei also gemäß § 2336 Abs. 4 unwirksam geworden.
Auch das unsinnige Schuldenmachen habe die Vorinstanz korrekt nicht als Entziehungsgrund gelten lassen. Wohl habe der Kläger maßlose und auch unsinnige Schulden gemacht, auch noch nach dem Erbfall. Dieser Lebenswandel sei aber nicht ehrlos gewesen.
Kreditschwindeleien seien nicht bewiesen, denn dem Kläger sei trotz seiner bekannten Mittellosigkeit immer wieder und ohne weiteres Kredit eingeräumt worden. Er selbst sei in seiner geschäftlichen Unerfahrenheit und Unklugheit ausgenützt und von Wucherern bedrängt worden. Eine dauerhafte Nichtbefriedigung der Gläubiger sei dagegen aber nicht zu befürchten gewesen.[434]

Das OLG hatte hinsichtlich der Verschuldung des Klägers folgende Erwägungen angestellt. Unsinniges Schuldenmachen sei unter Berücksichtigung des herrschenden Sittlichkeitsbegriffes nicht per se ein unsittliches Verhalten und ein ehrloser Lebenswandel.
Hinzukommen müsse noch zweierlei: erstens müßte der Lebenswandel gegen den Willen des Erblassers geführt worden sein und zweitens hätte das unsinnige Schuldenmachen mit Rücksicht auf die persönliche Anlage und die Lebenslage des Klägers eine schuldhafte sittliche Verfehlung sein müssen.[435]

---

433 LZ 1918 S. 694.

434 a.a.O. S. 694.

435 Bereits in OLGE 21, 344 war vom Kammergericht am 24. September 1909 festgestellt worden, daß bei einer Enterbung nach § 2333 Nr. 5 von einer „Ehrlosigkeit" oder „Unsittlichkeit" nur dann gesprochen werden könne, wenn ein Verschulden des Pflichtteilsberechtigten vorliege.

Hinsichtlich des Grades des Verschuldens wurde auf das Gesetz verwiesen, es gäbe hinreichende Anhaltspunkte in § 2333 Nr. 1- 4. Dort sei erkennbar, daß das Gesetz wesentliches Gewicht darauf lege, daß der Abkömmling vorsätzlich gehandelt habe. Demzufolge sei auch bezüglich Nr. 5 vorauszusetzen, daß der Abkömmling in einer ihm als Schuld anzurechnenden Weise das Sittengebot verletzt habe.
Würde es sich bei dem Schuldenmachen nämlich lediglich um Verschwendungssucht handeln, so lasse das Gesetz nicht die Entziehung des Pflichtteils zu, sondern nur die Beschränkung in guter Absicht. Dies ergebe sich aus den §§ 2333 Nr. 5 in Verbindung mit 2338 Abs. 1.[436]

Das Reichsgericht folgte der Ansicht des OLG grundsätzlich, bemängelte jedoch, daß die Vorinstanz diese Rechtsgrundsätze nicht korrekt gewürdigt und auf den vorliegenden Fall angewendet habe.
Sie sei zu der Feststellung gekommen, der Erblasser habe des Glanzes der Familie wegen den verschwenderischen Lebenswandel des Sohnes angeregt, gefördert und jahrelang geduldet. Als er ihn dann mißbilligte, habe der Kläger zu diesem Zeitpunkt kaum die Macht gehabt, ohne jeden äußeren Zwang zu einem geordneten Lebenswandel zurückzukehren. Daraus habe das OLG dann geschlußfolgert, daß der Kläger die ihm anerzogene Verschwendungssucht auch nach Mißbilligung des Erblassers nicht gegen dessen Willen geführt habe. Sie sei vielmehr die Folge des früheren eigenen Willens des Erblassers gewesen.
Diese Erwägungen der Vorinstanz hielt das Reichsgericht für unhaltbar. Nach dem Gesetz sei es kein Kriterium und damit völlig unerheblich, ob der Kläger den unsittlichen Lebenswandel ohne oder mit Verschulden des Erblassers geführt habe. Maßgeblich sei einzig und allein, ob der Abkömmling gegen den Willen des Erblassers unsittlich weitergelebt habe.
Dies sei hier zu bejahen, denn der Kläger habe sein unsinniges Schuldenmachen fortgesetzt. Die Argumentation des OLG sei also unzutreffend.

Erstaunlicherweise hatte das Urteil dennoch im Ergebnis Bestand, lediglich die Begründung war eine andere.
Das Reichsgericht entschied nämlich entgegen dem Urteil des OLG, daß der Vorwurf des schuldhaften unsittlichen Lebenswandels sich nicht aufrechterhalten lasse. Für den Kläger spräche, daß er von der ihm anerzogenen Verschwendungssucht ohne äußeren Zwang nicht habe loskommen können. Ihm habe die Einsicht und Willenskraft gefehlt, um sich des Sittenlosen in seiner Lebensführung hinreichend bewußt zu werden.

Dies war in jenem Fall abgelehnt worden, da der alkoholkranke Kläger nach einem Gutachten erblich vorbelastet und seine Neigung zum Alkohol daher krankhaft war.

[436] a.a.O. S. 695.

Folglich träfe den Kläger nur ein so geringes Maß an eigener Schuld und Verantwortlichkeit, daß dies nicht für die Entziehung des Pflichtteils gemäß § 2333 Nr. 5 ausreiche, sondern nur um Verschwendungssucht gemäß § 2338 Abs. 1 anzunehmen. Die Vorinstanz habe insofern korrekt das Recht auf den Pflichtteil bejaht, allerdings mit der vom Erblasser angeordneten Beschränkung der Verwaltung durch einen Testamentsvollstrecker.[437]

Dieses Urteil unterscheidet sich in zwei wesentlichen Punkten von den vorher angeführten. Zum einen erklärte es erstmalig trotz vorliegendem rechtsgültigen Testament die Entziehung des Pflichtteils durch den Vater für unrechtmäßig und sprach dem klagenden Abkömmling das Recht auf den Pflichtteil zu, wenn auch mit der Beschränkung der Verwaltung. In den vorhergehenden Urteilen hatten die Gerichte insbesondere bei Fällen der Mißhandlung und des unsittlichen Lebenswandels sehr restriktiv geurteilt.
In diesem Urteil stellte sich erstmals ein Gericht auf die Seite des Abkömmlings. Es wurde dem testamentarisch enterbten Abkömmling nicht die Alleinschuld für den unsittlichen Lebenswandel aufgebürdet, vielmehr findet sich vorsichtige Kritik an der Haltung des Vaters. Den Lebensstil, den er dem Sohn im Testament vorwerfe, habe er selbst mit geprägt, die Verschwendungssucht sei dem Sohn anerzogen worden.
Diese Sichtweise erstaunt fast ein wenig, hatten sich die bisher ergangenen Urteile doch alle von der Einstellung leiten lassen, daß der Gehorsam der Kinder gegenüber den Eltern, die geschuldete Ehrerbietung und der Respekt schon bei einmaligen und aus heutiger Sicht geringfügigen Verfehlungen verletzt war und zu so weitreichenden Konsequenzen wie zum Entzug des Pflichtteils führen konnten.
Das Bild der Familie in der Öffentlichkeit, welches die Gerichte bisher hochgehalten hatten, war geprägt von der Familie als Einheit. Ein unehrenhaftes oder unsittliches Verhalten eines Abkömmlings wurde als geeignet angesehen, die Ehre der gesamten Familie in der Öffentlichkeit zu beeinträchtigen oder zu zerstören.

Bisher hatte noch kein Gericht die Entziehung des Pflichtteils durch die Eltern für unzulässig erklärt. Von dieser Haltung scheint sich das Reichsgericht in obigem Urteil ein wenig lösen zu wollen. In der Urteilsbegründung findet sich kein Wort über „Familienehre" oder sonstige moralische Begriffe, mit denen die Gerichte bisher das schädigende Verhalten des Kindes oft und gerne begründet hatten.
Diese veränderte Haltung mag man mit daran festmachen, daß seit Inkrafttreten des BGB mittlerweile 18 Jahre vergangen waren. Die gesellschaftlichen und politischen Veränderungen dürften auch an der Rechtsprechung nicht spurlos vorbeigegangen sein. Die Industrialisierung und die dadurch verstärkte Landflucht hat-

437 a.a.O. S. 695.

ten auch das traditionelle Familienbild ins Wanken gebracht, die Großfamilie, bestehend aus mehreren Generationen, löste sich zunehmend auf.
Mit dieser Veränderung veränderten sich auch das Bild und die Bedeutung der Familie in der Öffentlichkeit. Alte Werte wurden von neuen, pragmatischen Tendenzen abgelöst.
Nicht zu vergessen ist auch der 1. Weltkrieg, der 1914 ausgebrochen war. Er hatte seinen Teil dazu beigetragen, die alten Traditionen und Wertvorstellungen zu verändern sowie die Lebenssituation der Bevölkerung maßgeblich mit zu prägen.
Angesichts dieser Entscheidung kann man vielleicht zum ersten Mal von einer vorsichtigen Liberalisierung des Eltern-Kind Verhältnisses sprechen.

Noch ein weiterer Aspekt an diesem Urteil ist auffällig Das Reichsgericht verlangte, wie auch bereits *OLGE 21, 344* im Jahr 1909, bei § 2333 Nr. 5 ein Verschulden des Abkömmlings, der einen unsittlichen und ehrlosen Lebenswandel führte. Das Gesetz selbst verlangte ein solches Verschulden nicht ausdrücklich. Das Reichsgericht behalf sich zur Rechtfertigung dieses Erfordernisses mit einer Parallele zu § 2333 Nr. 1 - 4. Da auch dort Verschulden gefordert werde, könne es bei § 2333 Nr. 5 nicht anders sein. Anzumerken ist dazu, daß lediglich Nr. 2 und Nr. 3 des § 2333 Vorsatz verlangten, in Nr. 1 und Nr. 4 findet sich dieses Erfordernis jedenfalls nicht ausdrücklich.
Hinsichtlich Nr. 4 vermag man zugeben, daß dort immerhin von „böswilliger Verletzung der Unterhaltspflicht" gesprochen wird, ein Verhalten, in welches man Vorsätzlichkeit hineinlesen mag. Soweit das Reichsgericht aus der Formulierung der Nr. 5 „wider den Willen des Erblassers" auf ein vorsätzliches Verhalten schloß, wird dies eher als Auslegung beziehungsweise Erweiterung der Vorschrift durch die Rechtsprechung anzusehen sein. Durch die Schaffung dieses weiteren „Tatbestandsmerkmals" wurden jedenfalls die Anforderungen an die vorgebrachten Gründe für die Pflichtteilsentziehung erhöht. Diese Tendenz erscheint angesichts der in der Vergangenheit ergangenen, sehr restriktiven Urteile angemessen und angebracht. Mit der vorsichtigen Liberalisierung der Gesellschaft und des Eltern-Kind-Verhältnisses erscheint es vertretbar und begrüßenswert, die Entziehung des Pflichtteils nur bei einem gravierenden Fehlverhalten zuzulassen.
Grundsätzlich war den Eltern nicht das Recht genommen, ein den Interessen der Familie zuwider handelndes Kind von der Erbfolge auszuschließen. Die Tendenz des Urteils ging jedoch dahin, dem § 2333 Nr. 5 den „Strafcharakter" zu nehmen und unbillige Entziehungen, die verletztem elterlichen Stolz und Ehrgefühl entspringen mochten, zu verhindern. Damit wurde dem Kind das Recht auf eine Lebensführung eingeräumt, die zwar nicht mit den Interessen und Moralvorstellungen der Eltern korrespondieren mochte, die aber dennoch nicht als so verdammenswert erschien, daß sie mit dem völligen Ausschluß vom Erbe sanktioniert werden konnte.

e) Erforderlicher Konkretisierungsumfang

Eine Definition oder Annäherung an den Begriff des ehrlosen und unsittlichen Lebenswandels läßt auch dieses Urteil vermissen. Die Parteien stritten vielmehr darum, ob lediglich die Wiederholung des Gesetzeswortlautes ohne Angabe von eigenen Gründen überhaupt hinreichend bestimmt sein könne, um einen rechtswirksamen Pflichtteilsentzug herbeizuführen.

Das Urteil stammt vom 20. Februar 1919.[438] Geklagt hatte der Sohn, sein Vater hatte ihm in einem gemeinschaftlich mit seiner Ehefrau am 5. September 1914 errichteten Testament den Pflichtteil entzogen. Die Eltern hatten sich gegenseitig als Erben eingesetzt. Der Sohn bestritt, daß die Pflichtteilsentziehung zu Recht erfolgt war und verlangte von der Mutter als Erbin Auskunft über den Bestand des Nachlasses. Das Landgericht wies die Klage in der ersten Instanz ab, auf die Berufung des Klägers verurteilte das Kammergericht die Beklagte zur Erteilung der verlangten Auskunft. Die daraufhin eingelegte Revision der Beklagten hatte Erfolg.
Die Formulierung im Testament des Vaters hatte wie folgt gelautet: ...“unser Sohn...soll nicht einmal den Pflichtteil erhalten. Wir entziehen ihm den Pflichtteil, weil er einen ehrlosen und unsittlichen Lebenswandel gegen unseren Willen geführt hat“...
Das Berufungsgericht hatte die Ansicht vertreten, mit dieser Formulierung sei der Vorschrift des § 2333 Nr. 5 nicht Genüge getan. Der Grund der Entziehung des Pflichtteils müsse in der letztwilligen Verfügung angegeben sein. Die Wiederholung des Gesetzeswortlautes sei für eine wirksame Entziehung nicht ausreichend, es müßten schon die konkreten Tatsachen angegeben sein, aus denen der ehrlose oder unsittliche Lebenswandel gefolgert werde. Dies sei deswegen zu fordern, weil bei Widerspruch des von der Entziehung Betroffenen das Vorliegen des Grundes nach § 2336 Abs. 3 bewiesen werden müsse und dieser Beweis könne sich nur auf Tatsachen erstrecken. Eine Nachprüfung sei nicht möglich, wenn der Erblasser nicht die für ihn bestimmend gewesenen Faktoren angegeben hätte.
Die Tatsachen müßten auch nicht in allen Einzelheiten angeführt werden, es genüge solch eine Bezeichnung, die eine Nachprüfung möglich mache.
All diese Voraussetzungen sah das Berufungsgericht hinsichtlich des vorliegenden Testaments nicht als gegeben an.[439]

Das Reichsgericht sah dies anders. Die Auffassung des Berufungsgerichtes hinsichtlich der Auslegung des § 2336 Abs. 2 finde weder im Wortlaut, in der Ent-

---

[438] RGZ 95, S. 24 ff.
[439] RG a.a.O. S. 25.

stehungsgeschichte noch in der Rechtslehre eine Stütze. Dies hatte das Berufungsgericht im übrigen selbst zugeben müssen.
Das Berufungsgericht hatte ferner die mangelnde praktische Durchführbarkeit gerügt und aus diesem Grund als unerläßliche Voraussetzung für die Gültigkeit der Pflichtteilsentziehung die Angabe bestimmter Tatsachen verlangt. Die dem Kläger entgegengehalten Vorwürfe hatte es in vier Gruppen von Tatsachen eingeteilt und gemeint, in dieser Form hätten die Tatsachen auch im Testament angegeben sein müssen.[440]

Nach Ansicht des Reichsgerichtes hatte jedoch das Berufungsgericht den Fehler gemacht, daß es die in § 2336 Abs. 1 und Abs. 2 bezeichneten Erfordernisse nicht genügend auseinander gehalten habe. Zu unterscheiden sei nämlich zwischen der Bezeichnung des Entziehungsgrundes und seiner Beweisbarkeit.
Es mochte Fälle geben, in denen eine letztwillige Verfügung wirkungslos blieb, weil die fehlende Angabe von Einzeltatsachen zur Folge hatte, daß der Beweis für das Vorliegen des Entziehungsgrundes nicht erbracht werden konnte. Daraus dürfe aber nicht geschlossen werden, daß schon die Anordnung selbst mangels Vorliegens dieser Angaben nicht dem Gesetz entsprechen würde.
Das Reichsgericht führte weiter aus, es träfe zu, daß bei den Beratungen der zweiten Kommission zum BGB die Befürchtung geäußert worden war, eine zu allgemeine Fassung der Pflichtteilsentziehungsgründe führe dazu, daß die Enterbung nicht mehr vom Erblasser, sondern vom Erben und vom Richter abhängig wäre. Ein solcher Rechtszustand müsse unbedingt vermieden werden.[441]
Dieses Argument entstamme aber einem ganz anderen Zusammenhang. Es war gegen die Erwägung vorgebracht worden, von der Aufnahme bestimmter Entziehungsgründe abzusehen und statt dessen eine Generalklausel zu schaffen.
Da dieser Antrag abgelehnt worden sei, könne es hier nur darum gehen, ob die dann von der Kommission aufgenommene Vorschrift des § 2333 Nr. 5 so allgemein gefaßt sei, daß sie die oben ausgesprochene Befürchtung rechtfertige.
Das Reichsgericht hatte diesbezüglich keine Bedenken. Der Ausdruck „ehrloser und unsittlicher Lebenswandel“ sei keineswegs so unbestimmt, daß eine Abgrenzung, welche Verfehlungen umfaßt sein sollten und welche nicht, nicht möglich sei.
Weiterhin seien Fälle denkbar, in denen einem Abkömmling nur persönliche Mißhelligkeiten zwischen ihm und dem Erblasser entgegengehalten würden. In diesem Fall könne er sich mit Recht darauf berufen, daß diese Mißhelligkeiten von dem Entziehungsgrund nach § 2333 Nr. 5 nicht umfaßt würden. Andererseits seien auch Fälle denkbar, in denen völlig eindeutig sei, auf welche Tatsachen sich der Erblasser beziehen wolle - beispielsweise die Tochter, die sich vor den Augen

---

440 a.a.O. S. 25 f.
441 Protokolle Band 5, S. 556, 557.

der Eltern der Prostitution ergeben habe. Es sei ein nicht zu rechtfertigender Formalismus, wenn man in solchen Fällen die Gültigkeit der Anordnung des Erblassers von der Verpflichtung zur Angabe bestimmter Einzelheiten abhängig mache, an deren Bekanntwerden niemand ein Interesse haben könne. Gerade in solchen Fällen, in denen sich das persönliche Gefühl des Erblassers dagegen sträuben müsse, derartig peinliche Vorkommnisse im einzelnen zu erörtern und zum Gegenstand künftiger Nachlaßverhandlungen zu machen, könne man wohl damit rechnen, daß sich der Betroffene auch im eigenen Interesse mit einem allgemeinen Hinweis auf die Entziehungsgründe zufrieden gebe.
Im vorliegenden Fall habe der Kläger auch keine Zweifel geäußert, in Bezug auf welche Vorkommnisse der Erblasser diese Verfügung getroffen habe.
Weiterhin habe er nicht behauptet, daß durch die fehlende Angabe von Einzelheiten seine Prozeßklage erschwert werde. Er habe letztlich auch überhaupt nicht geltend gemacht, daß die Pflichtteilsentziehung aus dem Grunde, auf den das Berufungsgericht seine Entscheidung gestützt hatte, ungültig sei.
Mit der Einteilung der vorgebrachten Tatsachen in verschiedene Gruppen – so wie von der Vorinstanz empfohlen - könne man nach Ansicht des Reichsgerichts auch nicht mehr Klarheit über die Gültigkeit von Pflichtteilsentziehungen schaffen.
Nicht außer Acht zu lassen sei die Möglichkeit, daß einem Erblasser, der zwar im allgemeinen über den Lebenswandel seines Abkömmlings unterrichtet sei, irgendeine Einzelheit unrichtig oder ungenau mitgeteilt würde und dann so auch Eingang in das Testament finde. Eine solche Ungenauigkeit könne aber die ansonsten sachlich gerechtfertigte Verfügung zu Fall bringen.
Unklarheiten über die Einordnung bestimmter Tatsachen ließen sich durch den Vorschlag des Berufungsgerichtes ebensowenig ausräumen. Wenn der Sohn seinem Vater den Bruch des Ehrenwortes vorgeworfen und ihm eine schlechte Sterbestunde gewünscht habe, falle dies nicht unter den Begriff des ehrlosen und unsittlichen Lebenswandels, wie das Berufungsgericht meinte. Es handle sich wohl eher um private und persönliche Querelen zwischen Erblasser und Sohn. Derartige Unstimmigkeiten im Testament würden aber nur dazu führen, daß es, obwohl sachlich berechtigt, Zweifeln über die Gültigkeit ausgesetzt wäre.

Das Reichsgericht kam also zu dem abschließenden Urteil, daß die Angabe des Pflichtteilsentziehungsgrundes im Testament ausreichend sei. Es müsse von Seiten des Berufungsgerichtes erneut geprüft werden, ob der angegebene Grund zur Zeit der Testamentserrichtung von seinen konkreten Voraussetzungen her wirklich vorhanden gewesen sei. Inwieweit bei den sonstigen aufgeführten Entziehungsgründen des § 2333 die Angabe von Einzelheiten erforderlich sei, betreffe dieses Verfahren nicht und sei deswegen auch nicht zu entscheiden.[442]

---

[442] RG a.a.O. S. 27.

Offen bleibt bei diesem Urteil wiederum die Frage, welches konkrete Verhalten des Sohnes den Entzug des Pflichtteils wohl ausgelöst haben mochte.
Zwar war es nach der Entscheidung des Reichsgerichtes nicht notwendig, den genauen Grund im Testament zu benennen, bei einer genaueren Beschreibung des Verhaltens des Sohnes hätte man aber vielleicht ein weiteres, konkretes Beispiel dafür gewonnen, welches Verhalten als „unsittlich" und „ehrlos" angesehen wurde.[443]
Offensichtlich hat auch der Gedanke eine Rolle gespielt, den Erblasser vor einer Verschlechterung seiner Rechtslage zu schützen. Das Reichsgericht befürchtete wohl, bei Ungenauigkeiten des Testaments, ausgelöst durch Informationen, die dem Erblasser zugetragen worden seien und deren Wahrheitsgehalt er nicht habe überprüfen können, könnte die Gefahr der Unwirksamkeit bestehen. Auch wollte man vermutlich dem Erblasser die Peinlichkeit ersparen, sehr persönliche Dinge im einzelnen zu erörtern und zum Gegenstand künftiger Nachlaßverhandlungen machen zu müssen.

Man wird sagen können, daß in diesem Urteil die absoluten Mindestanforderungen an eine pflichtteilsentziehende letztwillige Verfügung niedergelegt wurden. Weniger als die Verwendung der Worte des Gesetzes kann man nicht verlangen. Hinsichtlich der Klärung der Frage des Spektrums des Begriffes „ehrloser Lebenswandel" ist das Urteil leider weniger ergiebig.

[443] *Kipp,* JW 1919, S. 503 merkte zu diesem Urteil an, das Reichsgericht habe nur die Individualisierung, das Kammergericht dagegen die Substantiierung des Grundes der Pflichtteilsentziehung in der letztwilligen Verfügung verlangt. Das Fazit ist ein nüchternes, bzw. ein eher ablehnendes: Die Ansicht des Reichsgerichtes lasse sich nur damit verteidigen, daß die Beweislast ja die Erben träfe. Sie müßten dann Tatsachen vorbringen und auch beweisen, auf welchen der Entziehungsgründe der Erblasser sich habe stützen wollen. Diese Auffassung habe den Vorteil, daß der Erblasser nicht gezwungen werde, die „Familienschande" weiter aufzudecken. Hätte der Pflichtteilsberechtigte den Unschuldsbeweis zu führen, so müßte man unbedingt Substantiierung verlangen, sonst würde der Pflichtteilsberechtigte mit Entlastungsbeweisen gegen uferlose Beschuldigungen des Gegners belastet.
Nachteilig an der Ansicht des Reichsgerichtes sei aber dennoch, daß der Erbe Beschuldigungen vorbringen könne, an die der Erblasser als für die Entziehung maßgeblich vielleicht gar nicht gedacht hatte. Dies bleibe übel, trotz der Beweislast der Erben. *Kipp* hätte –schon unter dem Aspekt der Rechtssicherheit – eine Substantiierungspflicht des Erblassers ganz offensichtlich begrüßt.

f) Verwirkung des Aussteueranspruches wegen unsittlichen Lebenswandels ?

In diesem Zusammenhang kann auf zwei zeitlich sehr eng beieinander liegende Urteile verwiesen werden.
Das erste Urteil beschäftigte sich am 22. Januar 1923 mit der Frage, ob die Tochter auch bei Eingehung einer Gewissensehe gegen den Willen der Mutter den Anspruch auf Aussteuer verwirkt hatte.[444]
Die Klägerin war am 1. August 1920 volljährig geworden. Am 4. August heiratete sie ihren Verlobten, mit dem sie ihre Verlobung bereits im November 1919 öffentlich bekannt gegeben hatte. Die Einwilligung ihrer Mutter zur Eheschließung hatte sie von dieser nicht erlangen können.
Bereits im Januar 1920 war sie zu ihrem Verlobten gezogen und hatte am 27. Juni, also noch vor der Eheschließung, ein Kind zur Welt gebracht, das durch die nachfolgende Ehe legitimiert war. Die Klägerin verlangte dann aus Anlaß der Eheschließung von ihrer Mutter eine Aussteuer.
Das OLG Hamburg hatte die Klage der Tochter abgewiesen. Auch die Revision der Klägerin führte nicht zum Erfolg, das Reichsgericht entschied zugunsten der beklagten Mutter.

Das OLG hatte zunächst festgestellt, daß die Mutter der Tochter die ihr nach § 1620 eigentlich zustehende Aussteuer gemäß § 1621 verweigern könne, wenn die Tochter sich ohne die elterliche Einwilligung verheiratet habe. Das OLG wandte diese Vorschrift auf den strittigen Fall entsprechend an und meinte, daß § 1621 Abs. 1 in Verbindung mit § 1305 auch gelten müsse, wenn nicht einmal eine Ehe eingegangen worden wäre, sondern gegen den Willen der Eltern nur durch das Zusammenleben ein der Ehe äußerlich ähnlicher Zustand hergestellt werde.

Das Reichsgericht verwarf diese Auffassung jedoch. Die elterliche Einwilligung sei nach § 1305 nur erforderlich, wenn das Kind zum Zeitpunkt der Eheschließung noch minderjährig war. Entscheidungserheblich sei nur die Frage, ob der § 1621 Abs. 1 nicht vielleicht entsprechende Anwendung finde, wenn der Tochter die Erlaubnis zur Eheschließung verweigert worden war und sie sich dann praktisch als Ersatz der Eheschließung unter Mißachtung des elterlichen Willens mit dem Mann auf ein dauerndes Geschlechtsverhältnis eingelassen habe und dadurch die Ehrerbietung gegen die Eltern verletzt habe. Letztlich dürfe man den § 1621 Abs. 1 so weit allerdings nicht ausdehnen.[445]

---

[444] RG v. 22. Jan. 1923, LZ 1923, S. 396 Nr. 9.
[445] LZ a.a.O. S. 396.

Die beklagte Mutter hatte sich bei der Verweigerung der Aussteuer unter anderem auch darauf berufen, daß ihre Tochter sich einer Verfehlung schuldig gemacht habe, die sie berechtigen würde, ihr gemäß § 2333 Nr. 5 den Pflichtteil zu entziehen.
Hier stand fest, daß die Klägerin noch minderjährig zu ihrem späteren Mann gezogen war und mit ihm eine geschlechtliche Beziehung geführt hatte, während seine Scheidung noch nicht rechtskräftig war.
Im Rahmen der öffentlichen Verlobung hatten die Klägerin und ihr späterer Mann in einer Zeitungsannonce erklärt, sie „gingen eine Gewissensehe ein und würden die gesetzliche Form erfüllen, sobald die Klägerin volljährig geworden sei."
Das OLG kam bei seiner Würdigung der Tatsachen zu dem Ergebnis, daß das geschlechtliche Zusammenleben ohne Ehe keinen sittenlosen Lebenswandel dargestellt habe, da die Klägerin, nachdem ihr Fehltritt Folgen gehabt hätte und sie schwanger geworden sei, alles daran gesetzt hatte, den Vater des Kindes zu ehelichen und so ihren Verstoß auszugleichen.

Das Reichsgericht teilte diese Auffassung nicht, denn das lange geschlechtliche Zusammenleben mit ihrem späteren Mann sei zweifellos ein unsittlicher Lebenswandel gemäß § 2333 Nr. 5 gewesen.
Dieser werde auch nicht dadurch beseitigt, daß die Klägerin bestrebt war, die Ehe einzugehen und so dem Kind die Rechte eines ehelichen Kindes zu verschaffen.
Sie hätte nicht unbekümmert die Vergünstigungen der Ehe für sich in Anspruch nehmen dürfen, bevor sie volljährig geworden sei. Damit hätte sie gegen das Gebot der Sitte verstoßen und sich über die nicht erteilte Einwilligung der Mutter unbekümmert hinweg gesetzt. Auch der verfolgte anerkennenswerte Zweck könne den unsittlichen Lebenswandel nicht ungeschehen machen. Dieser könne nur für die Frage von Bedeutung sein, ob der Lebenswandel auch ehrlos gewesen sei.

Wie bereits in einem vorherigen Urteil[446] wies das Gericht auf den Unterschied zwischen dem § 2333 Nr. 5 und der Verweigerung der Aussteuer hin.
Nach den Vorschriften des Erbrechts, insbesondere nach § 2336 Abs. 4 sei dann kein Recht zur Pflichtteilsentziehung gegeben, wenn die Tochter sich von dem unsittlichen Lebenswandel zur Zeit des Erbfalls dauerhaft abgewendet habe.
Bei der Verweigerung der Aussteuer komme es im Gegensatz dazu einzig und allein auf den Zeitpunkt der Eheschließung an.
Ein unsittlicher Lebenswandel sei von der Tochter zum Zeitpunkt der Eheschließung eindeutig geführt worden.
Der Urteilstenor war hier getragen von einer sehr restriktiven, wertkonservativen Tendenz. Das Gericht urteilte im Sinne der Mutter und rügte das unbekümmerte Verhalten der Tochter, die sich über die verweigerte Einwilligung der Mutter ein-

[446] RGZ 77, 162 ff.

fach hinwegsetzte und trotzdem mit ihrem späteren Mann vor Eingehung der Ehe zusammengezogen war.
Die Beweggründe der Tochter zu diesem Schritt, der unbedingte Wunsch, mit dem Mann zusammenzuleben, von dem sie ein Kind erwartete und die Öffentlichmachung ihrer Gründe, diese „Gewissensehe" sobald als möglich einzugehen, wogen offenbar nicht so schwer wie die Mißachtung des mütterlichen Willens.
Der den Eltern geschuldete Respekt, dessen Verweigerung zum Ausschluß aus der Familie oder finanziellen Sanktionen führen konnte, war 1923 offensichtlich immer noch in den Moralvorstellungen der Gerichte lebendig.

Das zweite Urteil, dem eine ähnliche Problematik zugrunde lag, fällte das Reichsgericht am 12. April 1923.[447]
Gestritten wurde zwischen den Parteien wiederum um die Pflicht zur Aussteuer.
Der beklagte Vater, seit 1918 im Besitz der Schweizer Staatsangehörigkeit, machte geltend, daß er nicht zur Zahlung einer Aussteuer verpflichtet sei, da das Schweizer ZGB keinen Aussteueranspruch der Tochter kenne. Im übrigen habe seine Tochter gegen seinen Willen einen ehrlosen und unsittlichen Lebenswandel geführt. Vom Standpunkt des deutschen Rechts sei er daher berechtigt, gemäß §§ 1621 Abs. 2, 2333 Nr. 5 BGB die Aussteuer zu verweigern.
Die Argumentation des Beklagten griff jedoch nicht durch. Das Reichsgericht erklärte, gemäß Art. 19 EGBGB sei das Rechtsverhältnis nach deutschem Recht zu beurteilen. Daß der Beklagte 1918 die schweizerische Staatsangehörigkeit angenommen habe, ändere nichts an der Tatsache, daß seine Tochter Reichsangehörige geblieben sei. Hinsichtlich des Vorwurfs des ehrlosen und unsittlichen Lebenswandels habe die Tochter vor ihrer Verheiratung zwar außerehelichen Geschlechtsverkehr gepflogen, sie sei jedoch mit diesem Mann verlobt gewesen und habe ihn nur deshalb nicht geheiratet, weil er verstorben sei. Von ihrem späteren Ehemann sei sie zwar auch bereits vor der Eheschließung geschwängert worden, allein aus diesen Umständen könne jedoch nicht gesagt werden, daß sie einen festgewurzelten Hang zu einem solchen Lebenswandel besitze.

Dieses Urteil trägt liberalere Züge als das vorher besprochene. Auf den Lebenswandel der Tochter wird nicht im Detail eingegangen, sondern generell betont, die hier vorliegenden Umstände würden nicht zur Annahme eines dauerhaften ehrlosen Lebenswandels ausreichen. Das Reichsgericht hat sich nicht erneut mit der Tatsachenbewertung beschäftigt, sondern nur die rechtliche und tatsächliche Würdigung des OLG Kassel geprüft und für rechtlich nicht zu beanstanden erklärt.

---

[447] LZ 1923, S. 449 Nr. 3.

5. Entzug wegen schweren vorsätzlichen Vergehens (§ 2333 Nr. 3)

Dieses Urteil stammt aus dem Jahr 1929 und zeichnet im Vergleich zu den bereits besprochenen Urteilen der Vergangenheit ein weniger restriktives Bild von dem Verhältnis zwischen Eltern und Kindern als dies noch vor einigen Jahren der Fall gewesen war.[448] Um hieran bereits einen Anschauungswandel festmachen zu können, entbehrt es weiteren Urteilen mit ähnlicher Argumentation. Dennoch scheint das Bild der Familie als hierarchisches Gebilde mit den Eltern als moralischer Instanz und den gehorsamsverpflichteten Kindern im Laufe der Jahre erste, aber deutliche Risse bekommen zu haben.

In der Sache ging es eigentlich gar nicht direkt um eine Konfrontation zwischen Erblasser und Abkömmling. Auslöser war vielmehr ein Hund. Der Vater hatte die Tochter auf Herausgabe desselben verklagt. Die Ehe der Eltern war aufgrund eines außerehelichen Verhältnisses geschieden worden. Der Vater lebte bis zu seinem Tode im Haushalt befreundeter Eheleute und hatte in seinem Testament diese zu Alleinerben eingesetzt und seiner Tochter unter Berufung auf § 2333 Nr. 3 den Pflichtteil entzogen.
In dem Rechtsstreit den Hund betreffend hatte nun der Ehemann der befreundeten Eheleute zugunsten des Vaters eine eidliche Zeugenaussage abgegeben, die gegen die Tochter sprach. Diese sah die Aussage als wissentlich falsch an und erstattete deshalb Anzeige bei der Staatsanwaltschaft.
Im staatsanwaltlichen Ermittlungsverfahren beleidigte nun der angeschuldigte Ehemann die Tochter, diese gab die Schmähungen zurück und behauptete bei dieser Gelegenheit dann, der Angeschuldigte sei durch ihren bei allen als Trinker bekannten Vater zu der unrichtigen Zeugenaussage verführt worden.
Kernfrage war nun, ob sich die Tochter durch diese Äußerung bereits eines die Pflichtteilsentziehung rechtfertigenden schweren vorsätzlichen Vergehens gegen ihren Vater schuldig gemacht hatte.

Die Vorinstanz hatte dies bejaht, das Reichsgericht dagegen verneint.
Angesichts der Vorgeschichte, der Auseinandersetzung und der Beleidigungen durch den Angeschuldigten sei zunächst einmal der Tochter zuzubilligen, daß sie in Wahrnehmung berechtigter Interessen gehandelt habe. Man könne nur fragen, ob aus der Form ihrer Äußerungen oder aus den Umständen, unter denen sie geschahen, auf eine Absicht der Tochter, ihren Vater zu beleidigen, zu schließen sei.[449] Das Reichsgericht führte hierzu aus, eine Beleidigung sei nicht einwandfrei festgestellt worden. Bedenken begegne auch die Auffassung der Vorinstanz, die angenommene Beleidigung als schweres vorsätzliches Vergehen gegen den Erb-

[448] JW 1929, S. 2707 f.
[449] Nach der damaligen Fassung des § 193 StGB war „Absicht" erforderlich.

lasser anzusehen. Diese Frage sei anhand der Umstände des Einzelfalles zu entscheiden, auf diese sei die Vorinstanz aber überhaupt nicht eingegangen. Ebenso wenig habe wie sie die von der Tochter vorgebrachten Entschuldigungsgründe berücksichtig. Die eigene verwerfliche Lebensführung des Erblassers könne genauso wie auch bei dem Entzugsgrund des § 2333 Nr. 5 dem mißratenen Abkömmling als Entschuldigung dienen. Außerdem könne im allgemeinen eine vereinzelte grobe Beleidigung noch nicht als schweres Vergehen im Sinne des § 2333 Nr. 3 angesehen werden.[450]
Es komme im vorliegenden Fall darauf an, wer an dem Zerwürfnis zwischen Vater und Tochter schuld sei. Hier sei insbesondere der Erblasser nicht frei von jeglicher Verantwortung, schließlich habe er der Tochter ein schlechtes Vorbild gegeben und habe die ihm obliegende Erziehungspflicht vernachlässigt. Insofern sei er auch für eine etwaige sittliche Verwahrlosung der Klägerin und ihrer feindseligen Gesinnung ihm gegenüber verantwortlich zu machen.[451]

Das Urteil und seine tragenden Gründe stießen auf Zustimmung. Wie *Endemann*[452] anmerkte, sei zwar die Bezeichnung des Vaters als „Trinker" an sich eine Kundgabe liebloser und grober Mißachtung des Vaters. Aus dem Zusammenhang ergebe sich aber, daß es sich um keine absichtliche Schmähung gehandelt habe, sondern es der Tochter vordringlich darum gegangen sei, vor dem Hintergrund des Rechtsstreits die Glaubwürdigkeit des Vaters zu erschüttern. Ein schweres Vergehen erfordere weiterhin ein Werturteil des Richters, der das Verhalten der Parteien gegeneinander abwägen müsse. Hier sei es der Vater gewesen, der Ehebruch begangen habe und durch Übersiedlung in den Haushalt der am Ehebruch beteiligten Eheleute sein einziges Kind jeglicher väterlichen Fürsorge beraubt habe. Die Entfremdung sei also seine Schuld. Unter diesen Umständen und vor dem Hintergrund zerstörten Familienlebens könne man nicht mehr erwarten, daß dem Vater die sonst gebührende Achtung entgegengebracht werde. Gegen die Handlungsweise eines mißratenen Kindes dürfe der Vater nicht schwere Anklage erheben, wenn er das Mißraten selbst verschuldet habe.[453]

Mit diesem zugunsten des Kindes ergangenen Urteil endet die Dokumentation der Rechtsprechung aus der Zeit vor dem Zweiten Weltkrieg.

---

450 vgl. hierzu bereits Recht 1916, Nr. 1913.
451 RG a.a.O. S. 2708.
452 JW 1929, S. 2708.
453 JW 1929, S. 2707 f.

6. Fazit:

In den ersten Jahren der Geltung des BGB bis zur Machtübernahme der Nationalsozialisten ist die Zahl der Urteile, die sich mit dem Pflichtteilsentzug befaßten, recht gering. Auffallend ist, daß sich mit manchen Entzugsgründen mehrere Urteile befassen, während sich zu anderen keine oder nur spärlich veröffentlichte Rechtsprechung finden läßt. Die Gründe hierfür sind vielfältig.
Zum einen ist hier die klare Regelung des BGB, was die aufgeführten Entzugsgründe angeht, anzuführen. Mit dem Verzicht auf Analogien und der abschließenden Aufzählung des § 2333 war es gelungen, ein gewisses Maß an Rechtssicherheit zu schaffen und eventuell bestehende Unklarheiten durch einen Blick ins Gesetz zu entschärfen.
Des weiteren waren auch nicht alle Entzugsgründe für eine gerichtliche Auseinandersetzung prädestiniert.
Das Recht der Eltern, den Pflichtteil zu entziehen, wenn das Kind ihnen nach dem Leben getrachtet hatte oder sich eines Verbrechens ihnen gegenüber schuldig gemacht hatte, war in seiner Formulierung sicherlich unmißverständlicher als die Forderung nach einem „sittlichen" Lebenswandel. Insofern ist es auch nicht verwunderlich, daß keine Rechtsprechung zu erstgenannten Entzugsgründen existent ist.
Die Entzugsgründe, die Gegenstand richterlicher Klärung waren, waren also diejenigen, in denen mit unbestimmten und auslegungsbedürftigen Rechtsbegriffen gearbeitet wurde.
Das beste Beispiel hierfür ist § 2333 Nr. 5 und damit verbunden die Frage, was genau man nun unter „ehrlos" und „unsittlich" zu verstehen hatte.
Trotz der Tatsache, daß in den ersten Jahrzehnten des 20. Jahrhunderts § 2333 Nr. 2 und Nr. 5 hauptsächlich Gegenstand der Rechtsprechung waren, finden sich noch viele Urteile, in denen Streitgegenstand nicht die Subsumtion eines konkreten Lebenssachverhaltes unter die Formulierung des Gesetzes war, sondern es um theoretische oder dogmatische Fragen ging. So zum Beispiel um die Frage, wem die Beweislast für das Vorliegen eines Entzugsgrundes oblag, oder ob es genügte, wenn nur die vom Gesetz verwendeten Worte wiedergegeben wurden.
Auffällig ist auch, daß viele Streitfälle einen familienrechtlichen Hintergrund hatten. Meist ging es um die Frage der Aussteuer oder um die Frage der Unterhaltsbeschränkung.

Die bisherige Untersuchung hat gezeigt, daß sich ein leiser, aber dennoch feststellbarer Anschauungswandel im Volk vollzogen hatte. Das traditionelle Familienbild hatte sich sowohl intern als auch aus dem Blickwinkel der Öffentlichkeit verändert. Die Rechtsprechung hat diesem Anschauungswandel im Volk teilweise Rechnung getragen, sich teil weise aber auch sehr wertkonservativ einer „Aufweichung" der Moralbegriffe entgegengestellt. Bestes Beispiel hierfür ist sicherlich

die Feststellung: Ehebruch war und blieb genauso ein ehrloser Lebenswandel wie das unverheiratete Zusammenleben mit dem späteren Mann!
Weiterhin wurde für einen Entzug des Pflichtteils gemäß § 2333 Nr. 5 ein Verschulden des Abkömmlings gefordert und damit die Anforderungen an die Gründe für die Pflichtteilsentziehung erhöht.

III. Das Pflichtteilsrecht im Nationalsozialismus

Unter dem Nationalsozialismus kam es zu den heftigsten Textveränderungen seit Bestehen des Bürgerlichen Gesetzbuches. Diese betrafen teils das Erbrecht, hauptsächlich aber das Familienrecht. Schrittweise wurden neue Gesetze nationalsozialistischen Inhalts erlassen, die kontinuierlich Bereiche aus dem Bürgerlichen Gesetzbuch herausnahmen und selbständig regelten, oder bestehende Regelungen des Bürgerlichen Gesetzbuches ergänzten.
Zunächst jedoch ein kurzer Abriß der Geschehnisse, die zur Herrschaft der Nationalsozialisten geführt hatten.

1. Die Machtergreifung Hitlers

Die Machtübernahme der Nationalsozialisten 1933 hatte das dunkelste Kapitel der neueren deutschen Geschichte eingeleitet.
Die Herrschaft Hitlers und seines Systems hatte Staat, Gesellschaft, Politik und Wirtschaft innerhalb eines Zeitraums von nur etwas mehr als einem Jahrzehnt komplett umklammert, verändert und einschneidende Spuren hinterlassen, die gravierender nicht hätten sein können.
Auch und gerade in der Justiz hatte die nationalsozialistische Herrschaft und ihr Gedankengut bedrückende Veränderungen mit sich gebracht. Dazu gehörten der Austausch von unliebsamen Personen und der Erlaß neuer Gesetze ebenso wie die Instrumentalisierung der gesamten Rechtsprechung zur Durchsetzung der Rassenpropaganda und ihre Unterwerfung unter den Willen eines einzelnen Mannes.
Die Untersuchung der Gründe, die den Nationalsozialisten ihre Machtergreifung und ihre Umgestaltung des gesamten öffentlichen Lebens ermöglicht hatten, ist nicht Gegenstand dieser Abhandlung und würde im übrigen auch den Rahmen dieser Untersuchung bei weitem sprengen.[454]
Aus diesem Grund soll es hier bei einem kurzen Abriß des damaligen Geschehens bleiben. Im Anschluß daran soll sich der Betrachtung zugewendet werden, ob und wie sich die Rechtsprechung zum Pflichtteilsrecht verändert hat, natürlich unter Berücksichtigung der erlassenen einschlägigen nationalsozialistischen Gesetze und Verordnungen.

---

[454] Verwiesen sei an dieser Stelle auf nur einige Werke, die sich unter verschiedenen Blickpunkten mit der Konsolidierung der nationalsozialistischen Herrschaft auf juristischem Gebiet befassen und die für detailliertere Darstellungen aufgrund ihres breiteren Themenspektrums prädestinierter sind. Zu verweisen ist diesbezüglich unter anderem auf *Hütte, „Der Gemeinschaftsgedanke in den Erbrechtsreformen des Dritten Reichs"; Lange, „Liberalismus, Nationalsozialismus und bürgerliches Recht; sowie auf Stolleis, „Recht im Unrecht"*.

Die Idee der konservativen Erneuerung, wie Hitler sie vor seiner Machtergreifung vertrat, wurde von weiten Kreisen des Bürgertums ursprünglich mitgetragen. Dies hatte seine Gründe in den Wirren, die der erste Weltkrieg und die gescheiterte Weimarer Republik hinterlassen hatten. Auch die industrielle Revolution hatte sich in den vergangenen Jahren fast überschlagen und Massenarbeitslosigkeit und große soziale Probleme mit sich gebracht. Die Unruhe auf dem Weltmarkt sowie der Börsencrash von 1929, der eine Weltwirtschaftskrise und eine galoppierende Inflation einleitete, führte zu einem Rechtsruck. Selbst gemäßigte und liberale Kreise waren angesichts wirtschaftlicher Not bereit, Lösungen außerhalb der parlamentarisch-demokratischen Ordnung zu suchen, da die etablierten Parteien der Entwicklung hilflos gegenüberstanden.

Viele waren vor diesem Hintergrund bereit, Hitler eine Chance zu geben.
Sein steiler politischer Aufstieg begann am 30. Januar 1933 mit der Ernennung zum Reichskanzler. Der Reichstagsbrand vom 27. Februar 1933 war dann willkommener Anlaß zum Erlaß einer Notverordnung, des sogenannten *Ermächtigungsgesetzes* vom 24. März 1933.[455] Das Gesetz machte den Reichstag überflüssig, denn Legislative und Exekutive waren nun „gleichgeschaltet". Die Regierung selbst konnte fortan die Gesetze erlassen. Damit hatte sich Hitler von allen Bindungen an Verfassung und parlamentarische Kontrolle befreit.
Es folgte das *Gleichschaltungsgesetz* vom 31. März 1933 und 7. April 1933[456] und damit die Zerschlagung aller politischen, wirtschaftlichen und kulturellen Organisationen. Mitte 1934 war Hitlers Macht gefestigt. Politische Gegner waren ausgeschaltet, Grundrechte abgeschafft oder eingeschränkt und politische Gegenströmungen verboten worden.

2. Die Justiz im 3. Reich

Der totalitäre Staat verstand es, sich eine Justiz zu schaffen, die Geschehenes sanktionierte und sich dem Willen des Führers total unterordnete („Führerprinzip"). Damit hatte sie ihre Rolle als traditionell dritte Gewalt im Staat völlig aufgegeben. Hitlers persönliche Einstellung gegenüber Juristen war von Skepsis und Ablehnung geprägt.[457]

---

455 RGBl. 1933 I S. 141.

456 RGBl. 1933 I S. 153.

457 So heißt es bei *Pirker*, „Tischgespräche mit Hitler" S. 223 ff: ....“Kein vernünftiger Mensch versteht überhaupt die Rechtslehren, die sich Juristen –nicht zuletzt aufgrund des Einflusses der Juden – zurechtgedacht haben. Letzten Endes ist die ganze heutige Rechtslehre nicht anderes als eine einzige große Systematik der Abwälzung der Verantwortung.“ Weiter heißt es dort, daß für ihn jeder, der Jurist sei, entweder von Natur defekt sein müsse oder aber es mit der Zeit werde. Zitiert nach *v. Münch*, Staat und Verwaltung in der NS-Zeit.

Wie Reichsrechtsführer *Hans Frank* formulierte, war die Grundlage aller Rechtsquellen die nationalsozialistische Weltanschauung, wie sie insbesondere in dem Parteiprogramm und den Äußerungen des Führers ihren Ausdruck fand. Gegenüber Führerentscheidungen, die in Form eines Gesetzes oder einer Verordnung gekleidet waren, stand bezeichnenderweise einem Richter kein Prüfungsrecht zu. Auch an sonstige Entscheidungen des Führers war der Richter gebunden, sofern in ihnen unzweifelhaft der Wille zum Ausdruck kam, Recht setzen zu wollen. Gesetzliche Bestimmungen, die vor der nationalsozialisitischen Revolution erlassen wurden, durften nicht mehr angewendet werden, wenn ihre Anwendung dem nunmehrigen gesunden Volksempfinden widersprachen.[458]
Damit hatte die Justiz das Gesetz als Grundlage ihrer Arbeit und Entscheidung aufgegeben und den Willen einer einzigen Person als Maßstab ihrer Urteile anerkannt.[459]

1934 wurde der Volksgerichtshof [460] gegründet. Er sollte ursprünglich Hochverrats- und Landesverratsachen aburteilen, wurde aber bald zum Spielball und Ausführungsobjekt von Hitlers Ideologie. Gegen die Entscheidungen des Volksgerichtshofes waren keine Rechtsmittel zulässig.
Glorifiziert wurde die Unterordnung der Justiz unter die persönliche Willkür Adolf Hitlers nicht nur von der Partei, sondern auch von angesehenen deutschen Juristen.[461] Der Rechtsstaat war endgültig dem „gesunden Volksempfinden" überantwortet worden. Eine unabhängige und demokratische Justiz war Geschichte geworden.

Bereits 1933, noch im Jahr der Machtergreifung, gingen die Nationalsozialisten daran, ihre Rassenideologie umzusetzen. Unter Pervertierung des Rechts ergingen die ersten antisemitistischen Gesetze und Verordnungen, die die jüdische Bevölkerung aus der Gesellschaft verdrängen sollten. Die Entfernung jüdischer Richter, Anwälte und Beamten aus dem Staatsdienst und dem öffentlichen Leben erfolgte unter anderem unter dem Deckmantel des „Arierparagraphen". Er führte zu dem systematischen administrativen Ausschluß der Juden aus allen Lebensberei-

---

[458] Leitsätze des Reichsrechtsführers *Frank* vom 14. Januar 1936, bei *Hofer*, Dokumente zum Nationalsozialismus, S. 101.

[459] Fragen an die Deutsche Geschichte, S. 315.

[460] Gesetz zur Änderung von Vorschriften des Strafrechts und des Strafverfahrens vom 24. April 1934, RGBl. 1934 I, S. 345 f.

[461] *Carl Schmitt* betonte im Zusammenhang mit der angeblichen Röhmrevolte und deren Niederschlagung, der Führer schütze das Recht vor dem schlimmsten Mißbrauch, wenn er im Augenblick der Gefahr kraft seines Führertums als oberster Gerichtsherr unmittelbar Recht schaffe: „Aus dem Führertum fließt das Richtertum. Wer beides voneinander trennen oder gar entgegensetzen will, macht den Richter entweder zum Gegenführer oder sucht den Staat mit Hilfe der Justiz aus den Angeln zu heben"... Zitiert nach *Hofer*, Dokumente zum Nationalsozialismus, S. 105.

chen.[462] Ein Zeugnis der gesetzliche Umsetzung des gerade erst beginnenden Antisemitismus war das im Volksmund sogenannte "*Blutschandegesetz*" von 1935.[463]
Unter der offiziellen Bezeichnung „*Gesetz zum Schutz des deutschen Blutes und der deutschen Ehre*" trug es in sieben Paragraphen zur Entrechtung der jüdischen Bevölkerung und zur Abschaffung fundamentalster Grundrechte bei. Die Reinheit des deutschen Blutes war oberste Priorität für den Fortbestand des deutschen Volkes. Aus Gründen der Zukunftssicherung waren künftig Eheschließungen zwischen Juden und Menschen deutschen Blutes verboten. Dies galt auch, wenn sie im Ausland geschlossen worden waren, da man dann eine Umgehung des Gesetzes vermutete.[464]
Außerehelicher Verkehr zwischen Juden und Deutschen war ebenfalls verboten.[465] Einen gravierenderen Eingriff eines Staates in die private Intimssphäre und die persönliche Entscheidungsfreiheit des Einzelnen erscheint kaum vorstellbar.
Juden durften keine Staatsangehörigen deutschen Blutes mehr im Haushalt beschäftigen, sie durften die Reichs- und Nationalflagge nicht hissen und auch die Reichsfarben nicht zeigen.[466] Zu diesem Gesetz erging am 14. November die erste Ausführungsverordnung mit 17 Paragraphen.[467]
An dieser Stelle seien noch einige andere Gesetze genannt, deren Ziel es war, die Juden aus der Gesellschaft völlig und umfassend auszugrenzen. Dazu zählen die Säuberung der deutschen Wirtschaft,[468] die Entlassung jüdischer Schüler aus deutschen Schulen,[469] die Sperre der Theater und Kinos für Juden,[470] Verordnungen

[462] Fragen an die Deutsche Geschichte, S. 319. Die Säuberung des Beamtentums und der freien Berufe vom „parasitären" Judentum wurde weiterhin durch Erlaß des Gesetzes zur Wiederherstellung des Berufsbeamtentums vom 7. April 1933 (RGBl. 1933, S. 175 ff); der Reichsärzteordnung vom 13. Dezember 1933 (RGBl. a.a.O. S. 1435); sowie dem Gesetz über den Widerruf von Einbürgerungen und die Aberkennung der deutschen Staatsangehörigkeit vom 14. Juli 1933 (RGBl. a.a.O. S. 480) betrieben, um nur einige der antisemitistischen Gesetze zu nennen. Zu den Gesetzen, die erlassen wurden, um „ein für alle Mal den deutschen Volkskörper blutmäßig zu reinigen", zählten u.a. das Wehrgesetz (21. Mai 1935); das Reichsarbeitsdienstgesetz (26. Juni 1935), sowie die bereits erwähnten Blutschutzgesetze und das Gesetz über erbrechtliche Beschränkungen.
[463] RGBl. 1935, S. 1146.
[464] a.a.O. § 1.
[465] a.a.O. § 2.
[466] a.a.O. §§ 3, 4.
[467] RGBl. 1935, S. 1335.
[468] Verordnung gegen die Unterstützung der Tarnung jüdischer Gewerbebetriebe vom 22. April 1938.
[469] Erlaß des Reichserziehungsministers vom 4. Januar 1938.
[470] Anordnung des Reichsministers für Volksaufklärung und Propaganda vom 13. November 1938.

über Sühneleistungen der Juden[471] sowie das Gesetz über Mietverhältnisse mit Juden.[472]
Anhand dieser - bei weitem nicht abschließenden - Übersicht zeigt sich die Systematik der Ausschaltung der Juden aus der deutschen Lebens- und Volksgemeinschaft, getragen von dem Gedanken, daß das jüdische Volk nicht zu den Deutschen gehörte, man wollte mit ihm nicht zu tun haben.[473]
Bereits das Parteiprogramm von 1929 dokumentierte unmißverständlich dieses Ziel, indem es dort hieß: ...“Staatsbürger kann nur sein, wer Volksgenosse ist. Volksgenosse kann nur sein, wer deutschen Blutes ist, ohne Rücksichtnahme auf Konfession. Kein Jude kann daher Volksgenosse sein“...[474]

3. Das Erbrecht im Dritten Reich

a) Änderungsbestrebungen von 1933-1942

Die Nationalsozialisten hatten sich den Kampf gegen die verhaßten Werte der Vergangenheit auf die Fahnen geschrieben, die ideologische Linie war durch das Parteiprogramm klar vorgegeben worden: gegen das römische Recht, gegen Individualismus und Liberalismus! Damit galt der Kampf der Grundhaltung des bürgerlichen Rechts und seiner Ausprägung.[475]
Das BGB stand bereits seit den Anfangsjahren des Nationalsozialismus in der Kritik, denn es war im Geist des Individualismus geschaffen worden.[476]
Franz Schlegelberger, der Staatssekretär im Justizministerium, drückte dies während eines Vortrages in Warschau folgendermaßen aus: ...“das individualistische und materialistische Bürgerliche Gesetzbuch ist der Ausdruck einer überwundenen Lebensbetrachtung. Seine Sprache ist nicht unsere Sprache“... [477]

---

[471] 12. November 1938, RGBl. 1938, S. 1579.
[472] 30. April 1939, RGBl. 1939 S. 864.
[473] *Schmidt-Klevenow*, DR 1940, S. 1354.
[474] Programm der Nationalsozialistischen Deutschen Arbeiterpartei, veröffentlicht bei *Mommsen*, S. 547.
[475] *Lange*, ZStW S. 208 f.
[476] *Schlegelberger*, vom Beruf, S. 9 bemerkte in diesem Zusammenhang bereits 1934, dem BGB sei schärfste Kritik entgegengeschlagen, es sei ihm Deutschtum, Volkstümlichkeit und schöpferische Kraft abgesprochen worden. An den bedauerlichen Zustand des bürgerlichen Rechts schließe sich ein wahrer Leidensweg an. Dem Wanderer durch das Recht biete sich ein Bild der Unordnung und Unwirklichkeit wie im Maskenverleih (a.a.O. S. 11), das Gesetz müsse aber die Sprache des Volkes führen (a.a.O. S. 18).
[477] *Schlegelberger*, Entwicklung des deutschen Rechts, S. 17.

Nach dem nationalsozialistischen Machtwechsel waren es vor allem die jungen Privatdozenten, die am Parteiprogramm entlang auf dem Vormarsch gegen das Bürgerliche Recht in seiner bestehenden Form waren. Künftig wichtigstes Ziel war die Einordnung des Volksgenossen in die Volksgemeinschaft. Das bürgerliche, volksgenössische Recht sollte die Rahmenbedingungen für die verantwortliche Selbstgestaltung und den Persönlichkeitseinsatz zur Mitgestaltung der Gemeinschaftsordnung garantieren.[478]
Das gesamte Recht sollte demzufolge neu ausgerichtet werden, nämlich einzig und allein hin auf „die Volksgemeinschaft". Die Erweckung des Gemeinschaftsgedankens und der Sieg der sittlichen und kulturellen Forderungen über materiellen Besitz sollten künftig den Inhalt und den Rang der Normen auf dem gesamten Gebiet des Rechts bestimmen, die Pflichtenbindung des Volksgenossen sich durch alle Rechtsbereiche ziehen.[479]

Bereits 1933, also noch vor der Konsolidierung der absoluten Macht, hielt der Leipziger Privatdozent *Heinrich Lange* einen ausführlichen dogmatischen Vortrag über „Liberalismus, Nationalsozialismus und Bürgerliches Recht".[480] *Lange* profilierte sich nach der nationalsozialistischen Machtübernahme schnell als einer der schärfsten Kritiker des liberalen Privatrechts. Dementsprechend hart fiel auch sein Urteil über das Bürgerliche Gesetzbuch aus.
Für *Lange* war der Liberalismus die Entartung des Freiheitsgedankens in einen übersteigerten Individualismus und Materialismus. Er zersetze das Volk und fördere dessen inneren Verfall und Zerfall. Es gelte „Eigennutz vor Gemeinnutz".[481] Der Nationalsozialismus dagegen kämpfe für den Pflicht- und Gemeinschaftsgedanken mit der Formel: „Gemeinnutz geht vor Eigennutz".[482]
Bereits die Idee einer Kodifikation an sich sei abzulehnen: man könne keine Kodifikation schaffen, in der das gesamte äußere Recht eines Volkes abschließend geregelt sei, denn sie könne niemals lückenlos sein. Nicht ausdrücklich geregelte Fälle müßten dann stillschweigend durch Auslegung ermittelt werden. Gehe man dabei vom Willen des Gesetzgebers aus, mache man damit den Richter zum Historiker. Bestimme man den Willen des Gesetzes aus dessen Eigenpersönlichkeit

---

478 *Siebert*, Wandlungen S. 5.

479 *Schlegelberger*, Entwicklung des deutschen Rechts, S. 5,14; *Lange*, ZStW S. 231, 235.

480 *Heinrich Lange* war zunächst Privatdozent in Leipzig, dann Professor in Breslau, später Mitglied der Akademie für Deutsches Recht. Nachdem der Startschuß zum Volksgesetzbuch gefallen war, wurde *Lange* erst Generalberichterstatter, dann im Frühjahr 1935 Vorsitzender des Erbrechtsausschusses. Ende August 1939, also noch vor Ausbruch des Krieges legte er den Vorsitz des Zentralausschusses nieder. Die genaueren Umstände seines Ausscheidens sind nicht bekannt, es ist aber zu vermuten, daß es zu Differenzen mit der Leitung der Akademie gekommen war.

481 *Lange*, Liberalismus, S. 1, 3.

482 *Lange*, Liberalismus, Vorwort.

heraus, könne man zwar die aktuellen Bedürfnisse der Gegenwart mit berücksichtigen, aber auch die Unzulänglichkeit des Gesetzes deutlicher erkennen.
Änderungen geschähen hauptsächlich durch das Gewohnheitsrecht, es diene zur Rechtfertigung aller Neuerungen. Dadurch werde aber das Gewohnheitsrecht zu einem Recht, das aus geübtem und verjährtem Unrecht entspringe.[483]
Das BGB verwirkliche einseitig nur die Willensherrschaft. Nichtigkeit drohe immer dann, wenn Wille und Erklärung nicht übereinstimmten. Der objektive Wert des Erklärten werde dagegen überhaupt nicht gewürdigt.
Diese schrankenlose Willensfreiheit attackierte *Lange* insbesondere im Erbrecht scharf. Es erschien ihm unannehmbar, daß eine vernünftige und billige letztwillige Verfügung dem wahren Willen des Erblassers selbst dann weichen mußte, wenn dieser unvernünftig und pflichtvergessen war.[484] Überhaupt sei das Erbrecht individualistisch und materialistisch aufgebaut. Der schrankenlose Wille des Erblassers gestatte es diesem, pflichtvergessen seine Güter zu vergeben oder sie sinnlos zu verschleudern. Dies sei mit dem Gemeinschaftsgedanken nicht vereinbar.
Das Gesetz in seiner bestehenden Form sei also nur der Willensvollstrecker des Erblassers. Es setze seine Verfügungen ohne Rücksicht auf Vernunft und Billigkeit durch. Es ziehe keine Grenzen in Form eines materiellen Noterbenrechts sondern begnüge sich mit einem halben schuldrechtlichen Ausgleich. Deswegen besäße das gesetzliche Erbrecht auch gegenüber dem gewillkürten keinen Eigenwert.[485]

Lange zog daraus folgende Konsequenzen für ein künftiges Erbrecht:
Man müsse der Willkür Verstorbener durch den Pflicht- und Gemeinschaftsgedanken eine Schranke setzen. Deswegen könne für die gewillkürte Erbfolge nur innerhalb des Pflicht- und Gemeinschaftsgedankens Raum sein. Das gesetzliche Erbrecht müsse diesen Gedanken verwirklichen und deswegen auch Vorrang vor der gewillkürten Erbfolge haben. Sie könne die gesetzliche unterstützen und ergänzen, niemals aber brechen.[486]
Aus nationalsozialistischer Sicht müsse aber auch die Stellung der Miterben geändert werden. Sie seien nicht nur Berechtigte, sondern besäßen sowohl der Familie als auch der Gemeinschaft gegenüber die Pflicht, das Überkommene fortzuführen und weiterzureichen. Sollte dies um der Gemeinschaft willen erforderlich sein, so müsse man auch davon absehen, die Erbschaft aufzuteilen und das Gemeinschaftsgut zu versilbern. All diesen Gesichtspunkten sei das BGB nicht gerecht geworden. Sie zu verwirklichen sei nunmehr die Aufgabe der freiwilligen Gerichtsbarkeit.[487]

---

[483] *Lange*, a.a.O. S. 6.
[484] a.a.O. S. 10 f.
[485] a.a.O. S. 21 f.
[486] a.a.O. S. 24, 26.
[487] a.a.O. S. 26 f.

Gerade bezüglich der Rechtsnatur des Pflichtteilsrechts darf aber nicht unerwähnt bleiben, daß sich *Lange* sehr wohl der Schwierigkeiten bewußt war, die sich den Kommissionsmitgliedern bei der Schaffung des BGB hinsichtlich dieser Entscheidung gestellt hatten.

So formulierte er, „man könne gegenüber der Lösung des Pflichtteilsrechts durch das BGB nicht den Vorwurf erheben, daß es aus liberalistischer Haltung heraus einseitig über das Interesse der Angehörigen hinweggeschritten sei. Motive und Protokolle zeigten deutlich die sorgfältige Abwägung beider Lösungen. Nur hätten die Verfasser des Gesetzes allzusehr die Rechtstechnik auf Kosten der Rechtsethik in den Vordergrund gestellt.[488]

Damit hatte *Lange* hinreichend deutlich zum Ausdruck gebracht, daß er keine Kodifikation anstrebte, da diese nur eine Behinderung des völkischen Rechtslebens darstellen würde.

Auch *Hans Dölle*, der sich in einem Vortrag 1933 mit den Forderungen beschäftigte, die der Nationalsozialismus an das Recht stellte, unterstützte die Maxime „Gemeinnutz vor Eigennutz“.[489]

Weiterhin forderte er, das bürgerliche Recht dürfe in Zukunft nur noch als ein Rechtsgebiet betrachtet werden, das seinen Maßstab alleine aus dem Wohl der Gemeinschaft gewinne. Maßgebend sei deswegen nicht mehr die Interessenslage zwischen den einzelnen Beteiligten, sondern der Nutzen, den das Volkstum aus der Lösung dieser Streitfrage ziehen könne. Das bürgerliche Recht sollte in Zukunft nicht mehr nur eine reine inter-partes Beziehung darstellen. Beteiligt als Dritter und Repräsentant des Gemeinnutzes sollte stets der Staat sein, denn ...“es könne nicht länger angehen, das bürgerliche Recht als eine Insel zu betrachten, auf der die Individuen ihren selbstischen Zielen nachstreben können“...[490]

Was die Frage nach einem neuen Gesetzbuch anging, hielt *Dölle* sich sehr bedeckt. Er enthielt sich jeder Äußerung, wie erforderliche Umgestaltungen vorzunehmen seien. Das Grundprinzip „Gemeinnutz vor Eigennutz“ ließe sich aber am besten dadurch verwirklichen, daß der Gesetzgeber einem antisozialen eigennützigen Willen die erstrebte Rechtsfolge versage. Weiterhin müßten Rechtsgeschäfte, die gegen das Gemeinwohl verstießen, nichtig sein.[491]

Die bestehenden Generalklauseln müßten nur den gewandelten Anschauungen entsprechend angepaßt werden. Sie erhielten ja gerade ihren Sinn aus der jeweiligen Grundhaltung der Gemeinschaft, also in Zukunft aus nationalsozialistischer

---

[488] *Lange*, DR 1936, S. 401.

[489] *Dölle* in: Schmollers Jahrbuch für Gesetzgebung Bd. 57, S. 649.

[490] *Dölle* a.a.O. S. 651.

[491] a.a.O. S. 12 f.

Sicht.[492] Angst vor der Flucht in Generalklauseln sei unbegründet, weil die Elastizität der Normen dem Gestaltungswillen doch gerade entgegenkäme. So könne man der Rechtsgesinnung in allen Phasen ihrer Entwicklung zum Durchbruch und zur praktischen Verwirklichung verhelfen.[493]
Dölle war auch von der Notwendigkeit einer Revision des Pflichtteilsrechts überzeugt: die nächsten Angehörigen müßten in wesentlich höherem Maße als bisher ein festes Recht auf den Nachlaß erhalten, zumindest wenn es sich um Familienvermögen handle, auch entspräche die Ausgestaltung des Pflichtteilsrechts als Geldforderung nicht nationalsozialistischen Anschauungen.[494]
An der lebhaften Diskussion über Für und Wider des bestehenden Rechts, seine notwendigen Umgestaltungen und Anpassungen an die NS-Ideologie beteiligte sich zu dieser Zeit fast alles, was in Forschung und Lehre Rang und Namen hatte. Auf eine ausführlichere Aufzählung der unzähligen Aufsätze und Stellungnahmen soll hier jedoch aus Platzgründen verzichtet werden.[495]

Was das BGB betraf, so war es ursprünglich nach der Machtergreifung nur um die Veränderung von Einzelbestimmungen und deren Anpassung an die neue Ideologie gegangen. Niemand hatte bisher eine Kodifikation gefordert, so einig man sich auch in der Verurteilung des BGB war.
Der Gedanke, das BGB durch ein „Volksgesetzbuch" zu ersetzen, entstammte ursprünglich der Akademie für Deutsches Recht, einer öffentlich-rechtlichen Körperschaft des Dritten Reiches, geführt von *Hans Frank*, der die Funktion eines „Reichskommissars für die Gleichschaltung der Justiz in den Ländern und die Erneuerung der Rechtsordnung" innehatte.[496] Anläßlich der Proklamation der Akademie 1933 stand zunächst jedoch weder ein „Volksgesetzbuch" noch eine neue Kodifikation überhaupt zur Debatte. *Frank* selbst hatte zwar den Kompro-

---

[492] So dann auch RGZ 150 1(4): ..."Der Begriff des Verstoßes gegen die guten Sitten, wie er in §§ 138, 826 BGB enthalten ist, erhält seinem Wesen nach seinen Inhalt durch das seit dem Umbruch herrschende Volksempfinden, die nationalsozialistische Weltanschauung"...

[493] vgl. auch *Dölle* a.a.O. S. 676, wo betont wird, es gehe nur um Umgestaltungen am bestehenden Bürgerlichen Gesetzbuch; derselbe ZAKDR 1937, S. 360.

[494] a.a.O. S. 673.

[495] Eine diesbezügliche Übersicht findet sich bei *Schubert*, Akademie für Deutsches Recht, Protokoll der Ausschüsse Band 3,8 (Erbrechtsausschuß und Ausschuß für Schadensersatzrecht), Einleitung S. 23-31; sowie zur Frage der Reformvorschläge des Erbrechts auch *Hütte*: Der Gemeinschaftsgedanken in den Erbrechtsreformen des Dritten Reiches.

[496] weiterführend hierzu: *Pichinot*, Die Akademie für Deutsches Recht, Kiel 1981. Kurz zur Geschichte der Akademie: 1934 durch Landesgesetz von *Frank* errichtet, unterzeichnete Reichspräsident *Hindenburg* 1934 das „Reichsgesetz über die Akademie für Deutsches Recht" auf Drängen von *Frank*, der vor Gleichschaltung und Abschaffung der Länderparlamente bayrischer Justizminister gewesen war. Die Akademie sollte einen Ersatz für die untergegangenen Parlamente darstellen und die Machtergreifung der Nationalsozialisten juristisch kritisch beobachten und begleiten sowie auch fachkundigen Rat beisteuern.

mißcharakter des BGB beklagt, erwähnte aber nichts von einem neuen Gesetzbuch.[497] Die Mitglieder der Akademie trafen sich am 5. November 1933 zur ihrer ersten Vollversammlung und tauschten grundsätzliche Reformideen aus.
In diesem Zusammenhang fiel in einem Vortrag von *Hedemann* zum ersten Mal und auch nur am Rande die Formulierung „neues Bürgerliches Gesetzbuch". Dies obwohl er, wie auch die überwiegende Meinung, die Auffassung vertreten hatte, die Schaffung eines neuen Rechtes obliege in erster Linie den Rechtsanwendern, also den deutschen Richtern.

1934 hielt dann der Staatsminister im Reichsjustizministerium *Schlegelberger* einen Vortrag mit dem Titel „vom Beruf unserer Zeit für Gesetzgebung". Der Bezug zu der berühmten Schrift von *Savigny* aus dem Jahr 1814 war im Hinblick auf die allgemeine Unzufriedenheit mit dem BGB wohl kaum zufällig gewählt. Der „Abschied vom BGB" und die Kodifikationsfrage waren damit erstmals offen zur Sprache gebracht worden.[498]

Am 25. Januar 1937 fiel dann endgültig der Startschuß: *Schlegelberger* hielt erneut eine Rede und deren Titel „Abschied vom BGB" machte nunmehr jedem unmißverständlich klar, daß die Tage des Bürgerlichen Gesetzbuches gezählt sein sollten. Auch von Seiten der Akademie wurde jetzt offen gegen das BGB gefeuert: ..."kein Einsichtiger könne leugnen, daß das BGB in seiner Grundhaltung in einem unerträglichen Gegensatz zu der Weltanschauung des Nationalsozialismus stehe"...[499]
Nach dem Willen des Führers sollte das Reichsjustizministerium die Erneuerung des Rechts in Angriff nehmen und an Stelle eines neuen Gesetzbuches Einzelgesetze schaffen.[500] Arbeitstechnisch führend war zu dieser Zeit noch die Akademie für Deutsches Recht gewesen, deren Ausschüsse bereits an der Schaffung eines neuen bürgerlichen Rechts arbeiteten, als sich das Reichsjustizministerium noch auf die Vorlage kleinerer Novellen beschränkte. Dies änderte sich jedoch nach der Verkündung des „Abschieds vom BGB". Das Ministerium übernahm nunmehr die Federführung und bereitete die ersten größeren Gesetze vor.[501]

---

[497] Jahrbuch der Akademie für Deutsches Recht 1, (1933/34) S. 31.
[498] *Schlegelberger*, vom Beruf, S. 25, es heißt dort: "die Akademie hat sich ein hohes Ziel gesteckt. Im Laufe der Einzelarbeiten wird immer mehr die Erkenntnis reifen, daß am Ende aller Arbeit die große, zusammenfassende Schöpfung eines neuen, zum Herzen des Deutschen sprechenden Gesetzbuches stehen muß, das den Lebensäußerungen des Volkes die Rechtsform gibt, die seinem Wesen und seinem Sehnen entsprechen."
[499] *Dölle*, ZAKDR 1937, S. 359.
[500] *Hattenhauer*, FS Gmür, S. 262, 266 f; *Schlegelberger*, Entwicklung des deutschen Rechts, S. 16ff.
[501] *Lange*, ZStW S. 213 f.

Mit dem eigentlichen Beginn der Arbeit am Volksgesetzbuch entwickelte sich nunmehr in der Folgezeit ein verbissener Kampf um Macht, Einfluß und Entscheidungskompetenz, in dem sich Akademie und Reichsjustizministerium argwöhnisch gegenseitig belauerten. An der Diskussion, wie genau nun das zukünftige bürgerliche Recht aussehen sollte, beteiligte sich außerdem fast die gesamte Rechtswissenschaft in unzähligen Beiträgen.[502]

Die beiden zunächst anstehenden Reformen sollten das Eherecht und das Erbrecht neu regeln. Die Akademie bewies hier mit der Lieferung von Denkschriften und Vorlagen, daß sie sich an dem neuen Vorhaben trotz der Federführung des Ministeriums durchaus zu beteiligen gedachte. Auch die politischen Ereignisse kamen der Akademie entgegen. Seit dem Anschluß Österreichs an das Reich stand dessen ABGB neben dem BGB. Dadurch hatte der Gedanke an ein einheitliches Recht wieder Raum und Fürsprecher gewonnen und, wie bereits im Jahrhundert zuvor, den Gedanken der Rechtseinheit neu belebt und verstärkt.[503] Der Zwang der Rechtsangleichung war nun so stark, daß der alte Streit um Macht und Kompetenz ein wenig in den Hintergrund trat. Unter Mitwirkung der Akademie erging neben dem neuen Gesetz auf dem Gebiet des Familienrechts auch das *„Gesetz über die Errichtung von Testamenten und Erbverträgen"* vom 31. Juli 1938.[504]

Nach diesen ersten Erfolgen war der Startschuß für die Reform des Privatrechts gefallen. *Frank* selbst rief nun die Akademie zur Arbeit am „Volksgesetzbuch" auf, dessen Planung dann auch im Mai/Juni 1939 der Öffentlichkeit vorgestellt worden war.[505] Das Volksgesetzbuch sollte sich durch volkstümliche Sprache auszeichnen, sein oberstes Rechtsideal sollte die völkische Gemeinschaft sein.
Die Akademie zog aber immer noch eine Kodifikation der Novelle mit der Begründung vor, der Nationalsozialismus müsse nach der Verabschiedung des Liberalismus seine Lebensordnung in einem Gesetzbuch bündeln, wobei der Gemeinschaftsgedanke hierbei absoluten Vorrang haben müsse.[506] Dennoch schritt die Arbeit am Volksgesetzbuch voran. Der Einberufung eines Zentralausschusses folgte die Bildung von Unterausschüssen. Dann jedoch brach der 2. Weltkrieg über das Land herein und führte auch bei den Mitarbeitern am neuen Volksgesetzbuch zu personellen Veränderungen. Mit Fortschreiten des Krieges wurde es

---

502 Sehr ausführlich zu der Kotroverse um die Abschaffung des BGB und die verschiedenen Positionen *Hattenhauer*, FS Gmür, S. 261 ff.
503 Diesen Aspekt betont auch *Lange*, ZStW S. 209.
504 RGBl. 1938, S. 973 ff.
505 Nach dem Ausscheiden *Langes* hatte *Hedemann* auf Vorschlag *Langes* und ausdrückliche Bitte *Franks* hin die Koordination der Arbeiten am Volksgesetzbuch übernommen. Ausführlicher hierzu *Schubert*, Akademie für Deutsches Recht, Protokoll der Ausschüsse Band III, 1, (Volksgesetzbuch), S. 13.
506 *Hattenhauer*, FS Gmür, S. 269 ff.

immer schwieriger, eine kontinuierliche Arbeit des Hauptausschusses und der wichtigsten Unterausschüsse zu gewährleisten. Trotz der Kriegszeiten zählten die Jahre 1940 und 1941 noch zu den fruchtbarsten, dennoch kam dort bereits zaghaft erste Kritik an Plan und Vorgehen auf.[507]
Bemängelt wurden die vielen Unterausschüsse, durch diese Zersplitterung werde eine gemeinsame Arbeit erschwert, es werde eher zu Doppelarbeit kommen. Auch erinnere das ganze Vorhaben in seiner Durchführung doch sehr an das alte BGB. Obschon *Freisler* selbst den Fortschritt der Arbeit lobte, ließ dies die Kritik nicht vollständig verstummen. Besonders die Stofffülle erschien problematisch. Dem Aufbau des Bürgerlichen Gesetzbuches sollte nicht gefolgt werden. Es sollte vielmehr konsequent in Nebengesetze verwiesen werden. Schwierig war dann nur das Problem des Zusammenwirkens von Volksgesetzbuch und Einzelgesetz zu lösen, denn man wollte das neue Gesetzbuch auch nicht mit einer Paragraphenflut überschwemmen. Also wurde die Regel ausgegeben: „möglichst viel, aber möglichst kurz“.[508]

Das Jahr 1942 leitete das Ende des Volksgesetzbuches ein: *Frank* wurde von Hitler entmachtet, nachdem er öffentlich gegen Hitlers Rechtspolitik protestiert hatte. Hitler vereinigte das Amt des Präsidenten der Akademie kurzerhand mit dem des Reichsjustizministers und übertrug es *Otto Thierack*. Dieser befand den Aufbau einer nationalsozialistischen Justiz für wichtiger als die Arbeit am Volksgesetzbuch. In der Folgezeit starb das ehemals so enthusiastisch begonnene Vorhaben still vor sich hin. Ende 1942 erschien noch der Entwurf zu den Grundsätzen und zu Buch I des Volksgesetzbuchs, *Lange*[509] rechtfertigte noch im Jahr 1943 die lange Bearbeitungszeit damit, daß „gut Ding Weile brauche“. Im Sommer 1944 wurden die Arbeiten am Volksgesetzbuch, wie *Hedemann* mitteilte, jedoch endgültig stillgelegt. Das Volksgesetzbuch war damit niemals über das Stadium der Veröffentlichung eines Teilentwurfes hinausgelangt.[510]

b) Gesetzliche und politische Rahmenbedingungen

Die Nationalsozialisten maßen gerade dem Erbrecht große Bedeutung bei. Es habe nämlich, wie *Binder* betonte, quasi eine überindividualistische Bedeutung.[511]

---

507 Zu den beabsichtigten Veränderungen am Erbrecht und am Pflichtteilsrechts im Rahmen des Volksgesetzbuches weiter unten noch ausführlicher.

508 *Hattenhauer*, FS Gmür, S. 272 ff.

509 ZStW S. 258, es heißt dort: „Deutsche Gesetze haben es schwerer als die Gesetze anderer Völker...Wollen wir ein Gesetz überwinden, das die gesamte Rechtstechnik von zwei Jahrtausenden und die gesammelte Rechtstechnik von einem Jahrhundert verkörpert, so müssen wir die breiten Bereiche der sozialen und wirtschaftlichen Grundlagen erfassen und nachprüfen...und uns so von der geistigen Vorherrschaft dieser gewaltigen Leistung befreien“.

510 *Hattenhauer*, a.a.O. S. 275 ff.

511 *Binder*, DR 1939, S. 108.

Deswegen müsse es auch getragen sein von dem Gedanken und dem Bewußtsein, daß das Erbrecht nicht aus der Persönlichkeit, sondern aus der Blut- und Familiengemeinschaft des Verstorbenen hergeleitet werde. Der „Letzte Wille" könne nur wirksam sein, wenn der Erblasser pflichtgemäß seiner Bindung an Familie und Volk Rechnung getragen hätte.

Der zu diesem Zweck gegründete Erbrechtsausschuß unter dem Vorsitz von *Heinrich Lange* sollte dem Erbrecht die neuen Grundlagen und Wertungen geben. Grundgedanke der Erbrechtserneuerung sollte die stärkere Betonung des Pflichtgedankens sein. Der Erblasser wurde nicht in erster Linie als Beherrscher seines Vermögens angesehen, sondern als bindendes Glied in der Folge der Geschlechter, der überkommenes wie gewonnenes Gut weiterreichen sollte zum Wohl von Familie, Sippe und Volk.[512]
Hinsichtlich des Pflichtteilsrechts ging es bei den Beratungen zur Neuregelung des Erbrechts im wesentlichen um die Frage, ob man das Pflichtteilsrecht zugunsten eines materiellen Noterbenrechts abschaffen sollte. Damit war man fast vierzig Jahre nach Inkrafttreten des BGB wieder bei der Frage angelangt, die bereits bei Schaffung des BGB so kontrovers diskutiert worden war.[513]

Da der Ausschuß nun dem Geist der Zeit folgend deutlich antiliberal geprägt war, votierte zunächst eine Mehrheit für ein materielles Noterbenrecht und gegen den bestehenden Pflichtteilsanspruch. Dieser sei bei der Schaffung des BGB überhaupt nur aus „einem übertriebenen Sinn für dogmatische Sauberkeit" als rein schuldrechtlicher Geldanspruch ausgestaltet worden.[514]
Im Zuge der Beratungen vollzog sich jedoch ein Anschauungswandel. Man war sich zwar einig darüber, daß der Pflichtteil in seiner bestehenden Form nicht dem Familiengedanken entspräche, anderseits stand man aber ja nicht zwangsläufig vor einer „Entweder-Oder"- Entscheidung zwischen Pflichtteilsrecht und materiellem Noterbenrecht. Die Mängel des bestehenden Pflichtteilsrechts könne man genauso gut durch ein verstärktes und wirksameres Pflichtteilsrecht beseitigen.[515]
Der Erbrechtsausschuß hatte sich auch dagegen entschieden, die Pflichtteilentziehung zu objektivieren. Es sollte dabei bleiben, daß der Erblasser selbst entscheiden konnte, ob Personen trotz irgendwelcher Verfehlungen noch etwas aus seinem Vermögen erhalten sollten.

---

512 RGBl. 1938, S. 973; *Lange*, DR 1942, S. 215.

513 Ausführlich zu diesem Thema: *Wacker*, Der Erbrechtsausschuß der Akademie für Deutsches Recht, S. 80 ff.

514 *Lange*, ZAKDR 1938, S. 209.

515 *Wacker*, a.a.O. S. 82; *Lange*, ZAKDR 1938, S. 211; ders. AcP 1938, S. 189; *Eichler*, DR 1936, S. 270; lediglich *Boehmer* plädierte nach wie vor für ein Noterbenrecht, vgl. AcP 1938, S. 32 ff sowie 249 ff.

Das Pflichtteilsrecht des BGB in den §§ 2333-35 wurde demzufolge in seiner bestehenden Form nicht grundlegend angetastet. Die Formulierungen blieben gleich, auch ließ man die aufgeführten Entzugsgründe unangetastet bestehen.
Modifikationen erfuhr das Pflichtteilsrecht jedoch durch von den Nationalsozialisten neu geschaffene Gesetze sowie diverse Ausführungsverordnungen, die das bestehende Pflichtteilsrecht inhaltlich einschränkten oder erweiterten. Man kann also hinsichtlich der Veränderungen von eher indirekten Eingriffen in das Pflichtteilsrecht sprechen.

aa) Erbrechtsbeschränkungsgesetz

Am 6. November 1937 trat das *„Gesetz über erbrechtliche Beschränkungen wegen gemeinschaftwidrigen Verhaltens"* in Kraft.[516]
Es ergänzte das bereits am 14. Juli 1933 ergangene *„Gesetz über die Aberkennung der deutschen Staatsbürgerschaft"*.[517]
Jenes verwirklichte den von den Nationalsozialisten verherrlichten Gemeinschaftsgedanken dadurch, daß das Wohl der Volksgemeinschaft als höherwertigeres Gut eingestuft wurde als das Wohl des einzelnen. Diesem Grundsatz zufolge mußte sich der Staat mit Nachdruck gegen diejenigen wenden, die durch ihr Verhalten das Gemeinwohl schädigten.
Danach konnten also gewisse Reichsangehörige wegen gemeinschaftswidrigen Verhaltens aus der deutschen Volksgemeinschaft ausgeschlossen werden.[518]
Mit dem Erbrechtsbeschränkungsgesetz hatten die Nationalsozialisten ein erstes, deutlich antisemitistisches Nebengesetz zum Erbrecht in Kraft gesetzt.
Es enthielt nur zwei Paragraphen mit Regelungscharakter. Diese stellten jedoch einen wesentlichen Bestandteil zur Entrechtung bestimmter Personengruppen im Erbrecht und Grundlage für die Vernichtung der Existenz der Betroffenen dar.

§ 1 des Erbrechtsbeschränkungsgesetzes legte fest, daß Personen, die nach dem „Ausbürgerungsgesetz"[519] die deutsche Staatsbürgerschaft verloren hatten, von einem deutschen Staatsangehörigen nicht erben konnten.
In Absatz 3 wurden auch Schenkungen an solche „ausgebürgerten" Personen verboten und unter Strafe gestellt. Diese Rechtsfolge trat „ex oficio" ein, einer besonderen Erklärung des Erblassers bedurfte es nicht.
Gleiches galt auch für die Angehörigen der „ausgebürgerten" Personen, da sich der Verlust der Staatsangehörigkeit auch auf sie erstreckte.

---

516 RGBl. 1937 I, S. 1161.
517 RGBl. 1933 I, S. 480.
518 *Vogels*, DJ 1937, S. 1802.
519 Gesetz über die Aberkennung der deutschen Staatsbürgerschaft vom 14. Juli 1933, RGBl. 1933 I, S. 480.

In der Begründung hieß es, „es würde den Belangen der Volksgemeinschaft widersprechen, wenn Personen, welche die Reichsangehörigkeit verloren hätten, weil sie die Pflicht zur Treue gegen Reich und Volk verletzt und die deutschen Belange geschädigt hätten, aus dem Vermögen von deutschen Staatsangehörigen etwas von Todes wegen erwerben könnten. Deswegen sei es nur folgerichtig, wenn diese Personen von jedem Erwerb von Todes wegen ausgeschlossen seien, ob nun als gesetzlicher oder testamentarischer Erbe, als Pflichtteilsberechtigter, Vermächtnisnehmer oder Begünstigter einer Schenkung von Todes wegen".[520]

Bezeichnend war, daß nur der Erwerb von deutschen Staatsangehörigen ausgeschlossen war. Die Ausgebürgerten konnten also von Ausländern, Staatenlosen und selbst vom ausgebürgerten Ehegatten erwerben.
Hier war die Rassenzugehörigkeit von Erblasser und Bedachtem ausnahmsweise einmal nicht von Bedeutung, denn die Ausgebürgerten konnten unter keinen Umständen - auch nicht von ihren nächsten Verwandten wie Eltern und Kindern - von Todes wegen erwerben, so daß man des Arguments des Rassengedankens hier nicht bedurfte.

§ 2 des Erbrechtsbeschränkungsgesetzes stellte dogmatisch gesehen eine Erweiterung der Pflichtteilsentzugsgründe des BGB dar. Die bisherigen Entzugsgründe des § 2333 BGB bestanden weiterhin. Der durch § 2 neu geschaffene Pflichtteilsentziehungsgrund ermöglichte es aber fortan dem Erblasser, einem Abkömmling den Pflichtteil zu entziehen, wenn dieser unter Verstoß gegen *„Blutschandegesetz"* und *„Reichsbürgergesetz"* mit einem Juden oder ohne Genehmigung mit einem jüdischen Mischling die Ehe eingegangen war.[521]

Die Entscheidung, ob es zu einem völligen Verlust des Erbrechts kam, lag hier beim Erblasser. Wie auch bei den bereits bestehenden Entzugsgründen erlosch das Recht zur Entziehung durch Verzeihung. Eine Verfügung, durch die der Erblasser die Entziehung angeordnet hatte, wurde dann gemäß der Vorschrift des § 2337 unwirksam.
Die Voraussetzungen für die Entziehung des Pflichtteils waren, was Inhalt und Form betrafen, die gleichen wie bei den in § 2333 aufgeführten Gründen: der Entzug erfolgte durch letztwillige Verfügung, der Grund der Entziehung mußte zur Zeit der Errichtung des Testamentes bestehen und in der Verfügung angegeben werden. Auch diese Regelung galt wiederum nur für deutsche Staatsangehörige.

---

520 *Greiser*, DFG 1938, S. 32. Siehe auch Begründung des Gesetzes über erbrechtliche Beschränkungen wegen gemeinschaftswidrigen Verhaltens vom 5. November 1937, DJ 1937 II, S. 1761.

521 Vgl. hierzu „Erste Verordnung zum Reichsbürgergesetz," RGBl 1935 I, S. 1933 f; „Erste Verordnung zur Ausführung des Gesetzes zum Schutze des deutschen Blutes und der deutschen Ehre," RGBl. 1935 I, S. 1934.

Die Eltern des Juden oder des Mischlings, der trotz Verbotes einen deutschen Staatsangehörigen geheiratet hatte, konnten ihm den Pflichtteil nicht entziehen.[522]
Die Regelung sollte das „Abfließen deutschen Vermögens in jüdische Hände" verhindern.
Wie *Lange* aber auch feststellte, konnte diese Vorschrift ihrem Zweck nicht ganz gerecht werden, denn selbst wenn dem Abkömmling der Pflichtteil aus obigen Gründen entzogen werden konnte, würden an seine Stelle dann seine Kinder treten.[523]

Dennoch wurde das *Gesetz über erbrechtliche Beschränkungen* in der Rechtslehre als erster Schritt zur stückweisen Erneuerung des gesamten Erbrechts gelobt. Mit diesem Gesetz sei wenigstens damit begonnen worden, den Gemeinschafts- und Rassegedanken im Erbrecht zu verwirklichen. Der letzte Schritt sollte dann die vollständige Ersetzung des Erbrechts des Bürgerlichen Gesetzbuches durch ein neues, nationalsozialistisches Gesetzbuch sein.[524]

bb) Testamentsgesetz

Am 1. August trat das *Gesetz über die Errichtung von Testamenten und Erbverträgen* vom 31. Juli 1938 in Kraft (im folgenden: TestG).[525]
Es enthielt umfassende Regelungen zu den verschiedenen Errichtungsmöglichkeiten sowie zu Aufhebung, Abänderung und Verwahrung.[526]
Im Hinblick auf das Pflichtteilsrecht ist hauptsächlich die Vorschrift des § 48 Abs. 2 TestG von Interesse. Dort war geregelt, daß eine Verfügung von Todes wegen nichtig war, soweit sie in einer dem gesunden Volksempfinden widersprechenden Weise gegen die Rücksichten verstieß, die ein verantwortungsbewußter Erblasser auf Familie und Volksgemeinschaft zu nehmen hatte.
Dogmatisch gesehen hatte man hier eine Generalklausel ähnlich der des § 138 BGB geschaffen, die mit nationalsozialistischer Rassenideologie und –terminologie entsprechend und beliebig ausfüllbar war und damit dem Richter einen bedeutenden Ermessensspielraum eröffnete.
Einen - um nicht zu sagen den - praktischen Anwendungsfall dieser Vorschrift stellte die Erbeinsetzung eines Juden durch einen Arier unter Übergehung arischer naher Verwandter dar.[527]

---

522 *Greiser*, DFG 1938, S. 34.
523 *Lange*, ZAKDR 1938, S. 263, Fn.1.
524 *Vogels*, DJ 1937 II, S. 1805.
525 Die Besprechungen, die vor Inkrafttreten des Gesetzes zwischen den am Entwurf beteiligten Personen stattgefunden haben, sind abgedruckt bei *Schubert*, Familien- und Erbrecht unter den Nationalsozialismus, S. 299-341.
526 RGBl. 1938 I, S. 973 ff.

§ 48 Abs. 2 TestG sollte aber keinen erbrechtlichen Anspruch für einen bestimmten Angehörigen gewähren, sondern nur einen allgemeinen Anspruch auf richterliche Feststellung der Nichtigkeit einer letztwilligen Verfügung. Außerdem enthielt die Vorschrift keine Rechtsfolgenregelung, die im Falle der Nichtigkeit eintreten sollte, diese Entscheidung war dem Richter überlassen.
Maßgeblicher Zeitpunkt für die Frage der Verwerflichkeit der letztwilligen Verfügung war der Zeitpunkt des Todes des Erblassers.[528]
Es fanden sich aber auch Stimmen, die für eine restriktive Anwendung des § 48 Abs. 2 TestG plädierten. Die Vorschrift solle nur in krassen Fällen anwendbar sein, in solchen also, bei denen der Verstoß gegen Familie oder Volksgemeinschaft unstreitig sei und klar auf der Hand läge.[529]

Weiterhin war das Pflichtteilsrecht der §§ 2303 ff BGB durch § 48 Abs. 2 TestG nicht berührt worden, der „ordentliche" Anspruch und der Anspruch aus § 48 Abs. 2 TestG sollten nebeneinander laufen.
§ 48 Abs. 2 TestG sollte nur ein Korrektiv bilden, um letztwillige Verfügungen, welche die gebotene Rücksicht auf Familie oder Volksempfinden vermissen ließen, durch richterlichen Gestaltungsakt abändern zu können. Letztendlich lief dies auf eine Einschränkung der Gestaltungsfreiheit hinaus, wobei eine Berücksichtigung der Pflichtwidrigkeit von Amts wegen nicht stattfand.
Wo die Familie schwieg, blieb dem Richter also nur der Rückgriff auf § 138 BGB.[530]

---

527 Amtliche Begründung zum Testamentsgesetz, DJ 1938, S. 1254,1259; so auch *Schmidt-Klevenow* a.a.O., der betonte, daß die Erbeinsetzung eines Juden stets gegen die Rücksichten verstieße, die ein verantwortungsvoller Erblasser auf Familie und Volksgemeinschaft zu nehmen hatte. Auch dann, wenn gesetzliche Erben nicht vorhanden seien, sei die Erbeinsetzung nichtig, denn sie verstoße dann immer noch gegen die Rücksichten, die der Erblasser auf die Volksgemeinschaft zu nehmen hatte. Die Erbschaft müsse in so einem Fall dann dem Staat, also der Volksgemeinschaft zufallen.

528 ausführlicher zu § 48 Abs. 2 TestG : *Guggumos,* DFG 1943, S. 61 f.

529 *Guggumos,* a.a.O. S. 62.

530 a.a.O. S. 62.

cc) Interpretation des § 138 BGB

Überhaupt spielte § 138 BGB eine wichtige Rolle in den nationalsozialistischen Überlegungen. Er sollte die „Hauptwaffe gegen pflicht- und gemeinschaftswidrige Verfügungen" durch Erweiterung seines Anwendungsbereiches in Bezug auf das Erbrecht darstellen.[531]
Nach dem klaren Sinn und Zweck des neuen nationalsozialistischen Erbrechts sollte die Erbeinsetzung eines Juden durch einen Deutschen stets unmöglich sein. Eine solche Erbeinsetzung sei nämlich nach § 138 BGB nichtig, weil sie gegen die guten Sitten verstoße.[532]
Auch wenn der Erblasser nächste Angehörige willkürlich von der Erbfolge ausgeschlossen habe, sei diese Verfügung nichtig, denn dies sei schon ein Gebot des Familiengedankens. Bei schweren Fällen dieser Art würde gemäß § 138 BGB die Verfügung wegen grober Pflichtwidrigkeit bereits nichtig sein.[533]
Gerade die Generalklausel des § 138 BGB bot den Nationalsozialisten also fast unbegrenzte Möglichkeiten zur Ausfüllung des Begriffes der guten Sitten mit der nationalsozialistischen Weltanschauung. Trotzdem wurde § 138 BGB noch als „individualistisch" kritisiert, da er in seiner Auslegung zwar die Berücksichtigung des „Volksempfindens", nicht aber des „Gemeinwohls" erlaube. Änderungsvorschläge diesbezüglich wurden aber fast einhellig als überflüssig erachtet. Man stellte sich auf den Standpunkt, daß ein Verstoß gegen das Gemeinwohl automatisch sittenwidrig sei und was ein Verstoß gegen das Gemeinwohl sei, könne der Richter durch seine Bindung an die nationalsozialistische Weltanschauung besser feststellen als eine Legaldefinition.[534]

Auch bezüglich des Anwendungsbereiches des § 2333 Nr. 5 BGB fand nach dem Willen des Erbrechtsausschusses eine Veränderung statt. Ausgangspunkt der Überlegungen war, daß die bisherigen Entzugsgründe des § 2333 BGB nur Verfehlungen gegenüber dem Erblasser sanktionierten.
Was man vermißte, war die Aufnahme des staatsfeindlichen Verhaltens als Pflichtteilsentziehungsgrund. In schweren Fällen, in denen ein Deutscher treuwidrig die Belange seines eigenen Volkes geschädigt hatte, griff die Regelung des § 1 des Gesetzes über erbrechtliche Beschränkungen ein. Mit der dann folgenden Ausbürgerung war auch der Weg zum Erbe versperrt.
In minder schweren Fällen wurde ein Recht zur Entziehung des Pflichtteils als ausreichend erachtet, wie in § 2 des Gesetzes über erbrechtliche Beschränkungen festgelegt war. Zwar würden solche Konstellationen bereits als Fall des ehrlosen

---

[531] *Lange*, ZAKDR 1938, S. 212.
[532] *Schmidt-Klevenow* a.a.O. S. 1354.
[533] *Lange*, DR 1942, S. 1717.
[534] *Stolleis*, Gemeinwohlformeln, S. 100 f.

Lebenswandels unter § 2333 Nr. 5 BGB fallen, *Lange* befürwortete und empfahl dem Erbrechtsausschuß dennoch eine Erweiterung und Ergänzung dieser Vorschrift aus staatspolitischen und volkserzieherischen Gründen.
Die Betätigung staatsfeindlicher Gesinnung als Pflichtteilsentziehungsgrund wurde ausdrücklich von *Lange* in seinem Erbgesetzentwurf als Anwendungsfall von § 2333 Nr. 5 BGB hervorgehoben.[535]
Der Hauptanwendungsfall dieser Regelung griff ein, wenn ein Deutschblütiger einen Juden geheiratet hatte. In diesem Fall sei er mit Recht aus seiner Familie ausgestoßen worden.[536]

dd) Verfügung des Reichsjustizministers

Bis zum Jahr 1941 war nicht geklärt, ob die Erbeinsetzung eines Juden nun in jedem Fall nichtig war oder nicht. Mit Verfügung des Reichsjustizministers von 1941 stellte dieser sodann jedoch endgültig klar:

„Es unterliegt keinem Zweifel, daß eine Verfügung von Todes wegen nichtig ist, soweit in ihr ein deutschblütiger Erblasser unter Übergehung deutschblütiger Verwandter einen Juden zum Erben einsetzt oder zum Nachteil solcher Verwandten einem Juden eine Zuwendung macht. Eine solche Verfügung wird auch dann nichtig sein, wenn keine gesetzlichen Erben vorhanden sind, denn überkommenes wie gewonnenes Gut des Erblassers kann in der Hand eines Juden niemals zum Wohle von Familie und Volksgemeinschaft wirken. Hierauf hat ein verantwortungsvoller Erblasser Rücksicht zu nehmen. Wenn in § 48 Abs. 2 TestG von einer Rücksichtnahme auf Familie und Volksgemeinschaft die Rede ist, so bedeutet dies nicht, daß immer auch die Familie des Erblassers betroffen sein muß, daß also dann, wenn eine Familie nicht mehr vorhanden ist, eine Nichtigkeit nach § 48 Abs. 2 TestG nicht gegeben sein kann. Hinterläßt der Erblasser keine Verwandten, so kommt es allein auf die gegenüber der Volksgemeinschaft bestehenden Pflichten an.
Hiernach wird eine Verfügung von Todes wegen, durch die der deutschblütige Erblasser sein Vermögen einem Juden zuwendet - gleichviel ob Verwandte vorhanden sind oder nicht - stets in einer dem gesundem Volksempfinden widersprechenden Weise gegen die der Volksgemeinschaft geschuldeten Rücksichten verstoßen und daher nach § 48 Abs. 2 TestG nichtig sein."[537]

---

[535] *Lange*, ZAKDR 1938, S. 262 f.
[536] *Lange*, DR 1942, S. 1718.
[537] DJ 1941, S. 958.

c) Rechtsprechung zum Entzug des Pflichtteils

Trotz aller dogmatischen Ansätze, neu geschaffener Gesetze und Verordnungen blieb die rechtliche Ausfüllung und Anwendung der neuen Vorschriften letztlich den Gerichten überlassen.[538]

Interessant sind in diesem Zusammenhang mehrere Fragen:

- folgten die Gerichte bei den Urteilen zum Pflichtteilsentzug der vorgegebenen ideologischen Linie?
- Gab es auch Urteile, die das nationalsozialistische Gedankengut nicht in den Mittelpunkt ihrer Entscheidung stellten, Entscheidungen, die frei vom Rassengedanken waren?
- Zogen die erkennenden Gerichte zur Urteilsbegründung die bisherige Auslegung der § 2333 ff BGB zu Rate oder stützten sie sich eher auf die von den Nationalsozialisten so sehr favoritisierten und hervorgehobenen Generalklauseln wie den § 138 BGB oder den § 48 Abs. 2 TestG ?

Die Antworten auf diese Fragen werden die im folgenden dargestellten Urteile und ihre Begründungen geben.

aa) Außereheliches Verhältnis als unsittlicher Lebenswandel

Am 10. Juli 1933 entschied das Reichsgericht, daß selbstverständlich ein ehebrecherisches Verhältnis ein unsittlicher Lebenswandel sei.[539]

Als festgestellt galt, daß der Sohn über Jahre hinweg mit seiner Geliebten ein ehebrecherisches Verhältnis unterhalten hatte und daß ihm aus diesem Grunde zu Recht von den Eltern der Pflichtteil entzogen worden sei. Mit der Revision war das Argument vorgebracht worden, die Vorschrift des § 2333 Nr. 5 wolle nicht alltägliche, sondern ganz besonders schwere Verhältnisse treffen.

Das Reichsgericht folgte jedoch der Linie, die in vorhergegangenen Urteilen[540] bereits erkennbar geworden war. Danach reichte eine einzelne Verfehlung gegen das Sittengesetz nicht aus, erforderlich sei ein dauerhaftes unsittliches Verhältnis des Abkömmlings. Ein fortgesetztes ehebrecherisches Verhältnis auch mit nur

---

[538] Zwar nahm die Partei offiziell keinen Einfluß auf die Urteilsfindung der Gerichte, ihre Arbeit wurde von regimetreuen Zeitschriften jedoch argwöhnisch überwacht und kommentiert. Die Zeitschrift „Deutsches Recht", herausgegeben von *Hans Frank* für den „Bund Nationalsozialistischer Deutscher Juristen" war das einzige juristische Blatt der NSDAP neben der „Kampfpresse", in dem Gerichtsurteile veröffentlicht wurden. Offene Justizkritik wurde hier nicht geübt. Es finden sich in der Folgezeit jedoch vermehrt Urteilsanmerkungen. Vgl. zu dem Verhältnis Justiz und Presse ausführlich *Krohn*, S. 40 f.

[539] RG bei Warneyer 1933 Nr. 152.

[540] vgl. hierzu JW 1914, S. 1081 ff; LZ 1923, S. 396 ff.

einer Person könne daher sehr wohl als unsittlicher Lebenswandel angesehen werden.
Im vorliegenden Fall hatte das jahrelange ehebrecherische Verhältnis zur Zerrüttung der Ehe des Klägers und zur Trennung der Ehegatten geführt. Es liege insofern eine so schwere und langandauernde Nichtachtung des Sittengesetzes von Seiten des Klägers vor, daß die Voraussetzungen eines unsittlichen Lebenswandels gegeben seien.

Die Einstellung gegenüber dem Ehebruch hatte sich also mit den Jahren nicht verändert. Er war bereits 1914, zu Beginn des Jahrhunderts als Entzugsgrund angesehen worden, ebenso in den zwanziger Jahren und diese Einstellung hatte sich auch mit der Machtübernahme der Nationalsozialisten nicht geändert. Keine Erwähnung findet hier noch die Rassenfrage – entweder, weil im vorliegenden Fall nicht anwendbar, oder vielleicht auch weil die Justiz im Jahr 1933 noch relativ frei von nationalsozialistischem Gedankengut war.

bb) Verstoß gegen die guten Sitten bei Erbeinsetzung eines Nichtariers

Bereits drei Jahre später sah dies anders aus. Das zeitlich erste Urteil, in dem sich eine explizite Auseinandersetzung mit der Rassenfrage findet, ist in Tenor und Wortwahl bereits sehr deutlich von der nationalsozialistischen Ideologie geprägt. Die Rassenfrage ist tragender Bestandteil des Urteils.

Eine arische Erblasserin hatte in einer formell gültigen letztwilligen Verfügung vom 24. Dezember 1935 einen Nichtarier unter völligem Ausschluß ihrer gesetzlichen Erben (Vater und Schwester) als Alleinerben eingesetzt.
Ohne sich mit den Gründen näher zu beschäftigen, welche die Erblasserin zu diesem Schritt veranlaßt haben mochten, prüfte das Amtsgericht Leipzig allein anhand der gesetzlichen Auslegungsregeln, ob das Testament als gültig angesehen werden könnte. Es verneinte diese Frage.
Die letztwillige Verfügung, nach dem Erlaß und in Kenntnis der Nürnberger Gesetze und der Rassenfrage gefertigt, widerspräche den guten Sitten und sei deshalb nichtig. Auf keinen Fall würde es dem gesunden Volksempfinden, dem Anstandsgefühl aller billig und gerecht Denkenden sowie dem herrschenden Volksbewußtsein entsprechen, wenn – entgegen den Zielen des Nationalsozialismus, der eine reinliche Scheidung der Rassen und die Distanzierung vom Judentum in gesellschaftlicher und wirtschaftlicher Beziehung fordere – arisches Volksvermögen unter Ausschluß der gesetzlichen Erben in jüdische Hände übergeleitet würde.[541]

[541] DJ 1936 II, S. 1579 f.

In einer zustimmenden Anmerkung betonte auch *Friedrich*[542] die Richtigkeit der gefällten Entscheidung. Zuzugeben sei, daß das Gesetz die Frage, ob die Erbeinsetzung eines Juden durch einen Deutschen gültig sei, nicht eindeutig geregelt habe. Auch die Nürnberger Gesetze enthielten diesbezüglich keine eindeutigen Bestimmungen.
Die Frage sei also aufgrund der allgemeinen Vorschriften über die Nichtigkeit unsittlicher Geschäfte zu lösen.
Hier seien nicht die wirtschaftlichen Aspekte in den Vordergrund zu stellen, sondern die Überlegung, daß das Erbrecht seine Wurzeln im Familienrecht habe. Bereits nach dem alten deutschen Recht erwuchs der Erbe aus der Sippe, er war ein geborener, nicht ein gekorener Erbe.
Die neuere Weltanschauung stelle das deutsche Volk und seine Erhaltung in den Mittelpunkt der Betrachtung, danach habe sich auch der Richter zu richten.
Zwar dürfe er sich nicht über die bestehende Gesetzeslage hinwegsetzen, habe aber habe die Pflicht, sich von den tragenden Gedanken der nationalsozialistischen Weltanschauung leiten zu lassen. Der Richter müsse also die vom Gesetzgeber zugelassene Testierfreiheit als Ausnahme von der Regel werten und bei der Frage, ob im Einzelfall die Einsetzung eines Erben gegen die guten Sitten verstoße, einen ganz besonders strengen Maßstab anlegen.
Nach dem gesunden Volksbewußtsein sei es nun einmal unerträglich, wenn einem Juden die bevorzugte Stellung eines Testamentserben an Stelle eines deutschen Menschen eingeräumt werde. Dies sei nicht deshalb unerträglich, weil dem Juden hier Vermögenswerte zufallen sollten. Vielmehr entspreche es deutschem Rechtsdenken, das ewige Band der Familie zu erhalten und nicht dadurch zu zerreißen, daß einem Artfremden Befugnisse zufielen, die als Treuhänder des Familiengutes nur dem Angehörigen der Sippe zustünden.

cc) Verstoß gegen § 138 BGB bei Erbeinsetzung des jüdischen Lebenspartners

Das OLG München beschäftigte sich in seiner Entscheidung mit einer ganz ähnlichen Problematik wie im bereits geschilderten Fall. Strittig war die Frage, ob eine Erbeinsetzung eines Juden unter Übergehung der nahen Verwandten als Verstoß gegen § 138 BGB anzusehen sei.[543]

Die zeitlebens ledige Erblasserin hatte bis zu ihrem Tode ein Verhältnis mit einem Juden unterhalten. Sie hinterließ als gesetzliche Erben ihren Vater und ihre verheiratete Schwester. Die Erblasserin hatte ihre letztwillige Verfügung mehrfach ge-

---

[542] *Friedrich*, DJ 1936 II, S. 1580.
[543] DJ 1938, S. 309 ff.

ändert. In einem eigenhändigen Testament aus dem Jahre 1931 hatte sie ihren jüdischen Lebenspartner zum Haupterben und Testamentsvollstrecker eingesetzt, daneben aber auch ihren Vater und ihre Schwester bedacht. In einem Nachtrag aus dem Jahre 1934 bestimmte sie, daß bei dem Tod ihres Lebenspartners all das, was er von ihr geerbt hatte, ihrer Schwester zufallen sollte.
Im Jahr 1935 schließlich setzte sie ihren Lebenspartner zum Alleinerben ein und verstarb am 17. September 1936.

Unter Bezugnahme auf dieses Testament hatte der jüdische Lebensgefährte beim Nachlaßgericht die Erteilung eines Erbscheins beantragt, die am 29. September 1936 abgelehnt wurde.
In der Begründung nahm das Nachlaßgericht wie folgt Stellung:

> „...die nach dem Erlaß und in Kenntnis der Rassenfrage errichtete letztwillige Verfügung stellt sich als den guten Sitten widersprechend und daher als nichtig dar.
> Es würde auf keinen Fall dem gesunden Volksempfinden, dem Anstandsgefühl aller billig und gerecht Denkenden sowie dem herrschenden Volksbewußtsein entsprechen, wenn – entgegen den Zielen des Nationalsozialismus, der eine reinliche Scheidung der Rassen und die Distanzierung vom Judentum in gesellschaftlicher und wirtschaftlicher Hinsicht fordere - arisches Volksvermögen unter Ausschluß der gesetzlichen Erben durch Erbeinsetzung eines Nichtariers in jüdische Hände übergeleitet würde.“[544]

Der Betroffene legte gegen diesen Beschluß Beschwerde ein, die jedoch als unbegründet verworfen wurde. Auf weitere Beschwerde führte das OLG aus:
Es sei konkret zu prüfen gewesen, ob die im Jahr 1935 errichtete Verfügung zur Zeit der Errichtung nach dem damals herrschenden Volksempfinden gegen die guten Sitten verstoßen habe. Dies habe das Landgericht korrekt bejaht.
Ob die Beziehung bereits nach dem vor der nationalsozialistischen Erhebung herrschenden Volksempfinden unsittlich gewesen war, könne dahingestellt bleiben, wie das Landgericht ganz richtig festgestellt habe.
Zwar habe es bereits vor dem Umbruch dem Anstandsgefühl und dem sittlichen Volksempfinden weiter Volkskreise widersprochen, wenn eine deutsche Frau sich in geschlechtliche Abhängigkeit zu einem Juden begeben habe. Unsittlich sei das Verhältnis jedoch endgültig mit der Durchsetzung der nationalsozialistischen Weltanschauung und der Rassenfrage geworden, die sich in den Nürnberger Gesetzen niedergeschlagen habe.
Berücksichtige man die Gesamtumstände, so sei das Verhältnis auch deswegen besonders verwerflich, weil die Erblasserin physisch und wirtschaftlich ausgenützt worden sei und dem Betroffenen zu keinem Dank verpflichtet gewesen sei.

---

[544] a.a.O. S. 309.

Die Einsetzung zum Testamentserben sei die Krönung des unsittlichen Verhältnisses und damit gemäß § 138 BGB sittenwidrig. Gerade als deutsche Ärztin und gebildete Frau habe die Erblasserin doch wissen müssen, daß eine solche Erbeinsetzung dem herrschenden Rechtsbewußtsein widerspräche.[545]

Erklärend muß hinzugefügt werden, daß der Betroffene eine Verletzung des Gesetzes gerügt hatte, insbesondere des BGB und der Nürnberger Gesetze.
Dies deshalb, weil das angefochtene Urteil sich nämlich einer eindeutigen Stellungnahme zu der Frage, ob nach geltendem Recht die testamentarische Erbeinsetzung eines Juden durch einen Arier wegen Verstoß gegen die guten Sitten nichtig sei, enthalten hatte.
Der Beschwerdeführer machte geltend, dieser Stellungnahme hätte sich das Gericht jedoch nicht enthalten dürfen.

Der Senat des OLG Münchens nahm dazu wie folgt Stellung:
Es sei richtig, daß das Landgericht es dahingestellt gelassen hatte, ob die sich aus dem Parteiprogramm und den Nürnberger Gesetzen ergebende Stellung des Nationalsozialismus zur Rassenfrage für sich allein ausreichend sei, um die Nichtigkeit des Testaments herbeizuführen.
Durch dieses Unterlassen sei der Beschwerdeführer aber nicht beschwert, denn das Landgericht sei zu der Überzeugung gelangt, daß die letztwillige Verfügung unter Berücksichtigung aller Umstände des Einzelfalls gegen die guten Sitten und damit gegen geltendes bürgerliches Recht (§ 138 BGB) verstoße.
Wie das Landgericht zutreffend ausgeführt habe, hatte die Erblasserin mit dem Beschwerdeführer eine jahrelange geschlechtliche Beziehung unterhalten. Es habe eine wirtschaftliche Abhängigkeit bestanden und die Erblasserin habe ohne wichtigen Grund ihre nächsten Verwandten von der Erbfolge ausgeschlossen.
Da diese Begründung den Beschluß bereits trage, habe das Gericht nicht die Pflicht, theoretisch zu einer Frage Stellung zu nehmen, auf die es für die Entscheidung gar nicht ankäme. Der Beschwerdeführer habe hierauf auch kein Recht.

Weiterhin rügte der Beschwerdeführer, daß nach den bestehenden erbrechtlichen Bestimmungen die Einsetzung eines Juden als Erben durch einen Arier nicht untersagt sei. Die Rassenungleichheit zwischen Erblasserin und Erben müsse daher für die Frage der Sittenwidrigkeit vollkommen ausscheiden. Die darüber hinaus vom Landgericht angeführten Tatsachen könnten aber für sich allein betrachtet nicht ausreichen, um die letztwillige Verfügung als gegen die guten Sitten verstoßend erscheinen zu lassen.

---

[545] a.a.O. S. 309 f.

Der Senat folgte dem Beschwerdeführer insoweit, als das Recht des BGB auf der Grundlage der Testierfreiheit beruhe. Einen Rechtssatz des Inhalts, daß ein Jude von einem Arier nicht zum Erben eingesetzt werden könne, kenne das BGB tatsächlich nicht. Wenn der Beschwerdeführer sich aber darauf berufe, daß die Nürnberger Gesetze die staatsrechtliche und die bürgerlich-rechtliche Trennung der Juden mit der Folge festgelegt hätten, daß über den Geltungsbereich dieser Gesetze eine Unterscheidung zwischen Juden und Ariern überhaupt nicht zulässig sei, so gehe diese Auffassung fehl.
Der Beschwerdeführer verkenne, daß das Landgericht die Frage, ob und inwieweit die Nürnberger Gesetze über ihre konkreten Bestimmungen hinaus sonstige bürgerlich-rechtliche Wirkungen für die Juden hätten, nicht habe entscheiden wollen. Die angegriffene Entscheidung stütze sich auf die Sittenwidrigkeit des in Frage stehenden Rechtsgeschäftes. Bei der Prüfung desselben war somit nur die Frage des Verstoßes gegen die guten Sitten zu erörtern, nicht aber auf die Frage, ob ein Verstoß gegen ein gesetzliches Verbot (§ 134 BGB) vorlag. Dennoch habe das Landgericht die Rassenzugehörigkeit des Beschwerdeführers und die Stellung des Nationalsozialismus zur Judenfrage bei der Beurteilung des Falles nicht völlig außer Acht lassen können.

Das Fazit dieses Urteils ist ein ambivalentes.
Einerseits ist es deutlich von der nationalsozialistischen Weltanschauung geprägt. Die Schlagworte der Rassenideologie finden sich im Tenor wieder, dies zeigt allein schon die Tatsache, daß ein als Erbe eingesetzte Jude schon ein wichtiges Kriterium für die Sittenwidrigkeit der Verfügung war.[546]
Landgericht und Oberlandesgericht ließen jedoch die Frage offen, ob man einen solchen allgemeinen Rechtssatz aufstellen könne. Sie führten aus, das jahrelange unsittliche Verhältnis, dessen Fortführung nach dem Sieg der nationalsozialistischen Weltanschauung und die jahrelange wirtschaftliche Ausnutzung der Erblasserin durch den eingesetzten jüdischen Alleinerben widersprächen jedem gesunden sittlichen Empfinden und jedem natürlichen Rechtsgefühl und begründeten deshalb bereits die Sittenwidrigkeit.
Wie *Vogels* anmerkte, sei dem Testament somit mit Recht in allen drei Instanzen die Anerkennung versagt geblieben.[547]

---

[546] Das AG München als erstinstanzliches Gericht hatte das Testament schon wegen der bloßen Tatsache als nichtig angesehen, daß eine Arierin einen Juden unter Übergehung ihrer Verwandten zum Alleinerben eingesetzt hatte.
[547] DJ 1938, S. 311.

dd) Sittenwidrigkeit der Erbeinsetzung der jüdischen Ehefrau

Das nächste Urteil zu diesem Problemkreis erging am 05. April 1939.[548]
Das OLG Hamm stellte ohne nähere Begründung fest, daß ein Testament, in dem der Erblasser seine zweite Ehefrau, eine Jüdin, unter Übergehung seiner arischen Kinder aus erster Ehe zur Alleinerbin eingesetzt hatte, nichtig sei.
§ 48 Abs. 2 TestG konnte im vorliegenden Fall keine Anwendung finden, wie das Gericht korrekt feststellte, denn das Testament stammte vom 24. Dezember 1933. Das TestG trat aber erst am 01. August 1938 in Kraft.

Das OLG stützte sich demzufolge bei seiner Entscheidung auf § 138 BGB und urteilte, die Einsetzung der jüdischen Ehefrau zu Lasten der aus erster Ehe stammenden deutschblütigen Kinder widerspräche dem Sittlichkeitsgefühl aller billig und gerecht Denkenden.
Eine weitere Begründung dieser Entscheidung sucht man vergeblich. Das Gericht scheint sich an der amtlichen Begründung des Testamentsgesetzes orientiert zu haben. Dort hieß es, eine Erbeinsetzung eines Juden durch einen Arier unter Übergehung arischer Verwandter verstieße gegen die Rücksichten, die der Erblasser gegen Familie und Volksgemeinschaft zu nehmen habe.[549]

ee) Nichtigkeit eines Vermächtnisses nach § 138 BGB und § 48 II TestG

Hinsichtlich dieses Urteils ist zweierlei grundsätzlich anzumerken.[550] Erstens war die Rassenfrage eigentlich nicht Gegenstand des Falles, sondern wurde unter Berufung auf die nationalsozialistische Ideologie nur zur Untermauerung des Urteils herangezogen und zweitens handelt es sich hier um das erste Urteil, bei dem sich ein Gericht nicht mehr ausschließlich auf § 138 BGB zurückziehen mußte, sondern § 48 des TestG vom 31. Juli 1938 ausschöpfen konnte.

Der dem Urteil zugrundeliegende Sachverhalt hatte mit der Rassenfrage eigentlich zunächst wenig zu tun. Der Erblasser hatte seiner „Wirtschafterin“, mit der er ein jahrelanges außereheliches Verhältnis gepflegt hatte und die für ihn ihren Beruf aufgegeben hatte, ein Wohn- und Nutznießungsrecht an seinem Anwesen vermacht. Die Vermächtnisnehmerin klagte nun auf Eintragung eines dinglichen Wohn- und Nutzungsrechts im Grundbuch durch die Erben.

---

[548] HRR 1939, Nr. 826.
[549] vgl. hierzu Begründung zum Gesetz über die Errichtung von Testamenten und Erbverträgen vom 31. Juli 1938, DJ 1938 II, S. 1254, 1259.
[550] HRR 1940, Nr. 354.

Das Landgericht hatte die Auffassung vertreten, die letztwillige Zuwendung sei ein eintragungspflichtiges Nießbrauchsrecht und gab der Klage statt.

Das Oberlandesgericht jedoch erklärte das Vermächtnis für nichtig. Auch wenn der Erblasser bei Errichtung der letztwilligen Verfügung die Versorgungsfunktion in den Vordergrund habe stellen wollen, so habe er dies nur getan, um seine Geliebte zu bewegen, ihm bis zu seinem Tod treu zu sein und das ehebrecherische Verhältnis mit ihm fortzusetzen. Mit der Sorge um ihre Person, zu der sich der Erblasser verpflichtet gefühlt haben mochte, könne die Unsittlichkeit des Vermächtnisses nicht ausgeräumt werden. Der Fürsorgeaspekt sei somit nicht geeignet, dem Vermächtnis den schweren sittlichen Makel zu nehmen.
Zwar hätten die gesetzlichen Erben keinen Anspruch darauf, daß der Erblasser ihnen sein ganzes Vermögen ungeschmälert hinterließe, er hätte aber genauso wenig das Recht, den Nachlaß zu kürzen, um dadurch ein Vermächtnis an eine andere Frau zu ermöglichen, die ein dauerhaftes ehebrecherisches Verhältnis mit ihm unterhalten habe. Dieses Vermächtnis sei dann praktisch eine Entlohnung für ihre fortgesetzte geschlechtliche Hingabe.
Wie das OLG feststellte, würde es gröblich dem gesunden rechtlichen und sittlichen Empfinden aller anständig, billig und gerecht Denkenden widersprechen, wenn einer letztwilligen Verfügung, die zum Nachteil der Familie von einem solchen sittlich verwerflichen Zweck und Beweggrund getragen sei, die rechtliche Anerkennung nicht versagt würde.
Damit sei das Vermächtnis gemäß § 138 BGB nichtig. Ebenso sei es auch nach § 48 Abs. 2 TestG nichtig, weil der Erblasser gegen die Rücksichten verstoßen habe, die ein verantwortungsvoller Erblasser auf Familie und Volksgemeinschaft zu nehmen habe.
Weiterhin kam für das Gericht auch in Betracht, daß die Vermächtnisnehmerin immerhin möglicherweise aus einem außerehelichen Geschlechtsverkehr ihrer Mutter mit einem Juden stammte. Allein diese Kenntnis hätte den Erblasser unter allen Umständen davon abhalten müssen, mit der Klägerin überhaupt ein außereheliches Verhältnis zu beginnen.
Indem er dies dennoch getan habe und darüber hinaus ihr zum Nachteil seiner Familie ein Vermächtnis zugewendet habe, habe er sich gröblich zu den nationalsozialistischen Grundsätzen von Anstand und Sittlichkeit in Widerspruch gesetzt.

Auch wenn der das Urteil tragende Gesichtspunkt die jahrelange außereheliche Beziehung als solche war, konnte oder wollte das Gericht die Rassenfrage zur Untermauerung seines Urteils nicht außer acht lassen. Bedenken muß man hierbei, daß der ursprüngliche Streitgegenstand nur die Frage war, ob es sich bei dem Vermächtnis zugunsten der Klägerin um ein dingliches Wohn- und Nutzungsrecht oder um einen nur schuldrechtlichen Anspruch handelte, wie die gesetzlichen Er-

ben meinten. Die Frage, ob die Klägerin möglicherweise jüdischer Abstammung sei, war von dem ursprünglichen Streitgegenstand doch sehr weit entfernt.
Des weiteren sprach selbst das Gericht nur von einer „möglichen" Abstammung der Klägerin von einem Juden, Fakten, die dies hätten untermauern können, lagen wohl nicht vor.
Dieser unsicheren Position trotzend urteilte das Gericht treu der nationalsozialistischen Rassenideologie. Allein die „Möglichkeit" der Abstammung von einem Juden habe bei Beurteilung der Sittenwidrigkeit nicht außer Acht bleiben können. In diesem Urteil hatten sich also die Rassenpropaganda und die judenfeindlichen Gesetze trotz eigentlich ganz anders gelagerter Rechtsfragen dennoch ihre Geltung verschafft.

Es gab aber trotzdem auch in der Rechtsprechung mäßigende Urteile, die bemüht waren, die Rassenfrage nicht zur tragenden Grundlage der Entscheidung zu machen.[551]

ff) Rechtsgültigkeit der Erbeinsetzung eines Juden

Das OLG Darmstadt weigerte sich, ein gemeinschaftliches Testament zwischen Ehegatten nur deshalb für nichtig zu erklären, weil der überlebende Bedachte Jude war.[552]
Vorausgegangen war folgender Sachverhalt: Die Ehe zwischen einer Jüdin und einem Arier hatte 23 Jahre gedauert, bis zu dessen Tod im Jahr 1939. Bereits im Jahr 1930 hatten die Ehepartner ein gemeinschaftliches Testament verfaßt, in dem sie sich gegenseitig zum Alleinerben einsetzten.
Die Schwester des verstorbenen Ariers wollte nun dieses Testament als nichtig festgestellt haben. Sie stützte sich mit ihrem Antrag auf § 48 Abs. 2 TestG und machte damit einen gröblichen Verstoß gegen die Rücksichtnahme geltend, die ein verantwortungsvoller Erblasser gegenüber Familie und Volksgemeinschaft zu nehmen habe.

Das OLG beschied ihr kurz, dieses Anliegen müsse als aussichtslos angesehen werden. Die Vorschrift des § 48 Abs. 2 TestG ließe nicht erkennen, daß der Ge-

---

[551] Diese Haltung stieß jedoch bei treuen „Ideologen" grundsätzlich auf Kritik. So betonte *Schmidt-Klevenow* 1940, es fielen leider auch am Richtertisch Entscheidungen, die oft jegliches Verständnis für die Notwendigkeit des Kampfes gegen das Judentum vermissen ließen. (DR 1940, S. 1354 f.). Das Amtsgericht Freienwalde (AZ 4 IV 76/39) hatte noch im Jahr 1940 einer Jüdin einen Erbschein nach einer deutschen Erblasserin erteilt, eine Entscheidung, die nach Auffassung der nationalsozialistisch eingestellten Juristen bei den deutschen Volksgenossen auf wenig Verständnis gestoßen sein dürfte (*Schmidt-Klevenow*, DR 1940, S. 1354).

[552] HRR 1940, Nr. 656.

setzgeber ohne weiteren Grund die Nichtigkeit einer letztwilligen Verfügung bejahe, nur weil der Bedachte Jude sei.
Zwar sei durch die allgemeine Fassung des § 48 Abs. 2 TestG die Rechtsprechung aufgefordert, durch neue Ereignisse geänderten Erkenntnissen Rechnung zu tragen. Dies dürfe aber nicht so weit gehen, daß man Entscheidungen träfe, die über den vom Gesetzgeber beabsichtigten Regelungskreis hinausgingen.
Das wäre aber der Fall, wenn man hier die 23-jährige Ehe unberücksichtigt lassen würde. Solange die Gültigkeit einer ehelichen Verbindung zwischen Ariern und Juden aufrecht erhalten bliebe, sei für die Bejahung der Nichtigkeit einer letztwilligen Verfügung zugunsten einer jüdischen Ehefrau, die nur die Rassezugehörigkeit als Grund nähme, kein Raum.[553]

gg) Nichtigkeit gemäß § 48 II TestG bei Erbeinsetzung eines Juden

Dieses Urteil stützt sich in seiner Argumentation und Begründung nunmehr wieder auf § 48 Abs. 2 TestG.[554] Das Gericht stellte fest, daß ein deutscher Erblasser durch die erbrechtliche Bevorzugung eines Juden gegenüber nichtjüdischen Angehörigen gröblich gegen die zu nehmenden Rücksichten verstoße.
Im vorliegenden Fall hatte der deutschstämmige Erblasser aus seiner ersten Ehe einen Sohn, der unter Hinterlassung eines Enkels vor dem Erblasser verstorben war. Die zweite Ehefrau des Erblassers war Jüdin. Im ersten Testament hatte er seinen damals noch lebenden Sohn als Alleinerben eingesetzt, im Jahr 1939 aber ein neues Testament errichtet und darin seine zweite Ehefrau als Alleinerbin eingesetzt. Sein Enkel beantragte nach seinem Tode einen Erbschein und berief sich darauf, daß das zweite Testament gemäß § 48 Abs. 2 TestG unwirksam sei. Hilfsweise beantragte er die Feststellung, daß er zumindest Miterbe geworden sei.

Das Amtsgericht hatte den Antrag zurückgewiesen. Das Landgericht hob die Entscheidung auf, überließ es aber dem Amtsgericht, dem Enkel einen Erbschein nach Maßgabe des Klägervorbringens zu erteilen. Die weitere Beschwerde der jüdischen Witwe vor dem Kammergericht hatte keinen Erfolg gehabt.
Das Gericht zog die Vorschrift des § 48 Abs. 2 TestG zu Rate und betonte erneut, daß das Testament in der Hand eines verantwortungsvollen Erblassers dem Ziel des Erbrechts diene, überkommenes wie gewonnenes Gut weiterzuleiten und über seinen Tod hinaus wirken zu lassen zum Wohle von Familie, Sippe und Volk. Der Kreis der die „Sippe" bildenden Personen sei im Gesetz nicht festgelegt, sondern sei im Einzelfall nach der Lebensauffassung zu entscheiden. Hierbei könne der

---

[553] a.a.O. Nr. 656.
[554] KG, DR 1941, S. 869 f.

Grad der Verwandtschaft zu dem übergangenen Abkömmling wesentlich für die Frage sein, ob eine grobe Pflichtwidrigkeit vorliege.

Nach Auffassung des Landgerichts war die Einsetzung eines Juden bei Übergehung von arischen Verwandten stets ein Verstoß gegen § 48 Abs. 2 TestG. Es sei daher unerheblich, ob der Erblasser hier einen Fremden oder seine bei der gesetzlichen Erbfolge mitberechtigte jüdische Frau eingesetzt habe. Die Belange der Sippe und der Volksgemeinschaft seien höher zu werten als die persönlichen Interessen. Dieser Grundsatz werde verletzt, wenn Nachlaßgegenstände durch den Übergang in jüdische Hände einem volksdeutschen Abkömmling des Erblassers entzogen würden.

Deswegen könne das zweite Testament auch nicht in vollem Umfang anerkannt werden. Fraglich sei jedoch, ob das Landgericht zu weit gehe, wenn es annehme, daß eine Verfügung, die Nachlaßgegenstände zum Nachteil eines Volksgenossen in jüdische Hände übergehen lasse, unter allen Umständen dem gesunden Volksempfinden widerspräche und daher im Sinne von § 48 Abs. 2 TestG nichtig sei. Dies sei deshalb so zweifelhaft, weil mit einem solchen allgemeinen Grundsatz den besonderen Verhältnissen des Einzelfalls keine Rechnung getragen würde.

Dennoch sei die Entscheidung des Landgerichtes im Ergebnis richtig. Wenn ein deutschblütiger Erblasser einen Juden erbrechtlich bevorzuge und andere, die ihm erbrechtlich näher oder gleich stünden, dadurch zurücktreteten lasse, verstoße er gröblich gegen die gemäß § 48 Abs. 2 TestG zu nehmenden Rücksichten, wenn er für die Bevorzugung keinen rechtlichen Grund habe.

Eine nicht zu rechtfertigende Bevorzugung würde nämlich der jetzt allgemein gewordenen Erkenntnis widersprechen, daß die deutsche Volksgemeinschaft ein Interesse an der Zurückdrängung des Judentums auch in wirtschaftlicher Hinsicht habe und daß deswegen unentgeltliche Zuwendungen eines Deutschen an einen Juden ohne besonderen Grund unterbleiben müßten. Dies sei die Grenze der Testierfreiheit des Erblassers. Vor diesem Hintergrund sei die Entscheidung des Landgerichts sachlich richtig.

Das in Frage stehende Testament sei aber insoweit aufrechtzuerhalten, als es die Ehefrau unter Rückgängigmachung der früheren Enterbung im Umfang ihres gesetzlichen Erbrechts zur Erbin berufe. Dies deswegen, weil das gesetzliche Erbrecht dem jüdischen Angehörigen eines deutschen Erblassers bisher nicht genommen worden sei. Seine testamentarische Zubilligung könne deswegen auch nicht gegen § 48 Abs. 2 TestG verstoßen. Das Nachlaßgericht werde also, wenn überhaupt, nur dem Hilfsantrag des Enkels entsprechen können.[555]

---

[555] In einer zustimmenden Anmerkung betonte *Vogels* a.a.O. die Bedeutung des § 48 Abs. 2 TestG. Dieser erweise sich immer mehr als eine der wichtigsten Stützen des Erbrechts. Das Gericht habe das ihm eingeräumten Ermessen, wie auch schon in vorherigen Entscheidungen, mit begrüßenswerter Entschiedenheit ausgeübt.

hh) Erforderlicher Begründungsumfang

Ende des Jahres 1941 ergingen zwei Reichsgerichtsentscheidungen in zeitlich kurzer Abfolge. Die erste beschäftigte sich mit den Voraussetzungen an die Verfügung, wenn der Ehegatte hinsichtlich der Entziehungsgründe auf einen Scheidungsprozeß Bezug nahm.
Das zweite Urteil behandelte ebenfalls dogmatische Fragen. Es ging darum, unter welchen Voraussetzungen Handlungen, die zeitlich nach der Testamentserrichtung lagen, bei der Pflichtteilsentziehung berücksichtigt werden konnten.
Beide Urteile sind von der Rassenfrage unberührt ergangen. Dies dürfte wohl darauf zurückzuführen sein, daß es sich um Rechtsstreitigkeiten zwischen Deutschen gehandelt hatte.

Zunächst jedoch zum ersten Urteil vom 04. November 1941.[556] Das Urteil erhält wenig ergiebiges hinsichtlich der eigentlichen Berechtigung zur Entziehung des Pflichtteils und soll deswegen auch nur in Kürze besprochen werden.
Geklagt hatte die Ehefrau gegen die als Erben eingesetzten Eltern ihres verstorbenen Ehemannes auf Feststellung der Unwirksamkeit der zwei hinterlassenen handschriftlichen Testamente. Mit letzteren hatte der Erblasser ihr den Pflichtteil entzogen.
Die Klage war in beiden Vorinstanzen abgewiesen worden, die Revision führte jedoch zur Aufhebung und Zurückverweisung.
Im ersten Testament vom 3. Mai 1936 hatte der Erblasser seinen Bruder als Erben bezeichnet. In dieser Verfügung hatte er weiter ausgeführt, daß seine Frau „nicht in sein Gut und auch nicht von wegen mit Geldzahlen bedacht werden dürfe, sie falle gänzlich weg“. Als Begründung gab er an, sie sei an seiner schweren Erkrankung schuld, sie habe ihn schon in den ersten acht Tagen der Ehe gekränkt und geärgert, sie sei faul und träge und habe einen schlechten Charakter. Sie solle auch nicht glauben, daß sie seinen Eltern noch das Brot vom Tisch nehmen könne.
Am 28. Mai 1936 verfaßte er eine weitere eigenhändige Verfügung, in der er seinen Vater zum Anerben bestimmte. Erben seines sonstigen Vermögens sollten seine Eltern zu gleichen Teilen sein. Weiter hieß es: „meiner Frau entziehe ich gemäß § 2335 den Pflichtteil. Sie hat vor dem Landgericht gegen mich auf Scheidung der Ehe geklagt. Ich habe gegen sie Widerklage erhoben, hauptsächlich wegen der unwahren Behauptung, ich hätte mit meiner Mutter Blutschande getrieben.“ [557]

Streitgegenstand im engeren Sinne war nicht die Berechtigung zur Entziehung des Pflichtteils. Unklar war hier, auf welche Gründe der Erblasser sich stützen wollte

---

[556] RGZ 168, 34 ff.
[557] RG a.a.O. S. 35.

und welche Anforderungen an die richterliche Würdigung zu stellen waren. Das Problem lag darin, daß zwei Testamente unterschiedlichen Inhalts vorhanden waren. Das nachfolgende Testament vom 28. Mai machte das vom 03. Mai ungültig. Im späteren Testament waren aber die im ersten Testament angeführten Gründe nicht nochmals angegeben.

Das Reichsgericht bemängelte, die Vorinstanz habe nicht hinreichend geprüft, welcher Scheidungsgrund als Entziehungsgrund anzusehen sei. Hierzu hätte das Testament vom 28. Mai ausgelegt werden müssen. Auch wäre zu prüfen gewesen, ob das Testament vom 3. Mai für die Auslegung mit heranzuziehen gewesen wäre. Die Auslegung sei im übrigen Sache des Tatrichters. Hinsichtlich der oben angedeuteten Formmängel wollte das Reichsgericht der erneuten Würdigung offensichtlich nicht vorgreifen, wies aber dennoch auf folgendes hin: wenn die Auslegung der Testamente ergeben sollte, daß der Erblasser zur Zeit der Errichtung der Verfügung vom 28.Mai alle mit seiner Scheidungswiderklage damals geltend gemachten Scheidungsgründe auch als Entziehungsgründe hatte anführen wollen, so könne das Erfordernis der Angabe des Entziehungsgrundes in der letztwilligen Verfügung im vorliegenden Fall nur ausnahmsweise noch als erfüllt angesehen werden. Dies deshalb, weil die Scheidungsklage bereits anhängig sei und insofern ohne besondere Schwierigkeiten und ohne Unklarheiten aus den gerichtlichen Akten festzustellen sei, welche Entziehungsgründe der Erblasser in der letztwilligen Verfügung habe angeben wollen.

Hier zeigt sich wieder die bereits in vorherigen Urteilen besprochene Tendenz, den Willen des Erblassers in jeder Hinsicht auszulegen, auch wenn diese Auslegung an die Grenzen der Formerfordernisse stießen. Der Rest des Urteils beschäftigt sich mit Verfahrensrügen, die gegen das Urteil erhoben worden waren. Sie sind hinsichtlich des Pflichtteilsentzugs an sich von keiner grundlegenden Bedeutung. Bemängelt wurde vom Reichsgericht, daß nicht ersichtlich sei, von welcher Auslegung der Testamente der Vorderrichter ausgegangen sei. Es sei anzunehmen, daß er sich im Gegensatz zu den Vorinstanzen auf den Scheidungsgrund des Vorwurfs der Blutschande habe stützen wollen, wie im Testament vom 28. Mai angegeben. Der Berufungsrichter irre jedoch, wenn er glaube, er habe die Entscheidungen, die im Scheidungsrechtsstreit ergangen seien, „nachzuprüfen". Er habe sich vielmehr selbständig und vollständig an die Stelle des Scheidungsrichters zu versetzen und zu prüfen, ob diejenigen Gründe, die der Erblasser in seiner letztwilligen Verfügung angegeben habe, zur Scheidung aus dem Verschulden der Ehefrau geführt hätten.

Im vorliegenden Fall habe der Berufungsrichter nicht nur den Vorwurf in der letztwilligen Verfügung vom 28. Mai als alleinigen Scheidungsgrund angenommen ohne das Testament vom 3. Mai zu betrachten, sondern auch die Zumutungsfrage in diesem Zusammenhang nur ungenügend geprüft. Mit der Wiederholung der Worte des Gesetzes werde er der ihm durch § 1568 auferlegten Pflicht jeden-

falls nicht gerecht. Er habe vielmehr das eigene Verhalten des gekränkten Ehegatten und etwaige ihm zur Last fallende Ehewidrigkeiten gegenüber der ihm zugefügten Kränkung gegeneinander abzuwägen, wie es die ständige Rechtsprechung erfordere.[558]
Da das Urteil eine solche Auseinandersetzung vermissen ließ, kam es zur Zurückverweisung.

Da Schwerpunkt dieses Urteils nicht materielle Fragen hinsichtlich des Pflichtteilsentzuges waren, eignet es sich weniger für den Gegenstand dieser Untersuchung. Dennoch verdient es Beachtung, da es sehr ausführlich die enge Verknüpfung des Ehescheidungsrechts mit dem Erbrecht darstellt und sich insbesondere der Prüfungspflicht und dem Prüfungsumfang der Richter bei solchen Erbrechtsstreitigkeiten widmet.

Im zweiten Urteil des Reichsgerichtes ging es um Trunkenheit des Kindes.[559]
Die Klägerin lebte bis 1925 im Haushalt ihres Vaters, der seit 1921 zum zweiten Mal verheiratet war. Die leibliche Mutter war geisteskrank gewesen und inzwischen verstorben.
1923 hatte die Klägerin ihren späteren Ehemann kennengelernt, der zum damaligen Zeitpunkt noch verheiratet war. Im Zuge seines Scheidungsprozesses hatte sie jegliche außereheliche Beziehung mit ihm verneint. Nach seiner Scheidung verließ die Klägerin am 30. April 1925 heimlich das Haus ihrer Eltern und heirate ihn am 13. Juni 1925. Am 28. Mai 1925 bereits errichteten der Vater und die Stiefmutter der Klägerin ein gemeinschaftliches Testament, indem sie sich gegenseitig zu Alleinerben einsetzten.
Der Vater bestimmte in diesem Testament weiterhin, daß die Klägerin wegen bestimmter Handlungen und Angriffe gegen seine Person und seinen Namen sowie wegen Nichtunterstützung ihrer kranken Mutter und wegen Schmähungen gegen seine Frau aus zweiter Ehe von jeder Erbfolge und vom Pflichtteil ausgeschlossen bleiben sollte. Sie hätte ihn und seine Ehefrau durch Ehebruch und den im Scheidungsprozeß nachfolgenden Falscheid betrogen und beschimpft.
1926 verklagte die Klägerin ihren Vater auf Zahlung von 10.000 RM für eine Aussteuer. Mit dieser Klage wurde sie rechtskräftig abgewiesen, da das Landgericht ausführte, sie habe einen ehrlosen und unsittlichen Lebenswandel geführt. Insofern habe der Vater ihr mit Recht die Gewährung einer Aussteuer verweigert.

Im Januar 1939 erhob die Klägerin dann Klage gegen ihre Stiefmutter mit dem Antrag festzustellen, daß sie nach ihrem verstorbenen Vater pflichtteilsberechtigt

---

[558] RG a.a.O. S. 37.
[559] RGZ 168, 39 ff.

sei. Der Klage wurde stattgegeben, die Revision der beklagten Stiefmutter blieb erfolglos.
Bereits das Berufungsgericht hatte in Übereinstimmung mit der ständigen Rechtsprechung festgestellt, daß der Grund für die Entziehung zur Zeit der Errichtung des Testaments bestehen und darin angegeben sein müsse.
Die vom Erblasser im Testament angeführten Gründe, die Handlungen und Angriffe gegen seine Person und seinen Namen, die unterlassene Unterstützung der Mutter, die Schmähungen gegen die zweite Frau sowie der Ehebruch genügten nach Auffassung des Berufungsgerichtes nicht zur Entziehung des Pflichtteils. Das Reichsgericht schloß sich dieser Einschätzung an.
Betont wurde nochmals, daß die Aufzählung der Gründe des § 2333 eine abschließende sei und bei der Auslegung strenge Maßstäbe angelegt werden müßten. Nach diesen sei eine böswillige Verletzung der Unterhaltspflicht gegenüber der Mutter bereits kein Enterbungsgrund im Sinne des § 2333 Nr. 4, da nur die Verletzung der gesetzlichen Unterhaltspflicht gegenüber dem Erblasser zur Entziehung des Pflichtteils führen könne.
Auch der Meineid, den die Klägerin angeblich in dem Scheidungsverfahren ihres späteren Mannes geleistet haben sollte, müsse als Pflichtteilsentziehungsgrund ausscheiden. Dieses Verbrechen gemäß § 2333 Nr. 3 sei nämlich nicht gegenüber dem Erblasser oder seiner Ehegattin begangen worden.

Die beklagte Stiefmutter hatte gerügt, die Vorschrift des § 2333 Nr. 3 sei hier anwendbar. Das Reichsgericht verwarf diese Rüge jedoch als unbegründet, da die Voraussetzungen nicht vorgelegen hätten.
§ 2333 Nr. 3 verlange die Begehung eines Verbrechens oder eines schweren vorsätzlichen Vergehens gegen den Erblasser oder dessen Ehefrau.
Diese Verfehlung müßte sich gemäß § 2336 Abs. 2 aus der letztwilligen Verfügung ergeben und bei Errichtung dieser bereits begangen worden sein. Nach dem Vorbringen der Stiefmutter stützte diese sich aber auf ehrverletzende Äußerungen, die nach der Testamentserrichtung gefallen sein sollten, nämlich im Rahmen des Streites um die Aussteuer, der ein Jahr später geführt wurde.
Insoweit müßten die angeführten Gründe bei der Beurteilung des Pflichtteilsentzugs nach § 2333 Nr. 3 ausscheiden, da sie zur Zeit der Testamentserrichtung nicht bestanden hätten und deshalb auch nicht hätten angegeben werden können.[560]

Auch im Rahmen des Entziehungsgrundes des § 2333 Nr. 5 könnten die von der Beklagten angeführten Gründe keine Berücksichtigung finden. Dieser Entziehungsgrund setze ein dauerndes, von einzelnen, nicht aus einem festgewurzelten Hang beruhenden Handlungen zu unterscheidendes Verhalten voraus, das schon

[560] a.a.O. S. 42.

zur Zeit der Testamentserrichtung gegen den Willen des Erblassers betätigt worden sein mußte und von diesem in der letztwilligen Verfügung angegeben worden sein mußte.
Unzulässig sei es dagegen, Einzelhandlungen des Pflichtteilsberechtigten, die dieser erst nach Errichtung des Testaments begangen habe und die der Erblasser bei seiner Verfügung weder bezeichnet, noch ins Auge habe fassen können, bei der Prüfung der Frage mit zu würdigen, ob sich das Gesamtverhalten des Pflichtteilsberechtigten als ehrloser und unsittlicher Lebenswandel im Sinne des § 2333 Nr. 5 darstelle.
Die Prüfung sei auf den Tatbestand zu beschränken, der zur Zeit der Testamentserrichtung abgeschlossen vorlag und der dem Erblasser Anlaß zur Entziehung gegeben habe.
Eine Einbeziehung späterer Vorkommnisse verbiete sich bereits deshalb, weil in keiner Weise ermessen werden könne, aus welchen Gründen der Erblasser es unterlassen habe, seine letztwillige Verfügung entsprechend zu ergänzen. Vielleicht habe er hinsichtlich der späteren Verfehlungen ja auch Nachsicht üben wollen.
Dies müsse insbesondere dann gelten, wenn sich der Abkömmling zur Zeit des Erbfalls von dem ehrlosen Lebenswandel dauerhaft abgewendet habe, also ein Fall des § 2336 Abs. 4 vorläge, der ausnahmsweise die auf § 2333 Nr. 5 gestützte Pflichtteilsentziehung unwirksam mache.[561]

Genau dieser Fall lag hier nach Auffassung des Reichsgerichts nämlich vor. Die Klägerin habe sich seit ihrer Eheschließung mit ihrem früheren Liebhaber von ihrem früheren verurteilungswerten Lebenswandel dauerhaft abgewendet. Der Makel der Ehrlosigkeit und Unsittlichkeit sei dem Verhältnis durch die Schließung der Ehe, aus der drei Kinder hervorgegangen seien, genommen worden.
Auf der Grundlage der Argumentation und rechtlichen Würdigung der Vorinstanzen stellte das Reichsgericht fest, daß die klagende Tochter pflichtteilsberechtigt sei.

ii) Enterbung wegen Verletzung der Familienehre

Trotz der Verfügung des Reichsjustizministers von 1942 war der Entzugsgrund des § 2333 Nr. 5 auch weiterhin Gegenstand der Rechtsprechung, wenn auch nicht mehr unter dem Aspekt des Pflichtteilsentzugs Menschen jüdischen Glaubens betreffend. Bereits 1942 erging wieder ein Urteil zu der Problematik des ehrlosen und unsittlichen Lebenswandels.[562]

---

[561] a.a.O. S. 42 f.
[562] RG, Warneyer 1942, Nr. 53.

Mit Testament vom 15. August 1937 hatte der Vater, ein offenbar angesehener Rechtsanwalt, seinem Sohn wegen ehrlosen und unsittlichen Lebenswandels gemäß § 2333 Nr. 5 den Pflichtteil entzogen. Dem Antrag des Klägers auf Feststellung seines Pflichtteilsrechts hatte das Landgericht entsprochen, das Berufungsgericht hatte die Klage dagegen abgewiesen.
Die Revision des Klägers hatte keinen Erfolg. Das Reichsgericht bestätigte die Auffassung der Vorinstanz, der Kläger habe einen ehrlosen und unsittlichen Lebenswandel gegen den Willen des Vaters geführt.
§ 2333 Nr. 5 setze ein schuldhaftes Verhalten voraus. Hierzu genüge neben den objektiven Kriterien eines unsittlichen Lebenswandels nicht nur auch das subjektive Empfinden des Erblassers. Es sei auch zu bedenken, daß Grundlage der Vorschrift die Wahrung der Familienehre sei. Deshalb solle der Ausschluß einer Person ermöglichen werden, die den guten Namen der Familie untergrabe und durch ihr sittliches Verhalten das Familienband schuldhaft löse.
Innerhalb des Lebenskreises des Erblassers dürften die bestehenden Ehrbegriffe und die Rücksicht auf die öffentliche Meinung und die Sauberkeit der Lebensführung aller Familienmitglieder keinesfalls außer Acht gelassen werden.
Die nationalsozialistische Wertanschauung schien dem Reichsgericht in der Wertung der Vorinstanz wohl ebenfalls etwas zu kurz gekommen zu sein.
Es sei also noch ausdrücklich darauf hinzuweisen, daß die Stellung des Erblassers als einem der Volksgemeinschaft dienenden Rechtswahrers seine Familienangehörigen zu besonders gewissenhafter Pflege und Hütung des väterlichen Ansehens in der Öffentlichkeit verpflichte.[563]
Diese Pflicht habe der Sohn hier gröblich verletzt. Dabei sei nicht einmal die sechsjährige und schwer anstößige Beziehung zu seiner Geliebten der Hauptvorwurf, der dem Kläger zu machen sei, da diese Beziehung bereits drei Jahre vor Errichtung des Testaments sein Ende fand.
Viel schwerwiegender in den Augen des Reichsgerichtes wog die Tatsache, daß der Kläger sich nicht um die finanzielle Versorgung seiner drei unehelichen Kinder gekümmert habe, die aus dieser Beziehung stammten. Er habe es zugelassen, daß sie von der Fürsorge unterstützt werden mußten, obwohl er durchaus in der Lage gewesen wäre, einen ernstzunehmenden Beruf zu ergreifen.
Ferner wäre er in den Jahren vor der Testamentserrichtung bereits verschuldet gewesen, es habe mehrfache Klagen und fruchtlose Pfändungen gegeben.
Das Reichsgericht stellte fest, daß für ihn als Sohn eines ehrbaren Hauses diese Umstände in ihrer Gesamtheit einen Lebenswandel bedeuteten, der des sittlichen Pflichtgefühls und der durch das Ehrgefühl bedingten Rücksichtnahme auf den Beruf seines Vaters und Ruf und Ansehen seiner Familie ermangelte und deswegen sowohl ehrlos als auch unsittlich sei. Aus diesem Grund sei ihm mit Recht der Pflichtteil entzogen worden.

---

[563] RG a.a.O. Nr. 53.

Für eine Verzeihung oder eine Unwirksamkeit der Entziehung nach § 2336 Abs. 4 seien weder Anhaltspunkte vorhanden, noch habe der Kläger eine ernstliche Sinnes- und Willensänderung erkennen lassen.

Nach den bisher ergangenen Urteilen mit ihrer Vehemenz in der Ablehnung jüdischer Personen als Pflichtteilsberechtigte, ihrer scharfen, teilweise von Polemik geprägten Wortwahl fällt dieses Urteil ein wenig aus dem Rahmen. Es zeichnet sich durch sehr sachlich vorgetragene Entscheidungsgründe aus, kein Wort der nationalsozialistischen Propaganda, keine ideologisch geprägten Argumentationen. Hochgehalten wird das Bild der Familie in der Öffentlichkeit, die Ansichten sind wertkonservativ geprägt, wenn auch von der nationalsozialistischen Weltauffassung beeinflußt.
Legt man aber die Überlegung zugrunde, daß es sich hier wohl um eine „angesehene" deutsche Familie gehandelt hatte, deren Sohn die Familienehre beschädigt hatte, nirgendwo ein Jude involviert war, dem man die Schuld an den sittlichen Verfehlungen zuweisen konnte, so blieb nicht viel Raum für ein „Propagandaurteil". Man zog sich also auf althergebrachte moralische Werte und Argumentationen zurück, die bereits in vorherigen Urteilen betont wurden.[564]

d) Fazit:

Es mag vielleicht auf den ersten Blick verwundern, daß es in einer für Deutschland politisch so umwälzenden Zeit wie der des Dritten Reiches nur relativ wenig Urteile gegeben hat, die sich mit dem Problem des Pflichtteilsentzugs bzw. der Ungültigkeit von letztwilligen Verfügungen befaßten.[565] Gerade das Erbrecht eignete sich unter dem Gesichtspunkt der Rassenfrage hervorragend als Regelungsinstrument für die Vermögensverteilung und bot sich demzufolge für die Verwirklichung der nationalsozialistischen Ideologie geradezu an.
Erstaunlich mutet die Zahl der Urteile auch unter dem Aspekt an, daß das Regelungsbedürfnis der Nationalsozialisten auf vielen Gebieten des öffentlichen oder privaten Rechts schier unstillbar schien. Deswegen liegt es nicht fern, auch auf dem Gebiet des Erbrechts von einer solchen Regelungsfülle auszugehen.
Daß diese aber nicht vorhanden ist, erscheint bei näherem Hinsehen jedoch durchaus nachvollziehbar.

---

[564] vgl. hierzu RG in LZ 1918, S. 694 ff; RG in Warneyer 1915 Nr. 15.

[565] Durch das Gesetz zur Aufhebung nationalsozialistischer Unrechtsurteile in der Strafrechtspflege (NS-AufhG) vom 25. August 1998 (BGBl. I 1998, S. 2501 ff) wurden alle strafgerichtlichen Entscheidungen, die unter Verstoß gegen elementare Gedanken der Gerechtigkeit nach dem 30. Januar 1933 ergingen, aufgehoben, ebenso wie 59 Gesetze und Verordnungen, die ebenfalls Ausfluß des Unrechtsregimes waren.

Mit dem *Reichsbürgergesetz* und dem *Blutschutzgesetz* von 1935, dem *Gesetz über erbrechtliche Beschränkungen wegen gemeinschaftswidrigen Verhaltens* von 1937 und schließlich dem *Gesetz über die Errichtung von Testamenten und Erbverträgen* von 1938 - abgesehen von diversen Ausführungsverordnungen - hatten sich die Nationalsozialisten ein Regelwerk geschaffen, mit dessen Hilfe die jüdische Bevölkerung systematisch aus dem öffentlichen Leben und der Volksgemeinschaft ausgegrenzt wurde. Dies begann mit dem Verbot der Eheschließung zwischen Juden und Deutschen, setzte sich fort in der Zulässigkeit der Pflichtteilsentziehung wegen Mischehe und endete schließlich mit der Nichtigkeit einer Verfügung, in der Juden als Erben eingesetzt wurden.

Ein Großteil der Bevölkerung fiel damit bereits aus dem Kreis der potentiell Erbberechtigten heraus.

Nur in den Anfangsjahren des Nationalsozialismus bestand noch Unsicherheit darüber, ob die Erbeinsetzung eines Juden nun sittenwidrig sei oder nicht. Diese Unsicherheit eröffnete den Gerichten mangels eindeutiger gesetzlicher Regelungen noch einen gewissen Auslegungs- und Beurteilungsspielraum, was sich in den jeweiligen Urteilsgründen auch widerspiegelt. Mit der oben angesprochenen Verfügung des Reichsjustizministers aus dem Jahr 1941 wurde diese „Lücke" geschlossen, der Streit über die Zulässigkeit der Erbeinsetzung eines Juden war damit beendet.

Da den Gerichten damit in dieser Frage jegliche Entscheidungsbefugnis genommen und die Nichtigkeit solcher Verfügungen staatlich verordnet worden war, finden sich ab diesem Zeitpunkt auch keine Urteile mehr zu diesem Problemkreis.

Auch bedingt durch die Tatsache, daß sich die gerichtliche Auseinandersetzung meist auf die Frage beschränkte, ob das Testament nicht bereits gemäß § 138 BGB oder § 48 Abs. 2 TestG sittenwidrig und nichtig war, erübrigte sich meist eine genauere Auseinandersetzung mit dem § 2333.

Noch ein Gesichtspunkt ist bei dem Vergleich der Rechtsprechung zum Pflichtteilsentzug zwischen den Anfangsjahren des Jahrhunderts und dem Nationalsozialismus auffällig: Der Entzugsgrund des ehrlosen und unsittlichen Lebenswandels im engeren Sinne (in solchen Fällen wie Spiel- oder Trunksucht) war derjenige Entzugsgrund, mit dem sich die Gerichte in den 20er und 30er Jahren noch in größerem Maße beschäftigen mußten als zur Zeit des Nationalsozialismus. Dort ging es eher darum, die bestehenden Vorschriften des BGB in die nationalsozialistische Rassenideologie einzubetten und zu instrumentalisieren. War die Frage, ob ein „Zurückstoßen" des Vaters bereits Grund für eine Entziehung des Pflichtteils sei, noch Anfang des Jahrhunderts häufiger Streitgegenstand vor den Gerichten, so war während der Herrschaft der Nationalsozialisten eher fraglich, ob allein die Rassenzugehörigkeit bereits zum Pflichtteilsentzug berechtigen konnte.

Gerichtsurteile aus der Zeit des Nationalsozialismus, in denen es um die Entziehung des Pflichtteils wegen körperlicher Mißhandlung geht, finden sich ebenfalls nicht. Man vermag über die Gründe nur zu spekulieren. Was die letzten Jahre der Herrschaft Hitlers angeht, so wird wohl der voll ausgebrochene zweite Weltkrieg einer der entscheidenden Gründe gewesen sein.

Im Laufe des Krieges hatten sich die Familienstrukturen, die sich sowieso bereits seit Anfang des Jahrhunderts von der Groß- hin zur Kleinfamilie entwickelt hatten, noch weiter aufgelöst. Familienväter waren eingezogen worden, dienten jahrelang an den Fronten, waren gefallen oder in Gefangenenlagern inhaftiert. Viele Familien wurden auf der Flucht getrennt oder kämpften ohne den Ernährer ums Überleben. Der Krieg hatte die soziale Sicherheit und das gesellschaftliche Wertsystem nachhaltig zerstört. Mit zunehmendem Kampf um Wohnraum und Nahrung dürften wohl moralische Werte hinter existentiellen Fragen zurückgetreten sein. Der Kampf um das nackte Überleben und das tägliche Brot hatte innerfamiliäre Streitigkeiten und Konflikte zwischen Eltern und Kindern angesichts des Überlebenskampfes zurücktreten lassen.

IV. Die Rechtsprechung bis zum Jahrtausendwechsel

Nach dem Zusammenbruch des nationalsozialistischen Unrechtsregimes und dem Wegfall der Rassenideologie konnte sich ein neues demokratisches System etablieren. Inwieweit diese politischen Veränderungen auch einen gravierenden Wertewandel in Gesellschaft und Rechtsprechung ausgelöst haben, wird als nächstes zu untersuchen sein.
Die nähere Betrachtung der einzelnen Urteile und ihrer Begründungen wird zeigen, daß der Wertewandel in Rechtsprechung und Gesellschaft nicht primär Ausfluß des neuen politischen Systems in der Bundesrepublik, sondern vielmehr Ausfluß des sich verändernden Zeitgeistes war.
Letztendlich strebte der gesellschaftliche Trend spätestens seit den 70er Jahren des letzten Jahrhunderts in Richtung gesellschaftlicher Enttabuisierung, Erneuerung und Entkrampfung althergebrachter und moralisch besetzter Begriffe und Lebensformen. Dies zeigt sich beispielsweise in der gesellschaftlichen und rechtlichen Einordnung einer außerehelichen Beziehung oder einer nichtehelichen Lebensgemeinschaft. Zu Beginn des letzten Jahrhunderts war sie noch schwere Eheverfehlung, Scheidungsgrund, Pflichtteilsentzugsgrund und insbesondere verwerfliches moralisches Verhalten. Durch Modernisierung des BGB ist der nichtehelichen Lebensgemeinschaft und dem nichtehelichen Kind in rechtlicher Hinsicht der Makel des unsittlichen genommen worden. Damit folgte der Gesetzgeber einem gesellschaftlichen Trend hin zur unverheirateten Lebensgemeinschaft, der bis heute ungebrochen anhält.
Hinsichtlich der Begründungen im einzelnen wird auf die folgende Darstellung der besprochenen Urteile verwiesen. Diese sind zunächst nach den einzelnen Entzugsgründen, im weiteren dann chronologisch geordnet.

1. Entzug wegen körperlicher Mißhandlung (§ 2333 Nr. 2)

a) Tätlichkeit gegen Eltern

Die Pflichtteilsentziehung war in der eigentlichen Nachkriegszeit lange nicht Gegenstand höchstrichterlicher Rechtsprechung gewesen, das erste Urteil findet sich 1961.[566] Es ist auch keine „klassische" Entscheidung zum Pflichtteilsentzug, denn der Schwerpunkt des Urteils lag eigentlich auf der Frage der Verzeihung gemäß § 2337 sowie der Form, in der die Pflichtteilsentziehung hätte ausgesprochen wer-

---

[566] FamRZ 1961, S. 437 f.

den müssen. Vor dem Hintergrund dieser Untersuchung sind die Ausführungen des BGH zur körperlichen Mißhandlung jedoch von Interesse.

Die Klägerin klagte gegen ihre Schwester auf Zahlung ihres Pflichtteils. Die 1957 verstorbene Mutter hatte nämlich die Schwester in einem Erbvertrag als Alleinerbin eingesetzt und der Klägerin den Pflichtteil entzogen, da diese sie 1953 in der Garage geohrfeigt habe und dies vor den Augen der Tochter und Enkelin.
Die Klägerin leugnete die Ohrfeige und machte für den Fall, daß das Gericht dennoch von einer körperlichen Mißhandlung ausgehen sollte, Verzeihung im Sinne des § 2337 geltend. Das Landgericht hatte die Klage abgewiesen, das OLG gab ihr statt, die Revision ging sodann zum BGH.

Den Feststellungen des OLG, daß eine vorsätzliche körperliche Mißhandlung der Mutter durch den Schlag ins Gesicht vorgelegen habe, trat der BGH bei.
Die Begründung verwies auf frühere Entscheidungen, wonach unter einer Mißhandlung im Erbrecht dasselbe zu verstehen sei wie in § 223 StGB.[567] Eine üble, unangemessene und sozialwidrige Einwirkung auf den Körper des Mitmenschen, die dessen Wohlbefinden mehr als unerheblich beeinträchtigt, haben in der hier dargestellten Entscheidung sowohl das OLG als auch der BGH durch die Ohrfeige, die die Tochter ihrer damals 70jährigen Mutter versetzte, angenommen. Daß es tatsächlich zu dieser Ohrfeige gekommen war, schlossen sowohl OLG als auch BGH aus der Bekundung dreier Zeugen. Diese hatten Indizien ausgesagt, aus denen auf die Ohrfeige geschlossen werden konnte.
Ausdrücklich verwies der BGH darauf, daß eine mehr als unerhebliche Beeinträchtigung des körperlichen Wohlbefindens genüge. Auf eine Böswilligkeit des Handelns oder eine gewisse Dauer des Verhaltens komme es im Gegensatz zu § 2333 Nr. 3-5 nicht an.

Auch wenn die Handlung der Klägerin auch eine Affekthandlung gewesen sein mochte, so stehe dies einer Pflichtteilsentziehung grundsätzlich nicht entgegen.[568]
Das OLG hatte geurteilt, die Pflichtteilsentziehung sei nicht durch Verzeihung hinfällig geworden. Diese Wertung war nach Auffassung des BGH rechtsfehlerhaft.
Das OLG hatte sich nämlich auf den Standpunkt gestellt, eine Wiederherstellung einer dem Mutter-Kind Verhältnis entsprechenden innigen und liebevollen Beziehung sei nicht erfolgt. Daran ändere auch der Anschein nichts, daß die Erblasserin vor ihrem Tode, aber nach der Pflichtteilsentziehung noch versucht habe, die traurigen Familienverhältnisse wieder etwas erträglicher zu gestalten. Zwar habe sich

---

[567] So bereits die an entsprechender Stelle dargestellten Entscheidungen RG JW 1913, 207 und BGHSt 14, 269 (271).
[568] a.a.O. S. 437.

die Mutter von der Tochter besuchen und während einer Krankheit auch pflegen lassen, habe von ihr Geschenke angenommen und auch wieder mit ihr gesprochen. Daraus könne aber nicht auf eine veränderte Empfindung der Mutter gegenüber der Tochter geschlossen werden und somit auch auf keine Verzeihung. Gegen eine Verzeihung spreche auch die Tatsache, daß die Mutter sich noch kurz vor ihrem Tode geweigert habe, für die Klägerin eine Bürgschaft zu übernehmen. Dies zeige, daß sie die ihr durch die Tochter zugefügte Kränkung bis zuletzt nicht überwunden habe.

Der BGH wendete dagegen ein, das OLG scheine in der Wiederherstellung einer dem Mutter-Kind Verhältnis entsprechenden innigen und liebevollen Beziehung eine weitere, im Gesetz nicht enthaltene Voraussetzung für die Annahme einer Verzeihung zu sehen. Das Empfinden des Gekränktseins könne von dem Gekränkten aber auch aufgegeben werden, ohne daß die Beziehungen zwischen den Beteiligten wieder innig und liebevoll würden, gerade unter der Prämisse, daß sie dies auch vorher nicht zwangsläufig gewesen sein müßten.
Für eine Verzeihung im Rechtssinne sei aber nur der Wegfall der Kränkungsempfindung, nicht eine besondere Innigkeit im Verhältnis erforderlich. Ob die Känkungsempfindung weggefallen sei, könne nicht beurteilt werden. Die tatrichterliche Aufklärung durch die Vorinstanz sei in diesem Punkt nicht ausreichend gewesen. Insofern müsse der Rechtsstreit zurückverwiesen werden.[569]
Darüber hinaus stelle die Ablehnung einer Bürgschaftsübernahme kein hinreichendes Indiz gegen eine Verzeihung dar. Eine solche Zurückhaltung gerade in Gelddingen sei auch bei ungetrübten persönlichem Verhältnis nichts außergewöhnliches.
Das Reichsgericht hatte in *WarnR 1915, S. 482* das Erfordernis einer schweren Pietätsverletzung aufgestellt. Wenn dieses Urteil bei § 2333 Nr. 2 keine besonders schwere Beeinträchtigung verlangt, keine Böswilligkeit des Handelns und kein dauerhaftes Verhalten, so bedeutet dies im Umkehrschluß nicht, daß das Reichsgericht hier völlig andere Kriterien hat zugrunde legen wollen als im Urteil von 1915.

b) Seelische Mißhandlungen

Am 26. Oktober 1976 erging durch den IV. Zivilrechtssenat des BGH ein Urteil, welches sich zum einen eines öffentlichen Interesses sicher sein konnte und zum anderen auch ein Präzedenzurteil war. Die Rechtsprechung hatte über die Frage zu

---

[569] Die Klägerin hatte über ein Dutzend Zeugen für die im einzelnen im Urteil näher beschriebenen Behauptungen aufgeboten, wie eng und innig das Verhältnis zur Mutter sich in deren letzten Jahren gestaltet hatte. Die summarische Prüfung dieser vorgebrachten Gründe vermochten den BGH dennoch nicht zu überzeugen.

urteilen, ob seelische Mißhandlungen ein Fall des § 2333 Nr. 2 darstellen konnten und wenn ja, unter welchen Voraussetzungen.[570]
Die Frage nach der rechtlichen Würdigung „seelischer Grausamkeiten" im Hinblick auf das Pflichtteilsrecht war damit erstmals Gegenstand zumindest veröffentlichter Rechtsprechung.[571] Über die Gründe vermag man nur zu spekulieren. Sicherlich werden das im Laufe der Zeit gewandelte Eltern-Kind-Verhältnis und eine größere gesellschaftliche Offenheit entscheidenden Anteil daran haben, daß derartige Fragen nüchterner und unverkrampfter behandelt werden konnten.
Mit dem Fortschreiten der modernen Medizin und dem zunehmenden Einfluß alternativer Behandlungen und alternativer Therapiekonzepte gewannen auch psychische Krankheiten und Schäden eine ganz andere Aufmerksamkeit und Bedeutung. Insofern verwundert es nicht, daß sich alsbald die Frage stellte, ob auch seelische Mißhandlungen in den Anwendungsbereich des § 2333 Nr. 2 fielen.
Die Erblasserin hatte im zugrundeliegenden Fall ihrem Sohn den Pflichtteil entzogen, da er sie durch sein herzloses Verhalten zum Selbstmord getrieben habe, der durch ärztliche Hilfe leider vereitelt worden sei. Nach ihrem (natürlichen) Ableben klagte dann der Sohn gegen die eingesetzten Erben zunächst auf Auskunft über den Bestand des Nachlasses.
Die Beklagten hatten im Rahmen der gerichtlichen Auseinandersetzung eingehend und umfassend dargelegt, wie lieblos, schroff und rücksichtslos der Kläger seine Mutter behandelt habe. Der BGH unterstellte diesen Vortrag ohne weitere Nachprüfung als richtig und führte aus, gerade angesichts des labilen Gesundheitszustandes seiner Mutter sei der Kläger auch rechtlich verpflichtet gewesen, ihr so gegenüberzutreten, daß sie sich nicht von ihm verstoßen und verlassen fühlte. Ebenfalls ging der BGH davon aus, daß die Art und Weise, in der der Kläger mit seiner Mutter umgesprungen war, bei ihr zu körperlichen Schäden geführt hatte. Nicht feststellen ließ sich jedoch, ob diese Schädigung von dem Kläger mindestens vorsätzlich gewollt war.

Genau dies war aber die alles entscheidende Frage. Lag „nur" eine schwere seelische Beeinträchtigung vor, so waren nach dem Wortlaut des Gesetzes die Voraussetzung der Pflichtteilsentziehung nicht erfüllt. Es lag dann eben keine körperliche Mißhandlung vor. Die Vorinstanz hatte folgendermaßen argumentiert:
Fehle es an einer vorsätzlichen körperlichen Mißhandlung, so seien die Voraussetzungen einer Pflichtteilsentziehung nach § 2333 Nr. 2 nicht gegeben. Beeinträchtigungen des seelischen Wohlbefindens könnten der körperlichen Mißhandlung nicht im Wege der Auslegung gleichgesetzt werden, auch wenn ihre Auswir-

---

570 BGH, FamRZ 1977, S. 48 f.

571 Es ist jedoch bereits vorher von der Rechtsprechung entschieden worden, daß seelische Grausamkeiten durchaus den Tatbestand des § 223 StGB erfüllen konnten, dazu später noch ausführlicher.

kungen insgesamt schwerwiegender seien als etwa die einer nur leichten körperlichen Mißhandlung.

Diesen Ausführungen trat der BGH bei.
Es sei nun einmal Tatsache und auch allgemein anerkannt, daß der Gesetzgeber den Begriff der „körperlichen Mißhandlung" im Strafrecht und im Erbrecht im gleichen Sinne verstanden wissen wollte.[572] Man könne also für die Definition des § 2333 Nr. 2 auf die allgemein gebräuchliche Definition des § 223 StGB zurückgreifen. Nach dieser werde körperliche Mißhandlung als ein unangemessenes, übles Behandeln verstanden, durch welches das körperliche Wohlbefinden beeinträchtigt oder sonst auf die körperliche Unversehrtheit eingewirkt werde.
Anerkannt im Strafrecht sei weiterhin, daß eine auf seelischem Wege hervorgerufene Störung des körperlichen Wohlbefindens genüge. Dies gelte in gleichem Maße für das Erbrecht. Daraus ergebe sich aber auch bereits, daß ein Verhalten, welches den Erblasser lediglich in seinem Seelenleben beeinträchtige, ihm Kummer, Ärger oder Verzweiflung verursache, solange keine Pflichtteilsentziehung rechtfertigen könne, wie es keinerlei Auswirkungen auf das körperliche Befinden des Erblassers habe. Zuzugeben sei zwar, daß der Verletzte in vielen Fällen unter seelischen Mißhandlungen erheblich mehr leiden könne als unter körperlicher Gewalt, dennoch habe der Gesetzgeber den Anwendungsbereich des § 2333 Nr. 2 bewußt auf körperliche Mißhandlungen beschränkt.[573]
Körperliche Mißhandlungen, gerade begangen gegen Eltern oder Großeltern stellten nun einmal nach dem moralischen Verständnis und der Werteordnung seit jeher eine besonders krasse Verletzung der den Vorfahren geschuldeten Achtung dar. Für eine Störung des seelischen Wohlbefindens gelte dies nicht in gleichem Maße, denn unter diesen Oberbegriff sei es schwierig zu subsumieren. Die Gefahr läge in einer uferlosen, nicht abgrenzbaren Ausweitung der Pflichtteilsentzugsgründe. Fast jedes Verhalten und fast jede Handlung könne bei den Eltern – aus welchen Gründen auch immer – Ärger oder Verstimmung hervorrufen.

---

572 vgl. hierzu bereits RG Seuffert Bd. 68 S. 197; Motive zum BGB Band 5, S. 431.

573 Hingewiesen werden soll in diesem Zusammenhang auf zwei Entscheidungen, in denen eine Körperverletzung trotz „nur" Störungen des seelischen Wohlbefindens angenommen wurde. In der Entscheidung des Reichsgerichtes (RGSt 64,110) hieß es: „wenn eine psychische Einwirkung eine innere Lebensfunktion stört und das körperliche Wohlbefinden beeinträchtigt, wenn insbesondere die die sinnlichen Eindrücke vermittelnden Nerven in einen krankhaften Zustand versetzt werden, dann ist das eine Gesundheitsbeschädigung". Das LG Aachen (JW 1950, S. 759 f) hatte folgenden Fall zur Entscheidung vorliegen: Der Täter schilderte wahrheitswidrig den Tod eines vermißten Soldaten dessen Mutter sowie dessen Ehefrau gegenüber. Die Ehefrau, vorher schon herzkrank gewesen, erlitt einen Nervenzusammenbruch sowie einen Herzanfall. Die Mutter nahm die Erzählung schwerer auf und verlor ihre innere Ruhe, sie wurde seitdem „von Tag zu Tag weniger." Das Landgericht nahm in beiden Fällen eine Körperverletzung im Sinne des § 223 StGB an und betonte, daran ändere auch nichts, daß die Gesundheitsbeschädigung jeweils durch eine seelische Einwirkung verursacht worden sei.

Da auch Einigkeit darüber bestehe, daß die Pflichtteilsentzugsgründe in § 2333 abschließend aufgezählt seien, verbiete sich eine analoge Anwendung auf andere Tatbestände.[574] Ob seelische und körperliche Mißhandlungen gleichzusetzen seien, wie es die Revision mittels eines Sachverständigengutachtens darlegen wollte, sei schon überhaupt nicht entscheidungserheblich. Der Gesetzgeber habe durch das Attribut „körperlich" die Gleichbehandlung von körperlichen und seelischen Mißhandlungen bereits klar abgelehnt.

Bei dieser Entscheidung handelt es sich sicherlich um eine problematische - eine, die Unverständnis, vielleicht auch Unmut hervorgerufen hat.[575]
Zu berücksichtigen ist jedoch, daß es nicht Aufgabe des BGH gewesen war, ein moralisches Werturteil über seelische Mißhandlungen zu fällen oder diese etwa für weniger gravierend zu erklären als körperliche Mißhandlungen. Die Frage, ob seelische Mißhandlungen streng subsumtionstechnisch den körperlichen gleichgestellt werden konnten, ergab sich bereits aus den Gesetzesmaterialien- eine Gleichstellung war dort weder beabsichtigt noch angedeutet. Deswegen konnte sie auch nicht im Wege der Auslegung oder der Analogie entwickelt werden.
Ein Werturteil über die Vehemenz und die Auswirkungen auch seelischer Mißhandlungen hat der BGH in seinem Urteil sicherlich nicht fällen wollen.

c) Schwere Pietätsverletzungen

Mit einem Sachverhalt, in dem sowohl wieder einmal die Berechtigung zum Pflichtteilsentzug als auch das Vorliegen einer vorsätzlichen körperlichen Mißhandlung im Sinne des § 2333 Nr. 2 streitgegenständlich war, beschäftigte sich der BGH am 6. Dezember 1989 in einem Grundsatzurteil.[576]

Die Streitfrage war nicht neu. Die Eltern, von denen der Vater bereits verstorben war, hatten in einem Erbvertrag die Tochter zur Alleinerbin nach beiden Elternteilen eingesetzt und dem Sohn die Pflichtteile nach beiden Elternteilen entzogen, weil er den Vater körperlich mißhandelt habe.
Der Kläger klagte sodann auf Feststellung der Unwirksamkeit beider Pflichtteilsentziehungen, wobei sich die Klage gegen die Beklagte zu 1), die Mutter des Klägers richtete, da diese die Entziehung des Pflichtteils bereits erklärt hatte. Die Wirksamkeit der Pflichtteilsentziehung durch den Vater war Gegenstand einer Feststellungsklage gegen die Schwester als Alleinerbin des Vaters. Durch Stufenklage verfolgte der Kläger das weitere Begehren der Auskunftserteilung über den

574 so bereits BGH, WM 1974, S. 543 f.
575 So z.B. *Klingelhoeffer*, der anmerkt, daß sich dieses Urteil schwerlich mit psychosomatischen Erkenntnissen vereinbaren lasse.
576 JZ 1990, S. 697 ff.

Nachlaß und Wertermittlung des Nachlasses. Dem Feststellungsbegehren des Klägers wurde durch Teilurteil stattgegeben. Die Beklagte zu 1) legte erfolglos Berufung ein, die Revision führte dann zur Aufhebung und Zurückverweisung.

Auf die Zulässigkeitsproblematik ist hier nicht weiter einzugehen, sowohl die Klage gegen die Schwester als auch gegen die Mutter wurden als zulässig erachtet.[577] Materiellrechtlich ging es um die Frage, ob der Kläger seinen Vater körperlich mißhandelt hatte und ob aufgrund dieser Mißhandlung, die der Kläger bestritt, ihm der Pflichtteil entzogen werden konnte.
Nach dem Vortrag der Beklagten hatte sich der Vorfall, auf den die Pflichtteilsentziehung gestützt war, wie folgt zugetragen: Im Rahmen einer geschäftlichen Auseinandersetzung im Sommer 1981 um eine Rechnung sei der Kläger auf den Erblasser zugestürmt, habe ihn geboxt, gestoßen und angeschrien. Der Erblasser sei emotional sehr aufgewühlt nach Hause gekommen und habe über Schmerzen im Brustkorb geklagt. Der Arzt habe dann eine Brustkorbprellung festgestellt. Noch in der Folgezeit habe der Erblasser über Schmerzen geklagt und auch den Vorfall nur schwer verarbeiten können. Wiederholt sei er sehr erregt gewesen, wenn er auf das Geschehen zu sprechen gekommen sei. Auch habe er seinem Rechtsanwalt gegenüber immer wieder betont, daß er aus dem Verhalten des Klägers Konsequenzen ziehen werde.

Das OLG unterstellte den Vortrag als zutreffend und befand, das Verhalten des Klägers sei nicht in so einem Maße eine Bagatelle, daß man eine Pietätsverletzung verneinen könne. Jedoch liege keine schwere Pietätsverletzung vor. Die Pietätsverletzung müsse nämlich eine schwere Verletzung der Achtung beinhalten, die Kinder ihren Eltern schuldeten und das Eltern- Kind Verhältnis müsse dadurch empfindlich gestört sein. Außerdem sei nicht in allen Fällen einer Körperverletzung im Sinne von § 223 StGB eine Pflichtteilsentziehung möglich.
Im vorliegenden Fall habe sich der Vorfall nicht vor Augenzeugen, sondern nur vor Ohrenzeugen ereignet und sei damit ein bloßes Internum geblieben sei. Die Streitigkeit habe sich außerdem nicht im familiären Rahmen, sondern im Rahmen geschäftlicher Auseinandersetzungen abgespielt. Bei einer solchen –wenn auch harten – Auseinandersetzung zwischen Geschäftsleuten, die entgegengesetzte Interessen verfolgt hätten, könne unter diesen Umständen der geschilderte Boxhieb nicht als so schwere Pietätsverletzung gewertet werden, daß eine Pflichtteilsentziehung gemäß § 2333 Nr. 2 möglich sei.

Der BGH rügte Rechtsfehler bei der Wertungsfrage, ob das Verhalten des Klägers eine Pietätsverletzung dargestellt hätte. Es sei widersprüchlich, eine Pietätsverletzung einerseits ausdrücklich anzunehmen, deren besondere Schwere aber anderer-

[577] ausführlicher zu der Begründung der Zulässigkeit: BGH a.a.O. S. 698.

seits deswegen zu verneinen, weil es sich um ein geschäftliches Internum gehandelt habe. Wenn der Kläger den Erblasser nicht vor Betriebsangehörigen, sondern quasi im Verborgenen mißhandelt habe, so könne ihm das genauso wenig mildernd zugute gehalten werden, wie die Tatsache, daß es nur „Ohrenzeugen" und keine Augenzeugen des Vorfalls gegeben habe.
Für die Bewertung einer Pietätsverletzung könne es nicht ins Gewicht fallen, ob diese im geschäftlichen oder familiären Bereich vorgekommen sei. Die den Vorfahren geschuldete Achtung lasse eine derartige Differenzierung nicht zu, sondern umfasse alle Lebensbereiche.

Anzumerken ist, daß die Anforderungen, die an § 2333 Nr. 2 zu stellen waren, auch in der Rechtsprechung in der Vergangenheit nicht einheitlich beurteilt worden waren.[578]
Der BGH schloß sich im vorliegenden Fall der im Schrifttum vorherrschenden Ansicht an. Nach dieser könne eine leichte vorsätzliche Körperverletzung ausreichen, es müsse aber immer eine schwere Pietätsverletzung vorliegen.
Die Revision habe im vorliegenden Fall mit Recht darauf hingewiesen, daß § 2333 Nr. 2 eine Pietätsverletzung nicht als Tatbestandsmerkmal nenne und von der 2. Kommission beabsichtigt worden war, das Wort „grob" in die Vorschrift einzufügen, ein Vorschlag, der sich aber letzten Endes nicht durchsetzen konnte.[579]
Weiterhin merkte der BGH an, eine Pflichtteilsentziehung mit ihrem äußerst demütigenden Charakter komme „einer Verstoßung über den Tod hinaus" gleich. Dies sei bereits festgestellt worden. Aus diesem Grund würde es gegen das ins Zivilrecht hineinwirkende verfassungsmäßige Übermaßverbot verstoßen, wenn man die Pflichtteilsentziehung ohne schwere Verletzung der dem Erblasser geschuldeten Achtung von Rechts wegen zulassen würde. Auch stehe das Recht der

---

[578] RG, WarnR 1913 Nr. 102 hielt es 1912 für erforderlich, daß die Körperverletzung zugleich eine Pietätsverletzung gegenüber den Eltern darstellte. In einer Entscheidung von 1913 ließ es die Frage, ob eine Pflichtteilsentziehung sogar nur dann in Betracht kam, wenn die Körperverletzung eine grobe Pietätsverletzung enthielt, offen.
Der BGH hatte 1961 die Auffassung vertreten, erforderlich sei eine Körperverletzung im Sinne des § 223 StGB. Eine schwere Mißhandlung, Böswilligkeit oder eine gewisse Dauer des Verhaltens werde bei Nr. 2 anders als bei Nr. 3-5 nicht verlangt. In einem Urteil aus dem Jahre 1976, indem es um seelische Mißhandlungen gegangen war, urteilte der BGH, der körperliche Angriff auf die Eltern stelle immer eine besonders krasse Verletzung der den Eltern geschuldeten Achtung dar.

[579] Der Senat führt an dieser Stelle den Streit innerhalb der Kommissionssitzung weiter aus, in dem es um die Gründe ging, warum neben „vorsätzlich" auch das Wort „grob" Eingang in die Vorschrift finden sollte und warum es in der folgenden Sitzung wieder zur Streichung des Wortes „grob" kam. Zu diesem Streitstand bereits ausführlich oben.

pflichtteilsberechtigten Angehörigen auf Teilhabe am Nachlaß in gewissem Umfang unter dem Schutz von Art. 14, und Art. 6 Abs. 1 Grundgesetz.[580]
Gerade Körperverletzungen wiesen doch ein sehr unterschiedliches Gewicht auf. Deshalb sei eine genaue Abwägung des Verstoßes gegen die familiären Bande und der Zerschneidung dieser Bande durch die Pflichtteilsentziehung geboten.
Der Schluß, daß eine vorsätzliche Körperverletzung eine Pflichtteilsentziehung immer rechtfertige, sei eine Pauschalabwägung und gerade auf diesem sensiblen Gebiet unangebracht.[581]

2. Entzug wegen schweren vorsätzlichen Vergehens (§ 2333 Nr. 3)

a) Erforderlicher Konkretisierungsumfang

Ein Urteil des für Erbrecht zuständigen V. Zivilsenats des BGH bestätigte am 29. November 1963 eine Reichsgerichtsentscheidung von 1919.[582] In dieser war bereits festgestellt worden, daß es zum Entzug des Pflichtteils genügte, wenn das Testament nur die vom Gesetz verwendeten Worte enthielt. Die tragenden Gründe der Entscheidung des Reichsgerichts und des BGH sind in beiden Fällen sehr ähnlich.[583]

Im 1963 zur Entscheidung vorliegenden Fall hatte der Vater dem Sohn 1949 den Pflichtteil wegen „schwerer vorsätzlicher Vergehen" entzogen, da der ihn als aktiven Nationalsozialisten denunziert habe.
Nach den Feststellungen des Tatrichters hatte der auf seinen Pflichtteil klagende Sohn über seinen Vater behauptet, dieser habe sich seit 1929 aktiv als Nazi betä-

---

580 Siehe bereits oben in BGH, JZ 1985, S. 746 f.

581 Die vom BGH vertretenen Rechtsansichten riefen teilweise Kritik hervor, so *Leipold*, JZ 1990, S. 700 ff. Er bemängelte, daß der BGH hinsichtlich der Pflichtteilsentziehung in diesem Urteil zum wiederholten Mal von einem besonders demütigenden Charakter aufgrund einer „Verstoßung über den Tod hinaus" gesprochen hatte, ohne diese Formulierung zu begründen. Man könne schon an dem „demütigenden Charakter" Zweifel haben, dies treffe aber erst recht für die „Verstoßung über den Tod hinaus" zu. Das BGB kenne schon zu Lebzeiten keine Verstoßung eines Kindes, eine Verstoßung über den Tod hinaus könne schon allein begriffslogisch mangels fortdauernder personaler Beziehungen keinen Sinn machen. Juristisch gesehen mache der entziehende Elternteil nur von seinem Recht Gebrauch.
Weiterhin sei auch die Auffassung, dem verfassungsrechtlichen Übermaßverbot komme Wirkung für das Zivilrecht zu, anzuzweifeln: schon die Frage, ob und inwieweit das Pflichtteilsentzugsrecht überhaupt grundrechtlichen Schutz genieße, sei diskussionsbedürftig.

582 BGH, FamRZ 1964, S. 86 f.

583 Vgl. bereits oben, RGZ 95, 24 ff; so auch RGZ 168, 43; OLGE 8, 292 f.

tigt, er sei ein notorischer Judenhasser gewesen und habe in seiner Firma bevorzugt Mitglieder der NSDAP eingestellt.
Diese Behauptungen waren - wie sich später herausstellte - objektiv falsch und geeignet, das gegen den Vater bestehende Beschäftigungsverbot fortdauern zu lassen, was der Sohn auch beabsichtigt habe. Der Sohn habe die Behauptungen zwar nicht wider besseren Wissens aufgestellt, aber ihre Unrichtigkeit in Kauf genommen. Dies war nach Ansicht des OLG eine vorsätzliche Falschanschuldigung im Sinne des § 164 StGB und damit ein schweres vorsätzliches Vergehen im Sinne von § 2333 Nr. 3 und ein Pflichtteilsentziehungsgrund im Sinne dieser Bestimmung.

Der Kläger ging sodann in Revision und rügte, daß der Entziehungsgrund des § 2333 Nr. 3 im Testament nicht angegeben gewesen sei. Außerdem wendete er sich gegen die Bejahung des subjektiven Tatbestandes der falschen Anschuldigung durch die Vorinstanz.
Er führte an, gemäß § 2336 Abs. 2 müsse der Grund der Pflichtteilsentziehung in der letztwilligen Verfügung angegeben werden. Daran fehle es hier aber, weil der Erblasser im Entziehungstestaments nur von „Denunziation wider besseren Wissen“ gesprochen habe. Das OLG habe aber Handeln wider besseren Wissens verneint und nur bedingten Vorsatz angenommen.

Der BGH führte hierzu aus, unstreitig könne ein zwar objektiv vorhandener, aber im Testament nicht angegebener Grund keine Pflichtteilsentziehung bewirken. Jedoch schreibe das Gesetz nicht näher vor, auf welche Weise und in welchem Umfang der Entziehungsgrund im Testament angegeben werden müsse.
Die Auslegung des Gesetzes gehe mit Recht dahin, daß der Sachverhalt nicht in allen Einzelheiten angegeben werde müsse. Es genüge jede substantiierte Bezeichnung dahingehend, daß durch die Auslegung des Testaments zweifelsfrei festgestellt werden könne, aus welchem der angegebenen Gründe der Pflichtteil nun entzogen wurde.[584]
Hier hätte es also genügt, wenn der Erblasser „Denunziation vor dem Prüfungsausschuß“ angegeben hätte. Durch die Hinzufügung weiterer Einzelheiten werde der Inhalt seiner Verfügung aber nicht ungeschehen und unbedeutend. Es hänge davon ab, ob es der Wille des Erblassers gewesen sei, der Hinzufügung einschränkenden Charakter beizumessen oder nicht. Davon sei hier nicht auszugehen. Anhand der Formulierung des Testaments, „der Kläger habe wider besseren Wissens“ gehandelt, könne man weder ausdrücklich noch denklogisch ausschließen, daß bedingt vorsätzliches Handeln nicht ebenfalls erfaßt sein sollte.[585]

---

[584] BGH a.a.O. S.86 m.w.N.

[585] Auf das Ergebnis der gegenteiligen Auffassung hatte auch bereits RGZ 95, 24, (27) hingewiesen: eine streng formalistische Auslegung würde bedeuten, daß die Pflichtteilsentziehung immer dann unwirksam wäre, wenn der dem Entziehungsentschluß zugrundeliegende Sachverhalt

Ebenso wenig war nach Ansicht des BGH ein wirksamer Pflichtteilsentzug deswegen zu verneinen, weil im Testament der vorgeworfene Straftatbestand unrichtig angegeben war – Falschanschuldigung wider besseren Wissens anstatt, wie der Tatrichter festgestellt hatte – Falschanschuldigung ohne direkten Vorsatz. Der BGB betonte, daß es im Rahmen des § 2336 Abs. 2 nicht auf die Angabe einer zutreffenden Strafrechtsnorm ankomme, sondern auf die Angabe eines zutreffenden Kernsachverhalts. Entscheidend sei also die Bedeutung, die der Erblasser den Worten „wider besseren Wissens" beigemessen hatte. Wollte er nur eine wider besseren Wissens erfolgte, nicht aber schon eine nur bedingt vorsätzliche Falschanschuldigung zum Anlaß nehmen, seinem Sohn den Pflichtteil zu entziehen, dann fehle es hier tatsächlich an einem Grund für die Pflichtteilsentziehung.
War dagegen für seinen Entschluß maßgeblich gewesen, daß der Kläger als sein Sohn unter den damaligen Umständen überhaupt in schuldhafter Weise unrichtige Behauptungen über ihn verbreitet hatte, dann sei der für die Pflichtteilsentziehung ursächliche Sachverhalt objektiv zutreffend und auch dann im Rahmen des § 2333 Nr. 3 ausreichend, wenn sich im späteren Prozeß nur ein bedingt vorsätzliches Handeln nachweisen lasse. Für die Auffassung, daß es für den Entziehungswillen des Erblassers nicht entscheidend darauf angekommen war, ob der Kläger bei Absendung des denunzierenden Briefes die behaupteten Tatsachen als sicher unrichtig oder nur möglicherweise unrichtig angesehen hatte, spräche im übrigen auch die Erfahrung, daß die Denunziation von nahen Angehörigen sogar dann, wenn die mitgeteilten Behauptungen objektiv richtig seien, häufig sittlich mißbilligt würde.[586]

Das Urteil bestätigt – wie eingangs erwähnt - in vollem Umfang die Entscheidung des Reichsgerichtes von 1919. Der BGH führt noch einmal ausführlicher als damals geschehen aus, daß sich bei der Auslegung des Testaments vom Wortlaut zu lösen und der wahre Wille des Erblassers zu erforschen sei. Eine unrichtige oder ungenaue Bezeichnung des Entziehungsgrundes war dann unschädlich, wenn der Sachverhaltskern, auf den der Erblasser sich erkennbar gestützt hatte, im wesentlichen zutreffend war. Eine engere, formalistische Auslegung würde zu einer Unwirksamkeit des Testaments führen und somit den wahren Willen des Erblassers mißachten.
Außer dem vom BGH nur am Rande angedeuteten Aspekt, daß die Denunziation des Vaters wohl als ein schweres vorsätzliches Vergehen im Sinne des § 2333 Nr. 3 angesehen werden konnte, enthält das Urteil nichts ergiebiges hinsichtlich der Frage, wie sich die Rechtsprechung zum Pflichtteilsrecht im Laufe der Zeit verändert hatte.

---

objektiv zutreffend sei, aber die eine oder andere Einzelheit ungenau angegeben wäre- ein unbefriedigendes Ergebnis. Vgl. hierzu auch bereits oben.

[586] BGH a.a.O. S. 87.

b) Notwendigkeit einer schweren Verfehlung

Der BGH beschäftigte sich in einem Urteil aus dem Jahre 1974 gleich unter mehreren Aspekten mit der Zulässigkeit des Pflichtteilsentzugs.[587] Die Sachverhaltskonstellation war in diesem Fall allerdings nicht alltäglich.
Der klagende Erblasser begehrte die Feststellung, daß er gemäß §§ 2333 Nr. 2, 3 und Nr. 5 BGB berechtigt sei, seinem Sohn den Pflichtteil zu entziehen. Zum Zeitpunkt seiner Klage hatte er aber weder bereits dem Beklagten durch Testament den Pflichtteil entzogen noch überhaupt schon eine letztwillige Verfügung errichtet. Dennoch begehrte der Vater die gerichtliche Feststellung, in der Zukunft aufgrund der Geschehnisse der Vergangenheit dem Sohn den Pflichtteil entziehen zu können.
Grund, beziehungsweise Auslöser des Zerwürfnisses war eine geschäftliche Beziehung zwischen den Beteiligten, während derer es zu Streitigkeiten gekommen war. Kläger und Beklagter waren beide im Wachshandel tätig gewesen, der Kläger auf dem deutschen Markt, der Beklagte mit seinem Bruder auf dem amerikanischen Markt. Er sollte dort Erzeugnisse der Kommanditgesellschaft seines Vaters auf eigene Rechnung veräußern.
Die Parteien schlossen zwar einen schriftlichen Alleinvertriebsvertrag ab, aber dennoch gab es in der Folgezeit immer wieder Streitigkeiten und geschäftliche Differenzen. Die Beteiligten warfen sich gegenseitig die Verletzung des Alleinvertriebsvertrages vor. Es folgten gerichtliche Auseinandersetzungen, die durch Vergleich 1969 beendet wurden.
Die aus der Vergangenheit herrührenden Vorwürfe des Vaters waren vielfältig und gravierend und umfaßten nahezu alle Entziehungstatbestände des § 2333. Er warf dem Sohn Betrug, Urkundenfälschung, ehrlosen Lebenswandel, falsche Anschuldigung wider besseren Wissens, Beleidigung, üble Nachrede, Verleumdung und vorsätzliche Körperverletzung vor. Der Beklagte habe Dritten gegenüber wahrheitswidrig behauptet, der Kläger habe ihn beim Finanzamt wegen Steuerhinterziehung denunziert, wobei es in Wirklichkeit gerade umgekehrt gewesen sei. Der Beklagte habe ihn beim Finanzamt wider besseren Wissens angezeigt, eine Steuerprüfung sei jedoch negativ verlaufen. Außerdem habe ihn der Beklagte gegenüber der Staatsanwaltschaft der Erschleichung von Unterlagen bezichtigt.
Das Verhalten des Sohnes habe nicht nur seine Gesundheit stark beeinträchtigt, sondern auch das verwandtschaftliche Verhältnis zerstört. Aus diesem Grund beantragte der Kläger festzustellen, daß dem Beklagten nach seinem Ableben ein Pflichtteilsrecht nicht zustehe.
Beide Vorinstanzen hatten die Klage abgewiesen, auch die Revision des Klägers hatte keinen Erfolg.

---

[587] BGH, WM 1974, S. 543 f.

Der BGH führte hinsichtlich der nicht unproblematisch erscheinenden Zulässigkeit nur kurz aus, daß das Pflichtteilsrecht ein zwischen den berechtigten Personen und dem Erblasser bereits zu dessen Lebzeiten bestehendes Rechtsverhältnis sei. Auf Feststellung des Bestehens eines solchen Rechtsverhältnisses könne schon zu Lebzeiten des Erblassers geklagt werden. Das Recht zur Entziehung des Pflichtteils sei ein „Recht des rechtlichen Könnens" und damit ein bestehendes und nicht etwa ein zukünftiges Recht. Mit der Klage auf Feststellung des Bestehens eines Rechtsverhältnisses könne auch nur die Feststellung einzelner Berechtigungen als Ausfluß des weitergehenden und umfassenderen Rechtsverhältnisses begehrt werden. Auch das Recht, den Pflichtteil entziehen zu können, könne deswegen Gegenstand einer Feststellungsklage sein.[588]
Das Feststellungsinteresse sei dem Kläger ebenfalls nicht abzusprechen, da zu seinem Nachlaß ein nicht unbedeutendes Handelsunternehmen gehöre und er, um die Unternehmensnachfolge regeln zu können, wissen müsse, welchen Pflichtteilsansprüchen die von ihm eingesetzten Erben ausgesetzt seien. Um das zu klären, könne er die den Gegenstand dieses Rechtsstreits bildende Klage erheben.

Die Klage war somit zwar zulässig, aber unbegründet. Nach Ansicht des BGH lag keiner der Entzugsgründe vor. Dies deswegen, weil erstens § 2333 Nr. 1- 4 eine erschöpfende Aufzählung der Entzugsgründe enthalte und zweitens nur schwere Verfehlungen in Betracht kämen. Es könne es sich zwar sowohl um Angriffe gegen die Person als auch gegen das Vermögen handeln, aber immer müßten die Angriffe derart sein, daß eine grobe Mißachtung des Eltern- Kind Verhältnisses zum Ausdruck gebracht werde und darin eine besondere Kränkung des Erblassers liege.
Diese besondere Kränkung sei im vorliegenden Fall aber nicht gegeben, wie schon das Berufungsgericht im Ergebnis richtig festgestellt habe. Die Parteien hätten schließlich in wirtschaftlichem Wettbewerb gestanden und sich auf diesem Gebiet hart umkämpft. Auch wenn dabei die Grenzen des zulässigen Wettbewerbs überschritten worden wären, sei dies nicht zu dem Zweck geschehen, die verwandtschaftlichen Bande bewußt zu verletzen. Sowohl einzeln als auch insgesamt hätten die Vorkommnisse nicht einen derartigen Schweregrad erreicht, wie er in § 2333 vorausgesetzt werde. Zu berücksichtigen sei auch, daß der Kläger unstreitig selbst erhebliche Wettbewerbsverstöße begangen habe. Selbst wenn man davon ausgehe, daß die Berufungsinstanz den gerichtlichen Vergleich aus dem Jahr 1969

[588] so bereits RGZ 92, 1, 4 ff. Hinsichtlich dieser Thematik ist auch noch auf einen Beschluß des OLG Saarbrücken vom 10.07.1985, NJW 1986, S. 1182 hinzuweisen, in dem festgestellt wird, daß auch der zukünftige Pflichtteilsberechtigte die Frage, ob Grund zur Entziehung des Pflichtteils bestehe, zum Gegenstand einer Feststellungsklage machen könne. Das Gericht führte am a.a.O. aus, zwar sei die Interessenslage bei einer Klage des Erblassers nicht dekkungsgleich mit einer Klage des Pflichtteilsberechtigten. Sie sei aber auch nicht so unterschiedlich, daß eine unterschiedliche Behandlung gerechtfertigt sei.

fälschlicherweise als Verzeihung im Sinne des § 2337 und nicht nur als den Wunsch nach einer Versöhnung und den ersten Schritt zu dieser bewertet habe, so seien die Ergebnisse der Vorinstanz dennoch zutreffend und im Ergebnis nicht zu beanstanden.
Auch wenn der Beklagte angeblich in den USA Abgabehinterziehungen größeren Umfangs begangen habe, so war dies dem Kläger bekannt und stelle auch keinen ehrlosen und unsittlichen Lebenswandel dar. Sollte der Beklagte sich gegenüber den Ermittlungsbehörden in den USA damit versucht haben zu entlasten, daß er nur auf Weisungen des Klägers gehandelt habe, so wäre auch dies kein schweres Vergehen im Sinne des § 2333 Nr. 3. Selbst wenn man davon ausginge, daß der Beklagte seinen Vater aus Verärgerung bei den Finanzbehörden fälschlicherweise der Abgabenhinterziehung beschuldigt hätte, ohne daß der Vater Anlaß zu einer solchen Beschuldigung gegeben habe, wäre dies zwar ein zu mißbilligendes Verhalten und ein nicht zu rechtfertigender und zu entschuldigender Auswuchs. Da er aber im Zusammenhang mit dem geführten harten Konkurrenzkampf stünde, könne ihm deswegen nicht die Schwere beigemessen werden, die der Kläger hier mit seiner Klage versuchte einzufordern. Schließlich habe das Verhalten des Sohnes ja keine ernsten Folgen für ihn gehabt, die Steuerprüfung habe keine Unregelmäßigkeiten ergeben.
Bestätigt wurde hier die vom Reichsgericht begonnene Rechtsprechung, daß das Recht zur Entziehung des Pflichtteils bereits zu Lebzeiten Gegenstand einer Feststellungsklage sein konnte.[589] Offensichtlich vor dem Hintergrund, daß die Auseinandersetzungen zwischen Vater und Sohn hier eher geschäftliche als private Gründe hatte, wurde ein schweres vorsätzliches Vergehen, welches die Eltern-Kind Sphäre gravierend betraf, hier verneint.

c) Formerfordernis der letztwilligen Verfügung

Nunmehr erneut zu einem Urteil, welches sich eher mit Formerfordernissen als mit der Prüfung materieller Voraussetzungen befaßte.[590]

Der Klägerin war durch eigenhändiges Testament des Vaters vom 4. September 1975 der Pflichtteil entzogen worden. Als Begründung war angegeben, die Klägerin habe sich durch in den Jahren 1974 und 1975 erfolgte Beleidigungen, üble Nachreden und Verleumdungen eines schweren vorsätzlichen Vergehens gegenüber dem Erblasser schuldig gemacht. Anstatt diese Vorwürfe aber im Testament genauer aufzuführen, verwies der Erblasser auf eine dem Testament beiliegende

---

[589] RGZ 92, 1ff.
[590] BGH, NJW 1985, S. 1554 ff.

Aktennotiz vom 28. Juli 1975 und ein Schreiben seines Rechtsanwaltes vom 22. August 1975, aus denen Einzelheiten hervorgehen sollten.
Die Klägerin hielt die Entziehung des Pflichtteils für unwirksam und verlangte im Wege der Stufenklage von den Beklagten Auskünfte, sachverständige Ermittlung des Wertes des Nachlasses und von dem Nachlaßverwalter die Zahlung ihres Pflichtteils.
Das Landgericht hatte die Klage abgewiesen, das OLG, von dem die Klägerin zusätzlich den Ausspruch begehrte, daß ihr ein Pflichtteilsrecht zustehe, hat dem Begehren durch Teilurteil entsprochen. Die Revision der Beklagten hatte keinen Erfolg.

Bereits das OLG hatte die Auffassung vertreten, daß die Anforderungen, die § 2336 Abs. 2 an eine formwirksame letztwillige Verfügung stelle, hier nicht erfüllt seien. Die Erklärung lasse auch in Verbindung mit den angeführten Jahreszahlen nicht erkennen, welche Äußerungen der Erblasser jetzt genau meine. Die Bezugnahme auf die Aktennotiz reiche ebenfalls nicht aus, sie sei mit Schreibmaschine geschrieben, trage keine Unterschrift und sei deshalb als Testament sowieso formnichtig.

Der BGH schloß sich dieser Einschätzung des OLG im Ergebnis an.
Grundsätzlich sei festzuhalten, daß bei der Prüfung der Wirksamkeit der Pflichtteilsentziehung zunächst durch Auslegung zu ermitteln sei, worauf der Erblasser die Entziehungen habe stützen wollen. Dieses Ergebnis sei sodann an § 2336 Abs. 2 zu messen.[591]
Das Berufungsgericht irre aber, wenn es meine, dem Testament nicht entnehmen zu können, auf welche konkreten Äußerungen der Erblasser die Entziehung habe stützen wollen. Es sei dem bereits aufgestellten Erfordernis, daß der Richter bei der Auslegung alle ihm zugänglichen Umstände auch außerhalb der Testamentsurkunde auswerten müsse, die zur Aufdeckung des Erblasserwillens hilfreich sein könnten, nicht nachgekommen.[592]

---

[591] So bereits RGZ 168, 34 (35).

[592] Vgl. RGZ 168, 34. BayObLG 42, 144 entschied bereits 1921 einen ganz ähnlich gelagerten Fall, in dem eine wirksame Entziehung des Pflichtteils aufgrund der auslegungsbedürftigen Formulierung im Testament zweifelhaft war. Die Eltern von drei Töchtern hatten in einem gemeinschaftlichen Testament von 1903 verfügt: ...“*Seit Anfang 1903 ist Helene aus dem elterlichen Haus entflohen und führt mit Georg S. einen unsittlichen Lebenswandel. Dieser ist arbeitsscheu, bereits wegen Sittlichkeitsverbrechen bestraft und hat schon drei Kinder erzeugt, jedes mit einer anderen Frauensperson; nun beabsichtigt er sich sogar mit Helene zu verehelichen. Wir enterben deshalb unter Entziehung des Pflichtteils unsere Tochter...*“ Das Landgericht deutete diese Verfügung dahingehend, daß der Tochter unter der Bedingung, daß sie den Georg heirate, der Pflichtteil entzogen werden sollte. Die Mutter hatte selbst 1910 bei der Nachlaßverhandlung angegeben, durch die anderweitige Verehelichung der Helene sei die Bestimmung des Testaments gegenstandslos geworden. Das BayOBLG sah dies jedoch anders

Der Senat holte diese Wertung selbst nach, da weitere Sachaufklärung insoweit nicht erforderlich war und hielt folgendes fest:
Die Klägerin und ihre damals noch minderjährige Tochter hatten 1974/1975 von dem Erblasser Unterhalt gefordert. Das Verfahren war unstreitig von Seiten der Klägerin mit Heftigkeit geführt worden. Die in diesem Verfahren von der Klägerin erhobenen Vorwürfe habe der Erblasser insgesamt wohl als besonders kränkend empfunden. Dies ergebe sich auch durch die im Testament genannten und beigefügten schriftlichen Erklärungen.
Aus dem Aktenvermerk, der dem Testament beigefügten war, ergebe sich weiterhin, daß der Kläger den Pflichtteil auch noch aus weiteren Gründen habe entziehen wollen. Insgesamt waren 15 fortlaufende Vorwürfe gegen die Klägerin angeführt, es ließe sich also aufgrund der Auslegung feststellen, auf welche Gründe der Erblasser die Entziehung habe stützen wollen.

Trotz der Feststellbarkeit der Entzugsgründe seien aber die Formerfordernisse des § 2336 Abs. 2 nicht erfüllt. Die Gründe für die verfügte Pflichtteilsentziehung seien nicht formgerecht erklärt.
Es sei in der Rechtsprechung unstreitig, daß die Wirksamkeit einer Pflichtteilsentziehung neben der Entziehungserklärung auch die Angabe eines Kernsachverhalts verlange, zumindest im Rahmen von § 2333 Nr. 1- 4.[593]
Es gehe auch nicht darum, unter welchen der im Gesetz genannten Entziehungstatbestände der Erblasser seinen persönlichen Entziehungsgrund einordne, sondern es komme auf die grobe Konkretisierung der Gründe an. Diese sei deshalb so unverzichtbar, damit nicht im Nachhinein von den Erben Vorwürfe erhoben werden könnten, die der Erblasser gar nicht im Sinne gehabt habe und auf die er die Entziehung gar nicht habe stützen wollen.

---

und betonte, auch eine Auslegung, die außerhalb des Testamentes liegende Umstände heranzöge, dürfe nicht zur Veränderung des Testaments führen. Aus Wortlaut und Formulierung ergebe sich hier deutlich, daß der unsittliche Lebenswandel der Tochter die Eltern tief gekränkt habe und Grund für die Entziehung sei. Die Heiratsabsicht mit Georg sei zwar erwähnt, nicht aber in dem Sinne, daß die Verfügung nur mit Rücksicht auf die bevorstehende Heirat getroffen worden sei. Es läge also eine Pflichtteilsentziehung gemäß § 2333 Nr. 5 vor, zu prüfen sei aber, ob nicht die Vorschriften der §§ 2336, 2337 zur Anwendung kämen. Das deswegen, weil die Tochter noch zu Lebzeiten des Vaters geheiratet hatte und anläßlich der Hochzeit auch einen Geldbetrag vom Vater erhalten hatte. Es läge die Annahme nahe, daß er dies nicht getan hätte, wenn er ihr den unsittlichen Lebenswandel nicht verziehen hätte. Die Erklärung der Ehefrau in der Nachlaßverhandlung könne ebenso als Verzeihung gedeutet werden. Wenn sich die Tochter zur Zeit des Todes der Mutter 1917 durch ihre Heirat von dem unsittlichen Lebenswandel dauerhaft abgewendet habe, dann sei die Entziehung kraft Gesetzes eventuell sowieso unwirksam geworden. Mit dieser Frage werde sich aber der Nachlaßrichter beschäftigen müssen.

593 Dazu grundsätzlich BGH NJW 1964, S. 549 ff.

Allerdings sei auch zuzugeben, daß das Reichsgericht auf die Angabe jeglicher Konkretisierung in einem Urteil aus dem Jahre 1919 verzichtet hatte.[594]
Dies sei jedoch nur für die Vorschrift des § 2333 Nr. 5 geschehen und deshalb eine Ausnahme gewesen.
Der Kern des konkreten Sachverhalts, der Motiv für die Entziehung war, gehöre nach § 2336 Abs. 2 in die letztwillige Verfügung. Dieser Formvorschrift sei nicht Genüge getan, wenn auf andere Erklärungen verwiesen werde, die nicht einmal der Testamentsform entsprächen.

In oben bereits besprochenem Urteil, in welchem der Ehegatte seiner Frau den Pflichtteil gemäß § 2335 entzogen hatte und zur Begründung auf die Scheidungsakten verwiesen hatte,[595] sprach das Reichsgericht ausdrücklich von einem Grenzfall. Es hatte betont, die Formerfordernisse könnten nur deshalb „noch" als erfüllt angesehen werden, weil die Scheidungsklage bereits anhängig war und die Gerichtsakten somit zur Beseitigung der Unklarheiten hätten herangezogen werden können.
Die Sachlage sei im vorliegenden Fall aber eine ganz andere. Privaturkunden böten erheblich weniger Sicherheit zur Feststellung des Erblasserwillens als amtlich verwahrte Gerichtsakten, sie könnten verfälscht oder ausgetauscht werden. Bei bloßer Verweisung auf einen maschinenenschriftlichen Vermerk ohne Unterschrift und das Schreiben eines Dritten könne nicht dieselbe Ausnahmesituation wie in obigem Fall angenommen werden, die einen Formverstoß heilen würde.
Insofern fänden hier die Entziehungsgründe keinen hinreichenden Ausdruck im Testament. Dieses Ergebnis ändere sich auch dann nicht, wenn sich der Wille des Erblassers zweifelsfrei durch Auslegung ermitteln lasse. Auch damit würde dem Formerfordernis des § 2336 Abs. 2 nicht Genüge getan, denn verlangt würde eine Angabe des Grundes „in der Verfügung".
Da der Pflichtteilsentziehung ein außerordentliches Gewicht und ein demütigender Charakter zukomme, da sie praktisch eine „Verstoßung über den Tod hinaus" beinhalte, sei es nicht zuviel verlangt, wenn der Erblasser sich besondere Mühe gebe, den gesetzlichen Erfordernissen gerecht zu werden und verantwortungsvoll zu testieren. Die Rechtsprechung jedenfalls dürfe die verlangten Förmlichkeiten nicht einfach beiseite schieben.[596]

Bemerkenswert an diesem Urteil ist, mit welcher Genauigkeit der BGH die Formerfordernisse, die nach Meinung des Senats vorliegen mußten, benennt und herleitet. Sinn und Zweck sollte es sein, durch strenge Formerfordernisse zu verhindern, daß im Rahmen der späteren gerichtlichen Auseinandersetzung um die

---

[594] RGZ 95, 24 (26).
[595] RGZ 168, 34.
[596] BGH NJW 1985, S. 1555, 1556.

Wirksamkeit der Pflichtteilsentziehung Gründe von den Erben untergeschoben würden, die für den Erblasser gar nicht motivierend für den Entzug gewesen waren.
Gerade diese Formerfordernisse, auf die der Senat sich insbesondere im Rahmen des § 2336 Abs. 2 gestützt hatte, waren aber auch Auslöser für Kritik.
Bemängelt wurde der methodische Standpunkt des Senats: es sei dogmatisch nicht vertretbar, zunächst durch Auslegung zu ermitteln, worauf der Erblasser den Entzug habe stützen wollen und dann das so gewonnene Ergebnis an § 2336 Abs. 2 zu messen. Der Dualismus von Wille und Erklärung, von dem der Senat ausgehe, könne nicht so vorausgesetzt werden. Die Willenserklärung als emotionale Äußerung könne niemals als eine Kundgabe eines Wollens gelten.[597]
Die Ermittlung eines vom Erklärungstext unabhängigen Willens sei eine bloße Tatsachenfeststellung und keine Auslegung. Die Prüfung von Formgesichtspunkten sei deshalb keine genügende Barriere, um der Verfälschung des Erblasserwillens vorzubeugen.[598]

d) Erforderlichkeit einer objektiv schwerwiegenden Kränkung

n einem aktuellen Urteil war der Entzugsgrund des schweren vorsätzlichen Vergehens erneut Gegenstand der Rechtsprechung.[599] Kurz zum Sachverhalt:
Die Eltern hatten in einem gemeinschaftlichen eigenhändigen Testament 1988 bestimmt, daß ihre Kinder sowie die Kinder ihrer vorverstorbenen Tochter Erben sein sollten. Der Ehemann war 1988 verstorben. 1991 verfaßte die Erblasserin eigenhändig eine Testamentsergänzung, in der sie aufführte, daß eine Grundstücksübertragung auf den Sohn bereits 1987 mit ihrer Zustimmung stattgefunden hatte. Über diesen Grundstücksverkauf dürfe vor ihrem Ableben nicht gesprochen werden, dies sei auch der Wille ihres verstorbenen Mannes gewesen.

Am 19. November 1996 errichtete die Erblasserin sodann ein notarielles Testament, in welchem sie die Erbeinsetzung ihrer vorverstorbenen Tochter posthum aufhob und dieser, beziehungsweise deren Erben den Pflichtteil entzog. Die Tochter habe sich dadurch einer schweren Verfehlung schuldig gemacht, daß sie das Testament aus einem Geheimfach im Schrank gestohlen habe, es mit dem Zusatz vom 29. August 1991 kopiert und an andere Familienangehörige weiterge-

---

[597] *Kuchinke*, Urteilsanmerkung zu BGH IV a ZR 136/83, JZ 1985 S. 748 mit Verweis auf *Larenz*, „Die Methoden der Auslegung des Rechtsgeschäftes" 1930, S. 34 ff. Ziel der Auslegung einer Willenserklärung könne es danach niemals sein, das Verhältnis von wirklichem Willen und erklärtem Willen klarzustellen. Ziel könne und müsse es sein, unter den verschiedenen Bedeutungen einer Erklärung die rechtsmaßgebliche zu ermitteln.

[598] *Kuchinke* a.a.O. S. 749.

[599] LG München, FamRZ 2000, S. 853 ff.

reicht habe. Insofern hätten diese von der bereits erfolgten Grundstücksübertragung erfahren, die eigentlich hätte geheimgehalten werden sollen.
Die Kinder der posthum enterbten Tochter beantragten die Erteilung eines Erbscheins, da die letztwillige Verfügung vom 19. November 1996 unwirksam sei. Ihrer Mutter sei zu Unrecht eine schwerwiegende Verfehlung unterstellt worden. Sie sei nämlich mit Einverständnis der Erblasserin an die Testamente gelangt.

Das Nachlaßgericht erteilte den Erbschein antragsgemäß, da der Mutter der Kläger keine schwerwiegende Verfehlung gegen die Erblasserin habe nachgewiesen werden können. Es sei nicht erwiesen, daß sie die Testamente vorsätzlich an sich genommen habe, um sie im Erbfall zu unterdrücken. Es könne allenfalls eine Verletzung des Briefgeheimnisses vorliegen, die sich jedoch unter den Umständen nicht als eine schwere Verfehlung darstelle.

Mit der nachfolgenden Beschwerde gegen die Erteilung des Erbscheins drang der Sohn der Erblasserin nicht durch.Der Beschluß des Landgerichtes lautete folgendermaßen:
Den Kindern der posthum enterbten Tochter stehe ein eigenes Pflichtteilsrecht zu. Ihre Mutter habe sich keines schweren vorsätzlichen Vergehens gegenüber der Erblasserin schuldig gemacht. Die Entwendung des Testaments aus dem Geheimfach sei nicht erwiesen. Die Tochter habe nur eingeräumt, das Testament dem Fach entnommen und kopiert zu haben. Der Vorwurf, sie habe das Testament danach nicht zurückgelegt, sondern für sich behalten oder vernichtet, sei weder belegt noch bewiesen. Gleiches gelte für eine Verletzung des Briefgeheimnisses: zwar sei der objektive Tatbestand erfüllt, es sei jedoch nicht nachgewiesen, daß die Tochter in dem Bewußtsein handelte, daß der Inhalt der Papiere nicht zur Kenntnis der anderen Familienangehörigen bestimmt war. Dies schloß das Landgericht aus der Tatsache, daß die Mutter ihren Töchtern zuvor den Aufenthaltsort des Testaments genannt hatte und auch gegen die Entnahme keinen Widerspruch erhoben hatte.[600]
Selbst wenn die Tochter vorsätzlich gehandelt hätte, so wäre das Herausnehmen und Lesen des Testaments angesichts der Gesamtumstände nicht als eine so schwerwiegende Verfehlung anzusehen, daß sie die Entziehung des Pflichtteils rechtfertigen würde. Eine solche schwerwiegende Verfehlung, von der § 2333 Nr. 3 spreche, sei nur dann anzunehmen, wenn es sich um Angriffe gegen die Person, das Eigentum oder das Vermögen des Erblassers handeln würde. Durch selbige müßte eine grobe Mißachtung des Eltern-Kind Verhältnisses zum Ausdruck gebracht werden, die eine besondere Kränkung des Erblassers bedeuten würde.
Eine kränkende Mißachtung der Persönlichkeit der Erblasserin käme in dem Verhalten der Tochter jedenfalls nicht zum Ausdruck. Zwar mochte sich die hochbe-

---

[600] a.a.O. S. 854.

tagte Erblasserin subjektiv gekränkt fühlen, das Fehlverhalten des Abkömmlings müsse sich aber auch objektiv als eine schwerwiegende Kränkung darstellen. Daran fehle es hier, weil auch nicht auszuschließen sei, daß die Tochter nur so gehandelt habe, um Vorhandensein und Aufbewahrungsort des Testaments zu überprüfen.[601]

3. Entzug wegen unsittlichen und ehrlosen Lebenswandels (§ 2333 Nr.5)

a) Trunksucht

Daß es nicht einfach war, einem Kind wegen Trunksucht den Pflichtteil wegen unsittlichen und ehrlosen Lebenswandels zu entziehen, zeigt folgendes Urteil des OLG Düsseldorf vom 23. Februar 1968.[602] Es bestätigte im wesentlichen eine Kammergerichtsentscheidung von 1919.[603]
Der Vater hatte der Tochter in einem Testament aus dem Jahre 1955 gemäß § 2333 Nr. 5 den Pflichtteil entzogen, „und zwar wegen seit Jahren fortgesetzter Trunksucht, von der sie trotz ständiger Ermahnung nicht abläßt, ohne daß eine krankhafte Veranlagung vorliegt".
Durch ein weiteres Testament von 1957 setzte er seine andere Tochter als Alleinerbin ein und bestätigte gleichzeitig die Pflichtteilsentziehung zum Nachteil seiner alkoholabhängigen Tochter, da diese ihren Lebenswandel nicht geändert habe.

Das Landgericht hatte die Klage der Tochter auf Zahlung des Pflichtteils abgewiesen, die Berufung der Klägerin hatte Erfolg.
Das OLG beschied der Beklagten, sie habe nicht bewiesen, daß der Grund der Pflichtteilsentziehung bereits zur Zeit der Errichtung des Testaments vorgelegen habe.
Wie schon das Kammergericht ganz richtig festgestellt habe, könne von Ehrlosigkeit oder Unsittlichkeit des Lebenswandels nur gesprochen werden, wenn ein Verschulden des Pflichtteilsberechtigten vorliege. Die Beweisregel des § 2336 Abs. 3 sei also so zu verstehen, daß nicht nur der äußere Tatbestand des Entziehungsgrundes bewiesen werden müsse, sondern auch das Verschulden und die Schuldfähigkeit. Dies deswegen, weil die Bestrafung mit der Pflichtteilsentziehung gemäß § 2333 Nr. 5 ein subjektives Verschulden voraussetze.
Es sei aber zweifelhaft, ob bei Errichtung des Testaments 1955 die Klägerin schuldfähig gewesen sei. Nach dem Sachverständigengutachten jedenfalls sei

---

601 a.a.O. S. 855.
602 NJW 1968, S. 944 f.
603 vgl. hierzu OLGE 21, 344.

nicht auszuschließen, daß die Trunksucht auf krankhafter Veranlagung beruhte. Auch wenn 1955 die Klägerin immerhin noch eingeschränkt schuldfähig gewesen sei, würde dies keine Pflichtteilsentziehung rechtfertigen, da die Voraussetzungen des § 2333 Nr. 5 dann nicht vorgelegen hätten.

Der dogmatische Unterschied zwischen den Entziehungsgründen des § 2333 Nr. 1- 4 und Nr. 5 liege darin, daß Nr. 1- 4 Verfehlungen gegen den Erblasser selbst oder seine nächsten Angehörigen sanktionierten, Nr. 5 aber dem Schutz der Familienehre diente und damit auf Außenwirkung gerichtet war. Ausgeschlossen werden konnte somit nur jemand, der den guten Namen der Familie untergrub oder sich durch seinen unsittlichen Lebenswandel aus dem Familienverband gelöst hatte. Hier verbiete sich ein pauschales Werturteil, es müsse auf den Einzelfall abgestellt werden. Das Verhalten des Pflichtteilsberechtigten und seine Wirkung auf die Belange der Familie seien in ihrer Gesamtheit zu betrachten. Es würden hier die gleichen Grundsätze gelten wie auch bei einer Eheverfehlung. Wenn also eine verminderte Zurechnungsfähigkeit einer Eheverfehlung die Schwere nehmen könne, dann rechtfertige die Ähnlichkeit ehewidrigen und familienfeindlichen Verhaltens die Annahme, daß die Minderung der Zurechnungsfähigkeit dazu führen könne, Trunksucht milder zu beurteilen. Ein ehrloser oder unsittlicher Lebenswandel im Sinne von § 2333 Nr. 5 könne dann nicht mehr festgestellt werden.[604]

Genau diese Konstellation sei hier gegeben. Die vermindert schuldfähige Klägerin habe nur im Haushalt des Erblassers getrunken, nicht in Gaststätten oder in der Öffentlichkeit.

Es sei zwar davon auszugehen, daß alle Besucher der Wohnung des Erblassers von der Trunksucht der Klägerin Kenntnis genommen hätten und das Fehlverhalten der Klägerin damit nach außen in Erscheinung getreten sei, dieses aber nur in einer die Ehre der Familie minder schwer beeinträchtigenden Weise. Dies läge nicht zuletzt mit am Verhalten des Erblassers selbst, er habe die Klägerin trotz ihres Verhaltens in seiner Wohnung behalten und beschäftigt. Unabhängig davon, ob er das Verhalten der Klägerin nun gebilligt habe oder nicht, lasse dieses Verhalten gegenüber Dritten einen Rest von familiärem Zusammenhalt erkennen. Von einem gewichtigen Verstoß der Klägerin gegen die schutzwürdigen Interessen der Familie könne man deswegen nicht mehr sprechen.

Im Ergebnis liege also ein Verstoß der Klägerin gegen die Familienehre, ein ehrloser oder unsittlicher Lebenswandel nicht vor. Damit sei die Entziehung des Pflichtteils im Testament unwirksam.

---

[604] OLG a.a.O. S. 945.

Auch dieses Urteil brachte in der Sache keine neuen Erkenntnisse, daß Trunkensucht grundsätzlich kein Grund war, dem Abkömmling den Pflichtteil zu entziehen, hatten damit zwei Urteile mit ähnlicher Argumentation bestätigt.[605]

Trunksucht als Pflichtteilsentzugsgrund beschäftigte den BGH auch in folgendem, nicht veröffentlichtem Urteil.[606] Das Ergebnis war jedoch ein anderes als im zuvor besprochen Urteil, dieses Mal wurde die Verwirklichung des Tatbestandes des § 2333 Nr. 5 angenommen.
Die Mutter des Klägers hatte von ihren Eltern ein landwirtschaftliches Anwesen geerbt. Da der Kläger der einzige männliche Nachkomme war, bewirtschaftete er den Hof. Seine Trunksucht führte dazu, daß der Hof völlig heruntergewirtschaftet wurde, die Ernte zum Teil nicht eingebracht wurde und letztendlich der Hof, ein alter Familienbesitz, verkauft werden mußte.
Die Mutter hatte dem Kläger aus diesem Grund den Pflichtteil entzogen.
Unter besonderer Berücksichtigung der in der Landwirtschaft herrschenden Anschauungen hatte das Berufungsgericht das Verhalten des Klägers als verwerflich bezeichnet und die Pflichtteilsentziehung für gerechtfertigt erklärt. Hier lag nach den tatsächlichen Feststellungen, die leider im Urteil nicht wiedergegeben sind, offensichtlich keine krankhaft bedingte Trunksucht des Klägers vor.
Wäre dies der Fall gewesen, so hätte, wie das oben besprochene Urteil ausführt, die zur Zahlung des Pflichtteils verpflichteten Erben die Beweislast dafür getroffen, daß der Kläger für sein Verhalten verantwortlich gewesen sei.

b) Verletzung der Familienehre

Streitgegenstand dieses Urteils war hauptsächlich die Verfassungsmäßigkeit des vorzeitigen Erbausgleiches des unehelichen Kindes.[607] Das Pflichtteilsrecht und die Voraussetzungen zum Entzug des Pflichtteils gegenüber dem unehelichen Kind waren ebenfalls Gegenstand des Urteils, allerdings am Rande. Die Besprechung des Urteils beschränkt sich vor dem Hintergrund des Themas dieser Untersuchung auf die erbrechtlichen Komponenten.

Der nichteheliche Sohn hatte den Beklagten auf vorzeitigen Erbausgleich nach der mittlerweile aufgehobenen Vorschrift des § 1934 d) a.F. in Anspruch genommen. Der Beklagte verweigerte den Erbausgleich, da der Sohn sich aufgrund eines von ihm begangenen Mordes als erbunwürdig erwiesen habe.

---

[605] So bereits OLGE 21, 344.
[606] BGH bei *Johannsen*, WM 1972, S. 543.
[607] BGH, NJW 1980, S. 936 ff.

Er hatte über Jahre ein intimes Verhältnis mit einer verheirateten Frau unterhalten und deren Mann getötet.
Landgericht und Oberlandesgericht hatten die Klage abgewiesen, die Revision des Klägers führte zur Aufhebung und Zurückverweisung.

Das OLG hatte in seiner Entscheidung ausgeführt, die Voraussetzungen des § 2333 Nr. 5 seien erfüllt. Zwar habe die Rechtsprechung bereits früher entschieden, daß eine einmalige Verfehlung grundsätzlich nicht ausreiche. Der von dem Kläger begangene Mord sei jedoch der Abschluß eines langen und fortdauernden Eingriffs in die Sphäre des Opfers und Ausdruck einer egoistischen und gewalttätigen Einstellung des Klägers. Er habe zur Zerrüttung der Ehe beigetragen, seine Einstellung setze sich über alle Rechte und moralische Bedenken hinweg. Deswegen sei sein Verhalten als unsittlicher Lebenswandel zu werten.

Der BGH hielt diesen Ausführungen Rechtsirrtümer entgegen. Nicht weiter einzugehen ist hier auf die Ausführungen zu der Anwendbarkeit des § 2333 im Rahmen des § 1934 d). Sowohl OLG als auch BGH nahmen dies an.[608]
Es bedürfe weiterhin zur Abwehr eines Anspruches auf vorzeitigen Erbausgleich auch keiner ausdrücklichen Pflichtteilsentziehung in der Form des § 2336. Würde man dies fordern, so müßte beispielsweise ein Vater, der sein notarielles Testament in besondere amtliche Verwahrung gegeben habe, dieses zurückfordern, um den Nachweis der Pflichtteilsentziehung führen zu können. Da es gemäß § 2256 Abs. 1 dadurch aber seine Wirkung verlieren würde, wäre dies dem Vater gegenüber unbillig. Schließlich lebe der Vater noch, demzufolge käme es hier nicht auf seinen „letzten“, sondern auf seinen derzeitigen Willen an. Deswegen bedürfe man auch nicht der strengen Formvorschriften wie bei letztwilligen Verfügung. Diese diene ja hauptsächlich Beweiszwecken, die hier nicht erforderlich seien, denn der derzeitige Wille könne zu Lebzeiten jederzeit geändert und geäußert werden. Ausreichend sei es also, wenn der Vater im Wege der Einrede geltend mache, dem nichtehelichen Kind den Pflichtteil entziehen zu können.
Hinsichtlich der Voraussetzungen der Pflichtteilsentziehung gegenüber unehelichen Abkömmlingen gelte nichts anderes als bei ehelichen Kindern und bei letztwilligen Verfügungen.
Es kam zur Zurückverweisung durch den BGH, da er die Voraussetzungen für eine Entziehung des Pflichtteils gemäß § 2333 Nr. 5 nicht als erfüllt ansah. Es fehle teilweise an den erforderlichen Feststellungen.
Zutreffend habe die Vorinstanz zwar ausgeführt, daß der begangene Mord und das Eindringen in die Ehe des Opfers ehrlos gewesen sei und deswegen einen ehrlosen Lebenswandel angenommen.

---

[608] BGH a.a.O. S. 937.

Nicht geprüft habe das OLG jedoch, ob der Kläger durch sein Verhalten in den Interessenskreis des Beklagten eingegriffen habe. Unter Verweisung auf die Motive zum BGB bestätigte der BGH die ständige Rechtsprechung, die § 2333 Nr. 5 einen anderen Angriffscharakter als den übrigen Entziehungsgründe des § 2333 beimaß. Schutzgut sei die Familienehre.[609] Dennoch sei § 2333 Nr. 5 keine Strafbestimmung, sondern die gesetzliche Regelung ziele, wie aus § 2336 Abs. 2 und Abs. 4 folge, darauf ab, auf den Abkömmling Einfluß zu nehmen und ihn zur Umkehr zu bewegen. Da der nichteheliche Abkömmling meistens nicht in gleichem Maße in die Familie des Vaters eingegliedert sei wie dessen leibliche Kinder, seien an den Parteivortrag hinsichtlich des Familienlebens und der Behauptung, das Kind habe trotz größerer Distanz zur Familie dennoch in die Interessen des Vaters eingegriffen und dessen Familienehre verletzt, um so höhere Anforderungen zu stellen.[610] An diesen Voraussetzungen fehle es jedoch.

Dieses Urteil bestätigt in den Anforderungen an Nr. 5 die ständige Rechtsprechung,[611] wonach nicht nur Verschulden des Abkömmlings, sondern auch eine Verletzung der Familienehre gefordert wurde und damit die Anforderungen an Nr. 5 für den entziehungswilligen Erblasser erhöht wurden.

Kritik richtete sich gegen die Auffassung des BGH, es komme darauf an, ob der Kläger die Familienehre verletzt habe. Der Verstoß gegen die Familienehre sei nur Motiv des Gesetzgebers für die Regelung des § 2333 gewesen, nicht aber Tatbestandsmerkmal der Vorschrift.[612] Ebenso unbedeutend sei die Frage, ob nun zwischen Vater und Sohn Beziehungen bestanden hätten oder nicht. Zweck der Regelung des § 2333 Nr. 5 sei nämlich nicht vordergründig die Familienehre, sondern die Interessen der Familie. Der Abkömmling werde deswegen durch den Pflichtteil am Nachlaß beteiligt, weil das Vermögen den Interessen der Familie diene. Verstoße der Abkömmling durch die Führung eines ehrlosen und unsittlichen Lebenswandels gegen die Anschauungen, die in der Familie galten, so sei der Grund weggefallen, weshalb ihm ein Pflichtteil gewährt werde.

Wer sich zur Begründung erbrechtlicher Ansprüche auf die Familienzugehörigkeit berufe, könne sie bei der Frage, ob die Ansprüche wegen seines schlechten Lebenswandels erloschen seien, nicht verleugnen. Wer also die Familie in Anspruch nehme, müsse sich auch familiengerecht verhalten. Deswegen könne auch der Vater dem Sohn nicht mit der Begründung den Pflichtteil entziehen, zwischen ihnen hätten keine Beziehungen bestanden. Rechtliche Beziehungen bestünden

---

[609] OLG Düsseldorf, NJW 1968, S. 944 f.

[610] In diesem Zusammenhang führte der Senat a.a.O. S. 938 weiter aus, daß unter diesen Voraussetzungen erst recht keine Pflichtteilsentziehung in Betracht käme, wenn keinerlei Beziehungen zwischen den Parteien bestanden hätten. Dann nämlich käme schon eine Beeinträchtigung der Familienehre des Vaters nicht in Betracht.

[611] so bereits BGH NWJ 1968, S. 944 f.

[612] *Tiedtke*, Urteilsanmerkung, JZ 1980, S. 717 ff.

schon aufgrund des Verwandtenverhältnisses, das Fehlen tatsächlicher Beziehungen sei unerheblich.[613]
Einzig und allein entscheidendes Kriterium sei die Frage, ob der Sohn den Lebenswandel gegen den Willen des Vaters geführt hatte, dies könne auch dann der Fall sein, wenn sich Vater und Sohn so fremd wie einander unbekannte Personen gewesen seien.[614]

c) Ehebruch

Nunmehr zu einer Entscheidung, welche die gesellschaftliche Aktualität und Flexibilität des Erbrechts und insbesondere des Pflichtteilsrechts einmal mehr unterstreicht.[615]
Kernpunkt der Entscheidung war die Frage, ob ehebrecherische Beziehungen auch im Jahr 1983 als immer noch so sittlich verwerflich und moralisch untragbar galten, daß sie den Ehegatten zum Entzug des Pflichtteils berechtigten.

Das OLG bejahte diese Frage.
Dem Streit um den Pflichtteil war eine außereheliche Affäre der Klägerin vorausgegangen. Die Eltern hatten der Tochter wegen dieser ständigen ehebrecherischen Beziehung durch notariellen Vertrag gemäß § 2333 Nr. 5 den Pflichtteil entzogen und den beklagten Bruder der Klägerin als Erben des letztversterbenden Elternteils eingesetzt.
Sie hatten weiterhin in selbigem Vertrag ausgeführt, daß die Tochter vom elterlichen Vermögen abgefunden sei und hatten die Zuwendungen, die sie erhalten hatte, auch im einzelnen aufgeführt. Sollte die Tochter Pflichtteilsansprüche geltend machen, so habe sie sich in diesem Fall die empfangenen Leistungen anrechnen zu lassen.

Die Tochter verklagte dennoch ihren Bruder auf Auskunft über den Bestand des Nachlasses des Vaters gemäß § 2314. Sie hielt die Pflichtteilsentziehung für unwirksam, da sie nicht ständig Ehebruch begangen habe.
Zwar habe sie eine Beziehung mit einem anderen Mann gehabt und diese sei von ihrem damaligen Mann wohl als belastend, nicht aber als ehezerstörend empfunden worden.
Der Ehemann war Mitte 1979 aus der ehelichen Wohnung ausgezogen, Ende 1980 wurde die Ehe geschieden.

---

[613] a.a.O. S. 718.
[614] a.a.O. S. 719.
[615] NJW 1983, S. 1067 f.

Die Klägerin machte geltend, die außereheliche Beziehung sei nur von kurzer Dauer gewesen und wenige Zeit vor dem Tod des Erblassers nahezu beendet gewesen. Weiterhin sei sie wegen ihres Verhaltens auch nicht vom Erblasser ermahnt worden.

Der beklagte Bruder behauptete jedoch, die Klägerin sei einerseits wiederholt von den Eltern wegen ihres Verhaltens ermahnt und abgemahnt worden, andererseits habe sie bis Januar 1981 mit ihrem Geliebten in der Ehewohnung in eheähnlicher und ehebrecherischer Gemeinschaft zusammengelebt. Auch während die Ehe noch bestanden hätte, habe sich der Geliebte der Klägerin wiederholt in der Ehewohnung aufgehalten. Als der Ehemann im November 1978 in einen Kurzurlaub gereist sei, sei der Geliebte unverzüglich in die Wohnung der Klägerin gezogen.
Er selbst sei seinerzeit mit dem Erblasser unverzüglich zur Wohnung der Klägerin gefahren, um dieser Vorhalte zu machen. Sie habe jedoch jedes Gespräch abgelehnt und den Erblasser mit Hilfe von Polizeibeamten aus dem Haus weisen lassen.
Es habe im Zeitpunkt des Todes des Erblassers auch keine Anhaltspunkte dafür gegeben, daß sich die Klägerin von dem beanstandeten Lebenswandel abgewendet habe.

Das Landgericht wies daraufhin die Klage ab. Es bewertete den Lebenswandel der Klägerin als ehrlos und unsittlich im Sinne des § 2333 Nr. 5. Der Pflichtteilsentzug sei auch nicht gemäß § 2336 Abs. 4 unwirksam geworden. Es seien nicht genügend Anhaltspunkte dafür erkennbar, daß sich die Klägerin zum Zeitpunkt des Erbfalls dauerhaft von dem ehrlosen und unsittlichen Lebenswandel abgewendet habe.

Die Klägerin legte gegen das Urteil Berufung ein und stellte ein fortgesetztes ehebrecherisches Verhältnis zu ihrem Geliebten in Abrede. Es habe sich vielmehr nur um eine lose Beziehung mit gelegentlichem Ehebruch gehandelt.
Die Beziehungen hätten sich grundsätzlich außerhalb der ehelichen Wohnung abgespielt und bereits Mitte 1979 an Intensität verloren. Außerdem könne angesichts der Wandlung der sittlichen und moralischen Vorstellungen und der rechtlich durchsetzbaren Sittlichkeitsnormen ein solches Verhalten nicht mehr unter § 2333 Nr. 5 BGB subsumiert werden.
Im übrigen sei die Beziehung im Januar 1980 beendet gewesen.
Das OLG vernahm daraufhin den Geliebten der Klägerin als Zeugen, der angab, die Beziehung habe bis zum 17. Januar 1981 gedauert, habe also noch zum Todeszeitpunkt des Erblassers bestanden.
Die Klärung der Wertungsfrage, ob das Verhalten der Klägerin unter § 2333 Nr. 5 fiel oder nicht, hatte bereits den Schwerpunkt der Urteilsbegründung des Landgerichts ausgemacht.

Nach Ansicht des OLG hatte das Landgericht zutreffend den Pflichtteilsanspruch der Klägerin verneint, dieser sei ihr durch § 12 des Überlassungsvertrages zwischen den Eltern und dem Bruder wirksam entzogen worden.
Entgegen der Ansicht der Klägerin werde ihr Verhalten auch im Jahre 1983 noch von der Vorschrift des § 2333 Nr. 5 erfaßt. Eine Liberalisierung der Gesellschaft mit der Folge, daß das eheähnliche Zusammenleben unverheirateter Paare nicht mehr den Moralvorstellungen der Mehrheit der Bevölkerung widerspräche, bedeute noch lange keine Sanktionierung des Ehebruchs.
Nicht umsonst stünden Ehe und Familie nach Art. 6 GG unter dem besonderen Schutz der staatlichen Ordnung. Insofern könne die Klägerin auch nicht mit ihrem Argument auf das Recht der freien Entfaltung ihrer Persönlichkeit gemäß Art. 2 Abs. 1 GG durchdringen.
Das OLG ließ die Beantwortung der Frage, ob sexuelle Beziehungen zwischen verheirateten Ehepartnern und Dritten von Gesellschaft und Staat toleriert würden oder nicht - vielleicht wohlweislich – offen und zog sich auf die Entstehungsgeschichte des Erbrechts und dessen fundamentale Grundwerte zurück. Es könne ja schließlich nicht außer Acht bleiben, daß § 2333 Nr. 5 nicht so sehr auf das Wertgefühl der Allgemeinheit zu beziehen sei, sondern in erster Linie auf die geltenden Ehe- und Sittengesetze des Lebenskreises des Erblassers. Schließlich gehe es um die Vermögenswerte des Erblassers, die er im Erbfall nach seinen Vorstellungen verteilt sehen wolle.
Die damit verbundene Bewertung, welcher Abkömmling aus welchen Gründen und welchem Verhalten keine Teilhabe am Nachlaß erfahren sollte, sollte dem Erblasser nicht genommen werden. Das OLG betonte, die Aufgabe des Gesetzgebers beschränke sich diesbezüglich darauf, durch gesetzliche Regelungen Ungerechtigkeiten zu vermeiden.
Auch nach Auffassung des Senats unterlag es keinem Zweifel, daß ein ehebrecherisches Verhalten einen ehrlosen und unsittlichen Lebenswandel darstellte. Aufgrund der langen Zeitdauer könne man schon von einem fortgesetzten ehebrecherischen Verhalten sprechen. Bereits 1978 habe der Ehemann der Klägerin die Scheidung eingereicht und zeitgleich den Geliebten seiner Ehefrau aufgefordert, weder Grundstück noch Haus der Eheleute in Zukunft mehr zu betreten. Dies zwinge bereits zu dem Schluß, daß sich die Beziehungen nicht, wie von der Klägerin behauptet, außerhalb der Ehewohnung abgespielt hätten und auch ihren Ehemann durchaus belastet hätten.
Da die Beziehung nach Aussage des Geliebten der Klägerin noch bis zum 17. Januar 1981 angedauert hätte, sei auch kein Raum für einen nachträglichen Wegfall des Entziehungsgrundes gemäß § 2336 Abs. 4 BGB. Die Klägerin blieb damit vom Pflichtteil ausgeschlossen.

Auffällig an diesem Urteil ist zweierlei. Einerseits wollte der Senat offensichtlich klarstellen, daß Ehebruch grundsätzlich noch als unsittliches Verhalten anzusehen sei, mochte die Liberalisierung der Gesellschaft und die Akzeptanz anderer Lebensformen auch noch so weit fortgeschritten sein. Andererseits aber scheute man sich ganz offensichtlich, die außereheliche Beziehung, die im vorliegenden Fall Streitgegenstand und Auslöser für die Pflichtteilsentziehung gewesen war, im Licht der Öffentlichkeit in allen Einzelheiten zu beleuchten und zu bewerten. So spricht die Urteilsbegründung diesbezüglich von ...„durchaus anerkennenswerten Motiven, aus denen der Gesetzgeber zunehmend bemüht sei, die Gestaltung der Beziehungen von Ehepartnern untereinander und auch zu Dritten möglichst diesen, ohne gesetzgeberische Regelung zu überlassen"... In diesem Sinne beschränkte man sich auf die allgemeine Feststellung der Unsittlichkeit eines solchen Verhaltens.

Außerdem dürfte der Senat auch die Schwierigkeit gesehen haben, ein Urteil im Namen des Volkes zu fällen, welches in so extremen Maße die Privatsphäre und die höchstpersönliche Lebensgestaltung berührte und ein – doch auch moralisch geprägtes – Werturteil über einen so intimen Bereich des Privatlebens beinhalten würde. Es verwundert also nicht, daß der Senat sich einer näheren Auseinandersetzung mit den Lebensumständen der Klägerin enthielt und die Beurteilung des Verhalten lieber dem Erblasser selbst und dessen höchstpersönlicher Bewertung überließ.

Dies korrespondiert mit einer Sichtweise des Erbrechts, die bereits in früheren Entscheidungen deutlich geworden war: § 2333 Nr. 5 diente dem Schutz der Familienehre und war damit auf Außenwirkung gerichtet. Ausgeschlossen werden konnte somit nur jemand, der den guten Namen der Familie untergrub oder sich durch seinen unsittlichen Lebenswandel aus dem Familienverband gelöst hatte.[616] Hier verbiete sich jegliches pauschale Werturteil, es müsse auf den Einzelfall abgestellt werden.[617] Nichts anderes hat das OLG in dieser Entscheidung getan.

---

[616] In diesem Zusammenhang verweist *Pakuscher* JR 1960, S. 51 auf ein nicht veröffentlichtes Urteil des Landgerichtes Berlin (die Parteien verglichen sich in der nächsten Instanz) aus dem gleichen Problemkreis (AZ 6O 250/57). Die Mutter hatte der Tochter unter anderem wegen ehrlosen und unsittlichen Lebenswandels den Pflichtteil entzogen. Die Tochter hatte Ehebruch mit einem Freund ihres Mannes begangen und das aus dieser Beziehung stammende Kind als Kind ihres Ehemannes ausgegeben. Auch hier betonte das Gericht, es komme nicht allein auf die Dauer des ehewidrigen oder ehebrecherischen Verhaltens an, vielmehr sei die Schwere der erwiesenen Fälle entscheidend zu berücksichtigen, soweit sie nicht auf vereinzelten Entgleisungen beruhten. Auch der Lebenskreis des Erblassers sei zu berücksichtigen. Wenn er einen makellosen Lebenswandel geführt habe, sei das Verhalten des Kindes besonders geeignet, seine Familienehre zu kränken. § 2333 Nr. 5 diene dem Schutz dieser Ehre.

[617] NJW 1968, S. 944 f; die Entscheidung bestätigt in den tragenden Gründen OLGE 21, 344.

d) Homosexualität

Das folgende Urteil behandelt ein Thema, welches sich immer gesellschaftlicher Beachtung erfreuen dürfte und eignet sich insofern hervorragend dazu, die Anwendungsbreite des § 2333 Nr. 5 zu verdeutlichen.[618] Außerdem dürfte dem Urteil über den Einzelfall hinausgehende rechtliche Bedeutung zukommen.

Es ging um das gesellschaftlich – zumindest zum damaligen Zeitpunkt noch - brisante Thema der Homosexualität.
Die Parteien stritten darüber, ob der Kläger berechtigt war, dem Beklagten den Pflichtteil zu entziehen. Bei dem Kläger handelte es sich um den Vater des Beklagten. Der Beklagte war niedergelassener Arzt, tätig in der AIDS-Forschung. Er und seine Schwester stammten aus der ersten Ehe des Vaters, der sich nach Kriegsende von seiner Familie getrennt hatte.
1985 hatte der Kläger den Beklagten unter Fristsetzung aufgefordert, in notarieller Form auf seinen Pflichtteil zu verzichten. Sollte der Beklagte diesem Verlangen, das der Kläger nochmals wiederholte, nicht nachkommen, so drohte der Kläger dem Beklagten damit, die zu erhebende Klage der Ärztekammer vorzulegen. Als Begründung für sein Vorgehen führte der Kläger an, der Beklagte habe sich unwiderruflich der Homosexualität verschrieben.
Der Beklagte erstattete 1986 aufgrund dieses Vorgehens gegen den Vater Strafanzeige, das Verfahren wurde gemäß § 153 Abs. 2 StPO gegen Zahlung einer Geldbuße eingestellt. Die nächste Strafanzeige stellte dann der Vater gegen den Sohn wegen dessen Behauptung, er habe sein Handwerk bei der Gestapo gelernt. Dieses Verfahren wurde auf den Privatklageweg verwiesen.
Der Kläger klagte daraufhin auf Feststellung, daß er berechtigt sei, dem Beklagten den Pflichtteil zu entziehen, weil dieser die ihn treffende Unterhaltspflicht böswillig verletzt habe und versucht habe, ihn zu erpressen. Nachdem der Beklagte den Antrag im Vorverfahren anerkannt hatte, entsprach das Landgericht gemäß § 307 Abs. 2 ZPO dem Feststellungsantrag.
Der Kläger hatte zur Begründung der Klage vorgetragen, ein Vater- Sohn Verhältnis bestehe schon lange nicht mehr. Er betrachte den Beklagten nur noch als Abkömmling, nachdem er von seiner Tochter, der Schwester des Beklagten darüber unterrichtet worden sei, daß sich der Beklagte der homosexuellen Szene zugewandt habe und mit einem anderen Mann bereits seit längerer Zeit zusammenlebe. Er verabscheue Homosexualität und betrachte sie als eine Beleidigung seiner Person und seiner Familie. Mit der Klage beantragte er die Feststellung, daß er berechtigt sei, dem Beklagten den Pflichtteil zu entziehen.
Das Landgericht wies die Klage nach der Beweisaufnahme ab, auch die Berufung des Klägers hatte keinen Erfolg.

---

[618] OLG Hamburg, NJW 1988, S. 977 ff.

Unproblematisch bejahte das OLG wie bereits in vorher ergangenen Urteilen das rechtliche Interesse des Klägers, bereits zu Lebzeiten feststellen zu lassen, ob er einem Abkömmling den Pflichtteil entziehen könne.[619]

Das Interesse eines älteren Menschen, hinsichtlich der Erbfolge nach ihm Gewißheit zu haben, müsse für ein Feststellungsinteresse ausreichen.

Die mögliche Unwirksamkeit der Entziehung nach § 2336 Abs. 4 und das mögliche Erlöschen des Rechts zur Entziehung nach § 2337 stehe dem rechtlichen Interesse jedenfalls nicht entgegen.

Der Entziehungsgrund des § 2333 Nr. 5 lag nach Ansicht des OLG jedoch nicht vor, denn der Beklagte führe durch seine gleichgeschlechtliche Lebensgemeinschaft keinen unsittlichen Lebenswandel gegen den Willen des Klägers.

Aus der Auslegung des § 2333 Nr. 5, insbesondere im Kontext der anderen Entziehungsgründe ergebe sich, daß nur eine Lebensführung, die gravierende Verfehlungen gegen den Erblasser zum Inhalt habe, zur Entziehung berechtigen könne. Ebenfalls müsse Verschulden vorliegen und der Lebenswandel müse schutzwürdige Interessen des Erblassers verletzen, die mit dem Begriff der „Familienehre" umschrieben worden seien.[620]

Alle diese Voraussetzungen lägen hier nicht vor. Homosexualität könne für sich allein kein Entziehungsgrund sein, denn sie sei eine vor der Geburt angelegte oder in der Kindheit erworbene Eigenschaft des Menschen, aber kein schuldhaftes Verhalten.

Wenn der Beklagte in einer gleichgeschlechtlichen Lebensgemeinschaft lebe, führe er diesen Lebenswandel zwar gegen den Willen des Erblassers, dies sei aber kein unsittliches und ehrloses Verhalten.

In Rechtsprechung und Schrifttum sei die Frage nicht eindeutig geklärt, ob es bei Auslegung dieser Begriffe vordringlich auf die subjektiven sittlichen Maßstäbe des Erblassers ankomme oder ob auf allgemeingültige oder mehrheitlich akzeptierte, also eher objektive Maßstäbe abzustellen sei.

Der Senat beschritt bezüglich dieser Frage einen Mittelweg. Zwar könnten die subjektiven Wertvorstellungen des Erblassers nicht außer acht gelassen werden, was aber ein ehrloser und unsittlicher Lebenswandel sei, müsse zwar unter Berücksichtigung der Lebensführung und des sittlichen Verständnisses des Erblassers, aber vorwiegend nach objektiven Wertvorstellungen der Gesellschaft bestimmt werden. Es liefe dem Grundgedanken der Pflichtteilsregelung zuwider, wenn man das Pflichtteilsrecht des Kindes in erster Linie der Disposition des Erblassers unterstellen würde.[621]

Die gesellschaftlichen Wertvorstellungen und Anschauungen hätten sich in einer Weise gewandelt, die auch in der neueren Rechtsprechung Ausdruck gefunden

---

619 So bereits BGH WM 1974, S. 543 ff; Beschluß des OLG Saarbrücken, NJW 1986, 1182.

620 So bereits OLG Düsseldorf, NJW 1968, S. 944 f; BGH NJW 1980, S. 936 ff.

621 OLG Hamburg, NJW 1988, S. 978.

hätten. Mit Grundsatzurteil von 1985 hatte der BGH ausgeführt, daß sich eine allgemeingültige Auffassung, wonach das Zusammenleben unverheirateter Personen gleichen oder verschiedenen Geschlechts in einer eheähnlichen Gemeinschaft sittlich anstößig sei, nicht mehr aufrechterhalten lasse.[622]
Gestützt auf dieses Urteil argumentierte der BGH, der Entschluß des Sohnes, eine gleichgeschlechtliche Beziehung einzugehen genieße grundrechtlichen Schutz und könne durch das Pflichtteilsentzugsrecht des Vaters nicht beeinträchtigt werden.
In der Gesellschaft und auch im Licht der Öffentlichkeit lebe eine Vielzahl von Personen, die ungeachtet ihrer Homosexualität ein sozial akzeptiertes Leben führten. Diese dürften nicht durch die Auslegung von Gesetzen an den Pranger gestellt werden und von der Rechtsordnung ausgeschlossen werden.
Besonders hob der Senat hervor, daß das Interesse eines Vaters, seinen Sohn wegen dessen Homosexualität als abartig hinzustellen, nicht schutzwürdig sei. Selbst wenn er die Veranlagung seines Sohnes verabscheuen sollte, so könne das Interesse des Vaters, seinen Sohn auch hinsichtlich des Pflichtteils völlig aus seinem Leben zu eliminieren, den grundgesetzlichen Schutz des Sohnes auf Wahl einer seiner Veranlagung entsprechenden Lebensform nicht überwiegen.

Ungeachtet der Würdigung des Lebenswandels scheitere der Klaganspruch des Vaters in dogmatischer Hinsicht auch bereits am Nichtvorliegen der Voraussetzungen des § 2333 Nr. 5. Die Vorschrift verlange nämlich eine Verletzung familiärer Belange, dessen, was als „Familienehre" bezeichnet wurde.
Zwischen dem Kläger, dem Beklagten und dessen Mutter, der ersten Frau des Klägers habe eine Familienbeziehung aber nur kurzfristig bestanden. Schließlich habe der Kläger seine Familie bereits kurz nach dem Krieg verlassen. Da zwischen Vater und Sohn im vorliegenden Fall schon eine jahrelange, fast eine lebenslange Trennung vorläge, hätte es schon eines besonders schwerwiegenden und verwerflichen Verhaltens bedurft, um trotz der großen Entfremdung noch eine Verletzung der Familienehre annehmen zu können. Eine solches Verhalten vermochte der Senat aber nicht mal im Ansatz zu erkennen.

Auch die Berufung auf eine Entscheidung des OLG Hamm, die bereits oben dargestellt wurde und in der es um eine Pflichtteilsentziehung wegen fortgesetzten Ehebruchs gegangen war, vermochte das Klagvorbringen des Klägers nach Auffassung des Senats nicht zu stützen.[623]
Das OLG Hamm hatte bei der Beurteilung der Frage nach der Unsittlichkeit und der Ehrlosigkeit des Lebenswandels vorrangig die subjektiven Vorstellungen des Erblassers zugrunde gelegt. Der Senat verneinte die Übertragbarkeit der dortigen Entscheidungsgründe auf den vorliegenden Streitfall.

---

[622] BGH NJW 1985, S. 130 ff.
[623] OLG Hamm, NJW 1983, S. 1067 f.

Zu der diesbezüglichen Entscheidung nochmals in aller Kürze: Der Senat des OLG Hamm hatte bei der Beurteilung der Unsittlichkeit des Lebenswandels auf die sittlichen und moralischen Vorstellungen des Erblassers abgestellt. Andererseits aber hatte er die Klage auch deshalb zurückgewiesen, weil das Recht der dortigen Klägerin aus Art. 2 GG auf freie Entfaltung ihrer Persönlichkeit (also auch das Recht, ihre persönlichen Lebensverhältnisse und ihre ehelichen und außerehelichen Beziehungen nach eigenem Gutdünken zu gestalten) weniger schwer wiege als der grundrechtliche Schutz von Ehe und Familie, die Art. 6 GG unter besonderen staatlichen Schutz stelle.
Im vorliegenden Fall wurde aber bereits dem Kläger ein geschütztes Interesse daran, seinen Sohn wegen dessen Neigungen aus seinem Leben zu eliminieren, aberkannt. Insofern kam es auf die Frage, ob nun bei der Beurteilung der Unsittlichkeit objektive oder subjektive Kriterien zugrunde gelegt werden müßten, ebenso wenig an wie auf die Frage, ob die Trennung des Klägers von seiner Familie die Homosexualität ausgelöst haben könnte.

Auch die Voraussetzungen des § 2333 Nr. 3 sah der Senat nicht als gegeben an. Der Kläger hatte auch gar nicht vorgetragen, daß der Sohn sich eines schweren vorsätzlichen Vergehens gegen ihn schuldig gemacht habe. Der Senat prüfte dennoch § 2333 Nr. 3, weil der Beklagte im Prozeßgeschehen behauptet hatte, sein Vater sei während des Krieges bei der Gestapo tätig gewesen. Selbst wenn dies als Beleidigung im Sinne des § 185 StGB zu werten wäre, so könne doch eine einzelne Ehrkränkung, die zudem im Laufe eines Prozesses erhoben wurde, der geprägt war von gegenseitigen Anschuldigungen und zudem noch vom Kläger begonnen worden sei, den Tatbestand des § 2333 Nr. 3 nicht erfüllen.
Die Drohung des Klägers, die Klage der Ärztekammer zuzuleiten, wenn nicht der Beklagte freiwillig auf seinen Pflichtteil verzichte, stellte nach Auffassung des Senats eine besonders verwerfliche Nötigung dar. Auch vor dem Hintergrund, daß der Kläger im Laufe des Prozesses immer wieder betont habe, wie sehr er den Beklagten wegen dessen Homosexualität verabscheue, verliere das Vorbringen des Klägers an Gewicht, so daß ein Pflichtteilsentziehungsgrund nicht ersichtlich war.[624]

624 Der Senat hat gemäß § 546 Abs. 1 Nr. 1 ZPO die Revision zugelassen, um die Frage, ob ein gleichgeschlechtliches Verhältnis des Kindes dem Vater das Recht gibt, den Pflichtteil gemäß § 23333 Nr. 5 zu entziehen, einer höchstrichterlichen Entscheidung zuzuführen zu können. Der Klärung dieser Frage käme über den Einzelfall hinausgehende rechtliche Bedeutung zu.

Auch diesem Urteil sind keine neuen Argumente oder Ansatzpunkte zur Auslegung und Anwendung des § 2333 Nr. 5 zu entnehmen.
Die Entscheidung des Senats, Homosexualität nicht als unsittlichen Lebenswandel zu begreifen, ist vor dem Hintergrund der gesellschaftlichen Liberalisierung nur zu begrüßen.

V. Rückblick

Nach nunmehr über 100 Jahren Rechtsprechung zum Pflichtteilsrecht läßt sich folgende Bilanz ziehen:
Zunächst hat sich der Eindruck bestätigt, den man schon nach Auswertung der Rechtsprechung bis 1933 gewinnen konnte. Zu den Entzugsgründen des § 2333 Nr. 1 und Nr. 4 findet sich keine veröffentlichte Rechtsprechung.[625] Die Antwort auf die Frage nach dem „warum" ist zwar spekulativ, es bieten sich jedoch mehrere Begründungen an: Die Vorschrift des § 2333 Nr. 1 dürfte so unmißverständlich gefaßt sein, daß kein Bedürfnis nach gerichtlicher Klärung bestand. Abgesehen davon entsprach es schon dem gesunden Menschenverstand beziehungsweise allgemeingültigen Sitten- und Anstandsvorstellungen, daß ein Kind, welches dem Elternteil nach dem Leben trachtete, nicht am Nachlaß der Eltern partizipieren konnte und sollte. Eine diesbezügliche Klage dürfte als aussichtslos angesehen werden.

Hinsichtlich Nr. 4 läßt sich das Fehlen veröffentlichter Rechtsprechung am ehesten damit erklären, daß die Familienstrukturen zu damaliger Zeit grundlegend anders waren als in der heutigen Zeit. Aufgrund eines damals noch stärker ausgeprägten Familiensinnes und dem Bestreben, den „guten Namen" der Familie in der Öffentlichkeit zu wahren, steht zu vermuten, daß familieninterne Differenzen auch hauptsächlich innerhalb der Familie ausgetragen und wahrscheinlich auch deswegen selten Gegenstand gerichtlicher Auseinandersetzungen wurden.
Zu berücksichtigen ist weiterhin, daß gerade zu Beginn des Jahrhunderts die Lebenserwartung noch deutlich unter dem Niveau lag, welches heute vorherrscht.
Auch Berufsausbildung und Arbeitsmarkt waren völlig anders strukturiert. Eine Berufsausbildung hatte nicht die Selbstverständlichkeit, wie es heute der Fall ist. Gerade Frauen waren hier benachteiligt, insbesondere in der ländlichen Bevölkerung hielt sich hartnäckig die Einstellung, daß die Söhne den landwirtschaftlichen Besitz der Eltern fortführen, die Töchter dagegen möglichst lukrative Ehen eingehen sollten. So dürfte ein großer Teil der Abkömmlinge in der Vergangenheit zwar unter Umständen theoretisch unterhaltsverpflichtet gewesen sein, die praktische finanzielle Leistungsfähigkeit dürfte jedoch, gerade in den Wirren der zwei Weltkriege und der Inflation in den zwanziger Jahren, oftmals nicht vorhanden gewesen sein.
Ein weiteres Argument bietet sich an: wer keine finanziellen Mittel hatte, um sich im Alter selbst zu unterhalten und auf finanzielle Unterstützung seines Kindes angewiesen war, dem dürfte es fern liegen, dem Kind zur Strafe für die finanzielle

---

[625] So auch *Firsching*, der in JR 1960, S. 129 betonte, daß Ziffer 1 und 4 des § 2333 keine besonderen Auslegungsschwierigkeiten bereiteten.

Vernachlässigung auch noch den Pflichtteil eines nicht vorhandenen Vermögens zu entziehen.

Wie bereits zu Beginn als auch gegen Ende des Jahrhunderts waren somit die Nr. 2, 3 und 5 des § 2333 am häufigsten Gegenstand der Rechtsprechung. Gravierende Veränderungen in der Rechtsprechung, extensive Auslegung oder Neuschaffung von Pflichtteilsentzugsgründen durch „Richterrecht" sucht man vergebens. Dies verwundert deswegen nicht, weil bereits festgestellt worden war, daß die Aufzählungen der Pflichtteilsentziehungsgründe in § 2333 abschließend geregelt und nicht analogiefähig waren.[626]

Alles, was sich findet, ist eine Angleichung der Rechtsprechung zum Pflichtteilsrecht an die gesellschaftlichen Veränderungen und die sich wandelnden Moralbegriffe. Man kann wohl am ehesten von einer „gleitenden Anpassung an den Zeitgeist" sprechen.

Eingang in diese Untersuchung haben über 30 Urteile gefunden. Es sind an Urteilen, die das Gebiet des Pflichtteilsrechts im allgemeinen betreffen, deutlich mehr vorhanden als die hier aufgeführten. In dieser Untersuchung sind jedoch vor dem Hintergrund des Themas nur diejenigen berücksichtigt worden, die sich explizit mit dem Entzug des Pflichtteilsrechts aus den Gründen des § 2333 befaßten und deshalb hier von besonderer Relevanz sind.

Zunächst ein kurzer Blick auf die Rechtsprechung zu § 2333 Nr. 2.

Bereits 1909 erging eine wichtige Entscheidung zur Klärung des Begriffs der körperlichen Mißhandlung im Sinne des § 2333 Nr. 2.[627] Das Reichsgericht stellte klar, daß eine besonders schwere oder grobe Mißhandlung nicht erforderlich sei. Das „die Hand erheben gegen die Eltern" reiche aus für eine Pflichtteilsverletzung. Diese Linie zieht sich wie ein roter Faden durch die gesamte Rechtsprechung zu § 2333 Nr. 2. Das Grundsatzurteil, das an § 2333 Nr. 2 dieselben Anforderungen zu stellen waren wie an § 223 StGB, folgte 1912, drei Jahre später.

Die Urteile aus der NS-Zeit sind nur bedingt zur Gewinnung eines Fazits geeignet, da man sehr genau prüfen muß, ob die Urteile frei von der NS-Rassenideologie ergingen. Hierauf wird an späterer Stelle bei der Bewertung der Rechtsprechung zu § 2333 Nr. 5 noch näher einzugehen sein.

Hinsichtlich des Entzugsgrundes § 2333 Nr. 2 findet sich aus der NS-Zeit im übrigen auch kein Urteil.

---

[626] BGH WM 1974, S. 543 f; BGH FamRZ 1977, S. 48 f.

[627] Zu den ausführlichen Darstellungen der jeweiligen Urteile und ihrer Gründe vgl. bereits oben an entsprechender Stelle.

Es folgte sodann ein Urteil des BGH von 1963. In diesem wurde die Rechtsprechung des Reichsgerichtes zur körperlichen Mißhandlung bestätigt. Die körperliche Mißhandlung im Erbrecht weise die gleichen Voraussetzungen auf wie § 233 StGB. Böswilligkeit oder Dauer der Mißhandlung seien unerheblich.
Im Jahr 1976 urteilte der BGH, daß eine seelische Mißhandlung nur dann ein Grund zur Entziehung des Pflichtteils sei, wenn sie Auswirkung auf das körperliche Wohlbefinden hatte.

1989 erging dann das vorerst letzte Urteil zu Nr. 2, welches unter Berufung auf das verfassungsmäßige Übermaßverbot eine schwere Pietätsverletzung forderte, die nicht zwangsläufig bei jeder Körperverletzung erfüllt sei.
Es ist grundsätzlich eine Abwägungsfrage, ob eine Ohrfeige, ein fester Stoß oder eine verbale Auseinandersetzung zwischen Eltern und Kindern immer die qualitative Schwere hat, um diese vom Nachlaß auszuschließen. Man wird den jeweiligen Einzelfall sehr genau beleuchten müssen, die Familienverhältnisse, die Qualität des Umgangs miteinander und die Umstände, unter denen es zu der Tätlichkeit gekommen ist.
Eine generelle Pauschalisierung dahingehend, daß jede Tätlichkeit, die gerade noch die Anforderungen des § 223 StGB erfüllt, als Grund für eine Pflichtteilsentziehung ausreicht, ist abzulehnen. Es ist dem BGH zuzustimmen, daß hier eine genaue Abwägung erforderlich ist.

Der Entzugsgrund des § 2333 Nr. 3 war 1929 erstmals Gegenstand der Rechtsprechung. Eine vereinzelte grobe Beleidigung könne noch nicht als schweres Vergehen angesehen werden. 1963 entschied der BGH, daß die Denunziation des Vaters ein schweres, vorsätzliches Vergehen darstelle.
1985 urteilte der BGH im Rahmen der Auseinandersetzung mit § 2333 Nr. 3, daß der Pflichtteilsentzug eine „Verstoßung über den Tod hinaus" sei und deswegen besonderer Formerfordernisse in der entziehenden letztwilligen Verfügung bedürfe, eine Entscheidung, die mangels Begründung der „Verstoßung über den Tod hinaus" auf Kritik stieß.
Das Landgericht München entschied 1998, der Entzugsgrund des § 2333 Nr. 3 sei nur dann einschlägig, wenn eine grobe Mißachtung des Eltern-Kind Verhältnisses und eine besondere Kränkung des Erblassers vorliege. Die subjektive Kränkungsempfindung reiche nicht aus, das Fehlverhalten müsse sich auch objektiv als schwerwiegende Kränkung darstellen.

Am interessantesten und vielfältigsten ist jedoch die ergangene Rechtsprechung zu § 2333 Nr. 5, der die Gerichte auch am häufigsten beschäftigt hat.
Es begann mit einer Kammergerichtsentscheidung von 1909, in der erstmals Verschulden des Abkömmlings gefordert wurde, um eine Ehrlosigkeit, beziehungsweise Unsittlichkeit annehmen zu können.

Diese Linie wurde mit einer Reichsgerichtsentscheidung von 1914 fortgesetzt, wo neben dem Verschuldenserfordernis auch erstmals betont wurde, daß Nr. 5 auch dem „Schutz der Familienehre“ diene.
1918 bestätigte das Reichsgericht wiederum das Verschuldenserfordernis, 1923 hielt es ein uneheliches Zusammenleben ohne Zustimmung der Mutter für einen unsittlichen Lebenswandel.
In der NS-Zeit beschäftigten sich fast alle Entscheidungen mit Nr. 5.
1933 bestätigte das Reichsgericht die bereits 1923 ergangene Entscheidung, daß Ehebruch ein unsittlicher und ehrloser Lebenswandel sei.
Der Hang zum unsittlichen Lebenswandel mußte nach einer Entscheidung aus dem Jahr 1941 jedoch ein festgewurzelter sein, einmalige Vorkommnisse sollten nicht ausreichen. 1942 bestätigte das Reichsgericht die ständige Rechtsprechung zum Verschuldenserfordernis und stellte darüber hinaus klar, daß eine jahrelange Beziehung zu einer Geliebten unter Vernachlässigung der Kinder und der Unterhaltsverpflichtungen unsittlich sei.
Die Urteile, die von der NS-Ideologie geprägt waren, finden hier keine Berücksichtigung. Sie ergingen unter einem Unrechtsregime und waren damit nicht Ausfluß einer unabhängigen Justiz.

Nach dem Zusammenbruch des NS-Regimes führte der BGH 1968 die Rechtsprechung des Reichsgerichts fort und verlangte Verschulden und eine Verletzung der Familienehre als notwendige Vorausetzungen für § 2333 Nr. 5.
1972 stellte der BGH unter Berücksichtigung einer nicht krankhaft bedingten Trunksucht fest, daß ein vorsätzliches Verhalten vorlag und in diesem Fall bei einer völligen Herunterwirtschaftung eines ländlichen Betriebes bis zum Verkauf des Anwesens auch ein unsittlicher Lebenswandel, der zur Entziehung des Pflichtteils berechtigte.
In einem Urteil von 1974 hielt der BGH eine angeblich begangene Abgabenhinterziehung im Ausland nicht für die Führung eines unsittlichen Lebenswandels für ausreichend.
Selbstverständlich sei weiterhin das Eindringen in die Ehe der Geliebten und die Ermordung ihres Ehemannes ein unsittlicher Lebenswandel (BGH 1980), genauso wie eine fortgesetzte ehebrecherische Beziehung (OLG Hamm 1983).
Das OLG Hamburg urteilte 1988, daß die Homosexualität des Sohnes kein Grund sei, diesem den Pflichtteil zu entziehen.

Verfolgt man die Rechtsprechung über die Jahre, so ist festzustellen, daß die Anforderungen an den der Pflichtteilsentziehung zugrundeliegenden Vorfall mit den Jahren tendenziell immer höher wurden. Einfache Vorkommnisse reichten im Gegensatz zum Beginn des Jahrhunderts nicht mehr aus.
Dieser Trend ist zu begrüßen, da der Entzug des Pflichtteils den völligen Ausschluß von der Teilhabe am Nachlaß bedeutete und nur für die Fälle gedacht und

geschaffen wurde, in denen das Eltern-Kind Verhältnis durch so gravierende Vorkommisse in einem Maße zerrüttet war, daß die Teilhabe am Nachlaß unerträglich erschien. Bedenkt man weiterhin, daß gerade in Nr. 1 und Nr. 2 schwere Verstöße angeführt wurden, so ist nicht einzusehen, warum dieselben Anforderungen nicht auch für Nr. 5 gelten sollten.

Die Führung eines Lebenswandels – ohne gravierende Entgleisungen - der nicht den Vorstellungen der Eltern entsprach, die Wahl des „falschen" Partners, eine angebliche Steuerhinterziehung im Ausland oder Homosexualität des Kindes hat die Rechtsprechung mit Recht als nicht geeignet angesehen, um den Pflichtteil zu entziehen. Sinn und Zweck der Pflichtteilsentziehung soll es nach dem Willen des Gesetzgebers nicht sein, den Eltern damit ein Maßregelungsinstrument gegenüber dem Nachwuchs an die Hand zu geben. Gerade Nr. 5 war getragen von dem Gedanken, den Abkömmling zur Einsicht und Umkehr zu bewegen. Dies ergibt sich auch bereits aus der Vorschrift des § 2336 Abs. 4.

Weiterhin ist zu bemerken, daß es kein Urteil gab, indem die Kinder den Eltern den Pflichtteil entzogen. Einschränkend ist hinzuzufügen, daß die Kinder sowieso nur gemäß § 2333 Nr. 1, 3 und 4 den Eltern den Pflichtteil verweigern durften. Ein Grund für das Nichtvorhandensein entsprechender Urteile dürfte die Alterspyramide sein und die Annahme, daß Eltern im allgemeinen vor ihren Kindern sterben und für manchen die Möglichkeit des Pflichtteilsentzuges gegenüber den Eltern wohl keinen Sinn machte. Hinsichtlich der Nachkommen der Kinder waren diese natürlich vor den Eltern des Erblassers erbberechtigt, so daß oftmals die Notwendigkeit für eine derartige Maßnahme nicht gesehen wurde.
Soweit die Eltern noch lebten und das Verhältnis zerrüttet war, wird es in der Praxis häufig so gewesen sein, daß der Kontakt gemieden wurde und jeder sein eigenes Leben lebte.

Durch die Reform des Scheidungsrechts[628] und der damit verbundenen Neufassung des § 2335 entfiel das Recht auf den Pflichtteil gemäß § 1933 mit dem Scheidungsantrag. Hinsichtlich der Entziehungsgründe wurde auf § 2333 Nr. 1-4 verwiesen. Bereits hieraus läßt sich ergründen, warum es in jüngster Zeit keine Urteile zum Entzug des Ehegattenpflichtteils aufgrund „schwerer Eheverfehlungen" mehr gegeben hat.

Das Pflichtteilsrecht ist von der Rechtsprechung über die Jahre gesellschaftlichen Veränderungen angepaßt worden und dadurch weniger häufig Gegenstand der Rechtsprechung gewesen als noch zu Beginn des letzten Jahrhunderts.

---

[628] Erstes Gesetz zur Reform des Ehe-und Familienrechts (1. EheRG) vom 14. Juni 1976 (BGBl. I 1976, S. 1421).

Damit bleibt die Frage zu beantworten, welche Berechtigung das Pflichtteilsentzugsrecht in der heutigen Zeit noch hat.

Vierter Teil: Die Zukunft des Pflichtteilsrechts

I. Vorwort

Die Gesellschaft hat sich in letzten Jahrzehnten in einem Ausmaß gewandelt, das bei der Schaffung des BGB nicht einmal annähernd absehbar erschien. Der Gesetzgeber hat dem mit umfassenden Reformen des Familienrechts Rechnung getragen. Insbesondere der Untergang der geschlossenen und unumstritten herrschenden bürgerlichen Moral in den Stürmen von 1968 hat die Ehe- und Familienauffassungen der Bevölkerung nachhaltig verändert.
Anhand dieser Wandlungen drängt sich die Frage auf, ob das Rechtsinstitut des Pflichtteilsrechts noch seine Berechtigung in der heutigen Gesellschaft hat. Steht die Gemeinschaft noch hinter einer Beschränkung der Testierfreiheit ?
Ist die „garantierte Teilhabe" am Familienvermögen - die Motivation, mit der die Vorschriften des Pflichtteilsentzuges geschaffen wurden - überhaupt noch zeitgemäß und hat sie noch einen Rückhalt in der Bevölkerung?

Zur Beurteilung dieser Frage empfiehlt es sich, die Grundlagen des Pflichtteilsrechts den momentan gegebenen sozialen Realitäten gegenüberzustellen. Wie haben sich Gesellschaft und Bevölkerungsstruktur in den vergangenen Jahrzehnten verändert, welchen Einfluß haben die veränderten sozialen und wirtschaftlichen Gegebenheiten auf die Lebensumstände der Bevölkerung? Wie ist die Lage der Familien, wie sehr haben die Familienstrukturen Veränderungen erfahren und wie hoch ist der Stellenwert und die Bedeutung des Erbrechts in der Bevölkerung?[629]

Gerade die sozialen Realitäten sind ein vielschichtiges Gebilde mit unzähligen Verflechtungen ineinander. Um sie zu ergründen, können nicht nur Fakten und Zahlen wie Scheidungsraten, Steuerstatistiken oder einzelne wissenschaftliche Veröffentlichungen berücksichtigt werden. Man wird sich auch mit den nicht so faßbaren Trends und Veränderungen der Gesellschaft befassen müssen, mit dem, was man am ehesten als „Zeitgeist" bezeichnen könnte. Daß man diesen Zeitgeist

---

[629] In diesem Zusammenhang stellt sich selbstverständlich auch die Frage nach der Lage der Familien sowie das Problem des Familienlastenausgleiches, welcher sich momentan wieder in der gesellschaftlichen und politischen Diskussion befindet. In diesem Zusammenhang sind auch die sinkenden Geburtenraten, parallel dazu eine sich verändernde Altersstruktur der Gesellschaft und die Frage der Notwendigkeit des Umbaus des gesamten Sozialsystems zu betrachten. Diese Fragen sind jedoch nicht Gegenstand dieser Abhandlung. Es soll sich hier hauptsächlich auf die Frage der Reformbedürftigkeit des Pflichtteilsrecht konzentriert werden, selbstverständlich aber unter dem Blickwinkel der gesellschaftlichen Veränderungen.

wissenschaftlich erfassen und statistisch niederlegen kann, erscheint zweifelhaft, denn Zeitströmungen leben gerade von rapiden Veränderungen.
Um die „öffentliche Meinung" zu erfassen, sind auch die aktuellen Trendumfragen und Studien zur Konsumforschung zu berücksichtigen, ebenso wie Abhandlungen und Berichte in Zeitschriften und Magazinen. Gerade diese können aufgrund ihrer Aktualität viel schneller und umfassender Gesellschaftstrends und Veränderungen erfassen und beleuchten, als es dem Gesetzgeber jemals möglich sein wird.

Eines ist jedoch klar: Eine eventuelle Neuordnung des Erbrechts und des Pflichtteilsentzugsrechts aufgrund veränderter sozialer Realitäten könnte sich nur an die aktuellen gesellschaftlichen und rechtlichen Veränderungen anpassen, soziale Veränderungen herbeiführen könnte sie aber nicht.[630] Es ist die Gesellschaft, die sich verändert und fortentwickelt. Gesetzliche Regelungen können ihrer Natur nach aber weder gesellschaftliche Veränderungen auslösen noch beeinflussen, sie können den geänderten sozialen Realitäten lediglich Rechnung tragen.[631]

---

[630] Dies allein schon vor dem Hintergrund, daß das Erbrecht eine verfassungsrechtliche Grundlage hat, Art. 14 Abs. 1 GG verbietet dem Gesetzgeber eine Neuordnung des Erbrechts, die dessen Bestand antastet. So *Steffen*, DRiZ 1972, S. 263. Auch *Däubler*, ZRP 1975, S. 173, spricht vom Erbrecht als einer „Konnexgarantie" des Privateigentums, weswegen das Erbrecht auch keine konstante Größe darstellen könne, sondern von der jeweiligen Funktion der Ausgestaltung des Eigentumsrechts bestimmt werde.

[631] In diesem Zusammenhang heißt es bei *König*, S. 10 über die Zukunft der Familie ...."die Familie geht mit der Gesellschaft, das heißt jede Gesellschaft hat ihre Familie, die unter bestimmten sozialgeschichtlichen Voraussetzungen zu ihr gehört"...

II. Deutschland im Wandel

Deutschland hat seit Inkrafttreten der erbrechtlichen Vorschriften des BGB den Wandel von einem bäuerlich geprägten Landwirtschaftsstaat hin zu einem modernen Industriestaat vollzogen.[632]
Parallel mit dem Umbruch der Gesellschaft verstärkte sich auch der Ausbau des sozialen Netzes. 1889 wurde die Sozialversicherung geschaffen, sie war das erste umfassende Gesetzeswerk der Welt zur Absicherung der Arbeitnehmer.[633] Mit einer modernen Dienstleistungsgesellschaft entstand nicht nur ein breites Vermögen in mehr oder weniger allen Gesellschaftsschichten, sondern auch eine Vermögensverschiebung weg vom Großgrundbesitz als Hauptbestandteil der Erbmasse hin zu Eigenheimen, Spareinlagen, Aktienvermögen oder sonstigen Börsenwerten.

---

[632] *Coing*, Verhandlungen des 49. Deutschen Juristentages, S. A 13, führt diesbezüglich näher aus, daß die Gesellschaft zur Entstehungszeit des Bürgerlichen Gesetzbuches hauptsächlich von der bäuerlichen Wirtschaft geprägt war. Zum Zeitpunkt des Inkrafttretens des BGB 1900 hatte der Anteil der städtischen Bevölkerung mit 54,4 % zum ersten Mal den Anteil der Landbevölkerung (45,6 %) überstiegen. Zum Vergleich: 1880 hatte der Anteil der Landbevölkerung noch 58,6 % gegenüber 41,4 % städtischer Bevölkerung betragen.

[633] Ausgangspunkt des Entstehens der Sozialversicherung waren die Veränderungen in der Gesellschaft des ausklingenden Jahrhunderts durch Industrialisierung, Verstädterung, Verarmung weiter Bevölkerungskreise etc. gewesen. Kaiser Wilhelm I. erließ daraufhin im Jahre 1881 die Kaiserliche Botschaft. Es hieß dort: ...“Aber auch diejenigen, welche durch Alter oder Invalidität erwerbsunfähig werden, haben der Gesamtheit gegenüber einen begründeten Anspruch auf ein höheres Maß an Fürsorge, als ihnen bisher hat zuteil werden können. Für diese Fürsorge die rechten Mittel und Wege zu finden, ist eine schwierige, aber auch eine der höchsten Aufgaben jedes Gemeinwesens, welches auf den sittlichen Fundamenten des christlichen Volkslebens steht“... Damit wurde der Anspruch der Bevölkerung auf materielle Absicherung anerkannt und der Beginn der Sozialgesetzgebung setzte ein.
Eine tragfähige politische und gesellschaftliche Koalition für die geplanten Versicherungsgesetze mußte Bismarck freilich erst mühsam erringen. Sie wurde in den 80er Jahren in drei Schüben durchgesetzt. Demzufolge ruhte auch die Sozialversicherung dann auf drei Säulen: 1883 wurde die Krankenversicherung eingeführt, 1884 die Unfallversicherung und 1889 die Invaliditäts- und Altersversicherung für Arbeiter. Diese galt für die durch Alter oder Invalidität hervorgerufene Erwerbsunfähigkeit und begründete einen Rechtsanspruch der Versicherten auf Leistung. Der Rentenanspruch für eine Altersrente begann mit der Vollendung des 70. Lebensjahres (!) und setzte eine dreißigjährige Beitragszahlung voraus. Diese drei Gesetze wurden zur Reichsversicherungsordnung (RVO) von 1911 zusammengefaßt. Sie trat am 31. Mai 1911 in Kraft. Die RVO enthielt 1754 Paragraphen und umfaßte 6 Bücher. Ebenfalls 1911 wurde das Versicherungsschutzgesetz für Angestellte erlassen. An die Stelle der RVO ist inzwischen das Sozialgesetzbuch (SGB) vom 11. Dezember 1975 getreten. Hierzu ausführlich *Wehler*, S. 912 ff.

Neben Sozialrenten, Pensionen und Werksversicherungen ist auch der Ausbildung der Kinder durchaus berechtigt ein eigener Vermögenswert zuerkannt worden.[634] Durch diese Entwicklungen ist das Erbrecht in seiner sozialen Sicherungsfunktion erschüttert und zurückgedrängt worden, es ist von der sozialen Sicherung der Hinterbliebenen durch den verstärkten Eintritt des Staates entlastet worden.[635] Dadurch hat sich der Sozialstaat aber auch seine eigenen Probleme geschaffen. Der Funktionsverlust der Familie als Erwerbs- und Versorgungsgemeinschaft wurde durch obige Errungenschaften noch beschleunigt.
Je umfassender die gesellschaftlichen Sicherungssysteme die Existenzängste und die Risiken des Lebens des einzelnen absicherten und auffingen, desto einfacher wurde es auch für den einzelnen, sich ohne Existenzverlust aus dem Familienverband zu lösen. So kann man sagen, daß der Sozialstaat heutzutage unter einer Entwicklung leidet, die er selbst in Gang gesetzt hat. Bezeichnenderweise sind die Indikatoren, die bereits um 1900 für den Zerfall der Familie genannt wurden, immer noch die gleichen wie heutzutage: sinkende Geburtenzahlen, steigende Scheidungsraten und auseinanderbrechende Familienverbände.[636]

Was die gesellschaftlichen Realitäten der Familien angeht, haben sich die althergebrachten Familienstrukturen ebenfalls grundlegend gewandelt.
Die Gründungsväter des BGB waren noch von „der Familie" als starke, nach außen geschlossen auftretende Einheit ausgegangen, in der der Abkömmling sich geborgen fühlen konnte und die ihm durch das Erbrecht die Teilhabe am Familienvermögen sicherte. Im Blick hatte man damals insbesondere die Kleinfamilie, die einen engen wirtschaftlichen Verband bildete.

---

[634] *Coing*, a.a.O. S. A 15.

[635] So auch *Coing*, a.a.O. S. A 15; ebenso *Leipold*, AcP 1980, S. 188, der betont, daß die Fortexistenz der Hinterbliebenen und die Ausbildung der Abkömmlinge heute in der Regel auch ohne das Erbrecht und das Pflichtteilsrecht gesichert sei. Andererseits weist *Leipold* aber auch darauf hin, daß die Versorgungsfunktion des Erbrechts und des Pflichtteilsrechts, das an die Stelle des Unterhaltsanspruches tritt, auch heute noch seine grundsätzliche Berechtigung hat, auch wenn es weniger um nackte Existenzsicherung als vielmehr um Aufrechterhaltung des Lebensstandards geht.

[636] Die Befürchtungen um den Fortbestand der Familie hatten sich immer gerade um die Veränderungen gedreht, die mit einer Stärkung der individuellen Rechte und Freiheiten gegenüber dem Verwandtschaftsverband oder der Familie verbunden waren, obwohl sie lediglich die Konsequenzen eines allgemeinen Modernisierungsprozesses waren. Individuen wurden aus den Bindungen an traditionelle Gemeinschaften entlassen, die vorher das Leben des Einzelnen weitgehend kontrolliert hatten. Dadurch gewannen sie zwar die Option zu einer freieren Lebensgestaltung, waren aber auch auf der anderen Seite ohne den Rückhalt des Kollektivs weitgehend auf sich allein gestellt. Hierzu ausführlicher *Schütze*, Materialie zur Familienpolitik Nr. 5, S. 1.

Eine damals sehr moderne Auffassung, denn prägend für die Gesellschaft des 19. Jahrhunderts war eigentlich die durch den Feudalismus und Großgrundbesitz geprägte Großfamilie bestehend aus mehreren Generationen gewesen, die gerade in ländlichen Gebieten vorherrschend war.[637]

Die Kleinfamilie war noch während des ersten Weltkrieges, der wirtschaftlichen Unruhen der Weimarer Zeit und des zweiten Weltkrieges die vorherrschende Lebensform gewesen.
In den letzten Jahrzehnten des vergangenen Jahrhunderts hat jedoch die Institution der Familie, die prägend für die Gesellschaft zur Entstehungszeit des Bürgerlichen Gesetzbuchs war, gravierende Veränderungen erfahren. Immer mehr Menschen leben mittlerweile als Single, in unvollständigen Familien, in nur eheähnlichen Lebensverhältnissen oder gleichgeschlechtlichen Lebensgemeinschaften. Die Familie ist heutzutage nicht mehr unumstritten die vorherrschende Lebensgemeinschaft.[638]

---

[637] *Steffen*, DRiZ 1972, S. 263; *Coing* a.a.O. S. A 13; *Leipold*, AcP 1980, S. 173.

[638] Das Bundesministerium für Familie, Senioren, Frauen und Jugend hat im Jahr 2000 in der Materialie zur Familienpolitik Nr. 10 die Lebensumstände der Deutschen untersuchen lassen und u.a. folgende Ergebnisse veröffentlicht: 72 % aller Personen über 18 Jahre leben in einer Partnerschaft mit Haushaltsgemeinschaft. Ein Viertel aller Personen lebt ohne Partner und ohne Kinder im Haushalt (24 %), über ein Drittel (36 %) mit Partner und mit Kindern. Mit Partner und ohne Kinder leben ebenfalls 36 %, Alleinerziehende machen 4 % aus. 57 % aller Lebensformen sind partnerschaftliche Lebensformen, der Anteil ist in kleineren Gemeinden höher als in Großstädten. In 38 % aller Partnerschaften lebt eine Bezugspersonen ohne Kinder und ohne Partner in einem Haushalt. 58 % der 18 bis 29jährigen leben allein, aber nur noch 27 % der 30 bis 44jährigen. Über die Hälfte der alleinlebenden Personen sind weiblich (59 %). In 6 % aller Lebensformen leben Bezugspersonen ohne Partner im Haushalt, aber mit Kindern zusammen. 84 % dieser Bezugspersonen sind weiblich, sie verdienen wesentlich weniger als nicht Ledige in der gleichen Situation. Ihr Anteil ist in Großstädten überrepräsentiert und man findet diese Lebensform häufiger in den neuen Bundesländern als in den alten. 29 % aller Lebensformen sind Paare ohne ledige Kinder im Haushalt, davon sind 87 % verheiratet. Der Anteil der Verheirateten ist in der höchsten Altersgruppe mit 90 % am höchsten, er sinkt dann bei den 30 bis 45jährigen auf 65 %, bei jüngsten Altersgruppe auf 38 %. Bei 27 % aller Ehepaare und 67 % der nichtehelichen Lebensgemeinschaften (NEL) sind beide Partner berufstätig. 28 % aller Lebensformen sind Partnerschaften mit Kindern, davon sind 95 % Ehen. Der Anteil von NEL ist mit 11 % in den neuen Bundesländern weitaus höher als im Westen mit 4 %. Die Zahl der NEL hat sich von 1972 bis 1988 auf 820.000 ungefähr versechsfacht. Der Anteil von gleichgeschlechtlichen Lebensgemeinschaften liegt nur bei 0,5 %. In 56 % der gleichgeschlechtlicher Lebensgemeinschaften sind beide Partner männlich, in 17 % leben Kinder. Bei dieser Erhebung ist jedoch zu berücksichtigen, daß die Anzahl wahrscheinlich unterschätzt wird, da die Antwort auf diese Frage freiwillig war und in dieser Gruppe die Wahrscheinlichkeit einer Antwortverweigerung relativ hoch sein dürfte.
Über die Hälfte der Bevölkerung (53 %) lebt weiterhin in Zwei-Generationenhaushalten, ein Viertel lebt in Ein-Generationenhaushalten. Nur 2 % leben in Drei-Generationenhaushalten. Vier- und Mehrgenerationenhaushalte haben praktisch keine Bedeutung mehr.

Auch die Scheidungsraten sind sprunghaft angestiegen.[639]
Mit dem Aufbrechen der Familienstrukturen geht einerseits einher die Gefahr der sozialen Isolation und Vereinsamung.[640] Andererseits eröffnet gerade diese gesellschaftliche Realität der Institution „Familie" die Chance auf eine ganz neue Rolle und Bedeutung, nämlich die Wandlung von der Wirtschaftsgemeinschaft hin zu einem „modernen Solidaritätsverband." *Coing*[641] weist mit Recht darauf hin, daß gerade durch die Auflösung der Familienstrukturen die Elterngeneration wieder verstärkt Anteil am Familienleben nimmt, so paradox dies auch klingen mag. Durch die verstärkte Berufstätigkeit vieler Ehefrauen und Mütter oder alleinerziehender Mütter übernehmen viele Großeltern die Erziehung und Betreuung der Kinder nach der Schule.[642] Dies bereits vor dem Hintergrund, daß es ansonsten

---

Schütze a.a.O. S. 3 führt diesbezüglich näher aus, daß ein Grund für den befürchteten Niedergang der Familien die sinkenden Geburtenzahlen seien. 20 % der Frauen des Jahrgangs 1955 seien kinderlos, aber nur 9 % des Jahrgangs 1935. Die Gründe hierfür seien vielfältig. Zum einen hätten Kinder früher einen ökonomischen Nutzen bedeutet, weil sie bereits in relativ jungen Jahren durch eigene Arbeit zum Familienunterhalt beitrugen. Heute dagegen stellten Kinder nur noch einen psychologischen Gewinn dar und dieser werde auch durch ein bis zwei Kinder realisiert. Auch der Wandel in den Eltern-Kind-Beziehungen, die sich nicht mehr wie in den 50er und 60er Jahren über Macht und Ohnmacht, Befehl und Gehorsam konstituierten, sondern über die Differenz zwischen Kompetenz und Partizipationsstrukturen trüge seinen Teil zu der veränderten Familiensituation bei. Auch die Scheidungszahlen seien kein Indikator für den Niedergang der Familien, sie seien seit Jahren hoch, aber gleichbleibend hoch. Die Pluralisierungsthese, die besage, daß das Modell der Familie nicht mehr das vorherrschende, sondern eines unter vielen sei, könne aber ebenfalls nicht verkennen, daß die Kernfamilie nach wie vor die dominante Familienform sei. Dies sei jedenfalls das Ergebnis bei einer Querschnittsbetrachtung. Im Längsschnitt zeige sich jedoch, daß die Menschen in ihrem Lebensverlauf verschiedene Familienformen von bisher nie gekannter Dauer durchleben würden (a.a.O. S. 7).

639 Lag 1950 die Scheidungsrate noch bei 26,3 % und 84.740 Scheidungen, so stieg sie bis zum Jahr 1996 auf 33 % und 175.550 Scheidungen an, also nach Zahlen eine Verdoppelung. 55 % der Geschiedenen hatten 1996 minderjährige Kinder im Haus (a.a.O. S. 90).

640 Auch dieser Trend zeigt jedoch bereits erste Umkehrerscheinungen: Wie DER SPIEGEL aufgrund einer beim EMNID-Institut in Auftrag gegebenen Umfrage (SPIEGEL Nr. 50 vom 07.12.1998 S. 108-116) feststellte, scheine den Jugendlichen heutzutage eine stabile Beziehung viel wichtiger zu sein als schnell wechselnde Partnerschaften. Die erste wirkliche Scheidungskindergeneration sehne sich danach, eine dauerhafte Beziehung zu führen. Daß Beziehungen auflösbar und schnell vorbei sein könnten, erlebten sie teilweise hautnah an ihren eigenen Eltern. Rund die Hälfte der befragten Jugendlichen sähen in den Eltern, sofern es um Beziehungen geht, kein Vorbild, ermittelte DER SPIEGEL weiter. Sie gewönnen daraus eher die Erkenntnis, es selber besser zu machen: 70 % aller Jugendlichen glaubten daran, daß eine Liebe ein Leben lang halten könne. Zeigt sich daran eine Trendwende der jungen Generation, wieder hin zur Familie als die optimale Lebensgemeinschaft ?

641 Verhandlungen des 49. Deutschen Juristentages, S. A 22 f.

642 An dieser Stelle noch einige Zahlen, die ebenfalls das Bundesministerium für Familie, Senioren, Frauen und Jugend hat ermitteln lassen und im Februar 1999 unter dem Titel „Die Familien in Deutschland – eine statistische Bilanz" veröffentlicht hat. Da die deutschsprachige Ausgabe dieser Broschüre zur Zeit vergriffen ist, wurde das französischsprachige Exemplar ver-

vielen Alleinerziehenden nicht möglich wäre, berufstätig zu sein. Damit wäre wieder die Gefahr der sozialen Verelendung begründet.[643]
Ebenso wird es oft der Fall sein, daß das Kind dauerhaft im Haushalt der Großeltern lebt, weil sich die Lebensumstände dort stabiler gestalten. Zu denken ist hier an die Fälle, in denen die Eltern sich getrennt haben und / oder ein Elternteil ganztägig berufstätig ist oder in wechselnden Partnerschaften lebt. Oft wird es dann dem Wohl des Kindes dienen, im Haushalt der Großeltern mit konstanten Bezugspersonen zu leben.

Den gewandelten Gegebenheiten hat das Familienrecht mit zahlreichen Änderungen Rechnung getragen, es ist das Rechtsgebiet auf dem mit Abstand die größten gesetzlichen Neuordnungen stattfanden.[644]
Zu nennen sind hier das *Gleichberechtigungsgesetz*[645] vom 18. Juni 1957, in dem die Einführung der erbrechtlichen Lösung für den gesetzlichen Güterstand der Zugewinngemeinschaft enthalten war, es folgte das *Nichtehelichengesetz*[646] von 1969 mit der Schaffung der (mittlerweile wieder aufgehobenen) §§ 1934 ff, mit denen der vorzeitige Erbausgleich des nichtehelichen Kindes ermöglicht wurde. Mit dem *1. Gesetz zur Reform des Ehe- und Familienrechts*[647] löste man sich vom Verschuldensprinzip im Ehescheidungsrecht. Als Folge davon wurde der § 2335 geändert.
Es folgte sodann 1998 ein ganzes Konvolut von Änderungen, wie das *Eheschließungsrechtsgesetz,* [648] das am 01. Juli 1998 in Kraft trat. Mit diesem Gesetz wurden die seit 1938 ausgelagerten Vorschriften über Ehescheidung und deren Folgen

---

wendet. 1996 bestanden 79,2 % der bundesdeutschen Haushalte nach den Ermittlungen des Statistischen Bundesamtes aus Eltern und Kindern. 36,6 % der verheirateten Ehepaare hatten keine Kinder. 20,8 % der Bevölkerung lebten allein, 5 % in sonstigen Gemeinschaften zusammen. 57,2 % der Haushalte 1996 waren Zwei-Generationenhaushalte, nur 2,1 % Mehrgenerationenhaushalte (a.a.O. S. 20). 97 % der Mehrgenerationenhaushalte bestanden aus zwei Generationen, Eltern und Kindern (a.a.O. S. 45). 1996 waren 1,64 Millionen Familien alleinerziehend, 85,5 % waren Mütter mit einem oder mehreren Kindern, die Zahl der alleinerziehenden Väter lag bei 14,5 %. Drei von fünf Paaren waren geschieden oder waren verheiratet und lebten aber getrennt (a.a.O. S. 54).

13 Millionen Einpersonenhaushalte gab es 1996, das entspricht einem Sechstel der Bevölkerung. Immer weniger der Geschiedenen heiraten auch noch ein zweites Mal, waren es 1965 noch 75 von 100 Frauen und 79 von 100 Männern, heirateten 1994 nur noch 65 von 100 Frauen und 58 von 100 Männern ein zweites Mal (a.a.O. S. 87).

643 1996 waren zum Beispiel 55 % der Mütter berufstätig, wonach die Arbeitszeit sich nach dem Alter des Kindes richtete und es auch gravierende Unterschiede zwischen den alten und den neuen Bundesländern hinsichtlich des Grades der Berufstätigkeit gab (a.a.O. S. 109 ff).

644 Ein Überblick hierzu findet sich auch bei *Horn*, NJW 2000, S. 43.

645 BGBl. 1957 I S. 609-648.

646 BGBl. 1969 I S. 1243-1269.

647 BGBl. 1976 I S. 1421 ff.

648 BGBl. 1998 I S. 833-842.

wieder ins BGB integriert. Mit gleichem Datum trat das *Kindschaftsrechtsreformgesetz*[649] in Kraft, mit dem die Unterscheidung zwischen ehelichen und nichtehelichen Kindern vollständig aufgehoben wurde. Mit dem *Kindesunterhaltsgesetz*[650] gleichen Datums und dem *Erbrechtsgleichstellungsgesetz*[651] vom 01. April 1998 erfolgte dann die völlige Gleichstellung aller Kinder sowohl im Unterhaltsrecht als auch im Erbrecht. Die Vorschriften über den Erbersatzanspruch und den vorzeitigen Erbausgleich wurden aufgehoben.

Das Erbrecht ist, abgesehen von den oben angeführten Änderungen, relativ unberührt geblieben. Das Pflichtteilsrecht der § 2333 ff hat überhaupt keine Änderungen erfahren, sieht man von den Versuchen der Nationalsozialisten, das BGB abzuschaffen, einmal ab.[652]
Die gesellschaftlichen Veränderungen sind bereits eingehend erörtert worden.[653]
Um klären zu können, ob sich aus ihnen die Forderung nach einer Reform des Pflichtteilsrechts ergibt, muß zunächst die Einstellung der Bevölkerung gegenüber dem Pflichtteilsrecht näher betrachtet werden. Der 49. Deutsche Juristentag hat sich 1972 bemüht, die Frage nach der Reformbedürftigkeit des Pflichtteilsrechts von der rechtspolitischen Seite zu beleuchten und Reformvorschläge zu erarbeiten.

---

[649] BGBl. 1997 I S. 2942-2967.

[650] BGBl. 1998 I S. 666-676.

[651] Erbrechtsgleichstellungsgesetz vom 16. Dezember 1997, BGBl. I 1998, S. 2968 ff.

[652] Der Eingriff der Nationalsozialisten ins Erbrecht durch das „Gesetz über die Errichtung von Testamenten und Erbverträgen" vom 31. Juli 1938 hatte nach dem Zusammenbruch des Regimes keinen Bestand. Diese Materie ist seit 1953 wieder im 5. Buch des BGB geregelt, vgl. *Horn*, NJW 2000, S. 42.

[653] Ausführlich mit diesem Thema beschäftigen sich auch die Vorträge von *Dumoulin*, 19. Deutscher Notartag 1973, a.a.O. S. 84 ff und *Zawar* a.a.O. S. 116 ff, anschließende Diskussion ab S. 143.

III. Der 49. Deutsche Juristentag

Auf diesem Forum 1972 in Düsseldorf beschäftigten sich Referenten und Diskussionsteilnehmer der zivilrechtlichen Abteilung ausführlich mit der Frage der Reformbedürftigkeit des Erbrechts. Der Schwerpunkt lag dabei auf der Reform des gesetzlichen Ehegattenerbrechts und den Problemen, die sich durch familienrechtliche Veränderungen wie geänderte Adoptionsvorschriften auftaten. Auch das Pflichtteilsrecht war Gegenstand der Diskussion.
Eine grundlegende Schwierigkeit beanstandeten fast alle Redner einhellig: fehlende aussagekräftige Umfrageergebnisse, die eine Einschätzung der Einstellung der Bevölkerung offenbart hätten.[654] Es lag nur wenig statistisches Material vor, welches an späterer Stelle noch zur Sprache kommen wird.
Das Gutachten für den Juristentag zu der Frage „Empfiehlt es sich, das gesetzliche Erbrecht und Pflichtteilsrecht neu zu regeln?" stammt von *Prof. Dr. Helmut Coing*.
In den darauf folgenden Diskussionsbeiträgen, die sich mit dem Pflichtteilsrecht beschäftigten, findet sich die gesamte Bandbreite aller möglichen Vorschläge, von der gänzlichen Abschaffung des Pflichtteilsrechts bis hin zu der Einschätzung, das Pflichtteilsrecht in seiner bestehenden Form solle grundsätzlich nicht angetastet werden.

1. Das Gutachten von Coing

a) Erwägungen gegen das Pflichtteilsrecht

Coing beschäftigte sich zunächst mit der Frage, ob es angebracht sei, das Pflichtteilsrecht völlig abzuschaffen.
Er nahm Bezug insbesondere auf das schwedische Recht. Dort war von den Gegnern geäußert worden, das Pflichtteilsrecht sei eine unnütze Beschränkung der Testierfreiheit der Eltern. Der jüngeren Generation werde eine wirtschaftliche Grundlage für ihr Leben schon durch die Ermöglichung einer Berufsausbildung geschaffen. Ein Hindernis stelle das Pflichtteilsrecht insbesondere dann dar, wenn die Eltern durch Verfügung von Todes wegen ein bedürftiges Kind absichern

---

[654] So *Coing*, a.a.O. S. A 21; *Leipold*, a.a.O. S. 192; *Schnippel*, Verhandlungen des 49. Deutschen Juristentages, S. K 59; *Tophoven*, ebenda S. 101; *Merz*, ebenda S. K 103; *Rohrbeck*, ebenda S. K 109.

wollten, aber mit der Einschränkung durch das Pflichtteilsrecht kollidieren würden.[655]
Aus diesen Überlegungen entstand der Gedanke, ob das Pflichtteilsrecht nicht auch in Deutschland durch einen besonderen Unterhaltsanspruch von bedürftigen Angehörigen gegen die Erben zu ersetzen sei. Man müsse sich vor Augen halten, daß der Erblasser in solch einem Fall durch das Pflichtteilsrecht zwar gehindert werde, Verfügungen zugunsten von Dritten, außenstehenden Personen zu treffen, jedoch innerhalb des Kreises der Pflichtteilsberechtigten bestimmte Personen dann bevorzugen könne. Damit könne man der Notwendigkeit der Fürsorge für ein besonders bedürftiges Kind Rechnung tragen.
Man könne auch das Pflichtteilsrecht im Einzelfall ganz oder zu einem Teil davon abhängig machen, daß der Pflichtteilsberechtigte seine Bedürftigkeit nachweisen müsse.[656]

b) Erwägungen für das Pflichtteilsrecht

Coing hatte den Überlegungen hinsichtlich der Abschaffung des Pflichtteilsrechts schwerwiegende Bedenken entgegenzusetzen. In der Bevölkerung würde eine schrankenlose Testierfreiheit kaum akzeptiert werden. Es würde nicht verstanden werden, wenn das Gesetz es erlaube, daß der Erblasser seine Kinder und seinen Ehegatten völlig von seinem Nachlaß ausschließen könne.
Auch bestehe die Gefahr, daß ältere Erblasser naturgemäß leicht beeinflußbar seien. Eine völlige Freigabe der Testierfreiheit berge immer die Gefahr in sich, daß der Erblasser solchen „Beeinflussungen" seiner Abkömmlinge ausgesetzt sein könnte. Diese hätten natürlich ein Interesse daran, daß eine letztwillige Verfügung zu ihren Gunsten ausgestaltet ist. Diese subjektive Einflußnahme auf den Erblasser sei nicht erstrebenswert. Das Gesetz solle den Beteiligten so wenig Anreiz wie möglich geben, noch zu Lebzeiten des Erblassers Versuche der persönlichen Begünstigung zu unternehmen.
Angesichts dieser Befürchtungen sei das bestehende Pflichtteilsrecht des BGB mit seinen festen und gleichmäßigen Pflichtteilsberechtigungen durchaus erhaltenswert.
Gegen die Abhängigkeit des Pflichtteils von der Bedürftigkeit des Abkömmlings spräche im übrigen auch, daß der Einzelfall wohl kaum für alle Seiten zufriedenstellend nachprüfbar sei. Damit stünde die richterliche Überprüfung der Vermögenslage des Abkömmlings wieder im Raum und insofern auch ein Anreiz für gerichtliche Verfahren - genau das, was man zu vermeiden suchte. Jede Erbteilung

---

[655] *Coing*, a.a.O. S. A 46.
[656] a.a.O. S. A 46.

für sich verursache bereits genug Belastungen der Beziehungen innerhalb der Familie. Die gesetzliche Regelung müsse deswegen auch so gestaltet sein, daß die Erbauseinandersetzungen so schnell wie möglich durchgeführt werden könnten. Die recht mechanisch wirkende Regelung des geltenden Rechts zeige hier deutlich ihre Vorzüge.[657]

Nachdem *Coing* den Gedanken der Abschaffung des Pflichtteilsrechts verworfen hatte, stellte er sich der Frage einer der Reform und der Durchführung derselben.
Zunächst beleuchtete *Coing* den Personenkreis der Pflichtteilsberechtigten. Bei Schaffung des BGB hatte man das Pflichtteilsrecht der Geschwister und der weiteren Abkömmlinge mit Rücksicht auf weniger enge Familienbeziehungen abgelehnt, das Recht der Eltern auf den Pflichtteil aufgrund der „natürlichen Pietät" aber bejaht. Das allgemeine Pflichtteilsrecht des Ehegatten schuf man neu, teilweise entgegen dem damals geltenden Recht.
Im Ausland stellte *Coing* einen Trend zur Einschränkung des Pflichtteilsrechts fest und empfand insbesondere das Pflichtteilsrecht der Eltern als problematisch und reformbedürftig.
Kritik an der Ausgestaltung des Pflichtteils als Geldanspruch wies *Coing* zurück. Soweit man hier die Lösung des französischen Rechts vorziehe, beruhe diese ebenso wie die deutsche auf dem Verständnis der Familie als Wirtschafts- und Hausgemeinschaft. Diese Lösung habe also nur insofern noch ihre Berechtigung, als diese Familienform der Haus- und Wirtschaftsgemeinschaft in der Bevölkerung noch existent sei. Das sei bereits bei Gründung des BGB nicht mehr der Fall gewesen und entspreche erst recht der heutigen gesellschaftlichen Realität.[658]
Kritik an einzelnen Entzugsgründen oder ihrer Fassung äußerte *Coing* nicht.

2. weitere Diskussionsbeiträge auf dem Juristentag

Entscheidende Bedeutung kommt auch dem Referat von *Dieckmann*[659] zu, der keine grundlegenden Änderungen im Pflichtteilsrecht verwirklicht sehen wollte. Der Elternpflichtteil sei beizubehalten, da dessen praktische Bedeutung sowieso nicht so groß und außerdem Ausdruck der Gleichbehandlung sei. Wenn die Kinder durch ihr Pflichtteilsrecht vor letztwilligen Verfügungen der Eltern geschützt

---

[657] a.a.O. S. A 47.

[658] a.a.O. S. A 48 f.

[659] Dem ist aber entgegenzuhalten, daß die bereits erläuterte verstärkte Einbindung der Elterngeneration zur Kinderbeaufsichtigung und Erziehung natürlich gerade für ihre Pflichtteilsberechtigung spricht. Vgl. *Coing* a.a.O. S. 22, gegen die Auffassung von *Dieckmann* auch *Däubler*, a.a.O. S. 13.

würden, so müßte derselbe Schutz auch den Eltern gegenüber Verfügungen ihrer Kinder zustehen.

Was die einzelnen Entzugsgründe anginge, so könne man die Generalklausel des § 2333 Nr. 5 durch eine andere Formel ersetzen, die mehr Ableitungsergiebigkeit einräume. Krasse Entziehungserleichterungen sollte es aber trotzdem nicht geben.

Gefordert wurde aber von anderer Seite entgegen den Ansichten der bisherigen Referenten eine völlige Preisgabe des Pflichtteilsrechts. Als Begründung wurde angeführt, daß die Bindung an die starre Pflichtteilsregelung einen zu starken Eingriff in die persönliche Sphäre des Erblassers bewirke.

Grundlage des Erbrechts sei der Gedanke der Familienverbundenheit und des Familienbewußtseins, verbunden mit dem Prinzip der Testierfreiheit. Die Einschränkung, die das Pflichtteilsrecht dieser Testierfreiheit auferlege, sei nicht mit dem oft als Begründung angegebenen „natürlichen Anspruch auf das Pflichtteilsrecht" zu rechtfertigen. Das Pflichtteilsrecht greife immerhin in das eigene, selbstgeschaffene Vermögen des Erblassers ein.

Man bedürfe eines Pflichtteilsrechts auch gar nicht. Wenn eine echte Testierfreiheit bestehen würde, dann könnte und würde der Erblasser in den meisten Fällen sowieso zum Wohle seiner Familienangehörigen testieren. Es sei weiterhin anzunehmen, daß er seinen noch pflichtteilsberechtigten Verwandten ein Vermächtnis oder Ähnliches zuwenden würde und damit dem Gedanken des Unterhalts und der Vermögensweitergabe gerecht werden würde. Eine unbeschränkte Testierfreiheit wäre sowieso ökonomisch sinnvoller. Der Erblasser könne sehr viel besser als der Gesetzgeber wissen, wie die Vermögensverhältnisse in seiner Familie ausgestaltet seien und welches Familienmitglied welcher finanziellen Unterstützung bedürfe.

Mit dem Argument, die völlige Testierfreiheit des Erblassers begründe die Gefahr der Einflußnahme auf das Testament durch Verwandte könne man eine gesetzliche Regelung weder rechtfertigen noch begründen.[660]

Der eigentliche Gedanke des Erbrechts sei die Erhaltung des Vermögens innerhalb der Familie. Diesem Grundsatz stehe das Pflichtteilsrecht entgegen, denn es mache eine geschlossene Nachlaßvererbung unmöglich. Man bräuchte nur daran zu denken wie viele Nachlässe, insbesondere Grundstücke, verschuldet seien oder verkauft werden müßten, um die Pflichtteilsansprüche der Berechtigten zu befriedigen.

Soweit man der Meinung sei, daß das Pflichtteilsrecht in einer gewissen Weise auch ein Ausfluß des elterlichen Unterhaltsrechts sei, so werde diese Pflicht der Eltern heutzutage bereits durch die Ermöglichung und Finanzierung einer Berufsausbildung erfüllt.[661]

---

[660] *Kokott*, Verhandlungen des Dt. Juristentages, Diskussion, S. 89 f.

[661] a.a.O. S. 89.

Aus der Praxis wurde zu bedenken gegeben, daß die Rechtskenntnisse der Bevölkerung auf dem Gebiet des bürgerlichen Rechts ungenügend seien. Folge dessen sei eine Vielzahl schlechter oder unwirksamer privatschriftlicher Testamente. Ob das geltende Pflichtteilsrecht und der Kreis der Pflichtteilsberechtigten der Korrektur bedürfe, müsse noch gründlicher untersucht werden, als es im Referat von *Dieckmann* zum Ausdruck komme.[662]

Von anderer Seite wurde betont, man könne nicht abschließend pauschal bewerten, ob die breite Volksmeinung wirklich den Pflichtteilsanspruch ablehne. Zwar wüßten viele gar nicht, daß es diesen Anspruch noch gäbe. Die Mehrheit der Bevölkerung jedoch sei sich der Existenz des Pflichtteilsanspruchs wohl doch bewußt und es sei keinesfalls sicher, daß sie ihn rundweg ablehne.
Was allerdings geschehen müßte, wäre die Erleichterung der Entziehung des Pflichtteils. Es gäbe viele Fälle, in denen der Vater einen mißratenen Sohn habe, dem er wirklich nichts mehr zuwenden wolle. Mit der momentanen Rechtslage sei er aber gezwungen, den Sohn in einem Testament, in einer letztwilligen Verfügung zu diffamieren. Wolle er dies nicht, so habe er keine Möglichkeit, den Pflichtteil zu entziehen. Diese Lösung sei nicht glücklich. Wenn es so wenig Pflichtteilsentziehungen gäbe, so sei dies darauf zurückzuführen, daß sie so erschwert sei. Die Enterbung an sich sei schon ein harter, sehr schwer abgerungener Entschluß. Das Kind dann aber noch über den Tod hinaus anzuschuldigen, das sei eine Zumutung, die bei der jetzigen Gesellschaftsauffassung keinen Platz mehr habe. Es müsse hier eine großzügigere Lösung geschaffen werden.[663]

Was den Vorwurf des mangelnden Materials anging, so wurde dagegen eingewendet, man könne auf leicht zu beschaffende Unterlagen zurückgreifen. Eine Erweiterung der Enterbungsmöglichkeiten sei dagegen nicht anzuraten. Die Tatbestände der Enterbung müßten klar und deutlich sein. Der Erblasser solle auch in Kauf nehmen, daß der Sohn, mit dessen Lebensführung er nicht einverstanden ist, sein Pflichtteilsrecht habe. Es bestehe weiterhin insbesondere die Gefahr der Beeinflussung älterer Erblasser, eines von mehreren Kinder vermöge sich, unbewußt oder nicht, eine Vorzugsstellung zu verschaffen versuchen.[664]

Abschließend ergingen sodann auf dem 49. Juristentag folgende Beschlüsse:
- Das Pflichtteilsrecht solle beibehalten werden und der Kreis der Pflichtteilsberechtigten solle unverändert bleiben.
- Die Generalklausel des § 2333 Nr. 5 BGB solle durch eine den zeitgenössischen Anschauungen entsprechende Fassung ersetzt werden.

---

662 *Schnippel*, a.a. O. S. 58 f.
663 *Tophoven*, a.a.O. S. 101.
664 *Merz*, a.a.O. S. 103.

Im nachhinein wird man sagen müssen, daß weder Öffentlichkeit noch Gesetzgeber ein besonderes Reforminteresse erkennen ließen, keiner der Beschlüsse wurde in den nächsten Jahren umgesetzt.[665]

[665] *Jung*, FamRZ 1976, S. 134.

IV. Empirische Untersuchungen zum Erbrecht/Pflichtteilsrecht

Die Grundlagen des geltenden Pflichtteilsrechts liegen in dem Familienverständnis der damaligen Zeit begründet. Im Pflichtteilsrecht in seiner bestehenden Form verbindet sich der Versorgungsgedanke mit der sittlichen Anschauung und der Vorwerfbarkeit einer Vernachlässigung Nahestehender angesichts des Todes. Es wurde geschaffen mit Rücksicht auf das Zusammengehörigkeitsgefühl und den Familiensinn.[666] Das Pflichtteilsrecht sollte also ursprünglich den Interessen der Familie dienen und den Abkömmlingen, die Teil dieser Familie waren, die Teilhabe am Nachlaß sichern.[667]
Wie bereits festgestellt wurde, ist der Familienverband, vor dessen Hintergrund der Pflichtteil geschaffen wurde, heute so nicht mehr vorhanden. Entfällt damit auch die Rechtfertigung für den Pflichtteil?

1. Das Meinungsbild in der Öffentlichkeit

Am Anfang einer jeden Reform muß die Ergründung der Einstellung der Bevölkerung zum bestehenden Recht stehen, um den Ansatzpunkt für Reformen zu klären. Genau die Klärung dieser Frage erwies sich aber als äußerst problematisch.
Einig war man sich wohl in der Einschätzung, daß mit der Reform des Erbrechts eine Jahrhundertaufgabe anstand, die der gründlichen Vorbereitung bedurfte. Als problematisch erwies sich, daß es kaum statistisches Material gab, auf das man hätte zurückgreifen können. Die vorhandenen Materialien waren – kurz gesagt - dürftig.
Auslöser überhaupt irgendwelcher Datenerhebungen war ein Ersuchen des Bundestages. Dieser hatte bei der Verabschiedung des *Nichtehelichengesetzes* vom 14. Mai 1969 die Bundesregierung ersucht, bis zum Ende der laufenden Legislaturperiode einen Gesetzentwurf zur Neuordnung der gesetzlichen Erbfolge, insbesondere des Erbrechts der Ehegatten und der Kinder vorzulegen.[668]
Stöcker[669] berichtet von zwei Anschlußbefragungen der Bevölkerung zu diesem Themenkomplex aus den Jahren 1970 und 1971, die aber leider nicht komplett veröffentlicht wurden.
Die Auswertung der auszugsweise vorliegenden Daten ergab folgendes Bild:

---

666 *Steffen*, DRiZ 1972, S. 267; *Coing*, a.a.O. S. A 19.
667 *Coing*, a.a.O. S. A 24.
668 Entschließungsantrag vom 14. Mai 1969, Protokoll der 235. Sitzung des Deutschen Bundestages S. 13005; weiterhin FamRZ 1969, S. 506; FamRZ 1970, S. 166.
669 FamRZ 1971, S. 609-618.

20 % der damals Befragten gaben an, eine Verfügung von Todes wegen errichtet zu haben. Mit nur 10 % war der Anteil der Landarbeiter am geringsten, es folgten mit 15 % die Angestellten und Beamten, mit 31 % die Landwirte, mit 32 % die Selbständigen und an der Spitze mit 39 % die Rentner.
21 % gaben an, sie hätten vor, eine letztwillige Verfügung zu errichten. 17 % waren an der Frage der Nachlaßregelung interessiert. Es verblieb dennoch ein Anteil von 42 %, welcher der Frage gänzlich uninteressiert gegenüberstand. Grob gesagt könne man also davon ausgehen, daß die gesetzliche Erbfolge in 2/3 aller Fälle eintrete. Aus diesen Ergebnissen lasse sich eine gewisse Testierscheu der Bevölkerung ableiten.
Die Entscheidung der Redaktoren, das gesetzliche Erbrecht an den Beginn des fünften Buches zu stellen, als ob es die Regel sei, habe sich durch diese Umfrage bestätigt.
Im Rahmen der Befragung wurde auch geforscht, welche Vorstellungen die Befragten mit dem Begriff der Familie verbanden. Solle die Regelung der gesetzlichen Erbfolge vor allem dafür sorgen, daß das Familienvermögen zusammenbliebe oder müsse es das Hauptziel der gesetzlichen Erbfolge sein, den Nachlaß unter Berücksichtigung des mutmaßlichen letzten Willens des Erblassers an seine Angehörigen weiter zu verteilen?
57 % der Befragten waren der Ansicht, die gesetzliche Erbfolge müsse dem letzten Willen des Erblassers dienen. Den Zusammenhalt des Familienvermögens als wichtigstes Ziel des gesetzlichen Erbrechts betonten 38 %. Anzumerken ist, daß die Wichtigkeit des Zusammenhaltes des Familienvermögens für die Befragten mit steigendem Alter zunahm.
Die Landbevölkerung nahm wie so oft in erbrechtlicher Hinsicht eine Sonderstellung ein: 70 % hatten sich für die Erhaltung des Familienvermögens ausgesprochen. Hier dürfte die praktische Überlegung zugrunde gelegen haben, daß der Zerfall des bäuerlichen Grundbesitzes als Hauptbestandteil des Nachlasses und Grundlage des Vermögens auf jeden Fall vermieden werden müsse.

2. Die Erbschaftssteuerstatistik

Daß angesichts der in der Gesellschaft vorhandenen Vermögensmassen durchaus ein Anreiz für eine verstärkte Errichtung letztwilliger Verfügungen bestanden hätte, zeigt ein Blick auf die Erbschaftssteuerstatistik der Jahre 1953-1978.[670]
In dem Jahrzehnt von 1953 bis 1962 sind rund 272.000 Steuerfälle durch Erwerb von Todes wegen angefallen. Der Wert des Erwerbs lag bei 7,364 Milliarden DM *(€ 3,765 Milliarden),* die festgesetzte Steuersumme belief sich auf 694 Millionen DM *(€ 354,836 Millionen).*

---

[670] Sämtliche Zahlen sind entnommen den Veröffentlichungen des Statistischen Bundesamtes Wiesbaden aus der Reihe „Finanzen und Steuern, Reihe 6 Band 5, „Erbschaftssteuer“.

Von 1967 bis 1972 sind rund 480.650 Steuerfälle durch Erwerb von Todes wegen verzeichnet worden, der Wert des Erwerbs belief sich auf 18,535 Milliarden DM *(€ 9,477 Milliarden)*, die festgesetzte Steuersumme lag bei 1,665 Milliarden DM *(€ 851,3 Millionen)*.

Im Jahr 1974 machte die Erbschaftssteuerreform mit ihrem Schwerpunkt der Neuordnung der Steuerklassen, des Tarifs und der Freibeträge eine getrennte Erfassung der im Zeitraum von 1973 bis 1978 nach „altem" und „neuem" Recht veranlagten Erbanfälle notwendig. Es wurden nach „altem" Recht 323.683 Steuerfälle wegen Erwerb von Todes wegen veranlagt, der Wert des Erwerbs lag bei 15,835 Milliarden DM *(€ 8,096 Milliarden)*. Die Höhe der Erbschaftssteuer belief sich auf 1,504 Milliarden DM (€ 768,983 Millionen).
Nach „neuem" Recht wurden 266.333 Steuerfälle wegen Erwerb von Todes wegen veranlagt. Der Wert des Erwerbs lag bei 13,504 Milliarden DM *(€ 6,904 Milliarden)*, der festgesetzte Betrag belief sich auf 1,407 Milliarden DM *(€ 719,388 Millionen)*.
Die Erbschaftssteuerstatistik wurde 1978 eingestellt, da die Rechtsgrundlage für die Erhebungen nicht mehr vorlag.[671] Aus den vorhandenen Daten der vergangenen Jahrzehnte läßt sich jedoch bereits ablesen, daß der Vermögenszuwachs in der Bevölkerung kontinuierlich angestiegen ist, einer Tatsache, der gerade im Erbrecht erhebliche Bedeutung und Auswirkung zukommt.
Aus neuerer Zeit noch als Nachtrag einige Zahlen: Im Jahr 1997 lag die Höhe der Erbschaftssteuer bereits bei 4,061 Milliarden DM *(€ 2,076 Milliarden)*, im Jahr 1998 waren es bereits 4,810 Milliarden DM *(€ 2,459 Milliarden)* und dann 1999 immerhin schon 5,977 Milliarden DM *(€ 3,056 Milliarden)*.[672]

3. EMNID-Umfrage zum Thema „Erbrecht"

Im Juni 1998 führte das EMNID-Institut in Bielefeld eine breit angelegte Umfrage zum Erbrecht im Auftrag des Deutschen Forums für Erbrecht durch. Die Ergebnisse dieser Meinungsumfrage hat das Deutsche Forum für Erbrecht im Internet

---

[671] Das aktuelle Gesetz über Steuerstatistiken sieht nach Auskunft des Statistischen Bundesamtes für die Veranlagungen des Jahres 2002 wieder eine Statistik vor. Sie wird die Vermögensübertragungen erfassen, für die im Laufe des Jahres 2002 eine Veranlagung durchgeführt wird. Daraus werden also keine genauen Ergebnisse zu erwarten sein, wieviel Vermögen 2002 übergegangen ist, da die Finanzämter innerhalb eines Jahres- je nach Komplexität des Falls – bis zu 10 Jahre alte Fälle veranlagen können.

[672] Auch diese Zahlen sind entnommen der Tabelle des Statistischen Bundesamtes über kassenmäßige Steuereinnahmen, vgl. diesbezüglich: http://www.statistik-bund.de/basis/d/fist/fist01.htm.

veröffentlicht.[673] Diese Umfrage ist eine der wenigen öffentlich zugänglichen in neuerer Zeit, die Material zum Meinungsbild in der Öffentlichkeit liefert. Aus diesem Grund ist sie auch eine bedeutsame Quelle für die Gewinnung von Reformansätzen.
Hauptsächlich wurden fünf Themenkomplexe behandelt:

a) Errichtung letztwilliger Verfügungen

Die Mehrheit der Befragten hatte keine letztwillige Verfügung errichtet, genau waren dies 70,8 %. Die Tendenz zur Errichtung letztwilliger Verfügungen erhöhte sich mit steigendem Alter, bei den 18-29jährigen hatten 94,2 % dies nicht getan, bei den über 60jährigen immerhin aber schon 49,8 %.

b) Vermögensregelung für den Todesfall

War es für die Befragten unwichtig, was mit ihrem Vermögen nach ihrem Tod geschah oder würden sie es bevorzugen, hinsichtlich der Vermögensverteilung juristisch und wirtschaftlich klar geregelte Verhältnisse zu hinterlassen?

Eine überwältigende Mehrheit von 82,8 % gab an, daß sie klar geregelte Verhältnisse hinsichtlich des Vermögensüberganges bevorzugen würde. Dies steht zwar in einem Widerspruch zu dem Ergebnis der ersten Frage, jedoch ist zu bedenken, daß diese Frage eine hypothetische war. Selbst wenn die Bereitschaft, eine letztwillige Verfügung zu errichten, nicht sehr groß war, das grundsätzliche Interesse an der Vermögensnachfolge war dann doch vorhanden.

c) Erbschaftssteuer

Die überwiegende Mehrheit der Befragten hielt sie für zu hoch (44,5 %), insbesondere wurde dies im Westen so empfunden. Allerdings ist auch anzufügen, daß 31,8 % zu dieser Frage überhaupt keine Meinung hatten. Dies ist ein weiteres Indiz dafür, daß die Mehrheit der Bevölkerung sich nicht ernsthaft mit dem Gedanken der persönlichen Erbfolge und den damit zusammenhängenden Fakten beschäftigt hat.

---

[673] Die vollständigen Umfrageergebnisse sind veröffentlicht auf der homepage http://www.erbrechtsforum.de/html/body_umfrage.html.

d) Einschätzung der allgemeinen Aufgeklärtheit über das Erbrecht

Die Auswertung dieser Frage bestätigte die Einschätzung des Deutschen Juristentages von 1972, auf dem bereits die unzureichende Information der Öffentlichkeit beklagt wurde: 68,7 % meinten, daß die Allgemeinheit nicht ausreichend aufgeklärt sei.

e) Pflichtteilsberechtigung

Die Frage, ob Geschwister pflichtteilsberechtigt seien, beantworteten fälschlicherweise 47,6 % mit „ja", 47,1 % mit „nein", also ein relativ ausgewogenes Ergebnis. Die Kenntnis vom Nichtbestehen eines Pflichtteilsrechts der Geschwister stieg mit dem Alter. Waren noch 57,7 % der 18-29jährigen der Meinung, den Geschwistern stehe ein Pflichtteilsrecht zu, so waren dies bei den 50-59jährigen nur noch 46,3 % und bei den über 60jährigen nur noch 41,6 %. Interessant ist es, sich bei dieser Frage das Bildungsniveau mit zu betrachten.
Bei den Volks- und Grundschülern ohne Lehre lagen mit der Antwort 52,6 % richtig, bei den Abiturienten und Akademikern jedoch nur 49 %.

V. Das Pflichtteilsrecht in der Kritik

1. Reaktionen auf den 49. Juristentag

In der Folgezeit des Juristentages von 1972 finden sich noch einige Veröffentlichungen, die sich mit dem Thema Erbrecht oder Pflichtteilsrecht befassen, bevor das Thema aus dem Blickpunkt des öffentlichen und juristischen Interesses zunächst verschwand.

In einem Beitrag von 1976 forderte *Kluge*[674] die Ersetzung des § 2333 Nr. 5 durch eine Generalklausel. Diese Forderung war nicht neu, war sie doch schon während der Entstehungsgeschichte des Bürgerlichen Gesetzbuches heftig umstritten gewesen. In einer solchen Deutlichkeit war sie aber in der veröffentlichten Literatur lange nicht mehr gestellt worden.[675]

Wie *Kluge* betonte, könne man die Unzulänglichkeiten der bestehende Regelung bereits der Tatsache entnehmen, daß der Entzugsgrund des § 2333 Nr. 5 derjenige sei, der am häufigsten Gegenstand der Rechtsprechung war. Dies nicht nur in einer bestimmten Zeitperiode, sondern kontinuierlich seit Inkrafttreten des BGB. *Kluge* plädierte insofern für eine gerechtere Lösung als die bestehende.

Durch das *Adoptionsrechtsänderungsgesetz* von 1973 habe das BGB in § 1747a ausdrückliche Bestimmungen für den Fall getroffen, daß ein Elternteil durch sein Verhalten gezeigt habe, daß ihm das Kind gleichgültig sei. Es ereigneten sich in zunehmendem Maße aber auch Fälle, in denen ein Kind zeige, daß ihm seine Eltern gleichgültig seien oder daß es sie ablehne. Die auf der Verwandtschaft beruhende persönliche Bindung bestehe dann insofern nicht mehr. Der Frage nach der Schuld komme keine entscheidende Bedeutung zu, nicht selten dürfte sie auf beiden Seiten liegen. Im Ehescheidungsrecht sei mittlerweile vom Verschuldensprinzip abgegangen worden, es werde nunmehr nur noch auf das „Scheitern" abgestellt.

Gleiches müsse auch für das Eltern-Kind Verhältnis gelten. Wenn dieses „gescheitert" sei, müsse dem Erblasser das Recht eingeräumt werden, dem Abkömmling den Pflichtteil zu entziehen, gerade unter Berücksichtigung der Grundlagen des Pflichtteilsrechts. Wenn diese nämlich nicht nur in der leiblichen Abstammung, sondern auch in dem Bestehen einer persönlich-menschlichen Beziehung

---

[674] *Kluge*, ZRP 1976, S. 285 f.

[675] Während der Herrschaft des Nationalsozialismus waren die Generalklauseln in ihrer Bedeutung erstarkt, da man meinte, in ihnen am effektivsten und einfachsten die nationalsozialistischen Wertvorstellungen verankern zu können. Vgl. hierzu bereits oben.

gesehen würden, dann dürfte das Pflichtteilsrecht beim Fehlen einer solchen Beziehung nicht mehr gerechtfertigt sein.
Eine Erweiterung des richterlichen Spielraums sei entgegen den Befürchtungen der Kommission zu begrüßen, weil sie eine den Umständen des Einzelfalls besser angepaßte und daher gerechtere Lösung ermögliche.

Der von *Coing* auf dem 49. Deutschen Juristentag vertretenen These, daß alles Eigentum Daseinsvorsorge sei, hatte *Rohrbeck* sofort entgegengehalten, daß das Eigentum in der heutigen Gesellschaftsordnung nicht mehr unangetastet sei und deshalb auch nicht mehr als bloß bestehend hingenommen werden könne. Aus diesem Grunde könne es auch nicht als Grundlage irgendwelcher gesetzlichen Änderungen dienen.[676]
Dagegen wendete *Däubler*[677] in einer späteren Abhandlung ein, das Erbrecht sei ein notwendiges Hilfsinstitut des Privateigentums, es sei mit ihm untrennbar verbunden und bedürfe deswegen keiner gesonderten Bedeutung. Es sei unsinnig, seine Berechtigung mit dem Argument in Frage zu stellen, man wünsche keine Vererbung von Machtstellungen. Des weiteren finde das Pflichtteilsrecht der Eltern seine Berechtigung heutzutage darin, daß Mehrgenerationenfamilien gerade dann existierten, wenn Großeltern wegen der Berufstätigkeit der Eltern die Kindererziehung übernähmen.[678]
Auch *Däubler* befand weiterhin, daß die Regelung des § 2333 Nr. 5 im übrigen wenig Beifall verdiene. Erstens manifestiere sie eine „Privatstrafe", zweitens verabsolutiere sie persönliche Wertvorstellungen und widerspreche damit dem verfassungsmäßig geschützten Anspruch auf Resozialisierung.[679]
Die vermögensrechtliche Diskriminierung erschwere die Wiedereingliederung in die Gesellschaft. Zu bedenken sei weiterhin, daß vielfach mangelnde Sozialisationsleistungen der Familien ein Mitverschulden am „ehrlosen und unsittlichen" Lebenswandel trügen. Es sei deswegen wenig sinnvoll, dem versagenden Erzieher auch noch ein Recht zur Verhängung finanzieller Sanktionen zu verleihen.

Bereits unmittelbar vor dem 49. Deutschen Juristentag hatte sich *Kühne*[680] mit der Frage nach der Reformbedürftigkeit des gesetzlichen Erb- und Pflichtteilsrechts beschäftigt. Er verwies zunächst auf die große Bandbreite und die verschiedenen Ausprägungen des Angehörigenschutzes in ausländischen Rechten und betonte, die Problematik der Ausgestaltung des Pflichtteilsrechts sei im wesentlichen eine Frage nach dem rechtspolitischen Sinn des Angehörigenschutzes. Die wohl immer

---

676 *Rohrbeck* a.a.O. S. 106.
677 ZRP 1975, S. 136-146.
678 a.a.O. S. 136.
679 BVerfG, NJW 1973, S. 1226 ff.
680 JR 1972, S. 225.

noch herrschende Auffassung rechtfertige die Mindestbeteiligung der nahen Angehörigen mit dem Gedanken des Familienvermögens. Diese Anschauung sei aber deswegen inkonsequent, weil in ihr das Pflichtteilsrecht den „harten Kern" der Sippenbindung des Erblassers bilde. Diese Angemessenheit sei aber fraglich geworden. Stelle man die Idee der Bluts- und Sippenbindung in Frage, so verliere gleichzeitig die Idee des Familienvermögens als des vermögensmäßigen Ausdrucks eben dieser Bindung an rechtspolitischer Kraft. Rücke man bei der gesetzlichen Erbfolge den Gesichtspunkt der persönlichen Verbundenheit des Erblassers mit seinen nächsten Angehörigen in den Vordergrund, so erscheine die Ausübung der Testierfreiheit jedenfalls in der Regel nicht mehr als ein tendenziell familienfeindliches Verhalten, sondern eher als eine auf den konkreten Einzelfall bezogene Verwirklichung der Erbfolgeidee.
Es bleibe jedoch immer noch Raum für einen Angehörigenschutz. Dieser müsse nur anders begründet werden, nämlich mit dem Gedanken der Fürsorge für die nächsten Angehörigen. Damit bekäme das Pflichtteilsrecht weitgehend unterhaltsrechtlichen Charakter und es kämen auch keine dinglichen Beteiligungen im Sinne von Zwangserbrechten in Frage. Der Unterhaltsgedanke verlange die Berücksichtigung der konkreten Umstände und Verhältnisse, insbesondere der Bedürftigkeit der jeweiligen Angehörigen. Man könne insofern hinsichtlich der Reform des Erbrechts mit Recht von einem Jahrhundertproblem sprechen.[681]

Brüggemann betonte ebenfalls, wie entscheidend und wichtig gerade auf diesem Gebiet die Rechtstatsachenforschung sei. Eine wirklich umfassende Erkenntnisgrundlage stehe noch aus. Der 49. Juristentag habe deutlich gezeigt, wie weit man sich generationssoziologisch von der Zeit der Entstehung des BGB entfernt habe.[682]

2. neuere Reformbestrebungen

Nach dem 49. Juristentag geriet das geplante Reformvorhaben in Politik und Gesellschaft etwas in Vergessenheit. In jüngster Zeit gab es zumindest von gesetzgeberischer Seite keine Ansätze, insbesondere das Pflichtteilsrecht zu reformieren.
Auf die Frage des Abgeordneten *Rollmann,*[683] wann die Bundesregierung dem Ersuchen des Bundestages nachkommen werde, einen Entwurf für eine Reform des Erbrechtes vorzulegen, antwortete der *Parlamentarische Staatssekretär Dr. de With*, die Vorarbeiten für einen Gesetzesentwurf seien aufgenommen. Die Reform

---

[681] a.a.O. S. 226.
[682] FamRZ 1973, S. 389 f.
[683] 144. Sitzung des Deutschen Bundestages vom 24. Januar 1975, S. 9977.

des Erbrechts gehöre jedoch nicht zu den vorrangigen Vorhaben. Auch der 49. Deutsche Juristentag 1972 sei zu dem Ergebnis gekommen, daß eine Reform nicht ohne sorgfältige empirische Untersuchungen vorgenommen werden sollte.

Die Frage des Abgeordneten *Marschewski*,[684] ob die Bundesregierung mit Teilen der Richterschaft der Meinung sei, daß Überlegungen zur Novellierung des Erbrechts angesichts der tiefgreifenden Strukturveränderungen von Familie und Ehe seit dem 1. Januar 1900 notwendig und wünschenswert seien, beschied der *Parlamentarische Staatssekretär Dr. Jahn* am 27. Juni 1989 ablehnend.
Auf dem 23. Notartag 1989 seien sich Referent und Diskussionsteilnehmer einig gewesen, daß keine Notwendigkeit einer Reform bestehe.[685] Der Deutsche Bundestag sei auf seinen Entschließungsantrag vom 14. Mai 1969 nicht mehr zurückgekommen, mit der die Bundesregierung zur Vorbereitung einer Erbrechtsreform aufgefordert wurde.[686]
Der soziale Wandel habe das Erbrecht nicht funktionsuntüchtig gemacht. Bereits die Untersuchungen aus den 70er Jahren hätten aufgezeigt, daß ein großes Vertrauen der Erblasser in das Erbrecht bestehe. Im Bereich der gewillkürten Erbfolge gäbe es kein zuverlässiges Bild über die Anteile notarieller und eigenhändiger Verfügungen. Eine Reform des Erbrechts erscheine nach alledem nicht vordringlich.
In der politischen Diskussion befindet sich obigem entsprechend momentan nur die Erbschaftssteuer.[687] Anhaltspunkte zur Situation des Erbrechts liefern hauptsächlich Daten, die von Wirtschaftsverbänden oder Banken ermittelt und veröffentlicht wurden.[688]

Grundsätzlich ist bei der Auswertung neuerer Publikationen zu bedenken - wie *Dieckmann*[689] berechtigt anmerkt - daß viele Vorschläge den gesellschaftspolitischen Ansatz verfolgen, die Berechtigung des Erbrechts an sich in Frage zu stellen. Oft wird sich mit der Frage beschäftigt, in wie weit es in der heutigen Gesell-

---

[684] BT-Drucksache 11/4911, Frage Nr. 14 S. 7 f.

[685] Vgl. hierzu ausführlich: 23. Deutscher Notartag, Sonderheft der Deutschen Notar-Zeitung, München 1989, S. 116 ff.

[686] Protokoll der Bundestagssitzung vom 14. Mai 1969, S. 13018 A und 13025 C.

[687] Aus Anlaß aktueller politischer Entwicklungen ist hier aber darauf hinzuweisen, daß am 17. Mai 2001 fünf SPD-regierte Bundesländer im Finanzausschuß des Bundesrates mit dem Vorstoß scheiterten, die Erbschaftssteuer auf Immobilien zu erhöhen. Erben wird damit vorerst nicht teurer.

[688] Hierzu ist anzumerken, daß mehrere Studien vorhanden sind, die auch das Thema Erbrecht behandeln oder zumindest streifen, so Verbraucherstudien der Gesellschaft für Konsumforschung (GfK) etc. Leider werden die Studien aber nicht in allen Fällen zu Verfügung gestellt, da sie teilweise noch vermarktet werden.

[689] a.a.O. S. K 8.

schaft noch sinnvoll sei, Vermögen im Todesfall aus privater Hand in private Hand übergehen zu lassen.
Wie *Dieckmann* anführt, nähert man sich damit dem Problem der Vererbung subventionierter Vermögen und der damit verbundenen Weitergabe wirtschaftlicher Machtstellungen, der Frage der Chancengleicheit durch Begünstigung einzelner Bevölkerungsteile und der steuerlichen Problematik des Ausweichens ins Stiftungsrecht, um eine größere Steuerfreiheit zu erreichen.

a) Berichte im SPIEGEL

DER SPIEGEL[690] hat sich einige Jahre später in der Titelgeschichte „Das goldene Los" ebenfalls mit diesem Themenkomplex beschäftigt und konstatiert, daß gerade das Erbrecht ein Themengebiet sei, das keine Vernachlässigung verdiene.
Wie DER SPIEGEL weiter berichtet, dürfte ihm nämlich aufgrund der derzeitigen Altersstruktur der Gesellschaft eine ganz erhebliche Bedeutungssteigerung zukommen.[691]
Bei der jetzigen Erblassergeneration handele es sich um die Generation des Wirtschaftswunders, die von dem einsetzenden Aufschwung nach dem Ende des Zweiten Weltkrieges wirtschaftlich enorm profitiert habe und - wahrscheinlich geprägt durch die Kriegsjahre - den erarbeiteten Wohlstand zusammengehalten und vermehrt habe. Diese Generation werde ihren Kindern in den nächsten Jahren Vermögenswerte von ca. zwei Billionen DM *(€ 1,022 Billionen)* hinterlassen. Dies sei ein Potential, welches auch unter volkswirtschaftlichen Aspekten Beachtung verdiene.
Nach Angaben des SPIEGEL summierte sich das gesamte Vermögen der privaten Haushalte in Deutschland zum Erscheinungszeitpunkt des Artikels auf 12,8 Billionen DM, die Umverteilung zwischen den Generationen hatte damals bereits eingesetzt. Allein zwischen 1987 und 1992 sei Vermögen im Wert von rund 800 Milliarden DM vererbt worden, von 1992 bis 1998 bereits 1,2 Billionen DM, allein im Jahr 1998 dürfte der Betrag schätzungsweise bei 271 Milliarden gelegen haben. Hingewiesen wird vor allem auf die Risiken, die diese enorme Umverteilung mit sich bringe. Angeführt wird die Gefahr für die Volkswirtschaft, wenn das Schicksal von Familienbetrieben daran zerbreche, daß die sich untereinander un-

---

690 DER SPIEGEL, Ausgabe Nr. 17 vom 20. April 1998, Seiten 78-96.

691 Die Informationsangebote hinsichtlich des Themas „Erbrecht" sind gerade in den Zeiten des Internets mittlerweile sehr vielfältig. Neben Banken, Notaren und Verbraucherberatungen finden sich auch von staatlicher Seite Informationen und Hilfestellungen zum Thema Erbrecht. So hat das Bundesministerium für Justiz auf seiner Internetseite www.bmj.de eine Erbrechtsbroschüre erarbeitet und bereitgestellt, die die dringlichsten Fragen hinsichtlich des Erbfalls beantwortet.

einigen Erben keine rationelle Lösung fänden. Wenn die Erbengeneration sich nicht der Lage sähe, die Familienbetriebe weiterzuführen, drohten Pleiten noch unabsehbaren Ausmaßes. Eine risikolose Vermögensbildung könnte eine Bremse für unternehmerische Risikobereitschaft und Engagement darstellen. Es drohe dann ein Schaden für die Volkswirtschaft und eine Feudalisierung der Marktwirtschaft durch gravierende Startungleichheiten, wenn die Chancen im wirtschaftlichen Wettbewerb für erbliche Vermögensbesitzer von Anfang an ungleich verteilt seien.

Die Forderungen, die aus diesen Erwägungen resultierten, äußerten sich in dem Ruf nach einer Erhöhung der Erbschaftssteuer.

b) Rechtspolitisches Forum Erbrecht 2000

Auf dem „Rechtspolitischen Forum Erbrecht" am 09. November 2000 in Berlin wurden ebenfalls Fragen einer Reform des gesetzlichen Erb-und Pflichtteilsrechts diskutiert.[692] Auch hier wurde die Tendenz bestätigt, die bereits anderenorts anerkannt wurde: die Vermögensübertragung von Generation zu Generation sei gegenüber dem Versorgungsgedanken zu Gunsten des überlebenden Partners in den Hintergrund getreten. Diesem Gedanken entspräche auch die mit der Einführung der Zugewinngemeinschaft konstruierte Verknüpfung von Erbrecht und Güterrecht in den §§ 1931 Abs. 3, 1371 Abs. 1, die in Europa einzigartig sei.

Aufgrund der veränderten gesellschaftlichen Realitäten sollte überlegt werden, auch nichteheliche Partner in die gesetzliche Nachlaßbeteiligung einzubeziehen. Dies insbesondere vor dem Hintergrund, daß sich die Zahl der nichtehelichen Partnerschaften in den letzten 30 Jahren verzehnfacht habe.

Am Pflichtteilsrecht wurde dessen Mittelstandsfeindlichkeit kritisiert und die Gefahr eines Standortnachteils für die Wirtschaft betont.

Das Pflichtteilsrecht der Eltern wurde kritisiert, gerade angesichts der Tatsache, daß ihre materielle Versorgung im Gegensatz zu den Anfangsjahren des BGB heute durch das soziale Netz gesichert würde. Als Vorschlag wurde unterbreitet, entweder die Pflichtteilsquote zu reduzieren oder den Elternpflichtteil bei Bedürftigkeit durch einen Unterhaltsanspruch zu reduzieren.

Die Schwelle der Pflichtteilsentzugsgründe wurde als zu hoch erachtet, eine Entziehung sei in der Praxis kaum noch durchsetzbar. Als konkreten Verbesserungsvorschlag könne man bei der Regelung des § 2333 Nr. 5 beispielsweise daran denken, die Beweislast umzukehren, so daß künftig der pflichtteilsbegehrende Abkömmling das Nichtvorliegen der Voraussetzungen zu beweisen habe.

---

[692] Tagungsbericht, ZEV 2001, S. XIV f.

c) 51. Deutscher Anwaltstag 2000

Auf diesem Forum in Berlin beschäftigte sich die Arbeitsgemeinschaft Familien- und Erbrecht mit dem Thema des Pflichtteilsentzuges.[693]
Gefordert wurde auch hier die völlige Abschaffung des Pflichtteilsrechts. Enterbungen einzelner Pflichtteilsberechtigter seien heutzutage nicht mehr mehrheitlich Ausdruck zerrütteter Familienverhältnisse, sondern sollten gerade familienspezifischen Bedürfnissen Rechnung tragen, so die Enterbung zugunsten der Angehörigen, die entsprechende Pflegeleistungen erbracht hätten. Die momentane Zielsetzung des Erbrechts, die Erben vor mißbräuchlichen Verfügungen des Erblassers zu schützen, sei eine familienfeindliche und „verfehlte" Zielsetzung. Die heutige Gesellschaft bedürfe eines Erbrechts, welches dem Erblasser eine Testierfreiheit frei von biologischer Fremdbestimmtheit ermögliche.[694]

d) Tagung der Zivilrechtslehrervereinigung Trier 2000

Der Bielefelder Professor Gerhard *Otte* referierte vor diesem Gremium angesichts der intensiven Diskussion in jüngster Zeit über die Verfassungsrechtsprechung und Rechtspolitik hinsichtlich des Pflichtteilsrechts und reflektierte die verschiedenen Reformansätze kritisch.[695]
Er konstatierte, daß trotz einer lebhaften Diskussion keineswegs die vollständige Beseitigung des Pflichtteilsrecht gefordert würde, es sei vielmehr nur die Entziehung gegenüber Eltern und nicht bedürftigen Kindern im Streit. Der Forderung, das Pflichtteilsrecht künftig als Unterhaltsanspruch auszugestalten, erteilte er eine Absage. Seiner Ansicht nach gehe dieser Vorschlag am bisherigen Pflichtteilsrecht vorbei, denn das Pflichtteilsrecht des BGB sei für Kinder gemacht, die bei Eintritt der Pflichtteilsberechtigung schon wirtschaftlich selbständig sein würden. Deren Zahl sei heute sogar noch höher.[696] Auch das Verständnis des Pflichtteils als Leitbild familiärer Solidarität sei nicht tragbar, denn „die" Großfamilien habe es im 19. Jahrhundert auch nicht häufiger gegeben als in heutiger Zeit. Insofern könne man rechtspolitische Forderungen nicht mit einem Wandel von der Groß-

---

[693] vgl. NJW-Beilage zu Heft 34/2000, S. 4 f.

[694] Die vollständigen Redebeiträge der Diskussionsteilnehmer liegen leider nicht in gedruckter Form vor.

[695] Die erweiterte Fassung des gehaltenen Vortrags ist erschienen im AcP 2002, S. 317-362.

[696] *Otte* betont in diesem Zusammenhang, daß das Pflichtteilsrechts schon nach dem Verständnis von *Schmitt* nicht die Funktion hatte, Unterhalt oder Ausstattung zu sichern. Sollte dies im Einzelfall eintreten, so sei dies eine willkommene Nebenfolge, mehr nicht; vgl. a.a.O. S. 339 f.

zur Kleinfamilie begründen. Wegen gewandelter Familienstrukturen könne man den Elternpflichtteil folglich jedenfalls nicht in Frage stellen.[697]

Im Ergebnis sei es sinnvoll, das Pflichtteilsrecht gegen die Behauptung schwindender Akzeptanz zu verteidigen. Der Grundgedanke der 2. Kommission, daß ein bestimmter Teil des Nachlasses den nächsten Angehörigen gesichert werden solle, könne das Pflichtteilsrecht auch im 21. Jahrhundert tragen.[698]

---

[697] *Otte*, a.a.O. S. 341 ff. Auch und gerade angesichts der unzweifelhaft veränderten Vermögensverhältnisse sei kein Reformbedarf gegeben, denn größere Liquidität habe auch zur Folge, daß Pflichtteilsansprüche leichter erfüllt werden könnten. Eine Situationsveränderung in finanzieller Hinsicht habe sich seit Inkrafttreten des BGB nur für die hinterbliebenen Ehegatten und die in der Ausbildung befindlichen Kinder ergeben. Dies sei aber gerade die Zielgruppe, für das Pflichtteilsrecht nicht in Frage gestellt werde.

[698] a.a.O. S. 353, 362.

Fünfter Teil: Schluß

Die Reformvorschläge des 49. Deutschen Juristentages von 1972 sind bis heute – was das Pflichtteilsrecht angeht – nicht umgesetzt worden. Größere gesetzgeberische Ansätze zur Umgestaltung des Pflichtteilsrechts sind ebenfalls nicht ersichtlich. Den gesellschaftlichen Gegebenheiten angepaßt worden sind lediglich das Erbrecht der nichtehelichen Kinder und einzelne Bereiche des Familienrechts.[699]

I. Abschaffung des Pflichtteilsrechts?

Die Forderung nach der Abschaffung des Pflichtteilsrechts ist mittlerweile offen gestellt worden, sowohl auf dem 49. Deutschen Juristentag 1972 als auch zu späterem Zeitpunkt.
Man wird hinsichtlich dieser Forderung jedoch zwischen dem Pflichtteilsrecht der Kinder, des Ehegatten und der Eltern unterscheiden müssen. Dies unter dem Blickwinkel, daß das Pflichtteilsrecht dieser Personengruppen gegenwärtig auch in verschiedenem Umfang ausgestaltet ist.

Der Überlegung, das Pflichtteilsrecht der Großeltern abzuschaffen, steht ganz entscheidend ihr veränderter familiensoziologischer Stellenwert entgegen.
Die Funktion der Großeltern liegt heutzutage oft in der verstärkten Einbringung zur Kindeserziehung und –betreuung, um den Eltern die Berufstätigkeit und damit die Finanzierung ihres Lebensunterhaltes zu ermöglichen. Diese wichtige soziale Funktion sollte man nicht dadurch untergraben, daß man ihnen das Pflichtteilsrecht abspricht.

Das Pflichtteilsrecht des Ehegatten hat durch die Reform des Scheidungsrechts mit der Abkehr vom Verschuldensprinzip ebenfalls bereits sinnvolle Modifikationen erfahren. Es lehnt sich nunmehr an die Gründe des § 2333 an.[700] Zwingende

---

[699] Aus jüngster Zeit ist hier auf das Urteil des Bundesverfassungsgerichts unter dem Aktenzeichen 1 BvR 1629/94 zur Pflegeversicherung und zum Familienlastenausgleich zu verweisen, welches einen grundlegenden Wandel in der Familienpolitik einfordert. Die Änderungen durch das Gleichberechtigungsgesetz und das Nichtehelichengesetz sind die bisher einzigen Änderungen, die das Pflichtteilsrecht überhaupt erfahren hat.

[700] Eine ausführliche Auseinandersetzung mit der Änderung der erbrechtlichen Vorschriften findet sich bei *Mertens*, FamRZ 1977, S. 433-440. Die Frage der Reformbedürftigkeit des Ehegattenerbrechts, der Zusammenhang mit dem Unterhaltsrechts und der Reform des Scheidungsrechts ist immer noch nicht abschließend geklärt. § 2333 Nr. 5 blieb im Zuge der Neufassung des § 2335 wegen Unvereinbarkeit mit dem Zerrüttungsprinzip als Entzugsgrund ausgespart.

Gründe, dieses abzuschaffen, sind ebenfalls nicht ersichtlich. Man könnte allenfalls in Erwägung ziehen, ob die veränderte gesellschaftliche Situation nicht eher für die Ausgestaltung des Pflichtteilsanspruchs als Unterhaltsanspruch des Ehegatten spricht. Die Überlegungen, die in dieser Hinsicht angestellt wurden, entbehren jedoch jeglicher empirischer und statistischer Daten. Diese notwendigen statistischen Erhebungen müßten zunächst angestellt werden, bevor man ernsthaft eine Abschaffung in Betracht ziehen könnte.

Auch das Pflichtteilsrecht der Kinder, welches am häufigsten in der Kritik stand, erscheint erhaltenswert. Zu bedenken ist folgendes: Die Familie, aus deren Sozialverband das Pflichtteilsrecht entstand, steht als Institutsgarantie unter dem besonderen Schutz des Grundgesetzes. Dies nicht zuletzt deswegen, weil die Familien durch Erziehung und Ausbildung auch in gewisser Weise die Verantwortung für die nächste Generation tragen. Das Pflichtteilsrecht gründet auf diesem Grundgedanken der Familiengemeinschaft. Spricht man der Gesellschaft diesen Familiensinn ab, so schwächt der Gesetzgeber selbst die Bedeutung der Familie, die er auf der anderen Seite unter besonderen Schutz stellt. In Zeiten steigender sozialer Vereinsamung wäre dies sicherlich das falsch Signal.

Ein weiterer Aspekt ist zu berücksichtigen: die Gefahr der Beeinflussung älterer Erblasser durch die Kinder, die durch die völlige Freigabe der Testierfreiheit ein Testament zu ihren Gunsten errichtet sehen wollen, ist nicht von der Hand zu weisen. Es gab und gibt bereits mit der bestehenden Pflichtteilsregelung genügend Fälle, in denen gerade vermögende Erblasser ihrer freien Willensbildung beraubt wurden oder dies versucht wurde. Dies kann dann im schlimmsten Fall so weit gehen, daß ältere Menschen gegen ihren Willen in Heime verbracht werden, um den freien Zugriff auf das Vermögen zu erhalten. Der Gesetzgeber hat dieser Gefahr 1992 die Abschaffung der Entmündigung und deren Ersetzung durch das Rechtsinstitut der Betreuung entgegengesetzt.[701]
Gäbe man dem Erblasser die volle Testierfreiheit, wäre nicht auszuschließen, daß sich die Beeinflussung verstärken würde. Dies gerade angesichts der Tatsache, daß die jetzige Erbengeneration der Übertragung einer enormen Vermögensmasse entgegensieht.[702]

Vertiefend hierzu: „*Braga*, Zur Frage des Ehegattenerbrechts nach § 1931 IV", FamRZ 1972 S. 105-117. Auch MüKo-Frank, § 2335 Rn. 1 spricht von einer nicht geglückten Kompromißlösung des § 2335 in seiner aktuellen Fassung. Es überzeuge nicht, daß der Erblasser dem Ehegatten den Pflichtteil entziehen könne, wenn er geohrfeigt worden sei oder die Unterhaltspflicht ihm gegenüber böswillig verletzt worden sei, nicht aber dann, wenn er seine Familie grundlos im Stich gelassen habe um mit seiner Geliebten zusammenzuleben.

[701] BGBl. 1990 I S. 2002-2027.

[702] Vgl. DER SPIEGEL a.a.O.

Angesichts der gegenwärtigen Alterspyramide und dem damit verbundenen Anstieg der Pflegeleistungen scheint der Gedanke nicht allzu weit entfernt, daß die Bevölkerung den Pflichtteil eher als Ausgleich für erbrachte Pflegeleistungen ansehen könnte als Teilhaberecht am Nachlaß.
Der Gesetzgeber sollte im Zuge einer umfassenden empirischen Datenerhebung zunächst Bedeutung und Verständnis des Pflichtteilsrechts in der Bevölkerung grundsätzlich klären lassen. Bei der Auswertung entsprechender repräsentativer Daten wird man dann ersehen können, ob es den Bedürfnissen der heutigen Gesellschaft eventuell eher entspricht, das Pflichtteilsrecht der Eltern durch einen Unterhaltsanspruch bei Bedürftigkeit zu ersetzen, einzelne Kinder, die besondere Pflegeleistungen erbringen, zu begünstigen oder das Pflichtteilsrecht komplett preiszugeben. Eine größere Reform des Pflichtteilsrechts ohne umfassende Datenerhebungen macht zumindest zum gegenwärtigen Zeitpunkt wenig Sinn.

Was das Pflichtteilsrecht der Kinder betrifft, ist, § 2333 Nr. 5 die häufigste Ablehnung entgegen geschlagen. Er war der Entzugsgrund, von dessen Überflüssigkeit man aufgrund „Inhaltsleere" am ehesten überzeugt war.
Verdeutlichen muß man sich diesbezüglich noch einmal die Grundlage des § 2333 Nr. 5. Die zweite Kommission, die diesen Enterbungsgrund einführte, hat ihm keinen ausfüllenden Inhalt gegeben. In den Jahren seit der Geltung des BGB hat dann die Rechtsprechung versucht, dem § 2333 Nr. 5 einen greifbaren Inhalt zu geben. Ob dies gelungen ist oder nicht, soll an dieser Stelle nicht erörtert werden, es ist wohl vor allem eine Ansichtssache. Zur Ausfüllung des § 2333 Nr. 5 ist in der Vergangenheit angeführt worden, er solle nicht direkte Verfehlungen gegen den Erblasser sanktionieren, sondern die „Familienehre" schützen, also „Eingriffen in die Interessen der Familie" vorbeugen.[703] Die Frage, die sich aufdrängt ist die, ob es im „modernen Sozialverband Familie" mit all seinen Erscheinungsformen so etwas wie „Familienehre" überhaupt noch gibt. Hat die von Individualität der Familienmitglieder geprägte moderne Familie noch so etwas wie einen einheitlichen, nach außen getragenen „Ehrenkodex", einen gemeinsamen und einheitlichen Willen? Beschäftigt man sich intensiver mit den Materialien zur Lage der Familie, erscheint dies zweifelhaft. Soweit man als Existenzberechtigung für den § 2333 Nr. 5 die Möglichkeit des Ausschlusses vom „Familienvermögen" anführt, wird man dem heute entgegenhalten müssen, daß Kinder mittlerweile einen gesetzlichen Anspruch auf eine Ausbildung haben, die ihrer Eignung und

[703] Dieses Themengebiet ist bereits im Rahmen dieser Untersuchung bei der Darstellung der jeweiligen Urteile behandelt worden, insofern kann hier auf die obigen entsprechenden Ausführungen verwiesen werden.

ihrer Fähigkeit entspricht.[704] Diese Regelung erschien noch zur Entstehungszeit des BGB undenkbar.

Was wäre also die gravierendste Auswirkung, wenn es die Regelung des § 2333 Nr. 5 nicht mehr gäbe? Daß die wie auch immer gestaltete sexuelle Neigung eines Kindes dessen Privatangelegenheit ist, hat grundsätzlich bereits das OLG Hamburg festgestellt.[705] Dies wird wohl von der Gesellschaft nicht anders beurteilt. Soweit ein Kind der Prostitution nachgeht, hat „das älteste Gewerbe der Welt“ mittlerweile auch viel von seinem anrüchigen Nimbus verloren.[706] Trunkenheit soll nur ein Enterbungsgrund sein, wenn diese nicht krankhaft bedingt ist – mit dieser Auslegung ist damit der Weg geöffnet für mögliche gerichtliche Auseinandersetzungen über die Krankhaftigkeit der Trunkenheit im jeweiligen Erbschaftsstreit.

Bei all diesen Fragen ist natürlich entscheidend die Frage des Blickwinkels. Das Reichsgericht hat im Jahr1942 ausgeführt, daß im Rahmen von § 2333 Nr. 5 neben dem subjektiven Empfinden des Erblassers auch objektive Kriterien ausschlaggebend seien.[707]

Ein von der Gesellschaft noch so toleriertes Verhalten vermag der Erblasser persönlich sehr wohl als unsittlich und ehrlos ansehen. Diese Kluft zwischen subjektiver Erblasserbetrachtung und generell-objektiver Gesellschaftsanschauung wird man niemals schließen können. Insofern sollte auch ein Erblasser akzeptieren, daß

---

704 § 1610 Abs. 2 BGB: Angemessen ist eine Berufsausbildung, wenn sie der Begabung, den Fähigkeiten, dem Leistungswillen und den Neigungen des Kindes entspricht.

705 Siehe dazu an entsprechender Stelle oben.

706 Abgesehen davon, daß Lohnsteuer bereits abzuführen ist, plant die rot-grüne Bundesregierung offensichtlich, Prostitution zur ganz normalen Dienstleistung zu machen. Den Frauen soll damit der Weg in die Arbeitslosen-, Kranken- und Rentenversicherung geöffnet werden. Das Berliner Verwaltungsgericht entschied am 01. Dezember 2000, daß Prostitution nicht grundsätzlich gegen die guten Sitten verstoße. In diesem Zusammenhang holte das Gericht in Abstimmung mit den Beteiligten 50 Stellungnahmen verschiedener Wissenschaftler, Verbände, Gewerkschaften und kirchlicher Stellen hinsichtlich der heutigen sozialethischen Bewertung der Prostitution ein. Dazu heißt es in der Urteilsbegründung unter anderem ..."Prostitution wird als Teil des Zusammenlebens akzeptiert"... Der vollständige Urteilstext des Urteils mit Aktenzeichen VG 35 A 570/99 ist unter http://www.berlin.de/home/Land/RBm-Just/VG/Presse/urteil_pssst/ einzusehen. Das Urteil ist noch nicht rechtskräftig, der Gesetzgeber diskutiert diese Problematik momentan.

707 RG, Warneyer 1942, Nr. 53. Da das Urteil jedoch aus der Zeit des nationalsozialistischen Unrechtsregimes stammt, ist seine Argumentation im Hinblick auf die nationalsozialistische Weltanschauung mit Vorsicht zu bewerten. Zutreffend dürfte jedoch sein, daß bei der Frage der „Ehrlosigkeit und Unsittlichkeit“ nicht nur die persönlichen Wertanschauungen des Erblassers zählen sollten, sondern auch die Anschauung und die Bewertung der Gesellschaft im allgemeinen, da § 2333 Nr. 5 gerade aus der Außenwirkung des Verhaltens des Abkömmlings seine Berechtigung herleitet.

gesellschaftliche Anschauungen in bestimmten Fällen auch den Vorrang vor der Verletzung des persönlichen Ehrgefühls genießen können.

Selbst in einem Fall, in dem der Abkömmling als Mörder verurteilt worden war, verwies der BGH die vorher abgewiesene Klage des Abkömmlings auf seinen Pflichtteil an die Vorinstanz zurück.
Als Begründung hieß es, es sei nicht umfassend geprüft worden, ob der Sohn durch seine Tat auch in den Interessenkreis des Vaters eingegriffen habe.
Rein tatsächlich mag es dem Urteil der Vorinstanz an diesen erforderlich Tatsachenfeststellungen gemangelt haben.
Gerade der diesem Urteil zugrunde liegende Fall spricht jedoch am deutlichsten für eine Beibehaltung des § 2333 Nr. 5. Daß Mord ein ehrloser und unsittlicher Lebenswandel ist, hat auch der BGH nicht bestritten. Zweifelhaft war nur der Eingriff in die Interessensphäre des Vaters. Auch bei der heutigen Auflösung familiärer Strukturen und Zweifel an einem Begriff wie „Familienehre" erscheint es unvertretbar, einem Vater in so einem Fall nicht das Recht zur Entziehung des Pflichtteils einzuräumen.
Mit welchem Recht will man dem Vater, dessen Abkömmling gegen die fundamentalsten Grundwerte der Gesellschaft verstoßen hat, das Recht verweigern, den Abkömmling von seinem Vermögen auszuschließen?

Durch öffentliches Interesse und Presseberichte, die die Grenzen seriöser Berichterstattung entweder berühren oder überschreiten sowie dem Anspruch einer medienhungrigen Gesellschaft, alles und alles möglichst detailliert zu erfahren, kommt es zwangsweise zu einem Eingriff in die Interessenlage des Erblassers.
Es dürfte in so einem Fall wie oben geschildert oder in jedem ähnlich gelagerten Fall nicht im Interesse des Erblassers sein, aufgrund der Tat des Abkömmlings mit seiner gesamten Familie in das Licht der Öffentlichkeit und die Schlagzeilen der Boulevardpresse gezerrt zu werden.
Selbst wenn die Regelung des § 2333 Nr. 5 mittlerweile mehr oder weniger inhaltsleer sein dürfte, rechtfertigen doch derart schwerwiegende Vorkommnisse bereits den Weiterbestand der Norm.

Festzuhalten ist also folgendes: Das Pflichtteilsrecht erscheint nach allem bisher gesagten in keinster Weise als überflüssig. Es trifft zwar zu, daß es auf der Grundlage eines ganz anderen Familienverständnisses geschaffen wurde, als es heute vorherrschend ist. Jedoch machen auch die veränderten gesellschaftlichen Realitäten das Pflichtteilsrecht nicht entbehrlich.
Wie vorhandene empirische Untersuchungen aufgezeigt haben, hat die Familie sich zwar verändert, bietet aber dennoch eine intakte Funktionseinheit, angepaßt an die herrschenden sozialen Realitäten.

Vor Tendenzen, das Rechtsinstitut des Pflichtteilsrecht komplett abzuschaffen oder grundlegend umzugestalten, ist also zum gegenwärtigen Zeitpunkt zu warnen. Dies weniger ob seiner eventuellen Erneuerungsbedürftigkeit, sondern mangels aussagekräftiger empirischer Datenerhebungen. Es existiert umfangreiches statistisches Material zur Lage der Familien und der Gesellschaft, welches auch in dieser Untersuchung Verwendung gefunden hat. Was fehlt, ist derartiges Material zum Erbrecht, insbesondere zum Pflichtteilsrecht. Vorhandene Erhebungen und Umfragen der Banken und Wirtschaftsverbände, die teilweise unter ganz anderen Prämissen und mit ganz anderen Zielrichtungen erstellt worden sind, dürften dem Gesetzgeber als repräsentative Bevölkerungsbefragung nicht ausreichen. Eine umfassende Studie zum Erbrecht, insbesondere zum Pflichtteilsrecht, könnte Klarheit darüber bringen, wie die Bevölkerung mit dem gegenwärtigen Erbrecht umgeht. Insbesondere könnte geklärt werden, welche Regelungen sie akzeptiert, anwendet, unsinnig oder überflüssig findet. Erst nach sorgfältiger Auswertung derartiger Erhebungen sollte an größere Umgestaltungen des Erbrechts gedacht werden.

Unverändert sollten die bestehenden Pflichtteilsentzugsgründe jedoch nicht bestehen bleiben. Auch ohne größere Kontingente empirischen Materials können die Pflichtteilsentzugsgründe den aktuellen sozialen Realitäten angepaßt werden.

II. Modifikationen der einzelnen Entziehungsgründe

Nach dem die Abschaffung des Pflichtteilsrechts zum gegenwärtigen Zeitpunkt unter Berücksichtigung der vorhandenen Materialien nur abgelehnt werden kann, stellt sich die Frage nach dem Erfordernis der Angleichung der Pflichtteilsentzugsgründe an gegebene soziale Realitäten.

1. § 2333 Nr. 1

§ 2333 Nr. 1 hat sich im Laufe der letzten hundert Jahre seit Geltung des BGB durch keine größere öffentliche oder gerichtliche Beachtung hervorgetan. Daß sich seit Geltung des BGB kein einziges Urteil zu diesem Entzugsgrund finden läßt, beseitigt aber noch lange nicht seine Berechtigung. Trachtet ein Kind den Eltern nach dem Leben so war und ist es unannehmbar, dieses Kind noch am Vermögen der Eltern partizipieren zu lassen. § 2333 Nr. 1 sollte demnach unverändert bestehen bleiben.

2. § 2333 Nr. 2

§ 2333 Nr. 2 erfaßt in seiner aktuellen Fassung nur Fälle körperlicher Mißhandlung, seelische nur dann, wenn sie unmittelbare Auswirkungen auf das körperliche Wohlbefinden haben. Die grundsätzliche Regelung des § 2333 Nr. 2 sollte nicht angetastet werden. Es ist sinnvoll und angemessen, Kindern, die gegenüber ihren Eltern tätlich werden, die Möglichkeit der Teilhabe am Nachlaß, dem Vermögen, welches die Eltern erarbeitet haben, zu verweigern. Die Rechtsprechung hat weiterhin im Laufe der Zeit genügend Kriterien herausgearbeitet, um den Anwendungsbereich körperlicher Mißhandlungen auch unter dem veränderten Autoritätsverständnis in der Familie praktikabel handhaben zu können.[708] Sollte es jedoch bei der bisher geltenden Regelung bleiben, daß seelische Mißhandlungen nur dann ein Grund zur Entziehung des Pflichtteils sind, wenn sie sich körperlich auswirken? Die Erkenntnisse auf dem Gebiet der Psychosomatik lassen an den an angegebener Stelle angeführten Auffassungen des BGH zweifeln.[709] Ist es also

---

[708] FamRZ 1961, S. 437 f, ebenso die bereits an entsprechender Stelle dargestellten Entscheidungen RG JW 1913, S. 207 und BGHSt 14, 269 (271), weiterhin BGH, FamRZ 1977, S. 47 ff.

[709] BGH, FamRZ 1977, S. 47 ff und JZ 1990, S. 697 ff.

angezeigt, auch die seelischen Mißhandlungen künftig unter § 2333 Nr. 2 zu subsumieren?
Grundsätzlich ist die abschließende Aufzählung der Pflichtteilsentzugsgründe zu begrüßen, um eine grenzenlose Ausuferung zu vermeiden.
Der BGH hat eine Gleichstellung der „seelischen Mißhandlungen" mit den körperlichen Mißhandlungen mit der Begründung abgelehnt, daß nicht jedes Verhalten, das den Erblasser lediglich in seinem Seelenleben beeinflusse, ihm Kummer, Ärger oder Verzweiflung verursache, eine Pflichtteilsentziehung rechtfertigen könne, solange dieses Verhalten keine Auswirkungen auf das körperliche Befinden gehabt habe. Zwar könne der Verletzte in vielen Fällen unter seelischen Mißhandlungen viel mehr leiden als unter mancher Körperverletzung, der Gesetzgeber habe damals den Anwendungsbereich des § 2333 Nr. 2 aber bewußt beschränkt.
Gerade angesichts der steigenden sozialen Isolation und der sich verändernden Bevölkerungsstruktur hin zu einer „vergreisenden Gesellschaft" stellt sich die Frage, ob diese Einstellung so noch haltbar ist. Die Zahl alter Menschen, die aufgrund ihres hohen Lebensalters pflegebedürftig werden, steigt kontinuierlich.[710] Als erste staatliche Reaktion auf diese Veränderung in der Bevölkerungsstruktur wurde zum 01. Januar 1995 die Pflegeversicherung eingeführt.[711]
Werden alte Menschen von Angehörigen gepflegt, stellt diese Situation oft eine große Belastung für die Familie dar. Gerade dann, wenn die Elterngeneration gepflegt wird, entsteht aufgrund des Näheverhältnisses nicht selten eine enorme psychische und physische Belastung für den Pflegenden und die gesamte Familie.[712]

---

[710] Der Dritte Bericht des Bundesministeriums für Familie, Senioren, Frauen und Jugend verweist an dieser Stelle auf die 9. konstante Bevölkerungsvorausberechnung, die das Statistische Bundesamt am 19. Juli 2000 vorgelegt hat. Der Dritte Bericht ist einzusehen auf der homepage des Ministeriums unter www.bmfsfj.de/dokumente/Struktur/ix_29201.htm, Einzelheiten zur Bevölkerungsvorausberechnung sind abrufbar unter www.statistik-bund.de. Nach Feststellung des Familienministeriums ist eine deutliche Verschiebung der Bevölkerungsstruktur ersichtlich. Bis 2050 wird sich der Anteil der unter 20jährigen von derzeit 21 % auf rund 16 % verringern, der Anteil der über 60jährigen sich von 22 % auf 36-37 % erhöhen. Hinzukommt eine steigende Lebenserwartung um 23 Jahre gegenüber der Lebenserwartung 1970. Der Anteil der Hochbetagten wird rasant ansteigen. Liegt der Anteil der Menschen, die heute über 80 Jahre alt sind, aktuell bei 4 %, wird er bis 2050 auf 12 % anwachsen. 1,8 Millionen Menschen waren 1998 pflegebedürftig, das entspricht 2,2 % der Bevölkerung. Über 70 % wurden in Pflegehaushalten gepflegt, 30 % lebten in Heimen. Von den 80-85jährigen ist ein Fünftel pflegebedürftig, von den 85-90jährigen knapp ein Drittel, im Alter ab 90 Jahren mehr als die Hälfte. Die Prognose hinsichtlich der Pflegebedürftigkeit geht in eine eindeutige Richtung: 2010 werden 2,04 bis 2,14 Millionen Pflegebedürftige erwartet, 2030 werden es bereits 2,1 bis 2,57 Millionen Menschen sein, 2040 dann bis zu 2,79 Millionen Menschen.

[711] Pflegeversicherungsgesetz vom 26. Mai 1994, BGBl. I 1994, S. 1014 f.

[712] Dies hat auch die Bundesregierung anerkannt, von der es im 5. Familienbericht 1995, S. XXXI heißt: „...Dem Wunsch der meisten Menschen entspricht es, so lange wie möglich in einem vertrauten häuslichen und sozialen Umfeld zu leben. In sehr großem Ausmaß erfüllt sich diese

Das Thema „Gewalt in der Pflege“, sei sie nun psychisch oder physisch, wird mittlerweile offen thematisiert und in Gesellschaft und Politik auch wahrgenommen.[713]

Kommt es zu solchen Vorfällen innerfamiliärer Gewalt gegenüber dem Erblasser, so ist dies gerade unter dem Aspekt der Achtung und des Respekts, der der Elterngeneration nach Auffassung der „Väter des BGB“ beigemessen wurde, bei älteren und wehrlosen Menschen um so schlimmer. Nicht selten zerstört ein solches Vorkommnis nachhaltiger persönliche Bindungen der Generationen zueinander als es – vorsichtig formuliert - vielleicht manche körperliche Auseinandersetzung getan hätte. Selbstverständlich sind körperliche Übergriffe auf die Eltern durch diese Erwägung in keinster Weise als weniger gravierend anzusehen. Der Hintergrund ist jedoch ein anderer. Manch seelische Mißhandlungen über lange Jahre hinweg, Mißachtung, extreme Lieblosigkeiten und Vernachlässigungen in einem Lebensalter, in dem der Erblasser schon allein aufgrund seiner körperlichen Konstitution auf Hilfe und Unterstützung angewiesen ist und sich dessen vielleicht auch schmerzlich bewußt ist, mögen tiefer und nachhaltiger treffen als eine körperliche Auseinandersetzung zwischen Eltern und Kindern in einem Stadium der körperlichen und geistigen Fitneß.

Der Gesetzgeber sollte sich demzufolge überlegen, den Anwendungsbereich der Nr. 2 auch auf seelische Mißhandlungen auszudehnen. Es ist zuzugeben, daß ein

---

Erwartung dank der aufopferungsvollen Tätigkeit von Familienangehörigen. Die Bundesregierung anerkennt die Leistungen, die die Familien bei der Betreuung ihrer hilfebedürftigen Angehörigen erbringen. Sie verkennt dabei nicht, daß in vielen Fällen die Hilfe oder Pflege auf einer einzigen Person lastet und sich Familienangehörige in vielen Fällen überlastet fühlen...“

713 Vergleiche diesbezüglich zum Beispiel die gemeinsame Pressemitteilung Nr. 62 vom 13. August 1999 des Bundesministeriums für Gesundheit und der „Aktion gegen Gewalt in der Pflege“ anläßlich damals bekanntgewordener schwerer Versäumnisse und Pflegefehlern, einsehbar im internet auf der Seite http://www.bmgesundheit.de/presse/1999/presse99/62.htm. DER SPIEGEL Nr. 50 vom 09. Dezember 1996, S. 119 - 120 berichtet in diesem Zusammenhang von den Ausmaßen der psychischen Belastung der Pflegenden, die sich nicht selten darin äußert, daß alte Menschen von Verwandten betreut - und mißhandelt – werden. DER SPIEGEL a.a.O. verweist an dieser Stelle darauf, daß es keine exakten Zahlen darüber gäbe, wie viele Angehörige überfordert „zuschlagen“. Die Gewalt bleibe meist in der Familie. Nach einer Studie des Kriminologischen Forschungsinstituts Niedersachsen beklagten rund drei Prozent der 2456 Befragten über 60 Jahre, in ihren Familien körperlich mißhandelt zu werden. Weitere Informationen zu diesem Thema finden sich auf der homepage des Kriminologischen Forschungsinstituts Niedersachsen unter www.kfn.de. Auch der Fünfte Familienbericht von 1995, S. 85 f thematisiert das Problem der Gewalt in der Familie. Es heißt dort: “Gewalt in der Familie hat es zu allen Zeiten gegeben, aber sie wurde von der Öffentlichkeit kaum zur Kenntnis genommen. ... Erst durch den Einstellungswandel zum Kind, verbunden mit veränderten Erziehungskonzepten, erfuhren bestimmte – bis dahin übliche – elterliche Sozialisationspraktiken eine andere Bewertung und damit änderte sich schließlich die Definition von „Gewalt“. ...So gibt es Gewalt von Kindern gegenüber ihren Eltern sowohl im Kindes- als auch im Jugendalter sowie seitens der erwachsenen Kinder gegenüber ihren alten Eltern, z.B. in Pflegesituationen.

hochbetagter Erblasser sich oftmals bereits in einem nicht mehr uneingeschränkt testierfähigen Zustand befinden wird.
Einzuräumen ist auch die Schwierigkeit der Grenzziehung: wo beginnt die seelische Mißhandlung und wann soll sie gravierend genug sein, um das Recht zur Entziehung des Pflichtteils vertreten zu können? Die Beantwortung dieser Frage ist erwiesenermaßen eine sehr schwierige. Dies sollte den Gesetzgeber jedoch nicht davon abhalten, Überlegungen anzustellen, den Anwendungsbereich des § 2333 Nr. 2 behutsam zu erweitern. Die prognostizierte Altersentwicklung der Bevölkerung würde solche Überlegungen rechtfertigten und sie würden den Erkenntnissen der Psychosomatik Rechnung tragen.
Weiterhin gilt § 2333 Nr. 2 in seiner aktuellen Fassung gemäß § 2334 nicht gegenüber den Eltern. Argument war bei der Schaffung des BGB gewesen, dem Kind keine Richterstellung gegenüber den Eltern einzuräumen.
Abgesehen davon, daß sich Familienstrukturen und Autoritätsgefüge verändert haben, ist Kindern mittlerweile durch die Änderung des § 1931 Abs. 2 das gesetzliche Recht auf eine gewaltfreie Erziehung verbürgt worden.[714] Allein vor diesem Hintergrund erscheint es ungerechtfertigt, dem Kind das Recht zur Entziehung des Pflichtteils zu verweigern, welches auf der anderen Seite den Eltern zusteht. Der Gesetzgeber sollte hier für eine Gleichbehandlung sorgen.

3. § 2333 Nr. 3

Auch § 2333 Nr. 3 sollte unverändert bleiben. Die vorsätzliche körperliche Mißhandlung der Eltern oder der Kinder durch die Eltern als Berechtigung, den Pflichtteil zu entziehen, hat trotz sich rapide wandelnder Gesellschaftsformen nichts von seiner Aktualität eingebüßt. Auch mit den „modernen“ Moralmaßstä-

---

[714] Gesetz zur Ächtung der Gewalt in der Erziehung und zur Änderung des Kindesunterhaltsrechts, BGBl. I 2000, S. 1479, BR-Drucksache 519/00. Die Bundesfamilienministerin wies anläßlich der Verabschiedung des Gesetzesentwurfs durch den Bundestag am 06. Juli 2000 noch einaml ausdrücklich darauf hin, daß Gewalt gegen Kinder nicht ohne Folgen für ihre Entwicklung bleibe. Ängstlichkeit, mangelndes Selbstwertgefühl, emotionale Gleichgültigkeit, Aggressivität, Kriminalität und Drogenmissbrauch seien häufige Folgen. Kinder, die in der Familie Gewalt erlitten hätten, neigten später selbst eher zur Gewalttätigkeit. Zahlreiche Untersuchungen würden belegen, daß Gewalt gegen Kinder in vielen Familien zum Erziehungsalltag gehört. Etwa 80 Prozent der Kinder und Jugendlichen in Deutschland erführen in unterschiedlichem Ausmaß Gewalt in der Erziehung, z. B. durch Ohrfeigen oder eine „Tracht Prügel“. Rund 1,3 Millionen Kinder würden körperlich mißhandelt. Darunter seien etwa 420.000 Kinder, die das häufiger erlebt hätten, viele davon schon als Säugling oder Kleinkind. Dazu komme etwa in der gleichen Größenordnung psychische Gewalt in Form von elterlicher Ablehnung oder Vernachlässigung. Weiterführende Informationen finden sich unter www.bundesregierung.de/dokumente/Themen_A-Z/Familie/Recht_auf_gewaltfreie_Erziehung/.

ben wird man nicht umhin kommen, in der vorsätzlichen Mißhandlung grundsätzlich ein zutiefst verwerfliches Verhalten zu erblicken, welches daß das Recht auf Geld und Gut des Mißhandelten ausschließt.
Jede weitere Bewertung muß den erkennenden Gerichten unter Berücksichtigung des Einzelfalls vorbehalten bleiben.

4. § 2333 Nr. 4

§ 2333 Nr. 4 hat ebenso wie die gegenüber den Eltern geltende Regelung des § 2334 ihre Berechtigung. Man denke nur an die hohe Zahl der Elternteile, die durch die Nichtleistung von Unterhalt an ihre Kinder die Sozialgemeinschaft schädigt. Insofern ist es ein Gebot der Gerechtigkeit dem Kind gegenüber, den Elternteil von seinem Nachlaß ausschließen zu können. Daß dies aufgrund der Altersstruktur praktisch nicht sehr oft relevant sein wird, beseitigt nicht die grundsätzliche Berechtigung einer solchen Regelung.

5. § 2333 Nr. 5

§ 2333 Nr. 5 hat die Rechtsprechung ob seiner generalklauselartigen Formulierung seit jeher vor die größten Probleme gestellt. Was war in Zeiten sich schnell verändernder Gesellschaftsmaßstäbe ein „unsittliches Verhalten", was ein „ehrloser Lebenswandel" ? Daß es für diese Frage mittlerweile eine allgemeingültige Definition gibt, wird man bestreiten dürfen. Der Vorteil, den man der bestehenden Regelung aber nicht wird absprechen können, ist ihre Flexibilität. Mit dieser besteht auch ein Handlungsspielraum für Gerichte, den moralischen Sittenbegriffen der jeweiligen Gesellschaft entsprechend korrigierend einzugreifen, wenn ein Erblasser seine Auffassung von „Anstand und Sitte" zum Nachteil seines Abkömmlings versuchen sollte durchzusetzen.

Dennoch sollte im Rahmen des § 2333 Nr. 5 eine Veränderung erfolgen: die Vorschrift sollte auch für Kinder gegenüber ihren Eltern gelten und Aufnahme in § 2334 finden. Wenn Eltern sich von ihren Kindern lossagen können und man das veränderte Gewaltenverhältnis berücksichtigt, besteht kein Sinn darin, dasselbe Recht nicht auch Kinder gegenüber ihren Eltern einzuräumen.[715]

---

[715] Insofern ist in vollem Umfang *Mertens*, FamRZ 1971, S. 353 f beizupflichten, der bereits 1971 die Ansicht vertreten hatte, daß die eingeschränkte Befugnis des Kinder-Erblassers zur Pflichtteilsentziehung gemäß § 2334 nicht mehr zeitgemäß sei. Wie *Mertens* an entsprechender Stelle ausführt, betrachtete man neben Familien- und Vermögensinteressen die Pflichtteilsent-

Zu denken ist hier nur an die immer wieder die Öffentlichkeit schockierenden Fälle der Vernachlässigung, der Mißachtung, des „seelischen Mißbrauchs". All jene Formen von „psychischer Gewalt" fallen nicht unmittelbar unter § 2333 Nr. 2 und 3, können aber, gerade bei Kindern, gravierende Schäden anrichten. Mit welcher Berechtigung sollte man nicht dem erwachsenen Kind ohne emotionale Bindung an die Eltern erlauben, ihnen den Pflichtteil zu entziehen, wenn sie unter dem Lebenswandel der Eltern ihnen gegenüber in der Kindheit gelitten haben?
Das bei der Entstehungsgeschichte des BGB für die einseitige Regelung angeführte Argument, das „Kind solle sich nicht als Richter über die Eltern erheben" wird man nach heutigem Gesellschaftsverständnis nicht mehr aufrechterhalten können.

Insgesamt läßt sich also festhalten, daß das Pflichtteilsrecht grundsätzlich seine Bedeutung keinesfalls eingebüßt hat. Die gesellschaftlichen Veränderungen mögen die eine oder andere Modifikation angezeigt erscheinen lassen. Gerade durch die gesellschaftlichen Veränderungen sind neue, aktuelle Lebensumstände und Probleme entstanden, die für eine grundsätzliche Beibehaltung des Pflichtteilsrechts sprechen.[716] Hinzu kommt, daß das Pflichtteilsrecht in der Bevölkerung unter Berücksichtigung aller bisher vorhandenen statistischen Erhebungen seinen Platz gefunden hat und niemals als Rechtsinstitut in Frage stand.
Die Aufgabe des Gesetzgebers muß es sein, durch Erhebung aussagekräftiger empirischer Daten zum Pflichtteilsrecht die Veränderungswünsche der Bevölkerung zu ergründen und umzusetzen.

---

ziehung auch als ein Druckmittel gegenüber den Kindern. Eine derartige Betonung elterlicher Autorität mochte den sozialen Verhältnissen zur Entstehungszeit des BGB entsprochen haben, sie sei heute aber nicht mehr angemessen. Es sollte gleiches Recht für alle gelten, denn wie *Mertens* zutreffend bemerkt, würden Eltern und Kinder bei der Frage der Erbunwürdigkeit auch gleich behandelt. Man könne den (meistens) erwachsenen Kindern in dieser Hinsicht das gleiche Urteilsvermögen wie ihren Eltern zubilligen. Auch MüKo-Frank, § 2334 Rn. 1 spricht von einer rechtspolitischen Bedenklichkeit des § 2334.

716 So auch *Zawar*, 23. Deutscher Notartag 1989, S. 116, der ausführt, daß das Erbrecht dank seiner freiheitlichen Ausgestaltung grundsätzlich geeignet sei, den modernen Anforderungen von sozialer Wirklichkeit gerecht zu werden.

Literatur- und Quellenverzeichnis:

I. Gesetze und Materialien

Allgemeines Landrecht für die preußischen Staaten von 1794
mit einer Einführung von Hans Hattenhauer und einer Bibliographie von Günter Bernert
3. Auflage, Neuwied/Kriftel 1996

Bürgerliches Gesetzbuch für das Königreich Sachsen von 1863/ 1865
erschienen in der Reihe:
Neudrucke Privatrechtlicher Kodifikationen und Entwürfe des 19. Jahrhunderts
Band 4, Aalen 1973

Bürgerliches Gesetzbuch und Einführungsgesetz zum Bürgerlichen Gesetzbuch in:
RGBl. 1896, S. 195-650

Das österreichische allgemeine bürgerliche Recht
Herausgegeben von Ludwig Altmann, Siegfried Jacob und Max Weiser
4. Auflage, Wien 1931

Die Zivilgesetze der Gegenwart
Band I
Frankreich Code civil
Herausgegeben von Karl Heinsheimer, Martin Wolff, Hans-Erich Kaden und Walter Merk
Mannheim 1932

Kommission zur Ausarbeitung des Entwurfes eines bürgerlichen Gesetzbuches
- Protokolle -
(Benutzt wurden ab 1881 die Exemplare des Juristischen Seminars der Universität Kiel, Sign. Bürg.R. I 3)

Motive zu dem Entwurfe eines Bürgerlichen Gesetzbuches für das Deutsche Reich Band V Erbrecht, Berlin, Leipzig 1888
zit: Motive zum Bürgerlichen Gesetzbuch Bd. 5

Protokolle der Kommission für die zweite Lesung des Entwurfs des Bürgerlichen Gesetzbuches, Band V Erbrecht, Berlin 1899
zit: Protokolle Bd. 5

Stenographische Berichte über die Verhandlungen des Reichstages des Norddeutschen Bundes im Jahre 1867 Erster Band, Berlin 1867

Stenographische Berichte über die Verhandlungen des Reichstages des Norddeutschen Bundes, I. Legislaturperiode Session 1869, Erster Band, Berlin 1869

Bundesministerium für Familie, Senioren, Frauen und Jugend (Hrg.)
„Familien und Familienpolitik im geeinten Deutschland Zukunft des Humanvermögens“
Fünfter Familienbericht
Bonn 1995

Bundesministerium für Familie, Senioren, Frauen und Jugend (Hrg.)
„Les familles en Allgemagne – un bilan statistique“
Bonn 1999

Bundesministerium für Familie, Senioren, Frauen und Jugend (Hrg.)
Materialie zur Familienpolitik Nr. 5, Familie 1999
Dokumentation einer Fachtagung der Abteilung Familie vom 27.04.1999

Schubert, Werner: (Hrg.)
Materialien zur Entstehungsgeschichte des BGB, Band I
Einführung, Biographien, Materialien
Berlin / New York 1978
zit: Schubert, Materialien

Die Vorlagen der Redaktoren für die 1. Kommission zur Ausarbeitung des Entwurfs eines Bürgerlichen Gesetzbuches Berlin / New York 1984

Schubert, Werner/ **Jakobs**, Horst Heinrich
Die Beratung des Bürgerlichen Gesetzbuchs
Erbrecht, §§ 1922-2385 2. Teilband
Berlin, New York 2002
zit: Schubert, Erbrecht

Schmitt, Gottfried von:
Erbrecht Teil 1
(Urspr. erschienen als: Entwurf eines Rechtes der Erfolge für das deutsche Reich nebst Entwurf eines Einführungsgesetzes
Vorlage des Redaktors Dr. von Schmitt, Berlin 1879)
zit: Schmitt, Motive zum Erbrecht (soweit es Motive betrifft)
Schmitt, Recht der Erbfolge (soweit es den Entwurf betrifft)

Statistisches Bundesamt Wiesbaden
(Hrg.) Erbschaftssteuer 1973-1978
Arbeitsunterlage, Wiesbaden 1985

Statistisches Bundesamt Wiesbaden
(Hrg.) Finanzen und Steuern
Reihe 6, Einkommen und Vermögen
V. Erbschaftssteuer 1967-1972, Stuttgart und Mainz 1975

II. Literatur

Binder, Julius: Aus Forschung und Lehre: „Zur Erbrechtsreform"
in: Deutsches Recht 1939, S. 107-111

Boehmer, Gustav: „Zur Rechtsform des Pflichtteilsrechts"
in: AcP Bd. 144 (1938), S. 32-88 und 249-286

Bosch, F.W.: „Empfiehlt es sich, das gesetzliche Erbrecht und Pflichtteilsrecht neu zu regeln" ?
in: FamRZ 1972, S. 417-418

Brüggemann, Dieter: Besprechung des Gutachtens A und des Sitzungsberichtes K zum 49. Deutschen Juristentag
in: FamRZ 1973, S. 389-390

Bruns, Carl Georg: Gutachten über die Frage, ob und inwieweit die Testierfreiheit mit Rücksicht auf eine Pflichtteilsberechtigung beschränkt werden soll
in: Verhandlungen des 14. Deutschen Juristentages 1878, Band I, S. 72-112

Coing, Helmut: „Empfiehlt es sich, das gesetzliche Erbrecht und Pflichtteilsrecht neu zu regeln ?"
in: Verhandlungen des 49. Deutschen Juristentages, Düsseldorf 1972, S. 12-82

Coing, Helmut: schen (Hrg.) Handbuch der Quellen und Literatur der neueren europäi- Privatrechtsgeschichte
Dritter Band / Zweiter Teilband
Das 19. Jahrhundert
München 1982
zit: Coing, Privatrechtsgeschichte

Däubler, Wolfgang: „Entwicklungstendenzen im Erbrecht"
in: ZPR 1975, S. 136-139

Deutscher Bundestag - Referat Öffentlichkeitsarbeit - (Hrg.) „Fragen an die Deutsche Geschichte: Ideen, Kräfte, Entscheidungen von 1800 bis zur Gegenwart"
16. Auflage, Sonderausgabe, Bonn 1990

Dieckmann, Albrecht: Referat
in: Verhandlungen des 49. Deutschen Juristentages 1972, S. 9-31

Dölle, Hans: „Die Neugestaltung des Deutschen Bürgerlichen Rechts"
in: ZAKDR 1937, S. 359-362
zit: Dölle, ZAKDR

Dölle, Hans: „Das bürgerliche Recht im nationalsozialistischen deutschen Staat“
in: Schmollers Jahrbuch für Gesetzgebung, Verwaltung und Volkswirtschaft im Deutschen Reiche, 57. Jahrgang, 1. Halbband (1933), S. 649-676
zit: Dölle in Schmollers Jahrbuch

Ebbecke: „Der Pflichtteilsanspruch“
in: Das Recht 1914, S. 405-418

Ebel, Friedrich: Rechtsgeschichte
Ein Lehrbuch, Band II, Neuzeit, Heidelberg 1993

Eichler, Herrmann: „Vom alten zum neuen Erbrecht“
in: DR 1936, S. 270- 273

Eisenhardt, Ulrich: Deutsche Rechtsgeschichte
2. Auflage, München 1995

Endemann, Friedrich: „Erbrecht des Bürgerlichen Gesetzbuches“
in: Grundbegriffe der Rechtswissenschaft, Berlin und Leipzig 1923

Enneccerus, Ludwig/ **Kipp**, Theodor/ **Wolff**, Martin:
Lehrbuch des Bürgerlichen Rechts, Zweiter Band, dritte Abteilung: Das Erbrecht
Zweite Bearbeitung, Marburg 1913

Enneccerus, Ludwig /**Nipperdey**, Hans-Carl:
Allgemeiner Teil des bürgerlichen Rechts
Ein Lehrbuch, Erster Band, 14. Auflage
Tübingen 1952

Firsching, Karl: „Berechtigung zur Entziehung des Pflichtteils nach § 2333 Ziff, 2, 3 BGB“
JR 1960, S. 129-130

Friedrich: Urteilsanmerkung zu AG Leipzig,
in: DJ 1936 2. Halbband
S. 1579 f

Getz, Heinrich: Die deutsche Rechtseinheit im 19. Jahrhundert als rechtspolitisches Problem
Bonn 1966

Gierke, Otto von: Der Entwurf eines Bürgerlichen Gesetzbuches und das deutsche Recht
Leipzig 1889

Gmür, Rudolf: „Grundriß der deutschen Rechtsgeschichte"
in: JA 1996, Sonderheft 2, Neuwied/Kriftel/Berlin 1996

Greiser: „Das Gesetz über erbrechtliche Beschränkungen wegen gemeinschaftswidrigen Verhaltens"
in: DFG 1938, S. 31- 34

Gruchot, Julius Albert: Preußisches Erbrecht in Glossen zum Allgemeinen Landrecht auf römischer und germanischer Grundlage unter Berücksichtigung der neueren Gesetzgebungen
3. Band, Berlin 1867

Guggumos, M.: „Altes und neues Erbrecht"
in: DFG 1943, S. 61- 63

Hattenhauer, Hans: Europäische Rechtsgeschichte
2. Auflage, Heidelberg 1994
zit: Hattenhauer, Rechtsgeschichte

Hattenhauer, Hans: (Hrg.) Thibaut und Savigny
Ihre programmatischen Schriften, München 1973
zit: Hattenhauer, Thibaut und Savigny

Hattenhauer, Hans: „Das NS-Volksgesetzbuch"
in: Festschrift für Rudolf Gmür 1983, S. 255- 279.
zit: Hattenhauer, FS Gmür

Hedemann, Justus Wilhelm: „Die Fortschritte des Zivilrechts im XIX. Jahrhundert"
Ein Überblick über die Entfaltung des Privatrechts in Deutschland, Österreich, Frankreich und der Schweiz"
Erster Teil: Die Neuordnung des Verkehrslebens, Berlin 1910

Hofer, Walther: (Hrg.) — Der Nationalsozialismus
Dokumente 1933-1945
Überarbeite Neuausgabe, Frankfurt 1982

Hoke, Rudolf: — Österreichische und Deutsche Rechtsgeschichte
2. Auflage, Wien, Köln, Weimar, Böhlau 1996

Horn, Norbert: — „Ein Jahrhundert Bürgerliches Gesetzbuch"
NJW 2000, S. 40-46

Huber, Ernst Rudolf: — Dokumente zur Deutschen Verfassungsgeschichte
Band I
Deutsche Verfassungsdokumente 1803-1850
3. Auflage Stuttgart 1978
zit: Huber, Dokumente Bd. I

Band II
Deutsche Verfassungsdokumente 1851-1900
3. Auflage Stuttgart 1986
zit: Huber, Dokumente Bd. II

Huber, Ernst Rudolf: — Deutsche Verfassungsgeschichte seit 1789
Band I
Reform und Restauration 1789 – 1830
2. Auflage, Stuttgart 1967
zit: Huber, Verfassungsgeschichte Bd. I

Band III
Bismarck und das Reich
3. Auflage, Stuttgart 1988
zit: Huber, Verfassungsgeschichte Bd. III

Hütte, Rüdiger: — Der Gemeinschaftsgedanke in den Erbrechtsreformen des Dritten Reiches
Frankfurt 1988

Johannsen, Karl: — Die Rechtsprechung des BGH auf dem Gebiete des Erbrechts
11. Teil/ Ergänzungen, WM 1973, S. 530 ff.

Jung, Eberhard: — „Reformbestrebungen im Erbrecht"
in: FamRZ 1976, S. 134-137

Kiehl, Anton: Das allgemeine bürgerliche Gesetzbuch
Erläutert durch die Spruchpraxis des k.k. obersten Gerichtshofes bis 1879, Wien 1879

Kipp: Anmerkung zu RGZ 95, S. 24 ff
in: JW 1919, S. 503

Klingelhoeffer, Hans: Pflichtteilsrecht
NJW-Schriftenreihe, München 1996

Kloeppel: „Das Familien- und Erbrecht des Entwurfs zum bürgerlichen Gesetzbuch“
in: Gruchot, Beiträge Band 33 (1889), S. 338-364

Kluge, Alfred: „Pflichtteilsentziehung gegenüber Abkömmlingen“
in: ZPR 1976, S. 285-286

Koch, C.F.: Das preußische Erbrecht aus dem gemeinen deutschen Rechte entwickelt
Berlin 1866

König, René: Zwei Grundbegriffe der Familiensoziologie: Desintegration und Desorganisiation der Familien
Materialien zur Soziologie der Familie, Bern 1946
2. neu bearbeitete und erweiterte Auflage Köln 1974
S. 55-87

Krohn, Manfred: Die deutsche Justiz im Urteil der Nationalsozialisten 1920-1933
Frankfurt am Main 1991

Kuchinke, Kurt: Urteilsanmerkung zu BGH IV a ZR 136/83
in: JZ 1985, S. 748-749

Kühne, Gunther: „Zur Reform des gesetzlichen Erb- und Pflichtteilsrechts“
in: JR 1972, S. 221-226

Lange, Heinrich: „Liberalismus, Nationalsozialismus und Bürgerliches Recht“
in: Recht und Staat Bd. 102, Tübingen, 1933, S. 1-37
zit: Lange, Liberalismus

Lange, Heinrich: „Die Ordnung der gesetzlichen Erbfolge"
2. Denkschrift des Erbrechtsausschusses der Akademie für Deutsches Recht, Tübingen 1938
zit: Lange, ZAKDR 1938

Lange, Heinrich: „Die Neugestaltung des deutschen Erbrechts"
in: DR 1942, S. 1713-1719
zit: Lange, DR 1942

Lange, Heinrich: „Pflichtteilsanspruch oder Noterbenrecht"
in: DR 1936, S. 398-401
zit: Lange, DR 1936

Lange, Heinrich: „Zur Reform des Pflichtteilsrechts"
in: AcP Band 144 (1938) S. 188-198
zit: Lange, AcP

Lange, Heinrich: „Wesen und Gestalt des Volksgesetzbuches"
in: ZStW Bd. 103 (1943), S. 208-259
zit: Lange, ZStW

Lange, Heinrich /**Kuchinke**, Kurt:
Lehrbuch des Erbrechts
2. Auflage, München 1978

Laufke, Franz: „Der Deutsche Bund und die Zivilgesetzgebung"
in: Festschrift für Hermann Nottarp
Karlsruhe 1961, S. 1-57

Laufs, Adolf: Rechtsentwicklung in Deutschland
5. Auflage, Berlin/New York 1996

Laufs, Adolf: „Die Begründung der Reichskompetenz für das gesamte bürgerliche Recht"
in: JuS 1973, S. 740-744
zit: Laufs, JuS

Leipold, Dieter: Urteilsanmerkung zu BGH IV a ZR 249/88
in: JZ 1990, S. 700-703
zit: Leipold, JZ 1990

Leipold, Dieter: „Wandlungen in den Grundlagen des Erbrechts"
in: AcP 1980, S. 161-237
zit: Leipold, AcP 1980

Leonhard, Franz: Kommentar zum Bürgerlichen Gesetzbuch und seinen Nebengesetzen
Fünftes Buch, Erbrecht
2. Auflage, Berlin 1912

Mertens, Hans-Georg Die Entstehung der Vorschriften des BGB über die Gesetzliche Erbfolge und das Pflichtteilsrecht
Berlin 1970

Mertens, Hans-Georg: „Die Beratung des Pflichtteilsentzuges bei der Abfassung des BGB"
in: Festschrift für Rudolf Gmür 1983, S. 191-199.
zit: Mertens, FS

Mertens, Hans-Georg: „Die Änderung erbrechtlicher Vorschriften im Zusammenhang mit der Reform des Scheidungsrechts"
in: FamRZ 1977, S. 433-440
zit: Mertens, FamRZ 1977

Mertens, Hans-Georg: „Ist die eingeschränkte Befugnis des Kindes-Erblassers zur Pflichtteilsentziehung gemäß § 2334 gerechtfertigt?"
in: FamRZ 1971, S. 353-354
zit: Mertens, FamRZ 1971

Meyersburg: Gutachten über die Frage, ob und in wie weit die Testierfreiheit mit Rücksicht auf eine Pflichtteilsberechtigung eingeschränkt werden soll
in: Verhandlungen des 14. Deutschen Juristentages, Band I, 1878, S. 50-71

Mommsen, Friedrich: Entwurf eines Deutschen Reichsgesetzes über das Erbrecht nebst Motiven, Braunschweig 1876

Mommsen, Wilhelm: (Hrg.) Deutsche Parteiprogramme
Eine Auswahl vom Vormärz bis zur Gegenwart
2. Auflage, München 1964

Münch, Ingo von: Staat und Verwaltung in der NS-Zeit
Hamburg 1997

Ogris, Werner: „Der Norddeutsche Bund"
in: JuS 1966, S. 306-310

Otte, Gerhard: Das Pflichtteilsrecht – Verfassungsrechtsprechung und Rechtspolitik, AcP 2002, S. 317-362

Pakuscher, Ernst Karl: „Zur Problematik der Pflichtteilsentziehung"
JR 1960, S. 51-52

Planck's Kommentar zum Bürgerlichen Gesetzbuch
5. Band Erbrecht
Berlin und Leipzig 1930

Ramm, Thilo: Einführung in das Privatrecht /
Allgemeiner Teil des BGB, Band I München 1969

Rassow, Henning von: „Die Verhandlungen der Kommission zur Ausarbeitung eines bürgerlichen Gesetzbuches für Deutschland"
in: Beiträge zur Erläuterung des Deutschen Rechts in besonderer Beziehung auf das preußische Recht mit Einschluß des Handels- und Wechselrechts, Band 21, Berlin 1877, S. 167-235

Rebmann, Kurt /**Säcker,** Franz-Jürgen:
(Hrg.) Münchener Kommentar zum Bürgerlichen Gesetzbuch
Band 6 Erbrecht, 2. Auflage, München 1989
zit: MüKo-Bearb.

Roth, Paul von: System des Deutschen Privatrechts
Erster Theil, Tübingen 1880
zit: Roth, Dt. Privatrecht

Roth, Paul von: Bayrisches Civilrecht
3.Teil, 2. Auflage Tübingen 1898
zit: Roth, Bayr. Civilrecht

Savigny, Friedrich Carl von: Vom Beruf unserer Zeit für Gesetzgebung und Rechtswissenschaft, Heidelberg 1814

Sante, Georg Wilhelm / A.G. Ploetz Verlag:
(Hrg.) Geschichte der Deutschen Länder
„Territorien-Ploetz“
2. Band
Die deutschen Länder vom Wiener Kongreß bis zur Gegenwart
Nürnberg 1971

Schlegelberger, Franz: „Die Entwicklung des deutschen Rechts im Dritten Reich“
in: Kleine Schriften zur Rechtserneuerung, S. 5-23
Berlin 1938

Schlegelberger, Franz: „Vom Beruf unserer Zeit zur Gesetzgebung“
Vortrag gehalten in der Akademie für Deutsches Recht
Berlin 1934

Schlosser, Hans, Grundzüge der Neueren Privatrechtsgeschichte
Rechtsentwicklungen im europäischen Kontext
9. Auflage, Heidelberg 2001

Schubert, Werner: (Hrg.) Das Familien- und Erbrecht unter dem Nationalsozialismus
Ausgewählte Quellen zu den wichtigsten Gesetzen und Projekten aus den Ministerialakten, Paderborn 1993

Schubert, Werner/ **Schmid,** Werner/ **Regge,** Jürgen:
(Hrg.) Akademie für Deutsches Recht 1933-1945
Protokolle der Ausschüsse

Band III, 11, Volksgesetzbuch
Teilentwürfe, Arbeitsberichte, Materialien
Berlin, New York 1988

Band III, 8, Erbrechtsausschuß und Ausschuß für Schadensersatzrecht (Nachtrag), Berlin, New York 1996

Schultzenstein, Max: „Beiträge zur Lehre vom Pflichtteilsrecht“
in: Kleine Schriften zum Preußischen Privatrecht
1. Sammelband, 2. Auflage, Berlin/Leipzig 1883

Schultzenstein, Max: „Ueber die Beibehaltung und Gestaltung des Pflichtteilsrechts“

in: Beiträge zur Erläuterung Deutschen Recht in besonderer Beziehung auf das preußische Rechts mit Einschluß des Handels- und Wechselrechts, S. 661-700
begründet von Dr. J.A. Gruchot; Band 23, Berlin 1879
zit: Schulzenstein in Gruchot

Siebenhaar, Eduard: Lehrbuch des sächsischen Privatrechts
Leipzig 1872

Siebert, Wolfgang: „Wandlungen im bürgerlichen Recht seit 1933"
in: DR 1944, S. 5-12

Steffen, Erich: „Empfiehlt es sich, das gesetzliche Erb-und Pflichtteilsrecht neu zu regeln" ?
in: DRiZ 1972, S. 263-267

Stöcker, Hans: „Die Neuordnung der gesetzlichen Erfolge im Spiegel des mutmaßlichen Erblasserwillens"
in: FamRZ 1971, S. 609-618

Stolleis, Michael: Gemeinwohlformeln im nationalsozialistischen Recht
Berlin 1974

Stolleis, Michael: Recht im Unrecht
Studien zur Rechtsgeschichte des Nationalsozialismus
Frankfurt am Main 1994

Thibaut, Anton Friedrich Justus: Ueber die Notwendigkeit eines allgemeinen bürgerlichen Rechts für Deutschland
Heidelberg 1814

Thimme, Friedrich /**Schultze,** Walther:
(Hrg.) Johannes v. Miquéls Reden
Band I, Halle 1911

Tiedtke, Klaus: Urteilsanmerkung zu BGH
JZ 1980, S. 717-719

Unger, Joseph: System des österreichischen allgemeinen Privatrechts
Sechster Band
Das österreichische Erbrecht, Leipzig 1864

Vierhaus, Felix: „Die Entstehungsgeschichte des Entwurfes eines Bürgerlichen Gesetzbuches für das Deutsche Reich in Verbindung mit einer Übersicht der privatrechtlichen Kodifikationsbestrebungen in Deutschland“
in: Beiträge zur Erläuterung und Beurteilung des Entwurfes eines Bürgerlichen Gesetzbuches für das Deutsche Reich herausgegeben von E.J. Bekker und O. Fischer
Berlin/Leipzig 1888, S. 1-82

Vogels: Urteilsanmerkung zu OLG München
in: DJ 1938 S. 309-311

Vogels, W. „Erbrechtliche Beschränkungen wegen gemeinschaftswidrigen Verhaltens“
in: DJ 1937, 2. Halbband, S. 1802-1805

Wacker, Gerd: Der Erbrechtsausschuß der Akademie für Deutsches Recht und dessen Entwurf eines Erbgesetzes
Frankfurt am Main 1997, Europ. Hochschulschriften Bd. 2109

Wehler, Hans-Ulrich: Deutsche Gesellschaftsgeschichte Band 3
„Von der „Deutschen Doppelrevolution bis zum Beginn des Ersten Weltkrieges“
München 1995

Winscheid, Bernhard, /**Kipp**, Theodor:
Lehrbuch des Pandektenrechts
9. Auflage, bearbeitet von Theodor Kipp
Frankfurt am Main 1906, Neudruck Aalen 1963

Wolff, Karl: Grundriß des österreichischen Bürgerlichen Rechts
4. Auflage, Wien 1948

Zachariä v. Lingenthal, Carl Salomo: Handbuch des französischen Civilrechts
7. Auflage, Heidelberg 1886

Zawar, Rolf Dieter: „Notarielle Rechtsgestaltung: Das Erbrecht im sozialen Wandel“
Vortrag auf dem 23. Deutschen Notartag, Frankfurt 1989
Sonderheft der Deutschen Notar-Zeitung München 1989

FSC
www.fsc.org
MIX
Papier | Fördert
gute Waldnutzung
FSC® C083411

Kolibri 360 GmbH
Ferdinand-Jühlke-Straße 7
99095 Erfurt, Deutschland
produktsicherheit@kolibri360.de

Druck:
CPI Druckdienstleistungen GmbH
im Auftrag der
Kolibri 360 GmbH
Ferdinand-Jühlke-Str. 7
99095 Erfurt